UWE SCHWINGHAMMER

DAS TIROLER WASSER-WANDERBUCH

UWE SCHWINGHAMMER

DAS TIROLER WASSER-WANDERBUCH

60 Tourentipps zu den schönsten Seen,
Klammen und Wasserfällen

Tyrolia-Verlag · Innsbruck-Wien

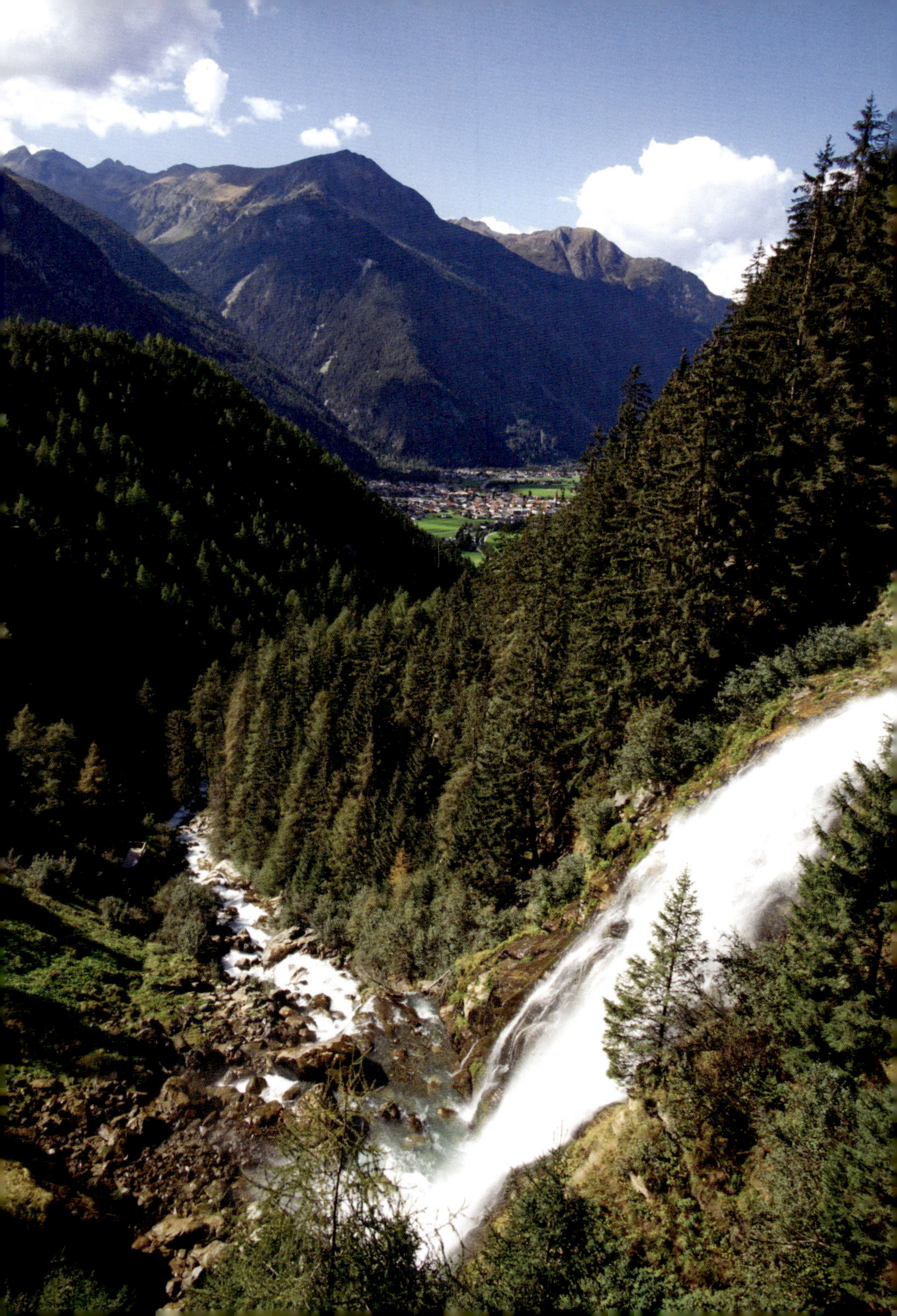

VORWORT

Die letzten Sommer haben eindrucksvoll bewiesen, was passiert, wenn über Wochen drückende Hitze herrscht. Selbst in Teilen der Welt, die sonst über ausreichend Wasser verfügen, wurde es knapp. Umso bewusster sollte man darum den Wasserreichtum, der in Tirol (noch) herrscht, schätzen, erleben und behüten, denn wer weiß schon, wie lange er noch anhält? Dieses Buch soll mit seinen Badetipps und Wanderungen zu Seen, Wasserfällen und Klammen dazu einen kleinen Beitrag leisten. Denn alles, was man selbst begangen, erlebt und gefühlt hat, das bekommt in der Regel einen ganz anderen, höheren Stellenwert. Da erfreut einen plötzlich das Rauschen von Bächen wie Musik.

Wer viel wandert, hört in Tirol aber leider noch ein Rauschen: das des hemmungslos fließenden Verkehrs. Daher an dieser Stelle eine Bitte: Lassen Sie doch ab und zu das Auto einfach stehen! Das klappt in Tirol ganz ausgezeichnet, Bus und Bahn fahren in der Regel in engem Takt selbst in die hintersten Täler. Natürlich muss man bei Wanderungen ohne eigenes Fahrzeug ein bisschen den Fahrplan im Hinterkopf behalten. Andererseits ist es sehr befreiend, wenn man nach einer langen Tour sorglos in Bus oder Bahn einsteigen und vielleicht auch einmal ein bisschen dösen kann. Ich habe daher – wo es möglich war – bei den Tourentipps auf die Öffi-Verbindungen hingewiesen und etliche auch selbst genutzt.

Die Wanderungen selbst wurden so ausgesucht, dass sie ein möglichst breites Spektrum abdecken: vom Sonntagsspaziergang mit Kindern und begleitendem Bachrauschen bis zu ordentlichen Bergtouren mit Seeblick. Einen Anspruch auf irgendeine Art von Vollständigkeit erhebt dieses Buch selbstverständlich nicht. Bei einigen hundert Seen, Klammen und Wasserfällen in Nordtirol wäre das auch unmöglich.

Wenn ich in den Tourenbeschreibungen „wir" schreibe, dann ist das übrigens nicht, wie sonst oft üblich, eine imaginäre Wandergruppe, sondern dann sind das außer mir meine Partnerin und unser Familienhund „Belli". Bei beiden bedanke ich mich herzlich für die Begleitung. Und auch sonst bei allen, die ein Stück des Weges mitgegangen sind. Sei es real auf den Wanderungen oder beim Entstehungsprozess dieses Buches. Hier möchte ich Anette Köhler vom Tyrolia-Verlag ganz besonders erwähnen, auf deren Anregung hin ich mich überhaupt erst auf die Wasserwanderungen begeben habe, aber auch Christian Wurzer, der das Lektorat übernommen hat.

Viel Freude bei möglichst vielen wasserreichen Wanderungen wünscht Ihnen

Uwe Schwinghammer

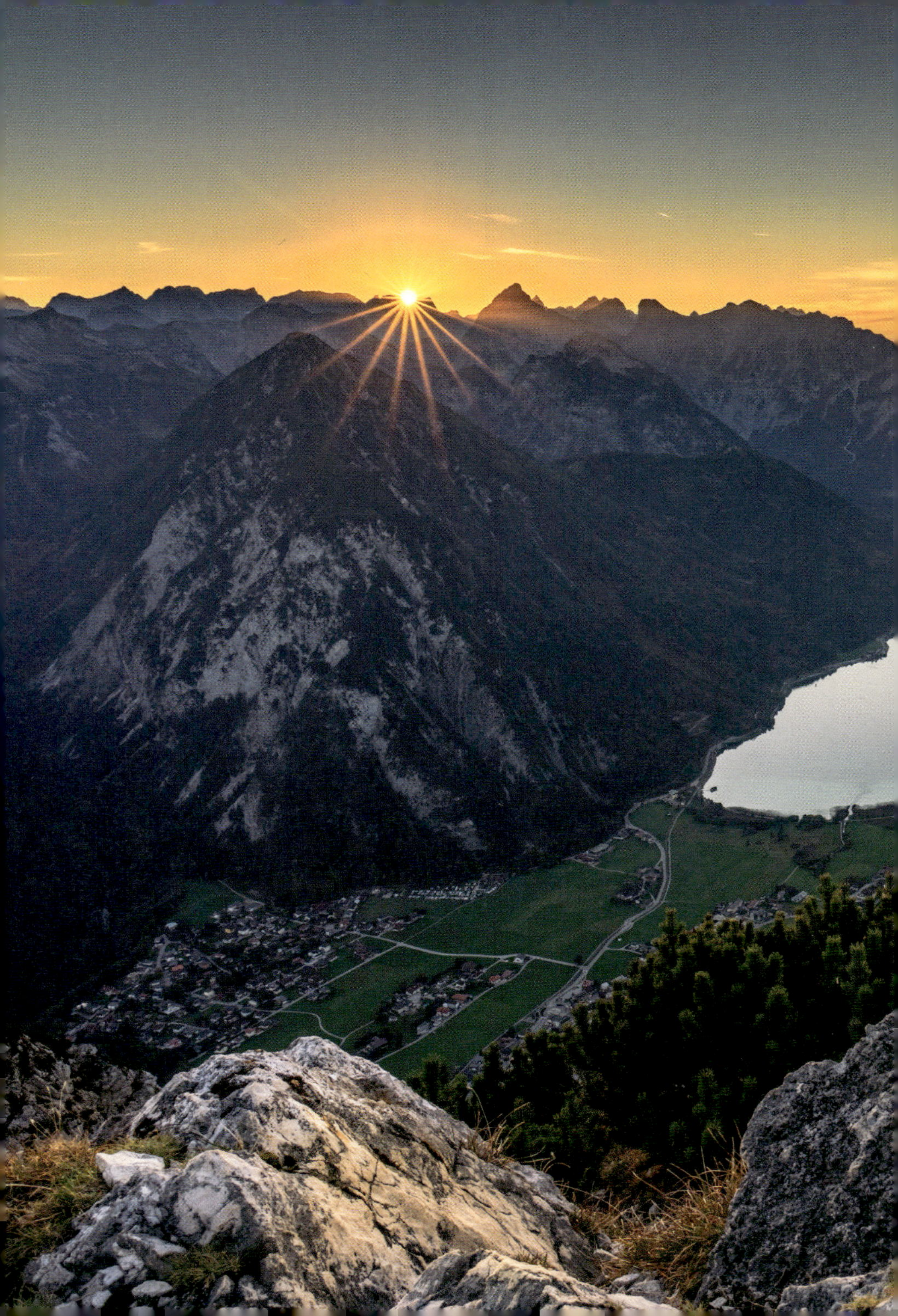

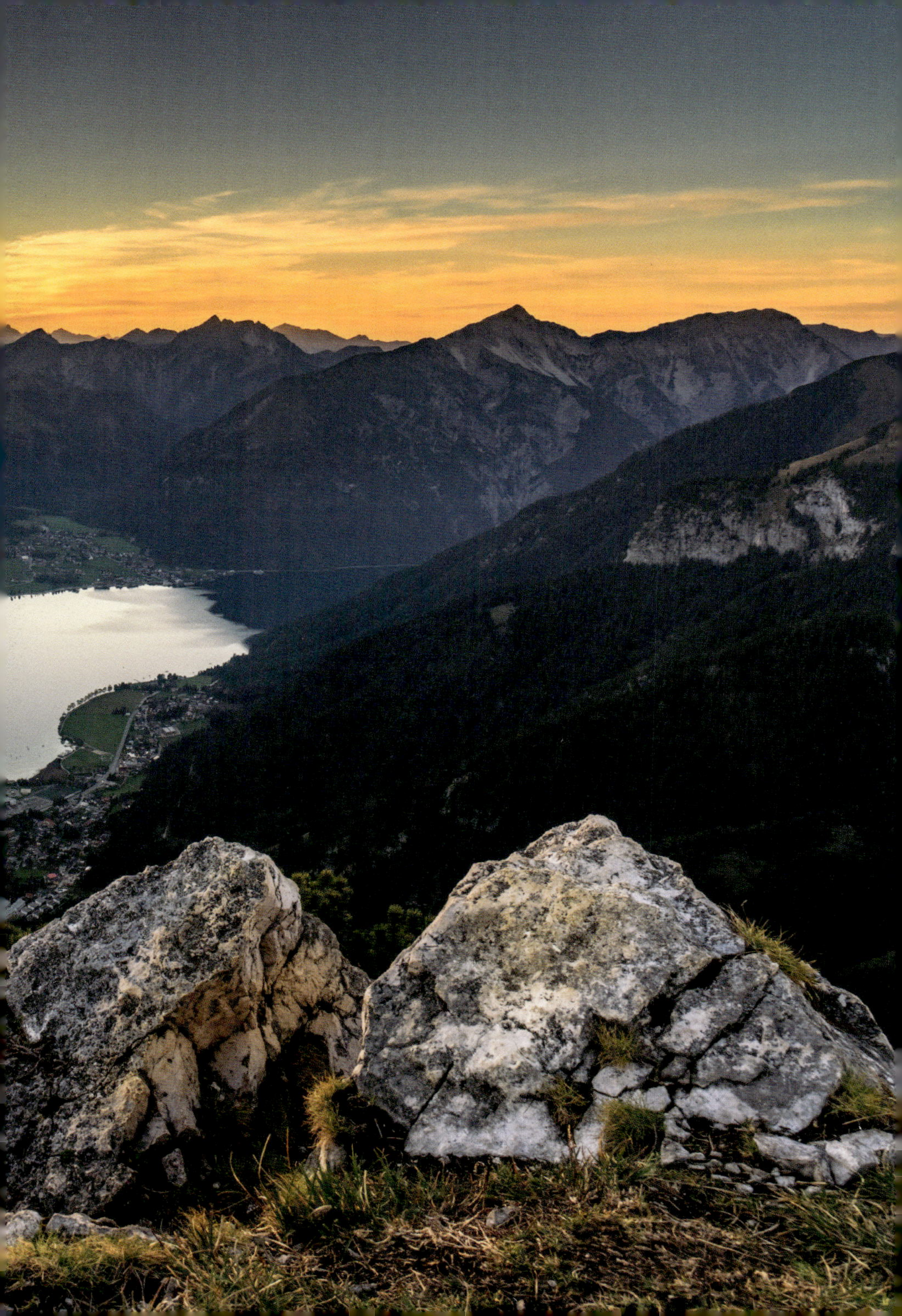

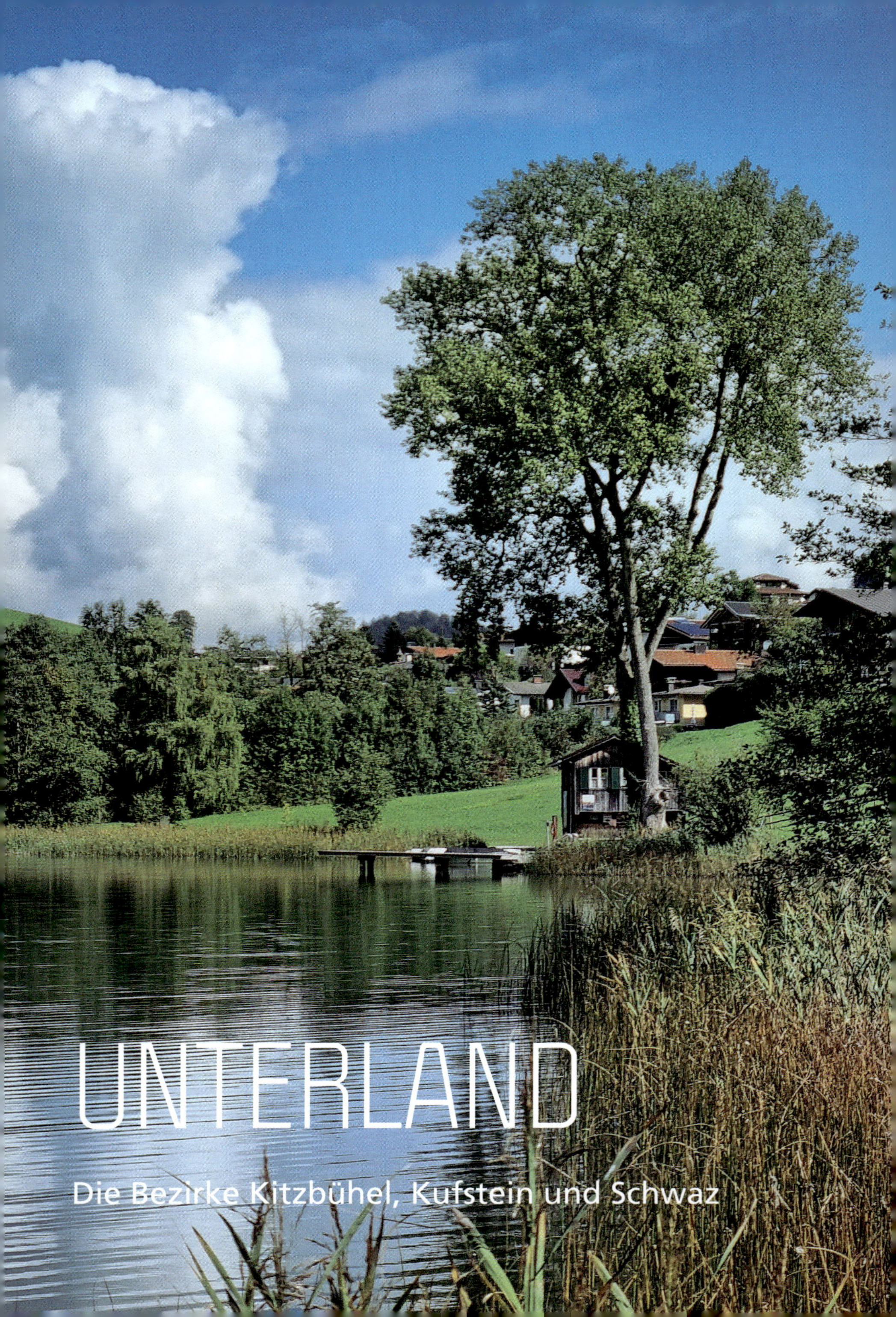

UNTERLAND

Die Bezirke Kitzbühel, Kufstein und Schwaz

Streng genommen liegt die Grenze zwischen Ober- und Unterinntal bzw. Ober- und Unterland bekanntlich an der Mellach in Kematen. Doch im Alltag wird das keineswegs so wahrgenommen. Das Unterland beginnt diffus irgendwo östlich von Wattens. Daher umfasst das Kapitel Unterland in diesem Buch die Bezirke Kitzbühel, Kufstein und Schwaz.
Speziell Kufstein und Kitzbühel sind geologisch-geographisch und damit auch „seentechnisch" eindeutig bevorzugt. Der Bezirk Kitzbühel liegt in der Grenzzone zwischen Nördlichen Kalkalpen und den Kitzbüheler Alpen. Besonders in den sanften Hügeln der Letztgenannten finden sich einige Seen, wie etwa der Schwarzsee oder der Pillersee, bequem in Tallagen. Der Bezirk Kufstein hingegen läuft nach Norden hin sanft in das Alpenvorland aus und auch hier liegen in der hügeligen Landschaft zahlreiche leicht erreichbare Badeseen: der Walchsee, der Hechtsee oder der Thiersee zum Beispiel.
Je weiter nach Westen man vorstößt, desto rauer wird die Gebirgslandschaft, und dementsprechend sind die Seen schon nicht mehr so leicht zugänglich. Mit einer großen Ausnahme: dem „Tiroler Meer" oder „Tiroler Fjord", dem Achensee.
Umgekehrt verhält es sich mit den Wasserfällen: In Kitzbühel und Kufstein sind sie – mit Ausnahme des Kaisergebirges – eher rar, im Bezirk Schwaz hingegen sprüht und rinnt und fällt das Wasser an allen Ecken und Enden. Hier ist auch die Gelegenheit, auf ein kleines Phänomen aufmerksam zu machen: Die Namensgebung bei Wasserfällen orientiert sich sehr oft an Akustik oder Aussehen. Was zur Folge hat, dass Fälle mit gleichen oder ähnlichen Namen immer wieder vorkommen. Etwa gibt es einen Schleierwasserfall bei Going am Wilden Kaiser und bei Hart im Zillertal. In diesem Buch fiel die Wahl auf den Erstgenannten. Aber auch einen Stuibenfall beziehungsweise Stuibenfälle findet man in Tirol mindestens dreimal: im Ötztal, im Pitztal und im Außerfern. Zwei davon haben hier Aufnahme gefunden.
Im hintersten Zillertal stößt man auch auf eine ganz besondere Art von „alpinen Gewässern": Stauseen. Da sie von Menschenhand geschaffen wurden, sind sie nicht primäre Ausflugsziele in diesem Buch, andererseits aber auch wegen ihrer Bedeutung und schieren Größe nicht einfach auszublenden. So haben sich in diesem Kapitel zwei Stauseen zu den Touren „verirrt": Einerseits der kleine Stimmersee bei Kufstein, dem man aber längst nicht mehr ansieht, dass er künstlich geschaffen wurde, und andererseits der imposante Schlegeis-Speicher im Zillertal, der Ausgangspunkt für eine besonders wasserreiche Wanderung auf das Pfitscherjoch ist.
Bei den Klammen hat das Gebiet schließlich ein paar ganz besondere Schmankerln zu bieten: Die bekannteste davon ist wohl die Kaiserklamm mit ihrer jahrhundertealten Tradition der Holztrift. Diese Art des Holztransportes wurde in vielen Gegenden Tirols gepflegt, doch an der Brandenberger Ache lässt sie sich noch am besten nachvollziehen. Von besonderem geologischem Interesse ist wiederum die Kundler Klamm. Was der Sage nach daran liegt, dass sich ein bösartiges Monster durch die Gesteinsschichten zwischen Wildschönau und Inntal gefressen hat. In Wahrheit war es freilich einfach der Zahn der Zeit, der Millionen von Jahre am Fels nagte.

Links: Ein Sommertag am Thiersee

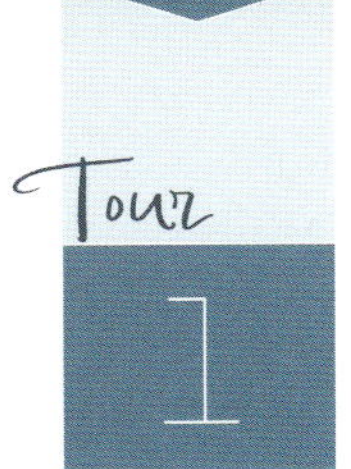

Tour 1

WILDSEELODERSEE

Die Top-Aussichtswarte

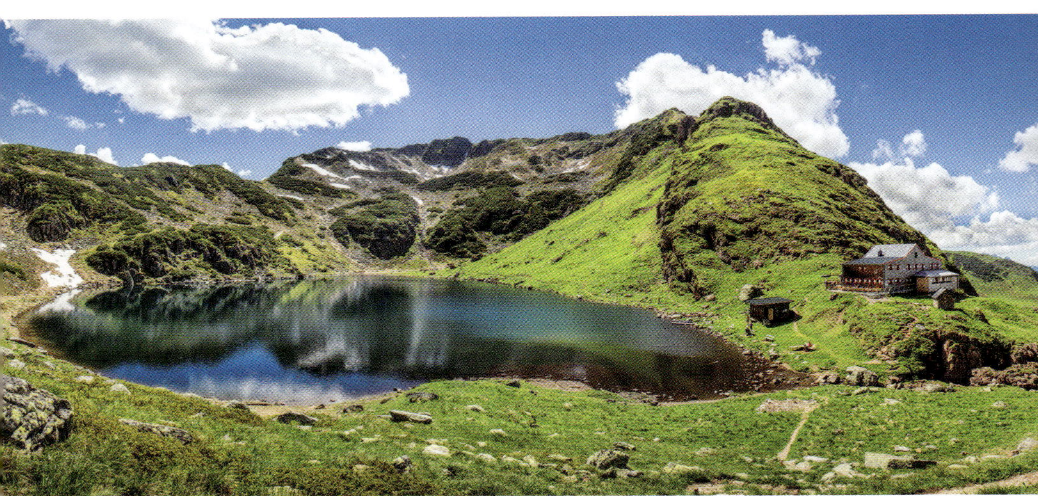

Anfahrt	**Mit den Öffis:** Mit dem Zug bis Fieberbrunn, umsteigen in den Bus 8302 (Fahrtrichtung Hochfilzen-Saalfelden), aussteigen bei der Haltestelle Fieberbrunn Bergbahnen. **Mit dem Pkw:** Auf der A 12 Inntalautobahn bis zur Ausfahrt Wörgl Ost oder Kufstein Süd, weiter nach St. Johann und von dort nach Fieberbrunn. Die Auffahrt zu den Bergbahnen befindet sich am östlichen Ortsende.
Ausgangspunkt	Parkplatz Lärchfilzkogelbahn
Dauer	ca. 2–2,5 Stunden Aufstieg, ca. 1,5 Stunden Abstieg
Höhen	Bergstation Lärchfilzkogelbahn 1654 m, Wildalm 1579 m, Wildseeloderhaus 1854 m, Wildseeloder 2119 m; Höhenunterschied: 540 Hm
Einkehrmöglichkeit	Wildseeloderhaus, Wildalm(en), Gastronomie an der Talstation der Lärchfilzkogelbahn
Kurzbeschreibung	Der Wildseelodersee ist ein ungemein beliebtes Fotomotiv, der über ihm thronende Wildseeloder-Gipfel bietet eine traumhafte Aussicht in alle Himmelsrichtungen. Mit Bahnunterstützung eine mittelschwere Bergtour.
Beste Jahreszeit	Am besten orientiert man sich an der Sommer-Betriebszeit der Bahn: Ende Mai bis Ende Oktober.

Der Wildseelodersee ist mit Bahnhilfe leicht zu erreichen und der „dazugehörige" Gipfel ist einfach die Aussichtswarte schlechthin: freie Sicht in alle Richtungen.

Doppelt gemütlich beginnt unsere Bergtour zum Wildseeloder: Zuerst nehmen wir die Dienste der Fieberbrunner Lärchfilzkogelbahn in Anspruch. Und oben, auf dem Lärchfilzkogel, angekommen, geht es erst einmal noch bergab! Der Weg ist anfänglich breit, ganz offensichtlich auch als Spazierweg für weniger bergaffine Menschen gedacht. Deren Ziel sind die Wildalmen, ein kleines Almdorf in einer Senke südlich des Lärchfilzkogels. Hier gibt es unter anderem eine Käserei. Doch die dort erzeugten Köstlichkeiten lassen uns (vorerst jedenfalls) kalt. Denn ab der Wildalm beginnt der etwa einstündige Aufstieg zum Wildseeloderhaus. Auch dieser Steig ist viel begangen und mit Steinmännchen und der einen oder anderen Bank gesäumt. Insgesamt also keine alpine Schwierigkeit.

Das Wildseeloderhaus liegt gut sichtbar in einer Senke zwischen Henne und Wildseeloder. Und in ebendieser Senke befindet sich auch der Wildseelodersee. Ob er nun „Wildsee" oder „Wildseelodersee" heißt, darüber scheiden sich die Geister. Auf der Homepage des Schutzhauses wird er als „Wildseelodersee" bezeichnet. Und dort sollten sie es ja wissen. Doch wie auch immer: Es ist ein kleines, schnuckeliges Gewässer, ein Karsee beherrscht vom Wildseeloder. Als Loder wird im Tiroler Unterland ein gestandenes Mannsbild bezeichnet. Und mit einem solchen verband man wohl bei der Namensgebung den Berg westlich des Sees. Jedenfalls wandern wir nun am westlichen Ufer des Wildseelodersees entlang und steigen an dessen Ende in wenigen Serpentinen zu einem kleinen Sattel, dem Seenieder, auf. Hier eröffnet sich uns erstmals der Blick nach Süden zu den Tauern. Aber zum Panorama kommen wir später noch einmal.

Vom Sattel führt nun rechts ein Steig aufwärts, wir gehen den Kessel oberhalb des Sees nach Nordwesten retour. Das Gelände ist überwiegend leicht schottrig und von Latschen gesäumt. Trittsicher sollte man auf den letzten Metern auf dem Grat zum Gipfel des Wildseeloders sein. Und hier kommt wieder die Aus-

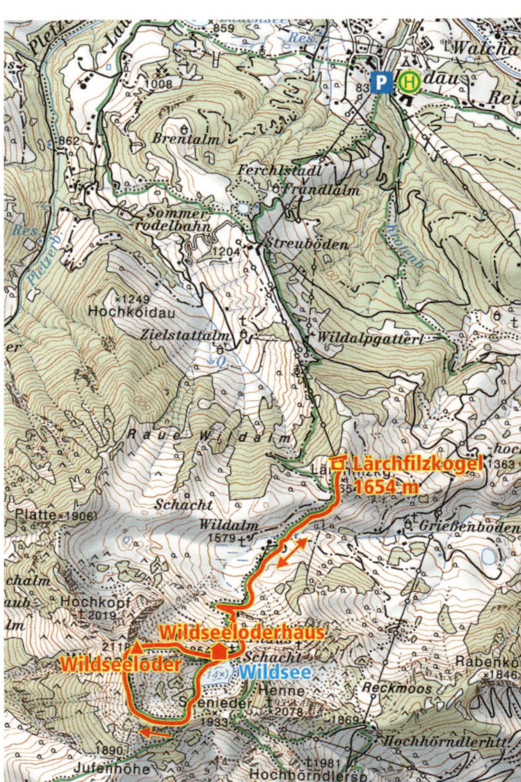

Links: Von der Henne hat man einen guten Blick auf den Wildseeloder.

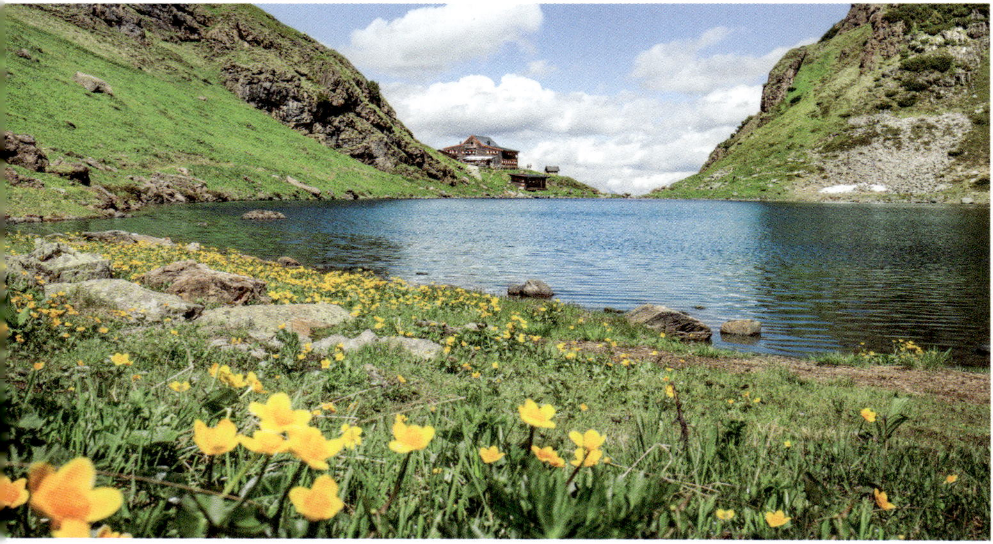

sicht ins Spiel, die einfach großartig ist. Der Blick kann 360 Grad schweifen: nach Nordwesten zum Wilden Kaiser, nach Norden zu den Loferer Steinbergen, dann weiter nach Osten in Richtung Leoganger Steinberge und Hochkönig. Im Süden erstrecken sich die Hohen Tauern: In diesem Gipfelmeer den Großglockner zu finden, ist ein beliebtes Ratespiel unter allen, die so am Gipfel sitzen und stehen. Ist es der geradeaus? Oder doch der etwas weiter rechts hinten?

Doch schließlich lösen wir uns wieder vom Panorama. Nach wenigen Metern auf dem Aufstiegsweg zweigen wir nach Osten ab. Nun geht es nämlich ziemlich gerade hinunter zum Wildseeloderhaus. Nach einigen Metern auf dem grasigen Grat wandern wir durch das sogenannte Tor und dann am Fuß der Seewand entlang zurück zum See. Auch hier ist das Gelände wieder leicht schottrig. Auf der Terrasse des Wildseeloderhauses kann man den See dann noch einmal auf sich wirken lassen, ehe es auf dem Aufstiegsweg samt kleinem Gegenanstieg zurück zur Bergbahn geht.

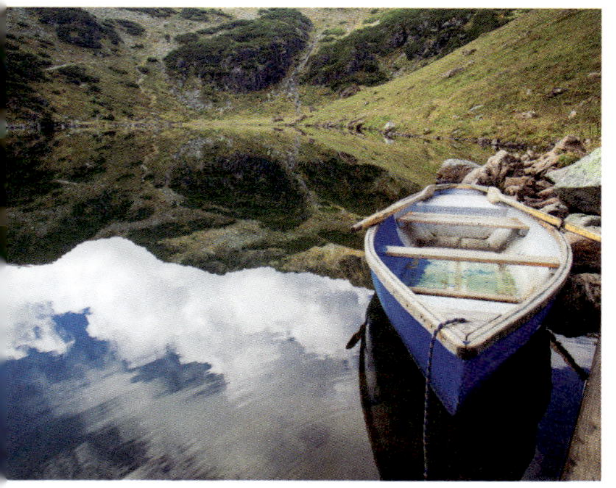

Links und oben: Auf dem Wildseelodersee ist auch eine Bootsfahrt möglich.

Rechts:
Der Walchsee lockt nicht nur zum Baden.

Tour

2

WALCHSEE

Vom See zum See

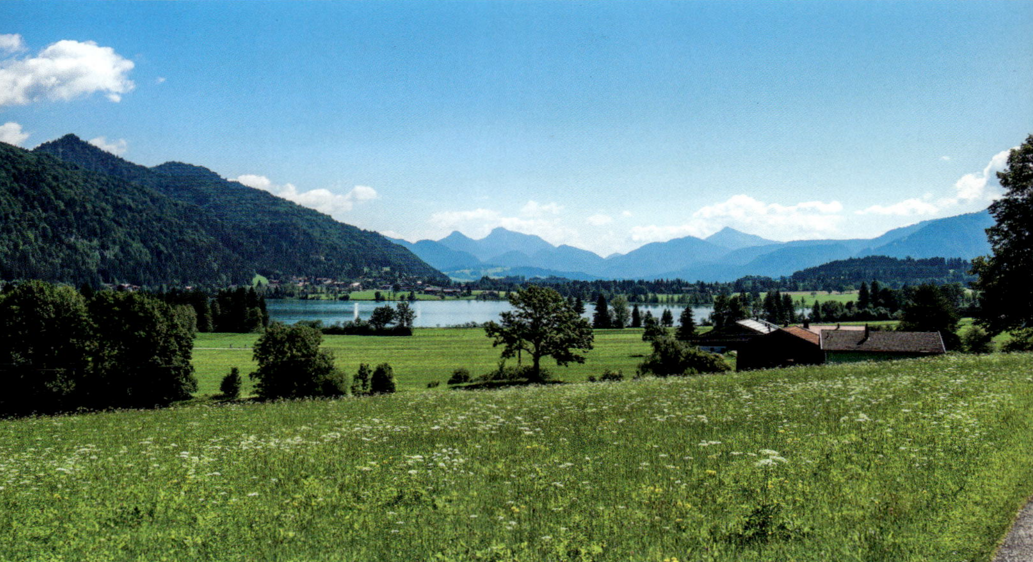

Anfahrt	**Mit den Öffis:** Mit dem Zug bis Kufstein Bahnhof, dort umsteigen in den Bus 4030 und bis nach Kössen/Kranzach fahren. **Mit dem Pkw:** Auf der A 12 über die deutsche Grenze bis zur Ausfahrt Oberaudorf, weiter nach Sebi/Durchholzen zum Walchsee. Nach dem See bei der Ortstafel Kössen rechts zum Strandbad Ost abbiegen, ab hier ist es eine Einbahnstraße, die einen direkt zum gebührenpflichtigen Wanderparkplatz führt.
Ausgangspunkt	Wanderparkplatz in Kössen
Dauer	ca. 1,5 Stunden Aufstieg, ca. 1,5 Stunden Abstieg/Rückweg
Höhen	Walchsee 658 m, Lippenalm 955 m, Ebersberg 1164 m; Höhenunterschied: ca. 500 Hm
Einkehrmöglichkeit	Lippenalm, Südsee, Lokale in Walchsee bzw. Kössen
Kurzbeschreibung	Anfangs etwas steile, später aber sehr gemütliche Bergtour, bei der man fast immer den Walchsee im Blick hat
Beste Jahreszeit	Am besten hält man sich an die Sommer-Öffnungszeiten der Lippenalm: Mitte April bis Ende Oktober.

Eine leichte Wanderung führt – fast immer den Walchsee im Blick – auf den Ebersberg. Dort verzaubern einen die liebliche Almlandschaft und das Kaiser-Panorama.

In der Regel ist bei unseren Wanderungen ein See oder Wasserfall das Ziel. Ausnahmsweise ist es hier nun umgekehrt: Wir wählen den Walchsee als Ausgangspunkt und kehren zu diesem zurück. Der Start erfolgt am nordöstlichen Seeufer am Ortsbeginn von Kössen, von wo aus wir zuerst auf dem asphaltierten Spazierweg in Richtung Süden gehen. Wer mit dem Pkw kommt, fährt dieses Stückchen noch.

Ab dem großen Parkplatz wandern wir dann auf einem geschotterten Weg weiter, vorbei an Feuchtwiesen, bis wir neuerlich auf eine schmale Straße treffen. Hier geht es rechts zum See, wir zweigen aber links ab und wandern wenige Meter bis zu einem allein stehenden Bauernhof. Dort beginnt der Aufstieg zur Lippenalm, gleich einmal am Waldrand finden wir eine sehr einprägsame Markierung in einem aufgestellten schmalen Stein mit einem Loch – er war wohl einmal eine Art steinerner Zaunpfahl. Ab hier wird es für etwa eine halbe Stunde ziemlich steil, aber man sollte sich nicht beirren lassen, auch wenn Wegmarkierungen oft nur spärlich zu finden sind. Schließlich tritt man durch ein eisernes Drehkreuz auf freie, aber immer noch steile Weideflächen und trifft dann bald auf einen Forstweg. Während dieser ganzen Zeit schimmert stets der Walchsee verlockend durch die Bäume.

Auf dem breiten Wirtschaftsweg sind es nun noch zwei Kehren bis zur Lippenalm, auf der man neben diversen Schmankerln auch eine wunderbare Aussicht zum See und in Richtung Bayern genießen kann. Ab hier wird der Aufstieg wieder zum Steig, der ist allerdings viel begangen und einfach. Wir wandern nun in etwa 30 Minuten auf einen Sattel und erst hier verschwindet der See aus unserem Blickfeld. Nach Westen zu steigen wir nun

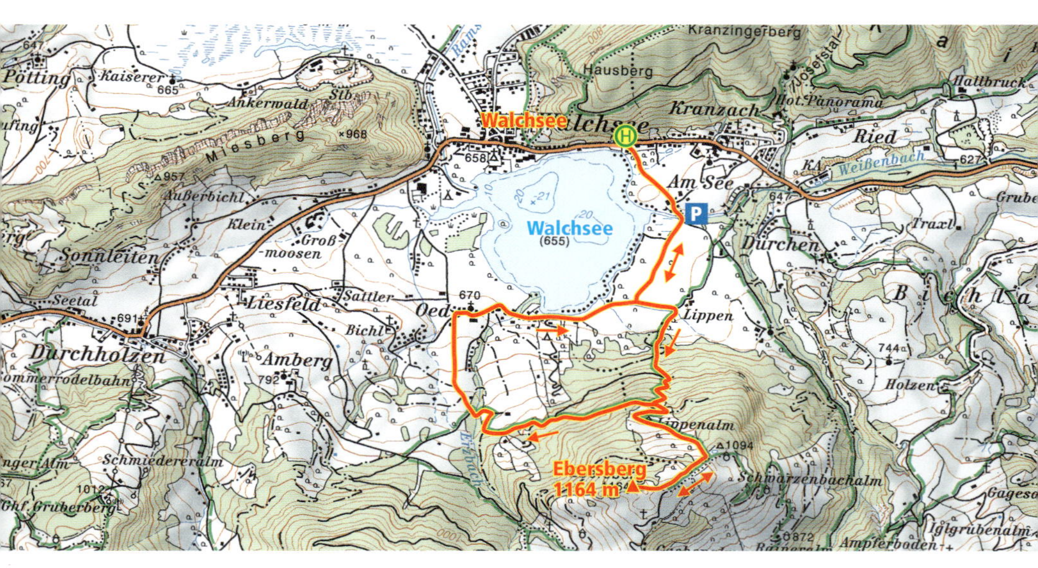

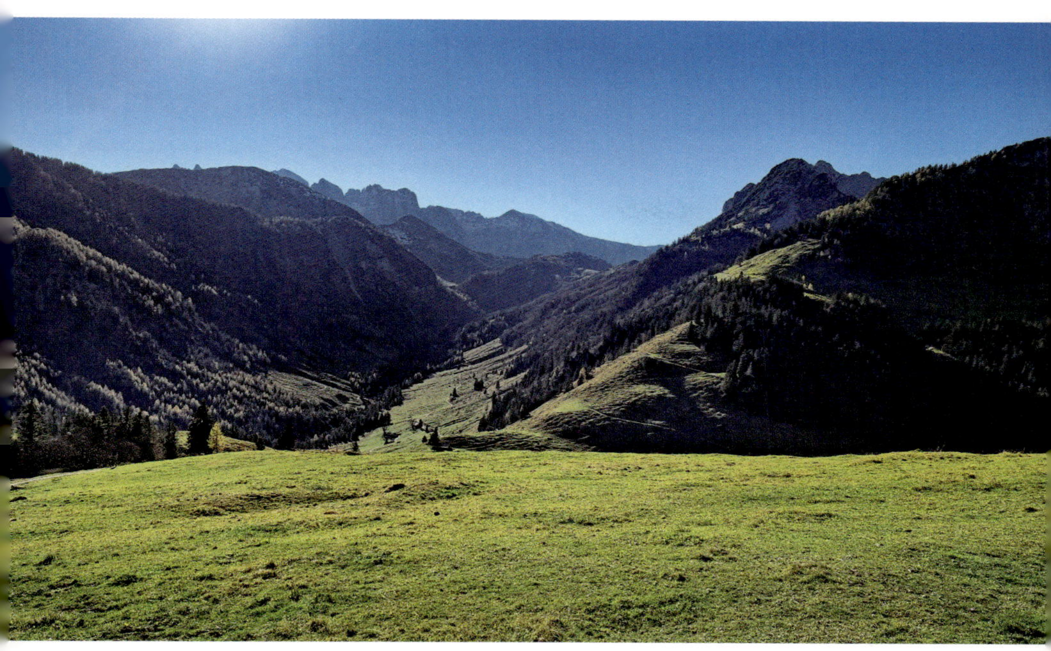

nur mehr ein paar Meter höher, ehe wir auf eine nahezu ebene Almfläche kommen. Nach Südwesten tut sich nun schon der Blick in Richtung Kaiser, hin zum Stripsenkopf, auf. Welcher von den kleinen Mugeln auf der Grasfläche nun tatsächlich der höchste und damit der Ebersberg ist, das ist schwer zu sagen. Auf einem der Hügel steht jedenfalls – aus Stöcken gebastelt – ein kleines Kreuz. Aber wer weiß, ob das größere Schneemengen oder einen ordentlichen Sturm aushält und nicht Jahr für Jahr verschwindet?

Für den Abstieg kehren wir über die bekannte Strecke zur Lippenalm zurück, nehmen danach aber nicht mehr den steilen Aufstiegsweg, sondern bleiben auf der Forststraße. Diese führt nun bis nach Oed, ans westliche Ende des Walchsees. Wer ohne Auto unterwegs ist, kann von hier nach Norden zum Ort Walchsee und zum Bus wandern. Wer wieder zum Ausgangspunkt der Tour zurück muss, der wendet sich nach rechts bzw. Osten, spaziert an alten, gemütlichen Bauernhäusern und modernen Wohnungen mit Seegrundstück vorbei, passiert den Campingplatz, auf dem es noch einmal eine Einkehrmöglichkeit mit dem passenden Namen Südsee gibt, und kommt so wieder an das Ostufer des Sees. Hier ist auch die Gelegenheit günstig, im Sommer am Badestrand einen schnellen Sprung ins Wasser zu machen. Es gibt mehrere öffentliche, allerdings kostenpflichtige Badestrände am See: Badewiese Süd, Seemühle, Seepromenade, Badestrand Ost (mit eigener Badestelle für Hunde).

Oben: Der Blick in Richtung Stripsenkopf und Wilder Kaiser

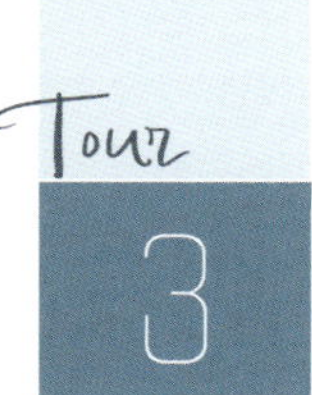

SCHLEIERWASSERFALL

Hinter den Wassertropfen

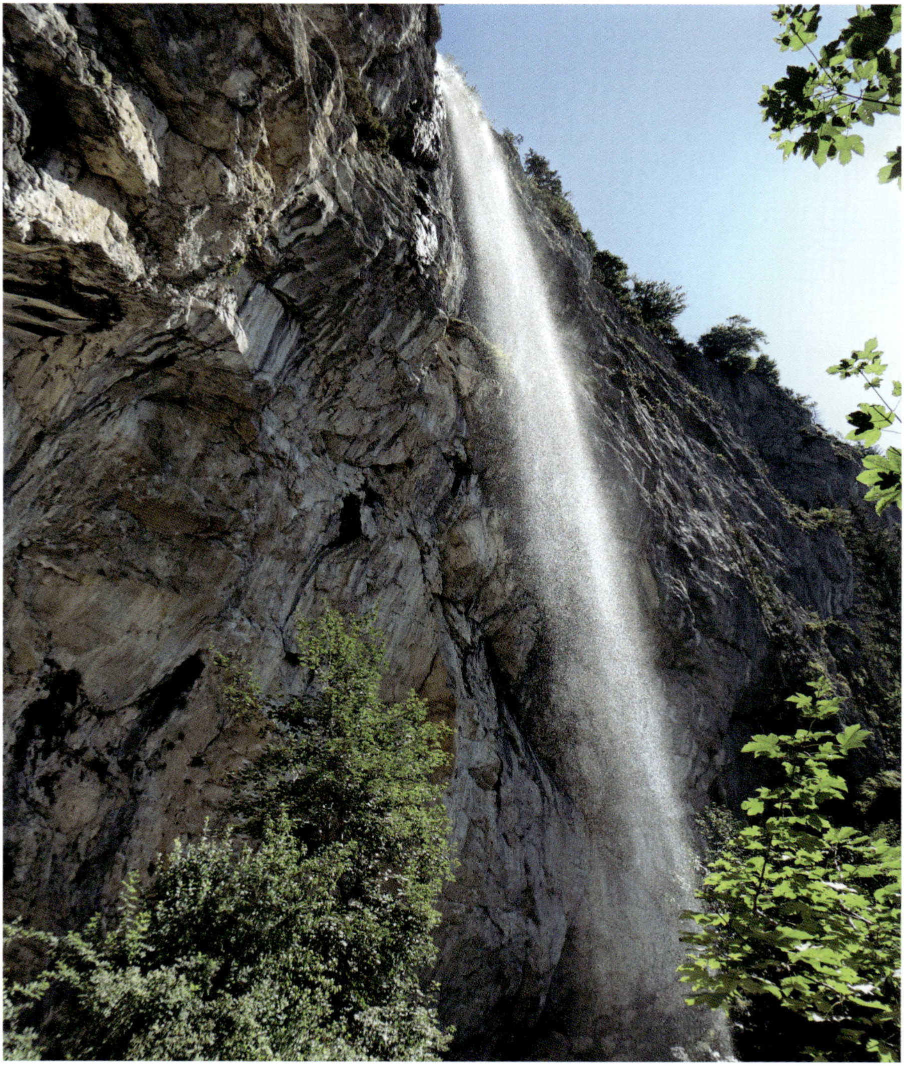

Anfahrt	**Mit den Öffis:** Mit der Bahn bis Wörgl, Weiterfahrt mit Bus 4060 bis Going, Haltestelle Stanglwirt. Alternativ mit dem Zug bis Kitzbühel und mit dem Bus 4006 nach Going, Haltestelle Stanglwirt. Die Anreise mit dem Bus verlängert die Gehzeit pro Richtung um ca. 45 Minuten. Es besteht aber im Sommer auch die Möglichkeit, zu einem günstigen Tarif das Ruftaxi Ellmau-Going zu benutzen, das einen bis zum Wanderstartplatz Hüttling bringt bzw. von dort abholt. **Mit dem Pkw:** Anreise über die A 12, Ausfahrt Wörgl Ost oder Kufstein Süd, Weiterfahrt bis Going. Beim Stanglwirt abbiegen nach Prama, bei der nächsten Straßengabelung dem Schild Badesee folgen. Bei allen weiteren Abzweigungen ist der Parkplatz Hüttling dann ausgewiesen.
Ausgangspunkt	Parkplatz Hüttling
Dauer	ca. 1,5 h Aufstieg, ca. 1 h Abstieg
Höhen	Parkplatz Hüttling 820 m, Schleierwasserfall 1157 m, Stiegenbachwasserfall 1236 m, Graspoint-Niederalm 981 m; Höhenunterschied: ca. 420 Hm
Einkehrmöglichkeit	Graspoint-Niederalm
Kurzbeschreibung	Eine einfache Rundtour, deren Höhepunkt das großartige Naturschauspiel Schleierwasserfall ist, die aber auch durch ihren Blick auf die mächtigen Südwände des Wilden Kaisers beeindruckt
Beste Jahreszeit	Mai bis Spätherbst. Im Frühjahr führen die Fälle natürlich mehr Wasser.

Der Schleierwasserfall im Wilden Kaiser macht seinem Namen alle Ehre. Sitzt man hinter ihm, kann man die Gegend durch ein fein gesponnenes Gewebe aus Wassertropfen betrachten. Und auch der benachbarte Stiegenbachfall hält, was er verspricht.

Die Tour startet beim kostenpflichtigen Wanderparkplatz Hüttling. Schon nach wenigen Metern auf der breiten Schotterstraße aufwärts zeigen sich einem zum ersten Mal die gewaltigen Südwände des Wilden Kaisers, der Traum oder auch Albtraum vieler Alpinistinnen und Alpinisten. Nach einer kurzen Strecke entlang des Baches geht es rechts über eine Brücke. Bald darauf gabelt sich der Weg neuerlich. Hier muss man die Entscheidung treffen, ob man auf dem breiten Forstweg oder auf einem Waldsteig in Richtung Schleierwasserfall wandern möchte. Der Schotterweg (818a) führt in einem weiten Bogen gemütlich rund um das Hüttlmoos, man kommt auch an einer Aussichtsplattform mit Hinweistafeln zum Moor vorbei. Der Waldweg (818) hingegen beginnt wenige Meter oberhalb des Forstweges an einem metallenen Kuhgatter. Er ist natürlich steiler, teils mit Treppen „entschärft". Kurz vor der Niederen Regalm – die man allerdings nicht direkt passiert – treffen sich beide Aufstiegsvarianten wieder.

Nun geht es für alle auf dem Forstweg höher, bis links der Waldweg zum Schleierwasserfall abzweigt. Hier folgt ein kurzes, etwas ausgesetztes Stück mit einer Seilversicherung. Insgesamt ist der Weg aber nicht schwierig. Schließlich steht man unterhalb einer überhängenden Felswand und sieht erstmals den Schleierwasserfall. Dabei beeindruckt vor al-

Links: Bei Wind wird das Wasser zum dünnen Schleier.

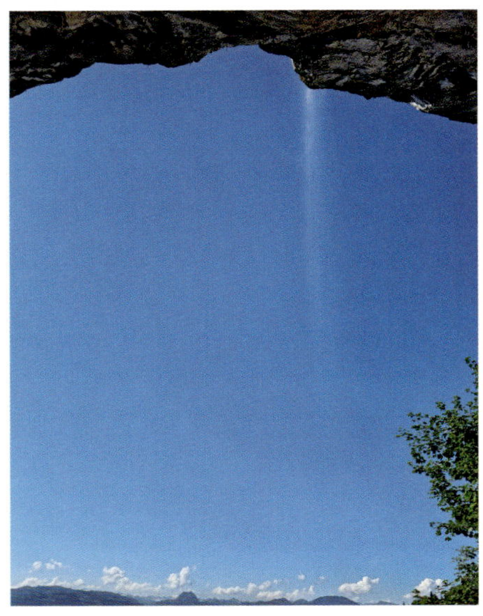

lem, dass das Wasser nicht über irgendwelche Steine rauscht, sondern 60 Meter im freien Fall zurücklegt. Je nach Windstärke bildet sich dabei ein feiner Sprühnebel, der tatsächlich wie ein dünner Schleier wirkt. Unter der überhängenden Wand gibt es auch jede Menge Sitzgelegenheiten, um das Naturschauspiel im Gegenlicht in aller Ausführlichkeit betrachten zu können. Im Hintergrund hat man dabei die Kitzbüheler Alpen.

Die überhängenden Wände sind ein beliebtes Klettergebiet, dementsprechend viele Expressschlingen hängen im Fels. Hier wurde auch Alpingeschichte geschrieben: Die 1996 von Alexander Huber erstbegangene Route „Open Air" ist vermutlich die erste im Schwierigkeitsgrad 11+, die durchstiegen wurde.

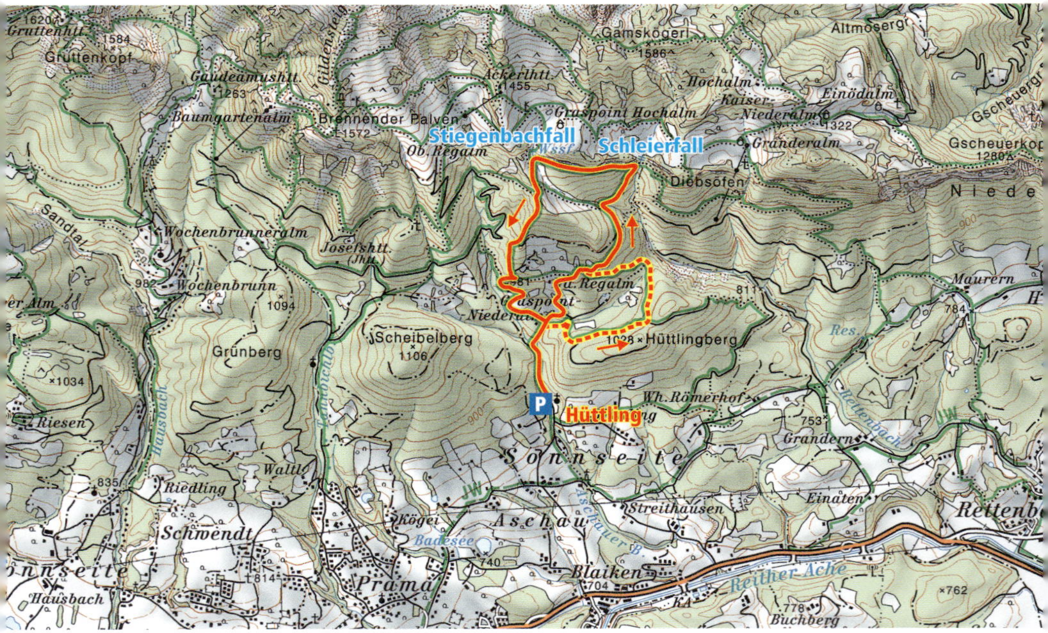

Ganz so schwierig ist unser Weiterweg zum Glück nicht: Es geht nun steil nach Westen aufwärts, der Felswand entlang. Hier ist auch tatsächlich das einzige schweißtreibende, weil nicht beschattete, Teilstück dieser Tour. Wir folgen dabei

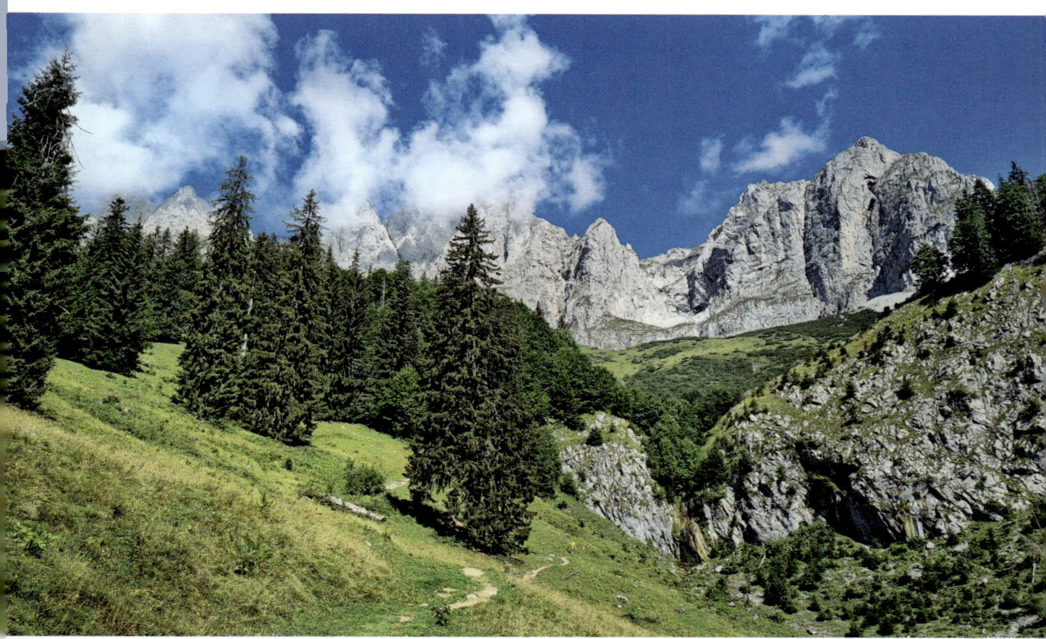

den Wegweisern zur Ackerlhütte, auch wenn unser nächstes Ziel eigentlich der Stiegenbachwasserfall ist. Dieser befindet sich etwa 20 Minuten weiter am Ende des Felsriegels, an dem wir uns entlangbewegen. Er ist längst nicht so beeindruckend wie der Schleierwasserfall, fließt aber in mehreren Stufen über die Felsen. Und man hat neuerlich einen gewaltigen Ausblick auf die abweisenden Wände des „Koasas". Wer mag, kann von hier noch ca. 200 Höhenmeter bis zur Ackerlhütte aufsteigen. Wir entscheiden uns aber für den Weg nach unten zur Graspoint-Niederalm. Der führt wieder durch schattigen Wald, der Steig ist gut begangen, zuweilen sind auch Stufen gelegt. Erst unmittelbar bei der Alm kommen wir wieder auf eine Wiese.

Hier lohnt sich nun eine Einkehr mit einem herrlichen Ausblick in Richtung Kitzbühel und auf die Tauernkette dahinter. Sollte geschlossen sein, verdurstet man dennoch nicht: Im Brunnentrog liegen in der Regel gut geordnet Bier, Radler und Limo. Die Kasse zum Entrichten des Obolus steht daneben.

Ab der Alm geht es nun wieder auf einem Forstweg abwärts und bald kommen wir zur Abzweigung, an der wir uns beim Aufstieg für eine Variante hatten entscheiden müssen. Von dort sind es dann nur mehr wenige Minuten bis Hüttling.

Der erste Teil der Runde lässt sich übrigens auch gut per Bike & Hike machen. Der Forstweg ist in ausgezeichnetem Zustand und reicht bis ca. 15 Gehminuten unter den Schleierwasserfall.

Links: Im Gegenlicht scheint der Wasserfall fast nur ein Faden zu sein.

Oben: Der Stiegenbachfall (Bildmitte), dahinter die Kaiser-Wände

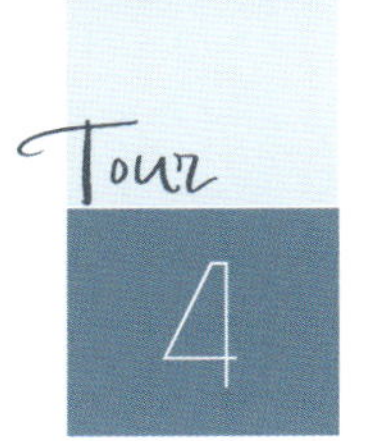

HINTERSTEINER SEE

Am Fuße des Wilden Kaisers

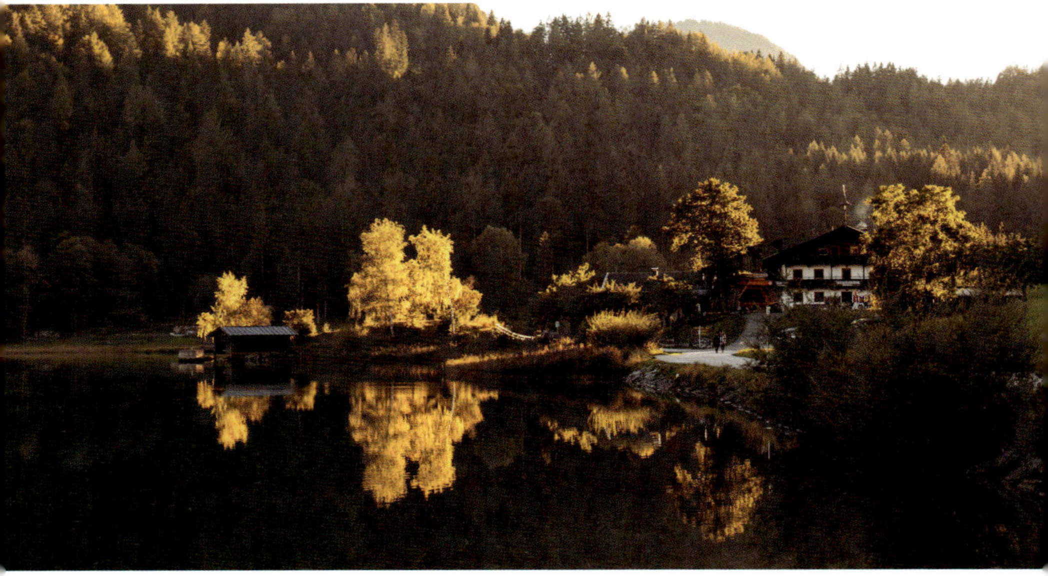

Anfahrt	**Mit den Öffis:** Mit der Bahn bis Kufstein. Dort umsteigen in den Regionalbus 4902, aussteigen bei der Haltestelle Söll-Steinerne Stiege. Die An-/Abreise mit dem Bus verlängert die genannte Gehzeit nur um 15 bis 20 Minuten. **Mit dem Pkw:** A 12, Ausfahrt Kufstein Süd, dann weiter auf der B 173 Eibergbundesstraße. Nach dem Zementwerk zweigt links eine Straße – Hinweisschild „Deponie" – zum Parkplatz Walleralm ab.
Ausgangspunkt	Parkplatz zur Walleralm an der Eibergbundesstraße
Dauer	ca. 2–2,5 Stunden Aufstieg, ca. 1,5 Stunden Abstieg
Höhen	Parkplatz ca. 680 m, Hintersteiner See 882 m, Walleralm 1172 m, Kreuzbühel 1201 m; Höhenunterschied: ca. 520 Hm
Einkehrmöglichkeit	Mehrere Gasthäuser am See, Stöfflhütte, Walleralm, Kafma Alm
Kurzbeschreibung	Anfangs über Treppen ein steiler, kurzer Aufstieg, danach aber eine einfache und herrliche Tour am Hintersteiner See entlang und zur Walleralm
Beste Jahreszeit	Anfang April bis Mitte November hat die Alm geöffnet (je nach Schneelage).

Am Hintersteiner See mit seinen Ausflugsgasthäusern scheint ein wenig die Zeit stehengeblieben zu sein. In seinem kristallklaren Wasser spiegeln sich die Zacken des Wilden Kaisers. Ideal für eine See-Bade-Alm-Wanderung.

Ausgangspunkt unserer Wanderung ist der Walleralm-Parkplatz an der Eiberg-Bundesstraße. Nach einigen Metern auf dem breiten Forstweg verlassen wir diesen und folgen dem Hinweisschild zur Steinernen Stiege. Nach kurzer Zeit kommt hier auch der Weg von der Bushaltestelle an der Bundesstraße herauf, falls man mit den Öffis anreist.

Nun geht es am Druckrohr des 1904 errichteten Kraftwerks steil bergauf. Die Stufen sind keineswegs wie der Name vermuten lässt, nur aus Stein, sondern auch aus Holz und Alu. Auf diesem Stück ist Trittsicherheit erforderlich und man kann ganz schön ins Schwitzen geraten. Aber zum Glück währt die Plagerei nur kurz. Nach rund 20 Minuten erreicht man die ersten Wiesen und scheint in einer anderen, heileren Welt angekommen: Bauernhöfe, einige alte Obstbäume, Ruhe. Vom Hagenhof wandern wir über eine Wiese zur Jausenstation Maier und sehen von der leichten Anhöhe zum ersten Mal den Hintersteiner See vor uns liegen. Wir nehmen nun aber nicht die Straße direkt hinunter zum See, sondern halten uns rechts und gelangen so auf den Seeweg am südlichen Ufer. So wandern wir, die stolzen Gipfel des Wilden Kaisers im Blick, meist gut beschattet am See entlang.

Wem allerdings der Sinn nach einem Bad steht, der/die nimmt besser den Weg über die Straße auf der Nordseite, denn dort liegt das Freibad.

Links: Blick zur Jausenstation Goingstätt

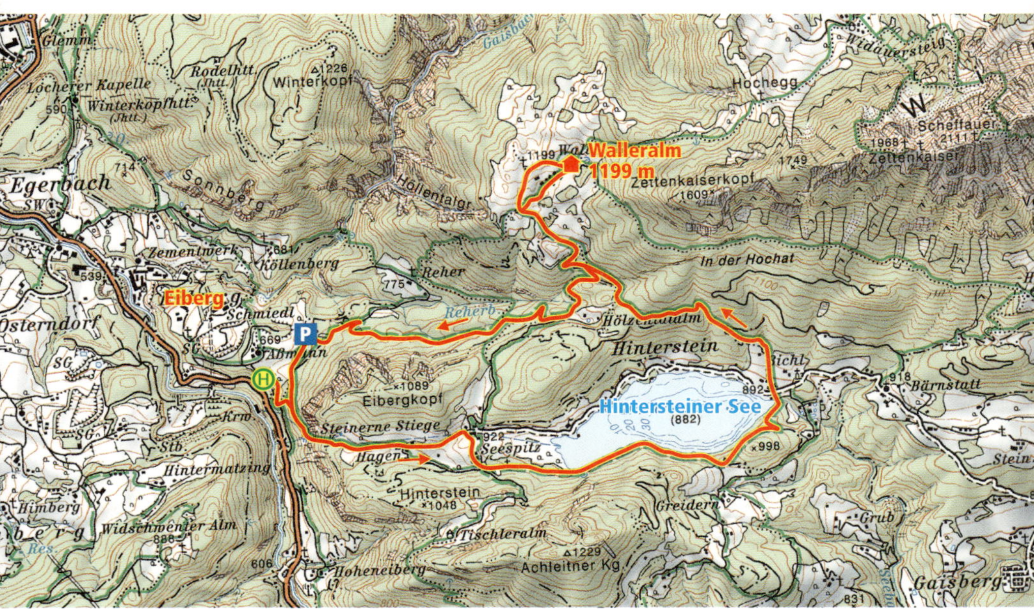

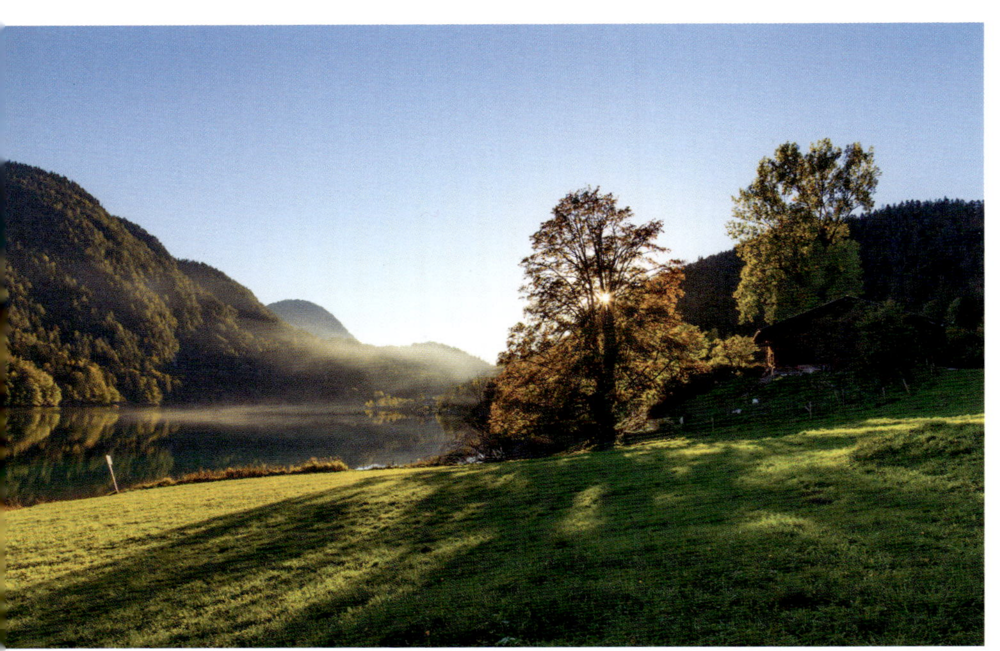

Wie auch immer, die Wege treffen beim Seestüberl zusammen. Dort entscheiden wir uns für den Steig 45a zur Walleralm. Dieser führt angenehm durch den Wald und mündet erst kurz unterhalb des Almendorfes in einen breiten Schotterweg. Auf dem kann man – gelenkschonend – bleiben oder noch einmal eine Abkürzung nehmen, ehe man bei den Almen angelangt. Während die Kafma Alm und die Walleralm „echt" sind, handelt es sich bei der Stöfflhütte um eine auf alt getrimmte Gastronomie. Welche Art von Einkehr man bevorzugt, muss jede/r für sich entscheiden.

Wir wandern jedenfalls zur Walleralm, die in dem kleinen Almdorf am höchsten liegt. Von dort sind es dann nur mehr wenige Meter bis zum Kreuzbühel. Der kleine Abstecher lohnt sich. Nicht nur weil man noch billig einen Gipfel „abstauben" kann, sondern weil man einen grandiosen Blick in Richtung Inntal und auf den Kamm vom Pendling hat. Oder auch nach Westen, gegen Wörgl und weiter.

Zum Abstieg nehmen wir nun die breite Schotterstraße, gehen aber nicht mehr zurück bis zum Hintersteiner See, sondern zweigen davor schon rechts ab in Richtung Walleralm-Parkplatz. Der Weg ist breit, einfach und schattig, man kommt rasch voran. Schließlich gelangen wir wieder zum Auto. Wer mit dem Bus gekommen ist, muss noch einmal dem Wegweiser zur Steinernen Stiege folgen, um wieder zu dem Steig zu gelangen, der zur Bushaltestelle an der Eiberg-Bundesstraße führt.

Oben: Hintersteiner See im Herbstlicht

Rechts: Die Grießbachklamm ist beliebt bei Jung und Alt.

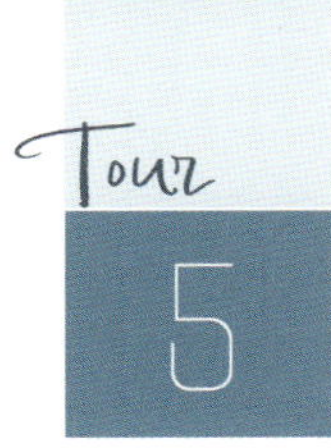

GRIESSBACHKLAMM

Eine richtige Familienschlucht

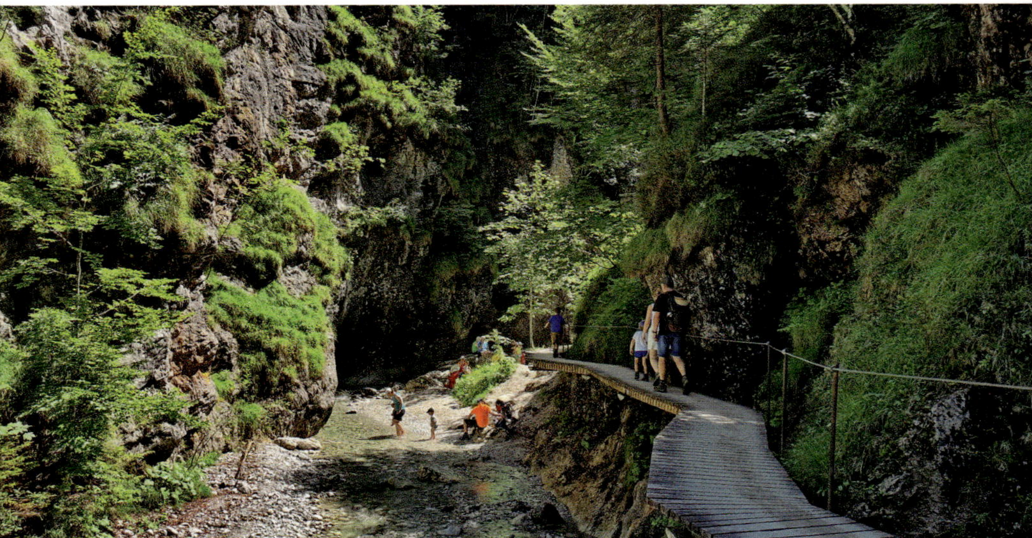

Anfahrt	**Mit den Öffis:** Mit der Bahn nach St. Johann in Tirol, von dort mit dem Regionalbus 4012 bis zur Haltestelle Grießbachklamm. **Mit dem Pkw:** Auf der A 12 bis Wörgl Ost, dann weiter über St. Johann nach Erpfendorf. Gut ausgeschilderter kostenpflichtiger Parkplatz auf der rechten Straßenseite. Achtung, es gibt dort noch ein paar kleinere Parkplätze, die ebenfalls kostenpflichtig sind, auch wenn nicht eigens darauf hingewiesen wird. Tickets gibt es beim Hauptparkplatz.
Ausgangspunkt	Parkplatz an der Bundesstraße in Erpfendorf
Dauer	Kleine Grießbachrunde ca. 1,25 h, Große Grießbachrunde ca. 2,5 h, Grießbachklamm-Almenrunde ca. 4,5 h
Höhen	Kl. Grießbachrunde: ca. 100 Hm, Gr. Grießbachrunde: ca. 250 Hm Almenrunde: ca. 550 Hm
Einkehrmöglichkeit	Hotel Lärchenhof, bei der Almenrunde Angerlalm, Huberalm
Kurzbeschreibung	Je nach Strecke ein längerer Spaziergang oder eine ausführliche Wanderung. Die Klamm selbst ist ideal für die ganze Familie.
Beste Jahreszeit	Frühjahr bis Spätherbst, Vorsicht auf den Holzstegen bei Nässe!

Die Grießbachklamm ist – auch wenn es nach einem Klischee klingt – ideal für Groß und Klein: Sie bietet Spiel- und Badegelegenheiten ebenso wie die Möglichkeit zu einer ausgiebigen Wanderung.

Unsere Wanderung beginnt, egal ob wir mit dem Auto oder dem Bus ankommen, an der Loferer Bundesstraße in Erpfendorf. Der Bereich, wo der Grießbach unter der Straße durchfließt, wurde 2022 neugestaltet und hochwassersicher gemacht. Wir starten unsere Tour von hier aus auf einem breiten Schotterweg, der am Bach entlang zum Beginn der Klamm führt. Dort steht eine große Informationstafel, auf der man sich über die Varianten, aber auch allfällige Gefahren informieren kann. Denn eines ist an dieser Klamm auffällig: Geländer gibt es auf den Stegen nur hangseitig, zum Wasser bzw. zur Schlucht hin gibt es keine Sicherung. Dafür sind alle aber auch sehr breit angelegt.

Aber wandern wir nun endlich los. Gleich am Anfang quert man eine erste Hängebrücke, die schon ganz schön schaukelt. Danach beginnen die ersten hölzernen Stege entlang des Wassers, das klar und munter unter einem dahinplätschert. Es ist längst nicht so wuchtig und teilweise auch furchteinflößend wie in anderen Klammen, sondern äußerst friedlich. Darum spielen auch an vielen flachen Stellen Kinder im Wasser, bauen Staudämme, lassen Boote schwimmen. Nach einer zweiten Hängebrücke zweigt die „Kleine Grießbachrunde" dann ab und führt auf einem anderen Weg wieder an den Ausgangspunkt zurück.

Entscheidet man sich für die „Große Grießbachrunde", geht man nach der Hängebrücke weiter in die Schlucht hinein und gelangt zu mehreren, immer größer werdenden Wasserfällen. Die werden zwar durch Wehranlagen verursacht, aber schön sind sie allemal. Nach dem letzten, größten Fall kommt man zu

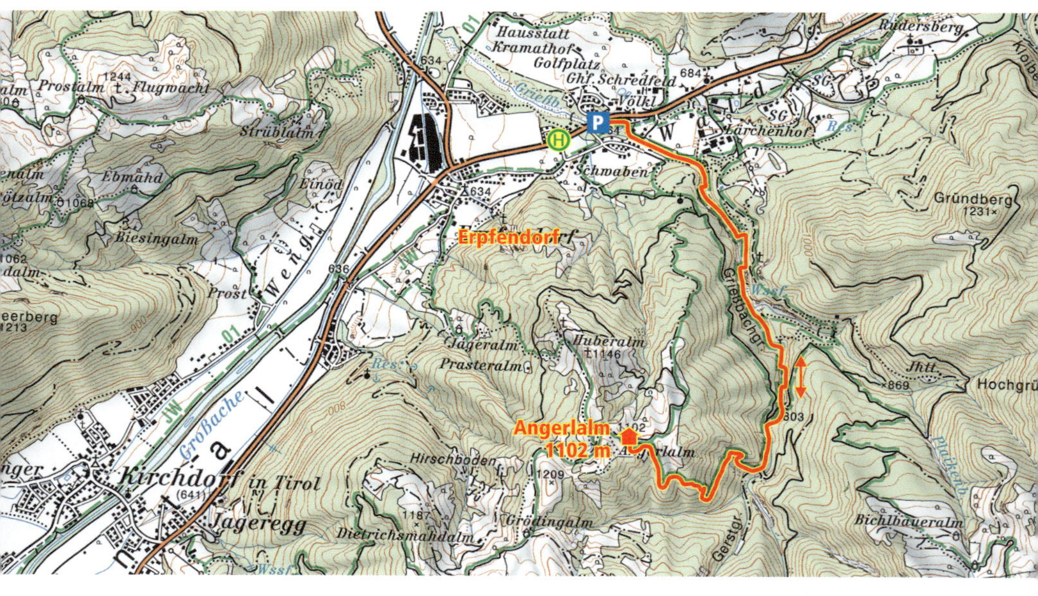

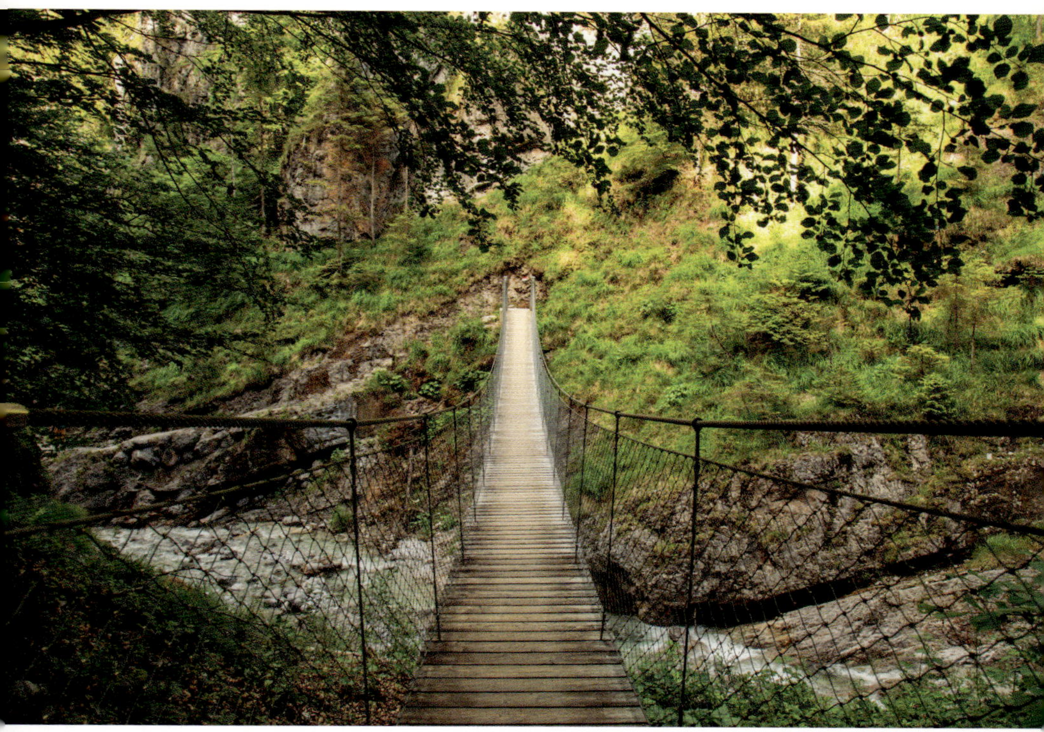

einem langgezogenen Bereich mit Weiden und vielen Schotterbänken, die zum Picknick einladen. Hier gibt es auch eine Kneippanlage, gekennzeichnet durch einen großen, hölzernen Fuß. Je weiter man in die Grießbachklamm vordringt, desto ursprünglicher und ruhiger wird es. Weiter geht es nun durch das enger werdende Tal bis zu einer Brücke. Hier ist der Ausstieg für die große Runde, die ebenfalls auf einem anderen Weg zurückführt. Wie überhaupt die Klamm als „Einbahn" gedacht ist, was in der Hochsaison angesichts des Andranges durchaus sinnvoll ist.

Oben: Auf der Hängebrücke schaukelt's ordentlich.

Der Almweg verläuft nun ein Stück auf einer Schotterstraße, ehe es auf dem sogenannten Jägersteig im Wald aufwärts geht. Zum Glück ist die steile, mit zahllosen Wurzeln durchzogene Passage relativ kurz, ehe der Steig dann in weiten Serpentinen hinauf in die Almregion führt. Dort mündet der schmale Steig auch wieder in breite Wirtschaftswege. Nach wenigen Minuten erreichen wir auf einem solchen nun die Angerlalm. Wer einen noch besseren Ausblick genießen will, steigt hinter der Alm noch aufs Angerlkreuz. Aber man kann natürlich auch einfach weitergehen zum Moorteich, dort dann rechts weg zur Huberalm, weiter zur Jägeralm und zurück nach Erpfendorf. Das ist zwar eine recht weite, aber ungemein abwechslungsreiche Runde.

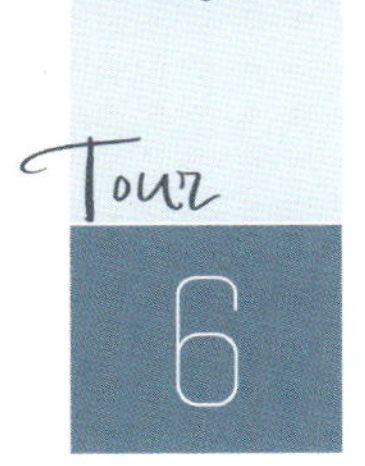

4-SEEN-RUNDE BEI KUFSTEIN

Abwechslungsreiches Quartett

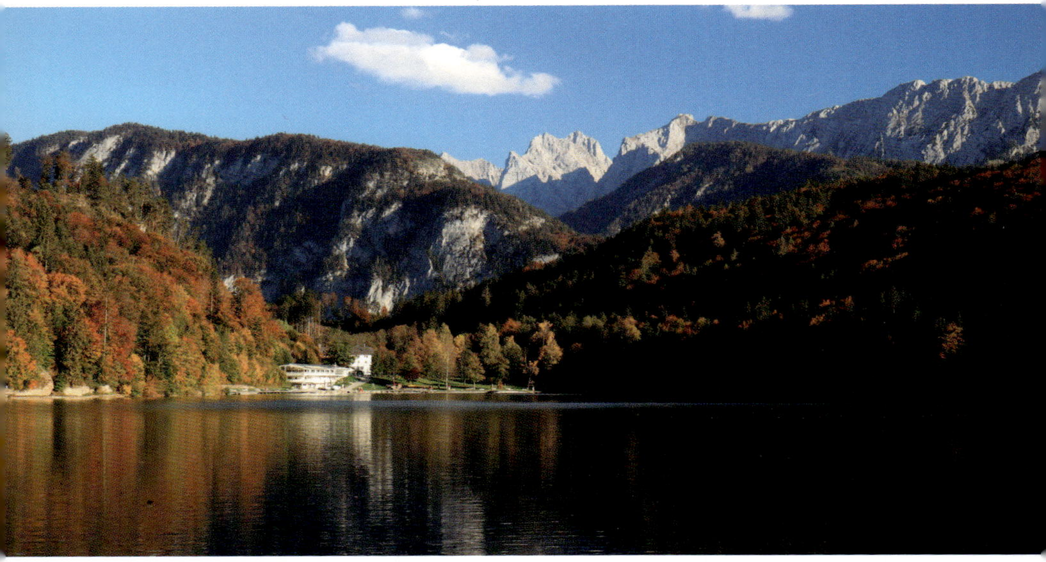

Anfahrt	**Mit den Öffis:** Am besten mit der Bahn bis Kufstein. Die Tour beginnt direkt am Bahnhof. **Mit dem Pkw:** Allenfalls mit dem Auto im Kufsteiner Ortsteil Zell parken, was allerdings schwierig ist.
Ausgangspunkt	Bahnhof Kufstein
Dauer	ca. 3,5–4 Stunden
Höhen	Kufstein 495 m, Pfrillsee 612 m, Hechtsee 554 m; Höhenunterschied: ca. 120 Hm
Einkehrmöglichkeit	Seerestaurant am Hechtsee
Kurzbeschreibung	Leichte Runde, auf der man auch immer wieder ein Stück gut auslassen/abkürzen kann
Beste Jahreszeit	Abgesehen vom Sprung ins Wasser ist die Wanderung ganzjährig schön und möglich.

Vier Seen auf einen Streich, von denen einer auch für einen Sprung ins Wasser genutzt werden kann: Pfrillsee, Längsee, Hechtsee, Egelsee.
Die Vier-Seen-Runde bei Kufstein lässt sich wunderbar mit der Bahn machen, Parken ist ohnehin ein Problem. Beginnen wir also unsere Runde am Bahnhof: Wir nehmen vom Bahnsteig die Überführung in den Kufsteiner Ortsteil Zell, nach einem kleinen Stück auf einem Steig biegen wir rechts ab, gelangen auf die Herzog-Stefan-Straße, gehen an der Kirche vorbei und landen schließlich bei der Hauptstraße. Auf dieser weiter bis zum großen Kreisverkehr, wo die Straßen nach Thiersee und Kiefersfelden abgehen. Wir folgen noch ein paar Meter der nach Kiefersfelden, queren sie dann und gehen den Thierbergweg unter der Autobahnbrücke aufwärts. Schon nach wenigen Metern befinden wir uns in der netten, kleinen Siedlung Gschwend und lassen den Straßenlärm hinter uns. Hier finden wir auch schon zahlreiche Tafeln, die uns zu unserem Ziel weisen.
Wir werden die Vier-Seen-Runde im Uhrzeigersinn gehen, wenden uns also zuerst in Richtung Pfrillsee. Durch ein kleines, kurzes Tal gelangen wir zur Thierseer Landesstraße und queren diese. Gleich auf der anderen Seite geht es weiter, über eine Wiese, vorbei an Bauernhöfen und schönen Einfamilienhäusern. Wir folgen also immer den Hinweisschildern „Pfrillsee" bzw. „Klettergarten". Schließlich zweigt vom breiten Schotterweg rechts ein Steig ab und nach wenigen

Links: Der Hechtsee mit dem Wilden Kaiser im Hintergrund

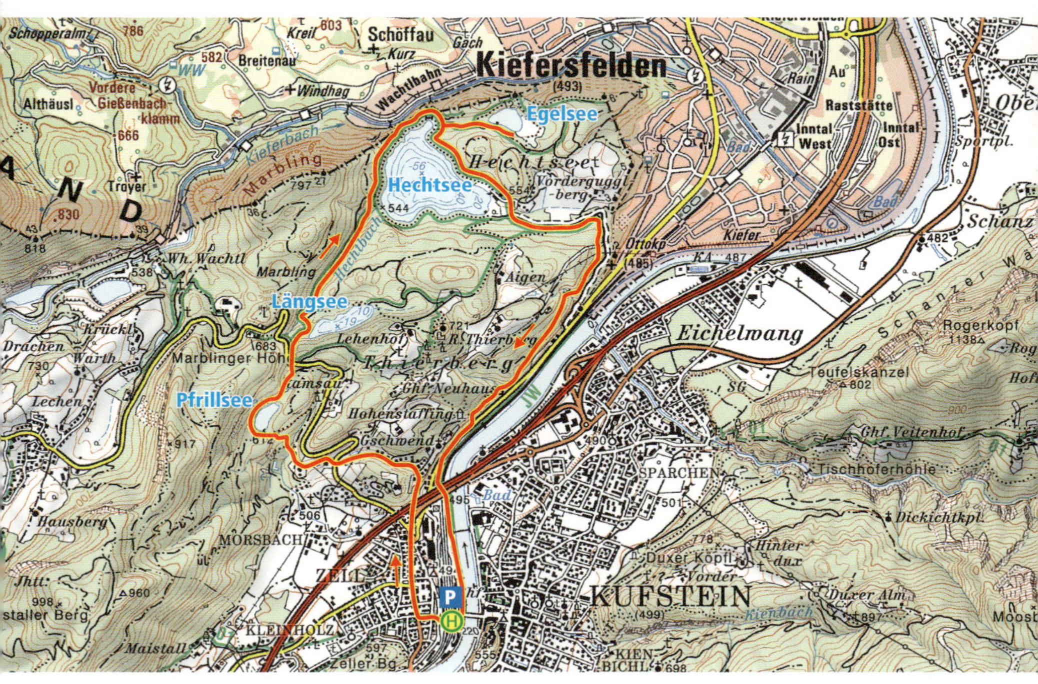

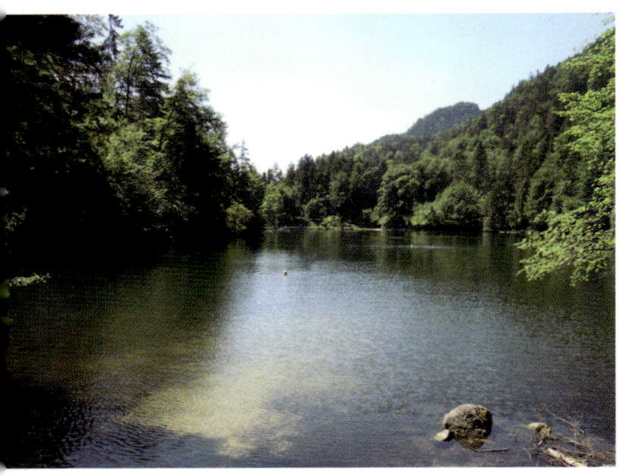

Kehren und Minuten sind wir am Pfrillsee. Er liegt idyllisch mitten im dichten Wald, nur nach Süden beim Abfluss hat man etwas Aussicht. Baden ist ausdrücklich gestattet.

Weil wir aber noch drei Seen vor uns haben, marschieren wir am nordwestlichen Seeufer weiter in Richtung Längsee. Wir passieren ein Feuchtbiotop und steigen dann ein paar Meter hinauf, bis wir neuerlich an die Thierseer Straße gelangen. Die queren wir, folgen dem breiten Weg und sind nach zehn Minuten am Längsee. Dieser liegt ebenfalls im Wald und ist etwas schwer zugänglich. Leicht geht

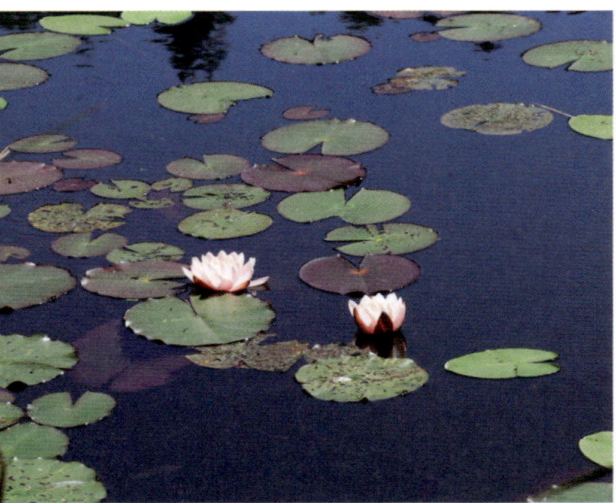

es nur an dem kleinen Stück, wo der Weg am See entlangläuft. Am Ufer herumzusteigen haben wir uns gespart. Nicht zuletzt, weil da ein Schild vor Schlangen warnt.

Nun führt der breite Weg an einem Bächlein entlang in etwa 15 Minuten hinunter zum größten der Seen, dem Hechtsee. Dass der beliebt ist, merkt man schon daran, dass man auf diesem Teil der Wegstrecke deutlich mehr Menschen begegnen wird. Schon nach kurzer Zeit sind wir am Seeufer angekommen und halten uns links. Je länger wir nach Osten wandern, umso schöner wird die Aussicht übers Wasser nach Süden zu den schroffen Felsen des Wilden Kaisers. Schließlich gelangen wir zu einer kleinen Brücke, bei der es furchtbar nach Schwefel stinkt. Das liegt daran, dass hier das sauerstoffarme Tiefenwasser des Sees abgelassen wird. Ohne diese Maßnahme würde der See kippen, weil der Zufluss durch den Hechtbach und die Wasserdurchmischung zu gering sind. Doch so ist das Wasser wunderbar sauber.

Wegen seiner Tiefe von rund 50 Metern und der Sauerstoffarmut dort unten ist der See aber auch für Forscher interessant. So haben Mitarbeiter des Bohrkernlabors der Universität Innsbruck in den letzten Jahren Sedimentproben vom Grund des Sees genommen und Spuren eines großen Erdbebens um die Mitte des 18. Jahrhunderts finden können. Aber lassen wir die Vergangenheit sein und wandern wir über die Brücke am Hechtsee. Gleich danach kommen wir zu einer kleinen Wiese, über die vorerst kein merklicher Weg führt. Dennoch lenken wir dorthin unsere Schritte und entdecken dann doch eine Schotterstraße, die uns zu unserem vierten Ziel, dem Egelsee, führt. Dieser steht unter Natur-

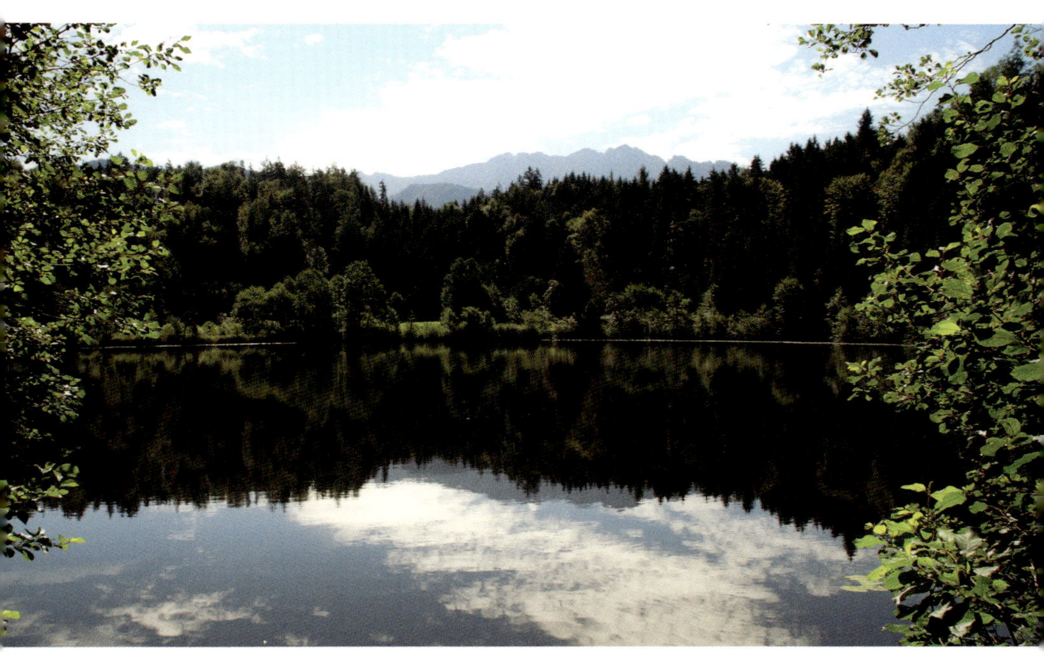

schutz, es ist daher nicht gestattet, in seinem Uferbereich herumzusteigen. Am besten überblickt man das kleine Gewässer neben einer kleinen privaten Hütte, wenn man den Weg am rechten (eher südlichen) Ufer nimmt.
Dann drehen wir um, wandern zurück zum Hechtsee und halten uns, dort wieder angekommen, links. Weil es jetzt wirklich Zeit für eine Pause/Jause wird, kommt das Strandbad samt Restaurant am südöstlichen Ende des Sees wie gerufen. Hier ist auch der ideale Ort, die Wanderung mit einem Sprung ins Wasser und einem kleinen Nickerchen auf der Liegewiese zu verknüpfen.
Für den Rückweg gehen wir über den großen Parkplatz zur Straße, die von Kufstein heraufkommt. Westlich von dieser verläuft parallel der Fußweg, den wir nun nehmen. Er mündet nach einiger Zeit kurz in die oben erwähnte Straße, es zweigt aber rasch wieder ein breiter Forstweg ab. Dem folgen wir nun hoch über dem Inn und leider auch – es ist nicht zu überhören – der Autobahn. Die Aussicht auf die Festung wird immer besser, je näher wir kommen. Fast unmerklich verlieren wir irgendwann doch an Höhe und kommen an die Bundesstraße nach Kiefersfelden. Dieser geht es nun 200 Meter entlang – keine Angst, es gibt einen Gehsteig, ehe wir sie queren. Unsere letzte Etappe führt uns an der Innpromenade entlang in etwa 10 Minuten zurück ins Zentrum von Kufstein und zum Bahnhof.

Links: Der Pfrillsee (oben)
Am Hechtsee wachsen herrliche Seerosen (unten).

Oben: Der kleine Egelsee steht unter Naturschutz.

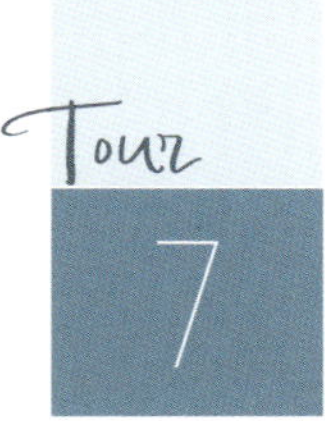

STIMMER- UND THIERSEE

Eine Wanderung mit viel Passion

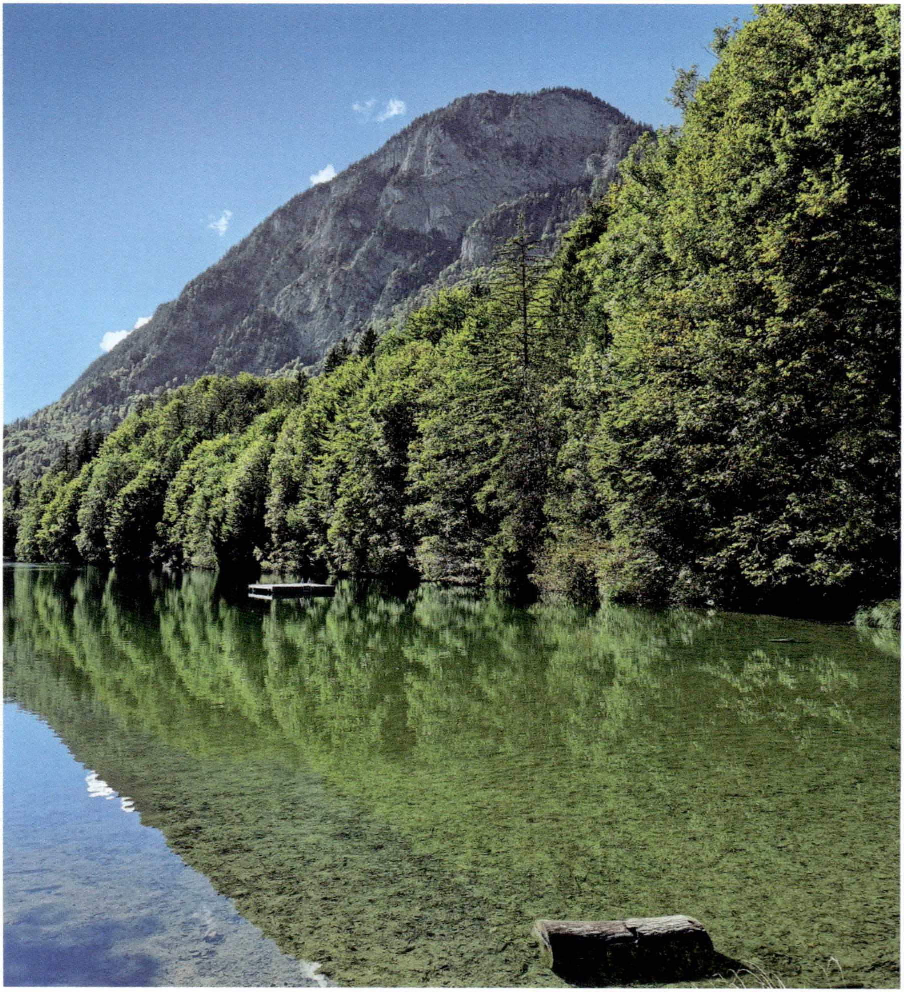

Anfahrt	**Mit den Öffis:** Mit dem Zug bis Kufstein Bahnhof, dort umsteigen in den Bus 4068. Aussteigen bei der Haltestelle Langkampfen/Stimmersee. Bis zum See ist es dann noch ein kleiner Anstieg. **Mit dem Pkw:** Auf der A 12 Inntalautobahn bis zur Ausfahrt Langkampfen, dann weiter auf der Kufsteiner Straße in Richtung Kufstein. Bald nach dem Flugplatz Langkampfen kommt ein Bauernhof („Tagglhof"), hier führt links eine steile Stichstraße zum Parkplatz Stimmersee Strandbad West.
Ausgangspunkt	Parkplatz Stimmersee in Langkampfen
Dauer	ca. 2,5–3 Stunden
Höhen	Stimmersee 522 m, Dreibrunnenjoch 732 m, Thiersee 678 m; Höhenunterschied: ca. 210 Hm
Einkehrmöglichkeit	Kiosk bzw. Gasthaus am Stimmersee, Strandbad-Kiosk bzw. Gastronomiebetriebe in Thiersee
Kurzbeschreibung	Gemütliche Runde zu zwei sehr netten Seen mit einem Schuss Kultur und der Möglichkeit, eine Bootsfahrt oder einen Sprung ins Wasser zu machen
Beste Jahreszeit	Nahezu ganzjährig, bei Schneelage aber besser ohne die steilen Waldsteige

Die Runde vom Stimmer- zum Thiersee und retour verbindet idyllische, liebliche Natur mit der historisch interessanten Tradition der Passionsspiele, die im Tiroler Unterland seit Jahrhunderten gelebt wird.

Diese Wanderung kann man natürlich am Thier- genauso wie am Stimmersee beginnen. Wegen der einfacheren Anreise bietet sich aber Letzterer eher an. Also starten wir beim Parkplatz Stimmersee-West: Hier beginnen wir mit einer ganz gemütlichen Dreiviertel-Umrundung des kleinen, in den 1930er-Jahren unter der Leitung von Peregrin Stimmer geschaffenen Stausees, dem man seinen künstlichen Ursprung heute aber kaum mehr ansieht. Wir wandern gegen den Uhrzeigersinn um das Gewässer und bis ungefähr zur Hälfte des Nordufers. Dort zweigt ein Weg vom See ab, der nicht ausgeschildert ist. Er führt über einen kleinen Hügel in ein Tälchen und von diesem dann steil den Hang hinauf. Einst dürfte der Weg gut gewartet gewesen sein, es gab offensichtlich hölzerne Treppen und Geländer. Davon sind heute leider nur mehr Überreste zu finden.

Nach gehöriger Plackerei gelangt man zum Kreuz der Landjugend, wo eine Bank zu einer Verschnaufpause einlädt und sich uns ein erster Blick ins Inntal eröffnet. Dann geht es – nun weniger steil – auf dem schmalen Pfad weiter. Westlich liegt in einem Geländeeinschnitt ein Staubecken, das für ein kleines Kraftwerk unten am Stimmersee das Wasser liefert. Ein Stückchen oberhalb des Beckens queren wir den Zulauf nach Westen und gelangen dann auf einen breiten Forstweg, auf dem wir schnell den höchsten Punkt unserer Tour, das Dreibrunnenjoch, erreichen.

Danach geht es ein kleines Stück eben an einem Biotop entlang, ehe wir in Richtung Thiersee absteigen: zuerst auf der breiten Forststraße, dann biegen wir links ab auf einen kleinen Steig. Dieser

Links: Dem Stimmersee sieht man nicht an, dass er künstlich geschaffen wurde.

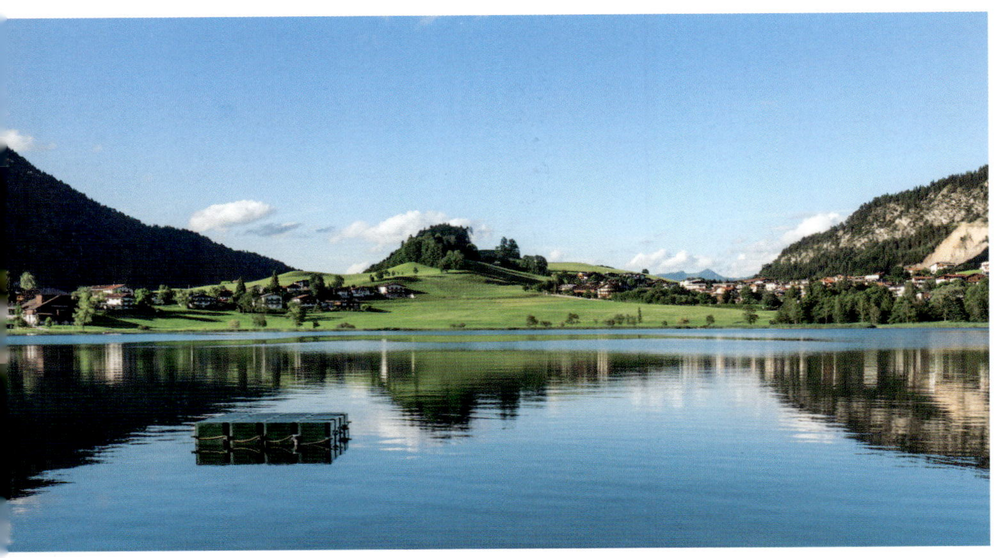

wird von etlichen kleinen Bächlein überspült und kann daher etwas rutschig sein. Rasch gelangt man an den See, den man nun in beide Richtungen am Ufer

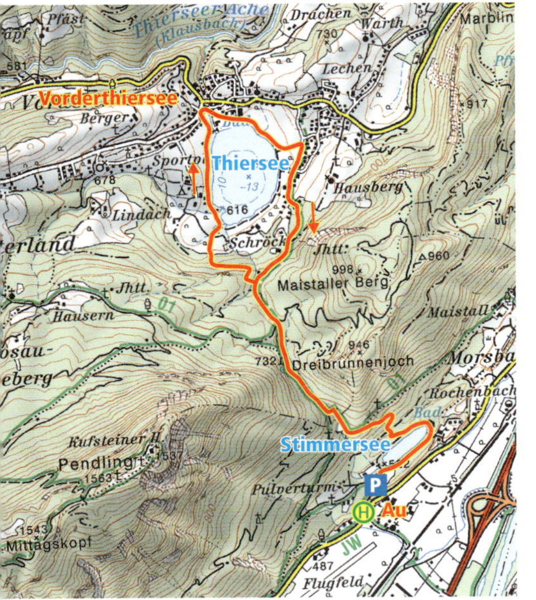

umwandern kann. Unbedingt sollte man dabei aber beim Thierseer Passionsspielhaus vorbeischauen, einem eigenartigen, leicht düster anmutenden Holzbau aus dem Jahr 1926. In ihm wird im Sechsjahres-Rhythmus von Laien aus dem Ort das Leben und Sterben von Jesus nachgespielt. Die Tradition dieser Passionsspiele reicht bis ins 17. Jahrhundert zurück.

Beim Badestrand an der südöstlichen Ecke verlassen wir den See wieder, wandern zuerst durch eine kleine Siedlung und dann auf der steil ansteigenden Schotterstraße dahin. Bald gelangen wir an den Punkt, wo sich beim Abstieg die Wege getrennt haben, und kurze Zeit später sind wir wieder bei den drei Brunnen angelangt. Ab hier ist also der Weg bekannt. Allerdings bleiben wir nun bis zum Parkplatz aus Gründen der Gelenkschonung auf dem Forstweg.

Oben: Der Thiersee ist in eine liebliche Hügellandschaft eingebettet.

Tour 8

KUNDLER KLAMM

Wo sich der Drache die Zähne ausbiss

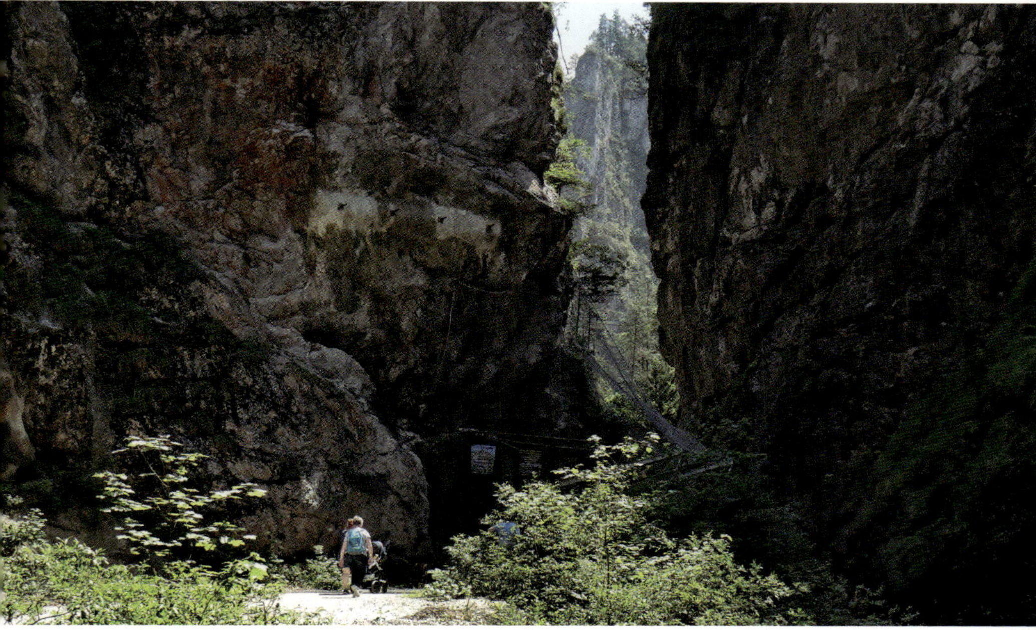

Anfahrt	**Mit den Öffis:** Mit der Bahn nach Wörgl und mit dem Bus 8311 weiter nach Kundl, Haltestelle Achenbrücke, von dort kurzer Fußweg zum Eingang der Klamm. **Mit dem Pkw:** Auf der A 12 Inntalautobahn bis zur Ausfahrt Kramsach oder Wörgl-West. Weiterfahrt nach Kundl, dort südlich der B 171 (Wegweiser zur Klamm) großer, kostenpflichtiger Parkplatz.
Ausgangspunkt	Parkplatz in der Klammstraße nahe der B 171
Dauer	1 Stunde pro Richtung
Höhen	Parkplatz ca. 540 m, Ausstieg Klamm ca. 650 m; Höhenunterschied: ca. 110 Hm
Einkehrmöglichkeit	Gasthaus Waidmannsruh, Wildschönau
Kurzbeschreibung	Breite, selbst mit Kinderwagen oder Rollator befahrbare Wege, die man ja nicht ganz bis ans Ende der Schlucht gehen muss, ein idealer Ausflug für Jung und Alt
Beste Jahreszeit	Anfang April bis Mitte November, im Winter ist die Klamm gesperrt.

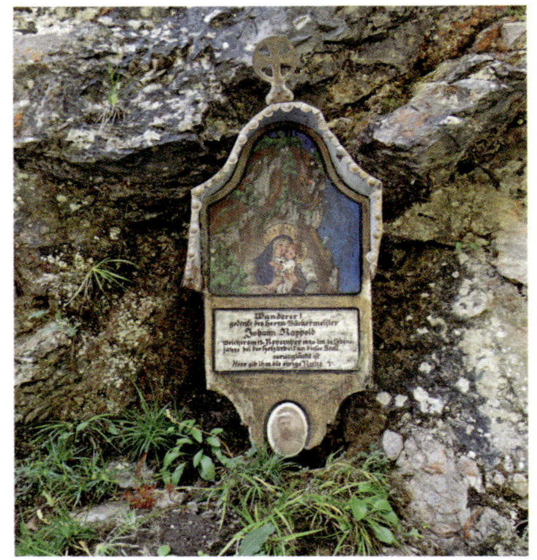

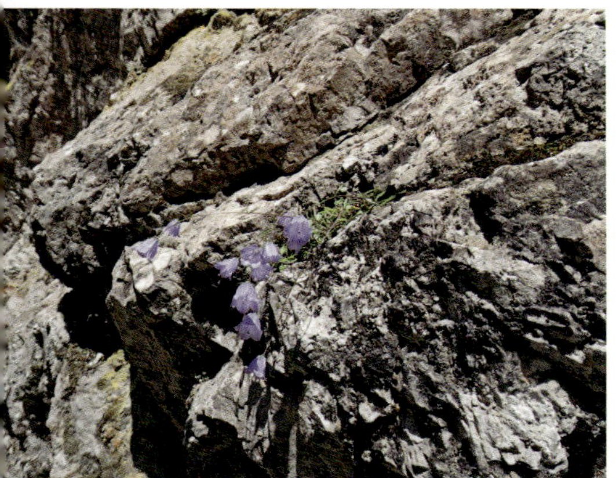

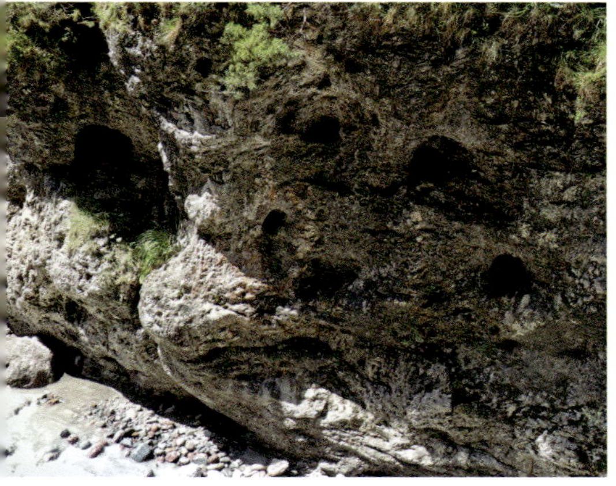

Die Kundler Klamm ist auch für Menschen, die nicht mehr so leicht gehen, oder für Familien mit Kinderwägen bestens geeignet. Der Sage nach hat ein Drache die Schlucht in den Felsen gebissen. Am Eingang der Kundler Klamm ist ein kleiner geologischer Park aufgebaut, denn die Schlucht beeindruckt mit einer enormen Vielfalt an Gesteinen und Formationen. Markantes Tor zur Klamm ist eine hölzerne, inzwischen denkmalgeschützte Brücke aus dem Jahr 1914. Danach führt eine Straße, auf der Autos fahren können, bis zum Gasthaus Kundler Klamm. Weiter dürfen aber weder Pkw noch Radfahrer. Wobei das nicht immer so war: Alte Fotos zeugen davon, dass in den 1930er-Jahren sogar ein motorisierter Taxidienst bis zur Wildschönau bestand.

Ab dem Gasthaus beginnt also die eigentliche Klammwanderung auf dem breiten, meist flachen Weg mit einigen Brücken und Tunnels. Geländer gibt es kaum, allerdings ist die Absturzgefahr gering, die Fallhöhe vom Wegesrand beträgt vielleicht einen halben Meter. Links und rechts ziehen die Felswände empor, immer wieder kommt man an breitere Stellen mit Bänken, Erklär-Tafeln und Holzfiguren mit einem Drachen. Mit dem hat es nämlich folgende Bewandtnis: Die Wildschönau war der Sage nach einst ein See, in dem ein Drache hauste, der den Bauern das Vieh wegfraß. Doch einem Burschen gelang es schließlich, ihn zu überlisten und zu verwunden. Mit letzter

Links: Nicht nur am Wasser gibt es was zu sehen.

Rechts: Die Kundler Klamm ist für Jung und Alt geeignet.

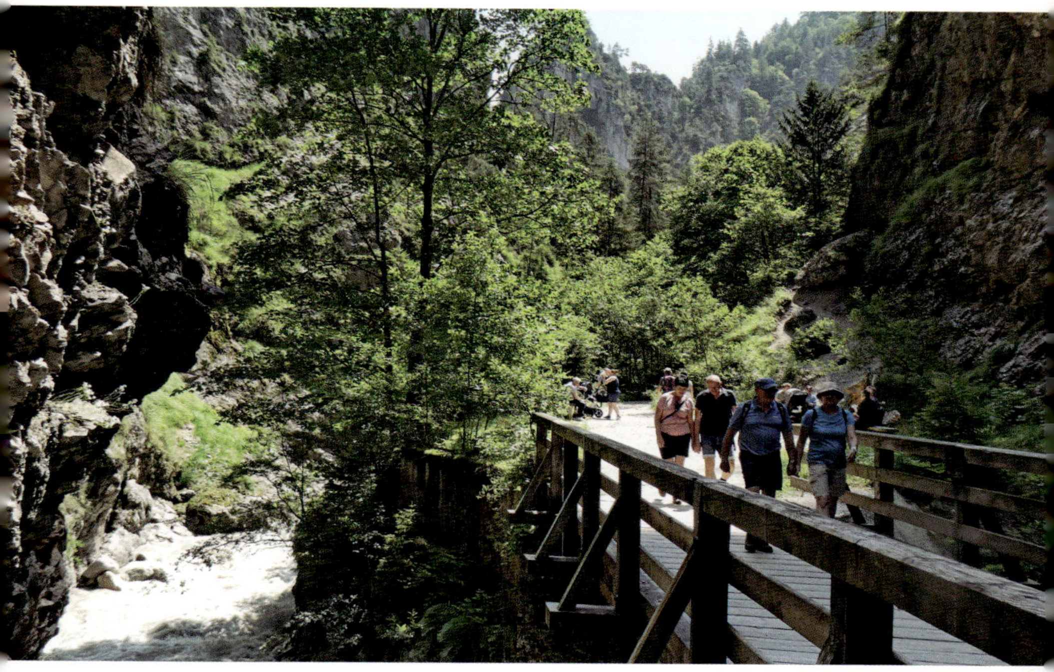

Kraft biss das Ungeheuer mit seinen Zähnen eine Schlucht in die Felsen, durch die das Wasser des Sees abfloss, an dessen Stelle ein Hochtal entstand. So kam es dann auch, dass die Kundler Klamm heute die kürzeste Verbindung zwischen dem Inntal und der Wildschönau ist.

Und dazu noch ein höchst beliebtes Ausflugsziel, möchte man hinzufügen, das sich für Jung und Alt hervorragend eignet: Nicht zu weit, nicht steil, immer etwas zu sehen und zu entdecken. Die Füße kann man ins kalte Wasser der Wildschönauer Ache hängen und die Kinder können darin herumpritscheln.

Die Wanderung in eine Richtung durch die Schlucht dauert eine knappe Stunde. Wer weiter will in die Wildschönau, kann einen Bummelzug in den Ortsteil Mühltal nehmen. Ansonsten sind Hin- und Rückweg ident.

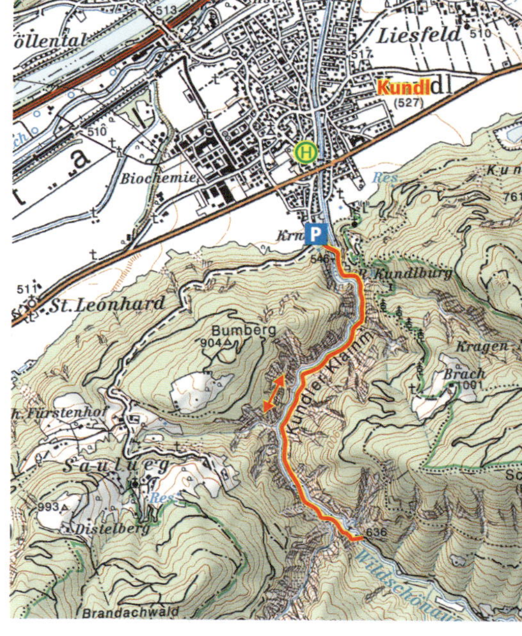

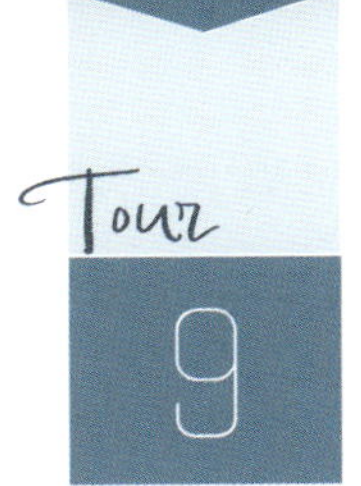

5-SEEN-RUNDE

Ein Paradies im Kleinformat

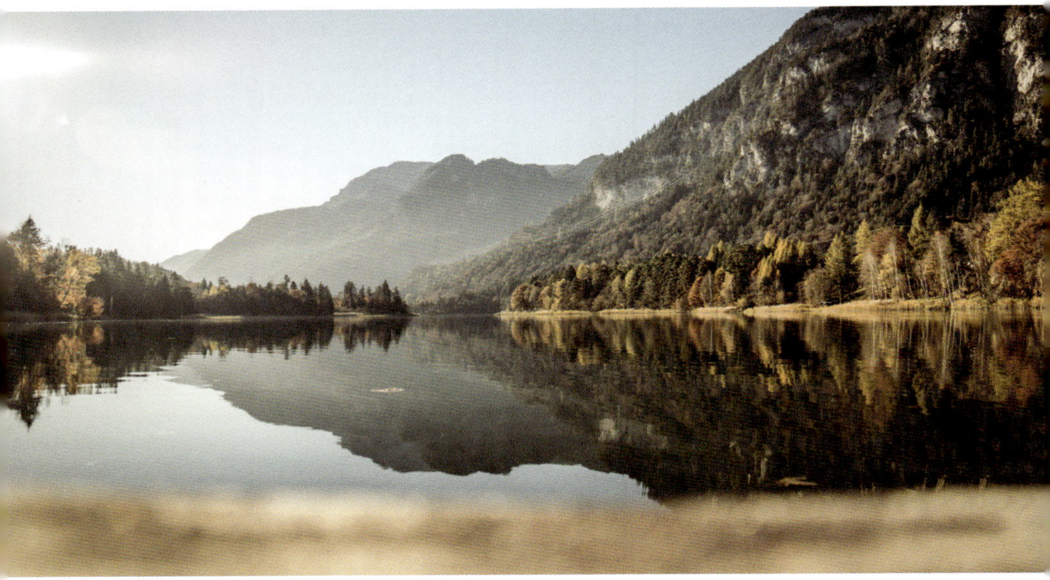

Anfahrt	**Mit den Öffis:** Mit dem Zug bis Rattenberg, dort umsteigen in den Bus 4113, aussteigen bei der Haltestelle Reintalersee/Parkplatz West. **Mit dem Pkw:** Auf der A 12 bis zur Ausfahrt Kramsach, dann weiter durch Kramsach zum Reintalersee, gebührenpflichtiger Parkplatz Reintalersee West. Natürlich kann man die Runde auch an einem der anderen Parkplätze beginnen, sollte dieser voll sein.
Ausgangspunkt	Parkplatz Reintalersee West
Dauer	ca. 3 Stunden
Höhen	Reintalersee 563 m, Berglsteiner See 763 m; Höhenunterschied: ca. 200 Hm
Einkehrmöglichkeit	Brantlhof, Fischerstube, Seerose, Seehof, Berglsteinersee 712er Lounge
Kurzbeschreibung	Eine ungemein entspannende Runde mit wenigen Höhenmetern und einer herrlichen Vielfalt an unterschiedlichsten Seen
Beste Jahreszeit	Am schönsten im Frühjahr und Herbst, zumal bei Badebetrieb im Sommer speziell der Reintalersee stark frequentiert sein kann

Eine ganz besondere Topographie östlich von Kramsach ermöglicht es einem, auf einer relativ kleinen Fläche gleich fünf Seen „abzuklappern": Frauen-, Buch-, Krumm-, Reintaler- und Berglsteiner See. Die Hügel und Becken am Fuße der Voldöpper Spitze bilden eine ausgesprochen idyllische Landschaft, in der gleich fünf Seen Platz gefunden haben. Wir beginnen unsere Runde durch dieses kleine Paradies am Westende des Reintalersees. Von dort wandern wir am Gehsteig in Richtung Westen, zweigen aber gleich bei der ersten Gelegenheit rechts auf eine steile Asphaltstraße zwischen den Häusern ab. Die Straße verwandelt sich bald in einen Forstweg und wir erreichen rasch den höchsten Punkt. Am Rande einer Wiese geht es nämlich gleich wieder hinunter zu einem allein stehenden, traumhaft gelegenen Bauernhof, der von Streuobstwiesen umgeben ist. Unter uns liegt nun in einer Senke der Krummsee, grünlich schimmernd und von einem Schilfgürtel umgeben. In einer Kehre der Straße, die vom Bauernhof ins Tal führt, zweigt links der Steig zum See ab, dem wir folgen. Der Wegverlauf ergibt sich nun von selbst, bis wir auf die Straße Kramsach–Reintalersee treffen. An dieser entlang gehen wir auf dem Gehsteig nun ein kleines Stück Richtung Osten.

Nach dem Wasserrad in der Kurve steht rechts ein ehemaliges Hotel/Gasthaus mit einem großen Parkplatz. Hier verlassen wir die Straße wieder und finden uns nun auf einem Damm zwischen Buch-

Links: So ruhig ist es am Reintalersee eher selten.

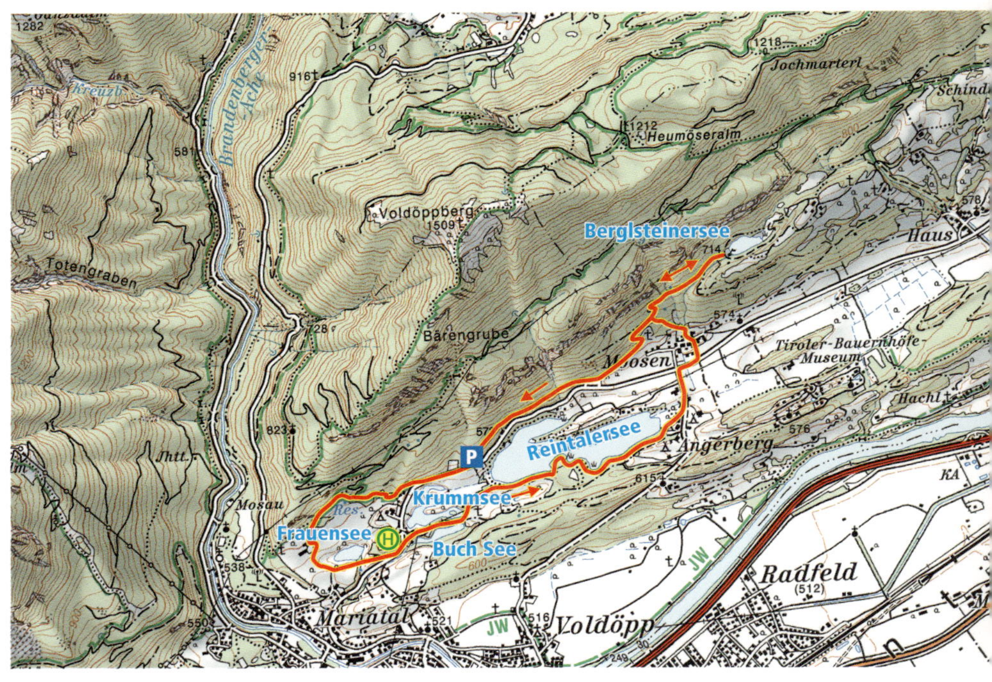

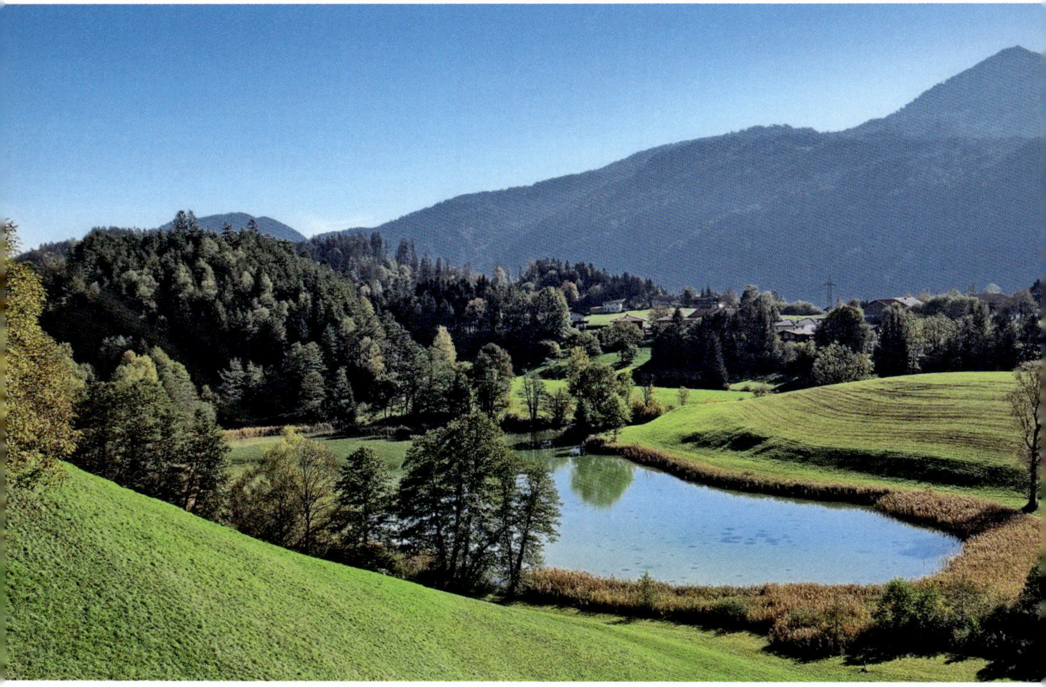

und Krummsee wieder. Wer mit einem vierbeinigen Freund unterwegs ist, darf hier allerdings nicht durch, sondern muss bereits vor dem Wasserrad nach Süden abzweigen und einen Umweg über eine kleine Siedlung machen. Nach dem Ende von Buch-/Krummsee treffen die Wege aber wieder zusammen. Nun wandern wir an einer Hangkante bis zum Westende des Reintalersees und dann an dessen Südufer entlang. Das hat ganz schön viele Windungen und Buchten und ist länger, als man denkt. Insgesamt geht man wohl eine gute halbe Stunde. Am Ende muss man schließlich durch einen Campingplatz und kommt wieder auf die Landesstraße. Diese überquert man

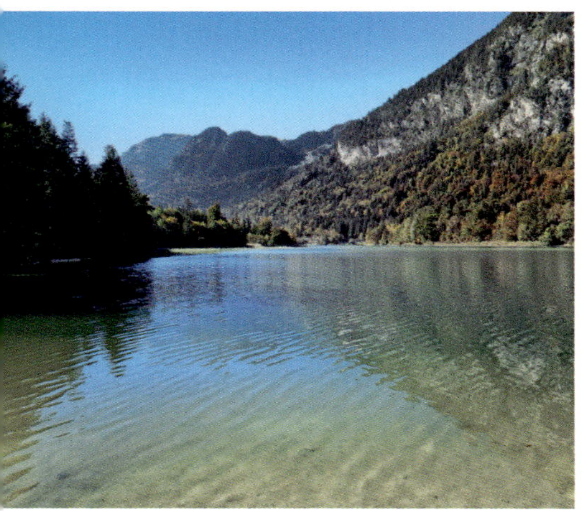

Erster Anlaufpunkt ist der Frauensee (oben), gefolgt von Buch- und Krummsee, Reintalersee (links) und Berglsteiner See (rechts).

und spaziert durch den Weiler Mosen zum Waldrand. Hier trifft man auf den Forstweg, der nun mäßig steil aufwärts zu unserem letzten und wohl romantischsten Gewässer, dem Berglsteiner See, führt. Der liegt am Hang in einer Senke, umgeben zumeist von Laubwald, der sich im Herbst in allen Farben im Wasser spiegelt. An seinem westlichen Ende befindet sich ein Gasthaus. Die Umrundung des Sees ist quasi unser Wendepunkt.

Nun geht es auf dem Forstweg, auf dem wir gekommen sind, zurück hinunter ins Tal. Allerdings zweigen wir nicht mehr nach Mosen ab, sondern gehen weiter in Richtung Westen, queren wieder die Landesstraße und wandern am Nordufer des Reintalersees zu unserem Ausgangspunkt zurück. Hier besteht bei den zahlreichen Liegewiesen und Badestränden

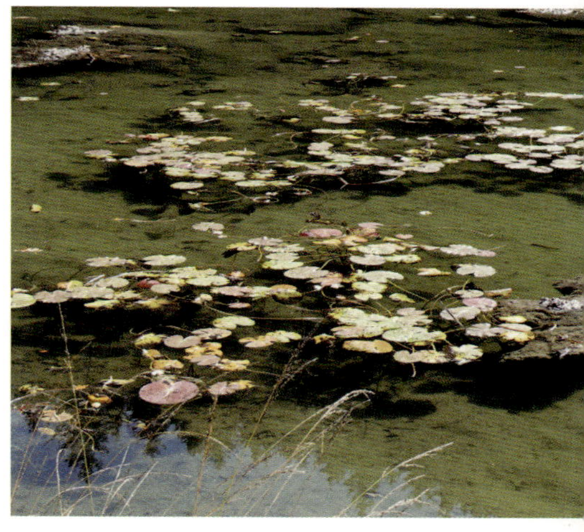

auch die beste Gelegenheit, sich noch durch einen Sprung ins Wasser abzukühlen. Im Sommer erwärmt sich das Wasser auf bis zu 25 Grad!

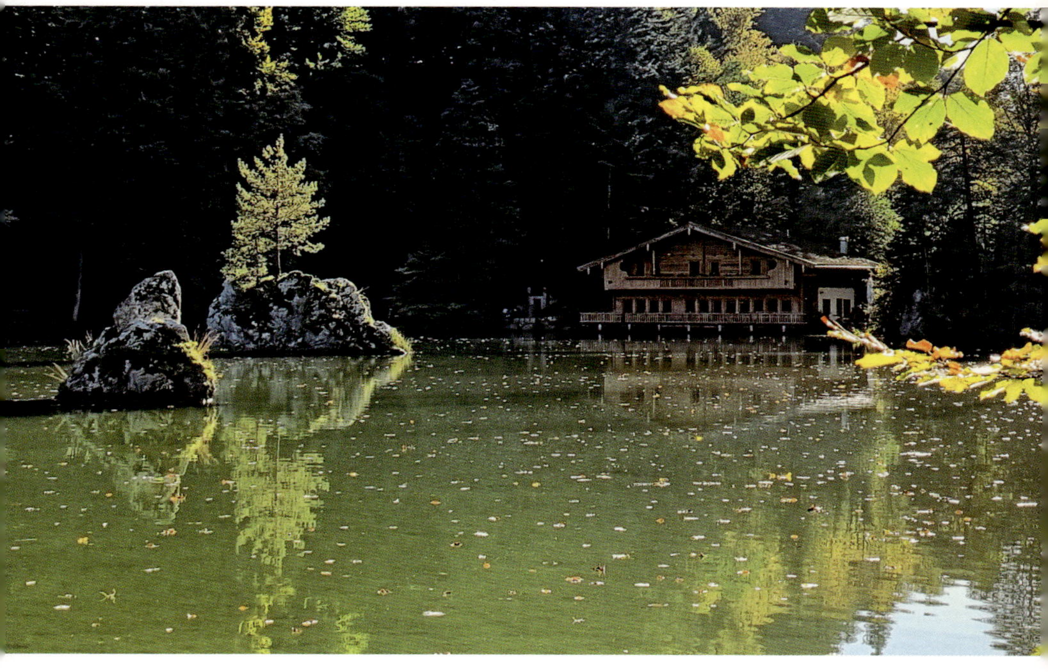

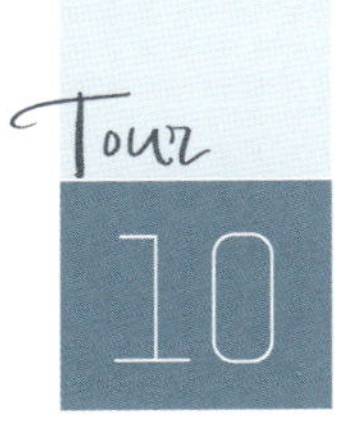

KAISERKLAMM

Auf den Spuren der Holztrift

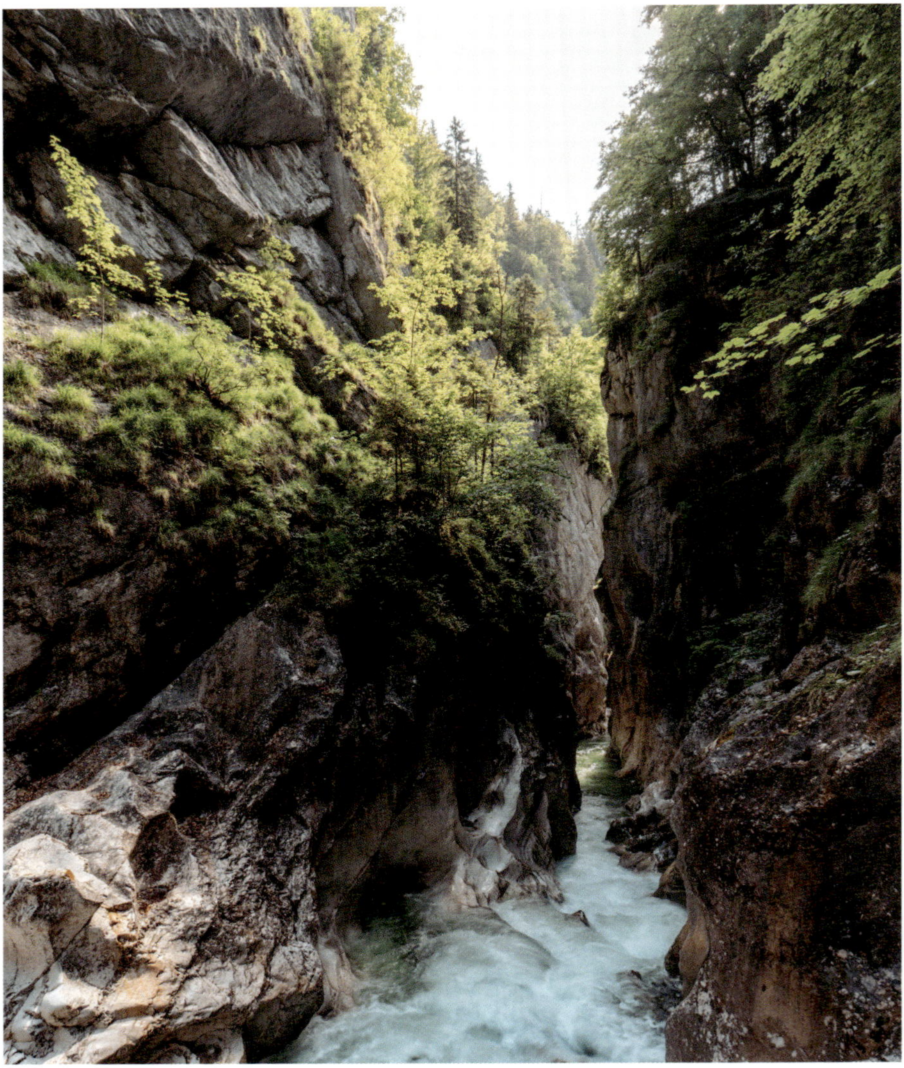

Anfahrt	**Mit den Öffis:** Mit der Bahn nach Brixlegg. Dort umsteigen in den Bus 4070, der einen bis zur Kaiserklamm bringt. **Mit dem Pkw:** Auf der A 12 bis Ausfahrt Kramsach, von Kramsach entweder über Aschau oder Brandenberg bis ans Talende, zum großen, kostenpflichtigen Parkplatz.
Dauer	ca. 1 Stunde für die reine Klammrunde, ca. 4 Stunden bis zur Erzherzog-Johann-Klause und retour
Höhen	Kaiserhaus 706 m, Erzherzog-Johann-Klause 814 m; Höhenunterschied: ca. 110 Hm
Einkehrmöglichkeit	Kaiserhaus, Erzherzog-Johann-Klause
Kurzbeschreibung	Eine kurze, aber spektakuläre Tour durch die Kaiserklamm mit der Möglichkeit einer Verlängerung bis zur Erzherzog-Johann-Klause, kaum Höhenmeter, technisch einfach
Beste Jahreszeit	Die Klamm ist aus Sicherheitsgründen nur von ca. Ende April bis ca. Anfang November geöffnet.

Die Namen Kaiserklamm, Kaiserhaus und Erzherzog-Johann-Klause sind untrennbar mit der jahrhundertealten Tradition der Holztrift verbunden. Auch Kaiser Franz Joseph sah angeblich den Arbeitern gerne zu und gab der Klamm ihren Namen.

Der Holztrift, also dem Transport von Baumstämmen im Wasser, verdanken wir es auch, dass es heute den spektakulären Steig durch die Kaiserklamm immer noch gibt. Denn bis 1966 wurde das Holz so transportiert, ehe Forst- die Wasserstraßen ersetzten. Weil sich zuweilen Stämme in der Schlucht verkeilten und sogenannte Fuchse entstanden, mussten die Trifter über die Steige nahe herankommen, um das Problem zu lösen – notfalls mit Sprengstoff. Viele Männer verloren dabei Gliedmaßen oder gar ihr Leben.

Am Eingang der Kaiserklamm fließt das Wasser der Brandenberger Ache fast ohne merkbare Geschwindigkeit dahin. Ein Bild, das sich aber schon nach wenigen Metern wandelt. Tief hat es sich im Laufe der Jahrtausende in den Fels gegraben und durch seine Kraft spektakuläre Formationen gebildet. Wild tosend bahnt es sich den Weg. Aber nicht nur die Urkraft des Wassers in der ausgespülten Schlucht ist grandios. Auch der einen Kilometer lange Steig, der sogar durch Tunnel verläuft und teils in den überhängenden Fels gehauen wurde, ist beeindruckend. Heute ist er gut durch Drahtseile gesichert, an einigen Stellen geht man auf Aluminium-Stegen. Besonders bei Nässe kann es aber rutschig sein. Kleine Kinder sollte man vielleicht an ein kurzes Seil nehmen.

Nach etwa einer halben Stunde Gehzeit hat man den Wendepunkt der reinen Klammrunde erreicht, das Tal wird wieder weiter, die Kaiserklamm ist überwun-

Links: Durch die schmale Schlucht wurde das Holz getriftet.

Rechts: Das Kaiserhaus befindet sich am Beginn bzw. Ende dieser Wanderung.

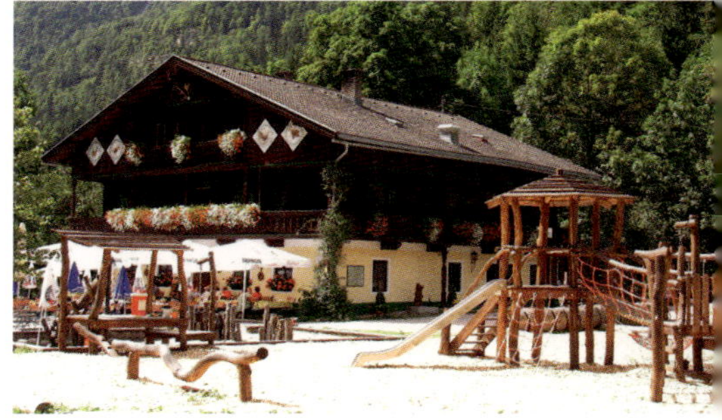

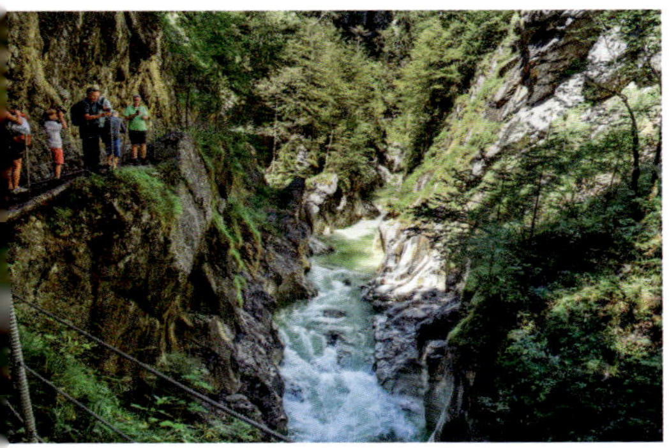

den. An heißen Sommertagen ist hier auch ein Bad in einem der Gumpen, in dem kalten, grünlich schimmernden Wasser zu empfehlen.

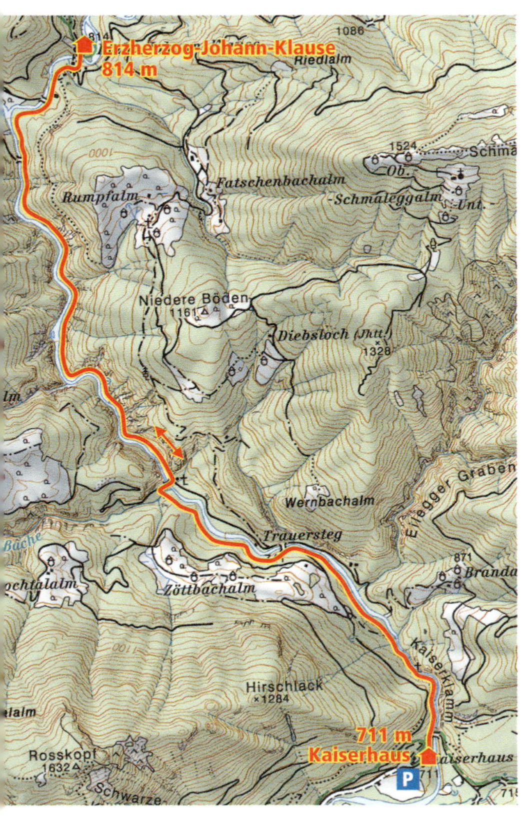

Für den Weiterweg zur Erzherzog-Johann-Klause bleiben wir vorerst noch am westseitigen (linken) Ufer der Ache und wandern auf dem Uferschotter zwischen Bäumen und niedrigem Buschwerk dahin. Angeblich tummeln sich hier im Brandenbergtal laut einer Studie der Bundesforste 824 verschiedene Schmetterlingsarten. Das mag sein, aber leider im Hochsommer auch Unmengen von Bremsen/Bremen. Daher unbedingt Insektenschutzmittel mitnehmen!

Nach einiger Zeit gelangen wir nun an eine Brücke, über die wir auf das östliche Ufer der Ache wechseln. Ab hier wandern wir auf dem breiten Forstweg etwa eine Stunde dahin bis zur Erzherzog-Johann-Klause. Der Name Klause verrät es schon: Hier wurde das Wasser seit 1833 aufgestaut, um die Holzstämme – die sogenannten Bloche – dann mit einem großen Wasserschwall hinaus nach Kramsach zum Rechen zu spülen. Der Damm wurde ursprünglich jedes Mal beim Öffnen zerstört, erst in den 1930er-Jahren erhielt die Klause dann Tore, die ein geregeltes Ablassen des Wassers möglich machten. Heute ist die Erzherzog-Johann-Klause ein beliebtes Ausflugsziel für Wanderer und Radler und glücklicherweise seit einiger Zeit wieder bewirtschaftet.

Retour geht es nun auf dem Hinweg oder man bleibt einfach immer auf dem breiten Forstweg. Was die Klause am Wendepunkt der Tour ist, das ist das Kaiserhaus am Anfang bzw. Ende: ein beliebtes Ausflugsgasthaus. Für die Kinder gibt es dort einen großen Spielplatz.

Oben: Die abgesicherte Strecke durch die Kaiserklamm

Rechts: Der Zireiner See mit den Rofanwänden

Tour

11

ZIREINER SEE

Goldiges Wasser

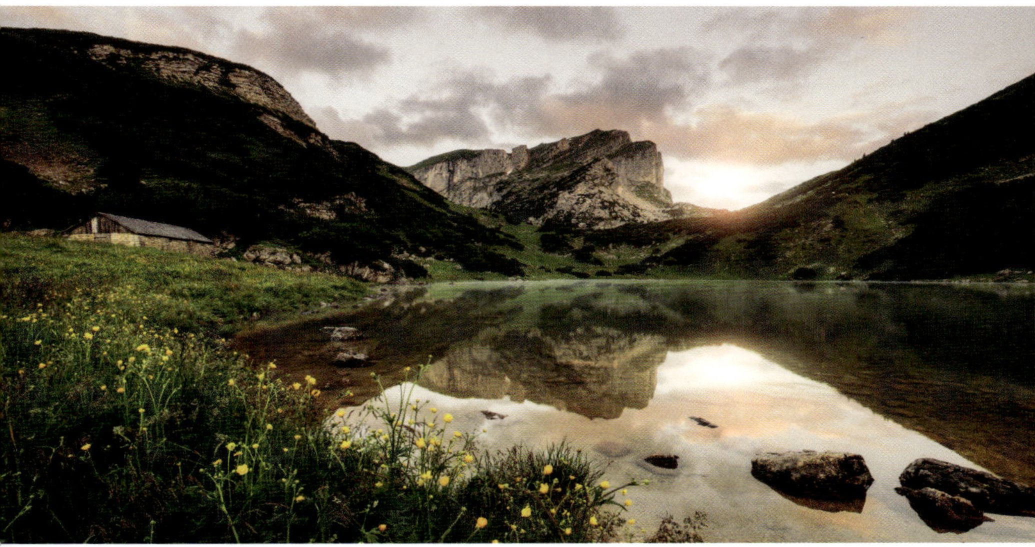

Anfahrt	**Mit den Öffis:** Leider ist keine Anfahrt mit öffentlichen Verkehrsmitteln möglich. **Mit dem Pkw:** Über die A 12 Inntalautobahn bis zur Ausfahrt Rattenberg/Kramsach. Dann weiter nach Kramsach und ins Brandenbergtal bis Aschau. Von dort geht es noch einmal ein ganzes Stück auf einer schmalen Waldstraße bis zum Ausgangsparkplatz.
Ausgangspunkt	Parkplatz in Aschau
Dauer	ca. 2,5–3 Stunden Aufstieg, ca. 2,5–3 Stunden Abstieg
Höhen	Parkplatz ca. 1200 m, Anderl's Almhütte ca. 1500 m, Zireiner See ca. 1800 m, Roßkogel 1940 m; Höhenunterschied: 880 Hm
Einkehrmöglichkeit	Anderl's Almhütte
Kurzbeschreibung	Technisch leichte, allerdings sehr lange Tour. Immerhin sind es hin und zurück 14 Kilometer! Es braucht also schon etwas Ausdauer und genug Trinkbares im Rucksack.
Beste Jahreszeit	Vom späten Frühjahr bis in den Spätherbst ist es eine großartige Wanderung. Im Sommer kann es recht heiß werden, weil große Teile der Strecke schattenlos sind.

Der Zireiner See liegt malerisch in einer Senke unterhalb der Ostwände des Rofan. Dorthin zu gelangen, ist aber, ganz egal, wie man's angeht, mit einem ordentlichen Fußmarsch verbunden, seit es die Sonnwendjochbahn nicht mehr gibt. Wir haben die – hoffentlich – gemütlichste Variante ausgewählt.

Ausgangspunkt ist ein größerer Parkplatz in Aschau beim Wimmer, einem Bauernhof. Von dort geht es zuerst in etwa 30 Minuten auf einem breiten Forstweg hinauf zu den idyllisch gelegenen Almen und von dort noch einmal etwas höher. Ab Anderl's Almhütte wandert man dann für lange Zeit auf ziemlich gleichbleibender Höhe dahin, sofern man auf dem Schotterweg bleibt. Wahlweise kann man kleinere Umwege machen und auf einem schmaleren Steig über etliche Hügel gehen. Aber auch der breite Forstweg mündet nach rund einer Stunde beim Kreuzeinalm Hochleger in einen Steig, der nun noch einmal ein gutes Stück ansteigt. Das Gelände wird etwas steiniger und ist von Latschen durch-

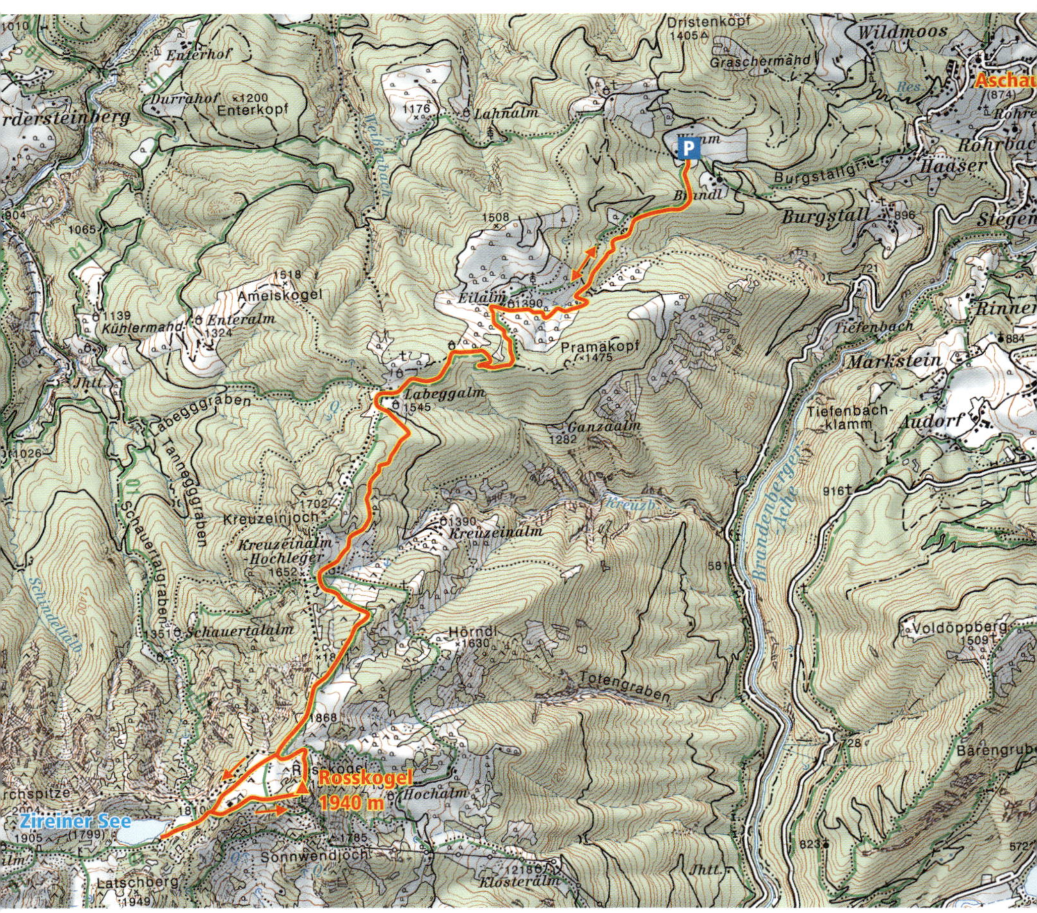

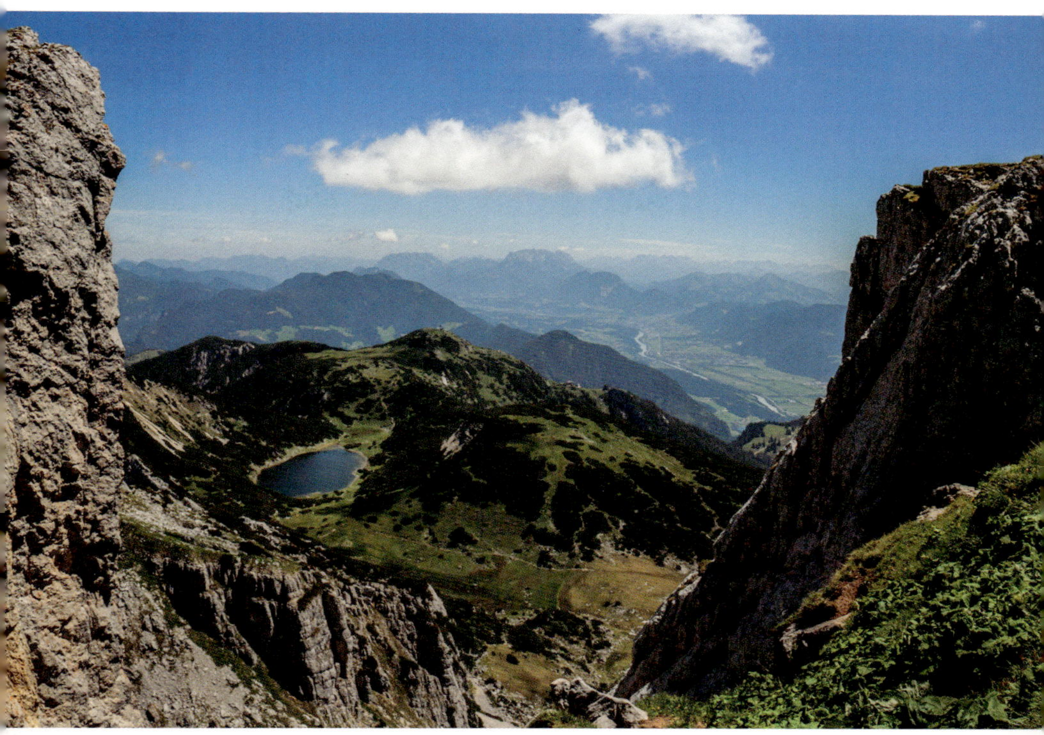

zogen. Schließlich umgehen wir den Roßkogel nördlich und steigen am Ende ein kleines Stück zum Zireiner See ab. Dieser liegt in einer Mulde, umgeben von Latschenhügeln, wird auch das Auge des Rofan genannt und wechselt angeblich je nach Witterung seine Farbe. Der Sage nach soll das Wasser auch Gold enthalten, die Fische hätten es im Bauch: Kühe und Schafe, die davon trinken, hätten vergoldete Zähne. Wir haben allerdings weder gewartet, bis das Wetter umschlägt, noch haben wir aus dem See getrunken, können also diese Angaben nicht bestätigen.

Für den Rückweg nehmen wir bei einem minimalen Abstecher noch den Roßkogel mit, damit auch ein Gipfel bei der Tour dabei ist. Von dort hat man einen wunderbaren Blick über das Rofan, über Brandenberg, Kramsach, hinüber nach Rattenberg, ins Alpbach. Die paar Meter lohnen sich also.

Sonst ist der Rückweg ident mit dem Hinweg. Mit dem kleinen, aber durchaus bedeutenden Unterschied, dass wir uns eine Einkehr in Anderl's Almhütte gönnen. Die ist klein, hat aber eine feine Terrasse mit ein paar Biertischen. Es gibt eine Brettljause, eventuell auch eine Gulaschsuppe, vor allem aber etwas Kühles zu trinken. Bei Regenwetter ist die Hütte geschlossen. Aber da ist der Durst ohnehin nicht so groß.

Oben: Nach wie vor gibt es viele stille Tage an diesem idyllischen Gewässer.

Tour

12 ACHENSEE

Auf und ab am Tiroler Meer

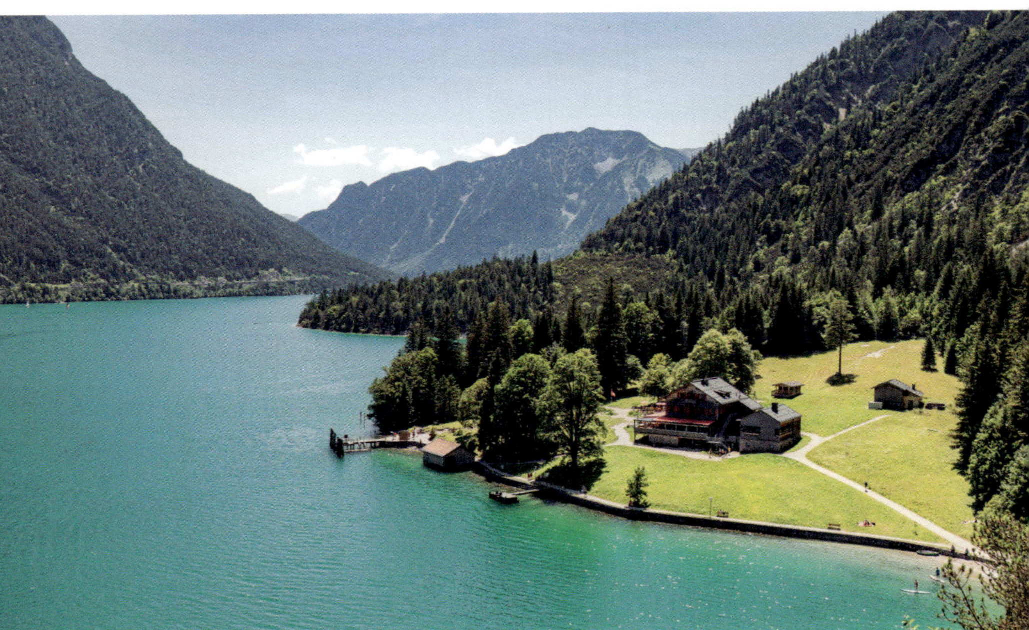

Anfahrt	**Mit den Öffis:** Mit dem Zug nach Jenbach, weiter mit Bus 8332 bis Pertisau. **Mit dem Pkw:** Von der A 12 kommend die Ausfahrt Wiesing nehmen. Dann zum Achensee, in Maurach bei der Rofanseilbahn nach Pertisau abzweigen, dort bis zum großen, gebührenpflichtigen Parkplatz beim Strandbad.
Ausgangspunkt	Pertisau
Dauer	2,5–3 Stunden Gehzeit, ca. 45 Minuten Rückfahrt per Schiff
Höhen	Insgesamt ca. 160 Höhenmeter auf und ab am Ufer
Einkehrmöglichkeit	Gaisalm, Hotels und Restaurants in Pertisau und Achenkirch
Kurzbeschreibung	Grundsätzlich eine leichte und ausgesprochen schöne Wanderung am Westufer des Achensees. Allerdings gibt es zahlreiche ausgesetzte, wenngleich versicherte Stellen.
Beste Jahreszeit	Mai bis September, dann sind sowohl die Einkehr auf der Gaisalm als auch die Fahrt mit dem Schiff möglich.

Der Achensee wird auch liebevoll das „Tiroler Meer" genannt und darf in einem Tiroler Seenbuch natürlich nicht fehlen. Die Wanderung zwischen Pertisau und Achenkirch verspricht See in Reinkultur. Vor allem, wenn man die Rückfahrt mit dem Schiff antritt.

Die Wanderung kann man natürlich sowohl in Achenkirch als auch in Pertisau beginnen, mit der Schifffahrt vorher oder nachher. Wir haben uns für die Version Pertisau–Achenkirch mit anschließender gemütlicher Rückfahrt entschieden.

Unsere Wanderung beginnt daher in Pertisau an der Promenade, vorbei an den Hotels und am Strandbad. Dann geht es zur sogenannten Prälatenbuche. Sie erinnert an Albert Wildauer, den einstigen Abt des Stifts Fiecht (heute Georgenberg), dem der See früher gehörte. Wildauer hatte 1887 die kommerzielle Achenseeschifffahrt gegründet. Eine Buche auf einem kleinen Platz am Wasser erinnert an ihn und dieses Ereignis.

Weiter geht es anfänglich noch auf dem breiten Spazierweg und vorbei an ein paar Badeplätzen. Dann jedoch wird der Weg schmäler. Ein ganzes Stück über dem Wasserniveau ist er in die Steilabfälle der Seebergspitze hineingehackt. Nur an der Felsseite gibt es meist ein Geländer, Trittsicherheit und Schwindelfreiheit sind also empfehlenswert. In dieser Tonart geht es nun eine ganze Weile weiter, aus der erhöhten Position hat man dafür einen fabelhaften Blick auf den See, der an schönen Tagen mit bunten Segelbooten geschmückt ist. Vorbei geht es an der Abzweigung zum Marienstollen, der ersten Abbaustelle von Steinöl Anfang des 20. Jahrhunderts. Heute wird das Ölgestein im Bächental gewonnen, einem Paralleltal des Achentales.

Schließlich führt der Weg bei einem gro-

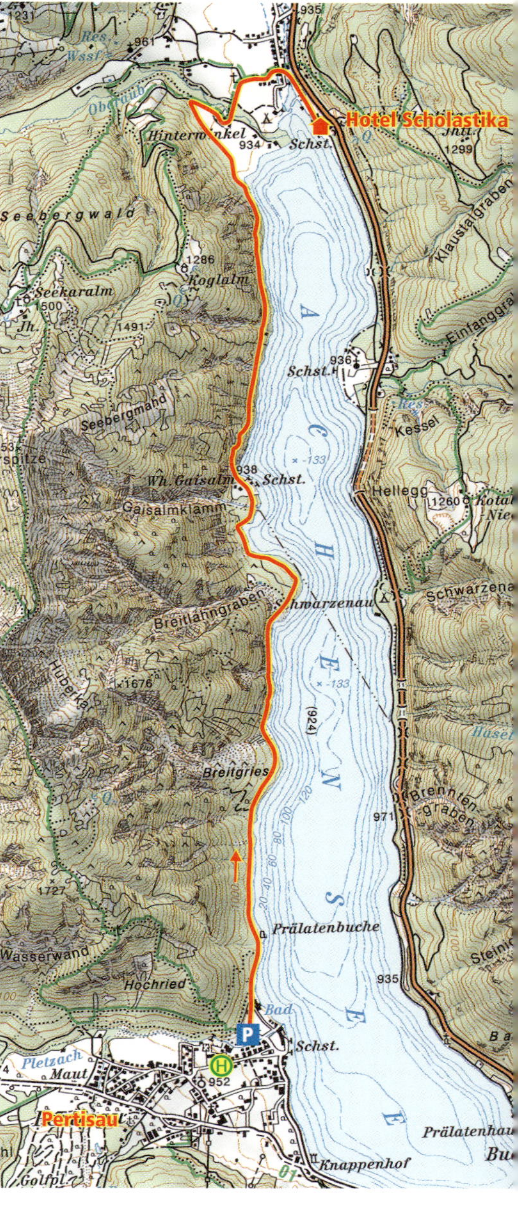

Links: Die Gaisalm, eine grüne Oase am westlichen Achensee-Ufer

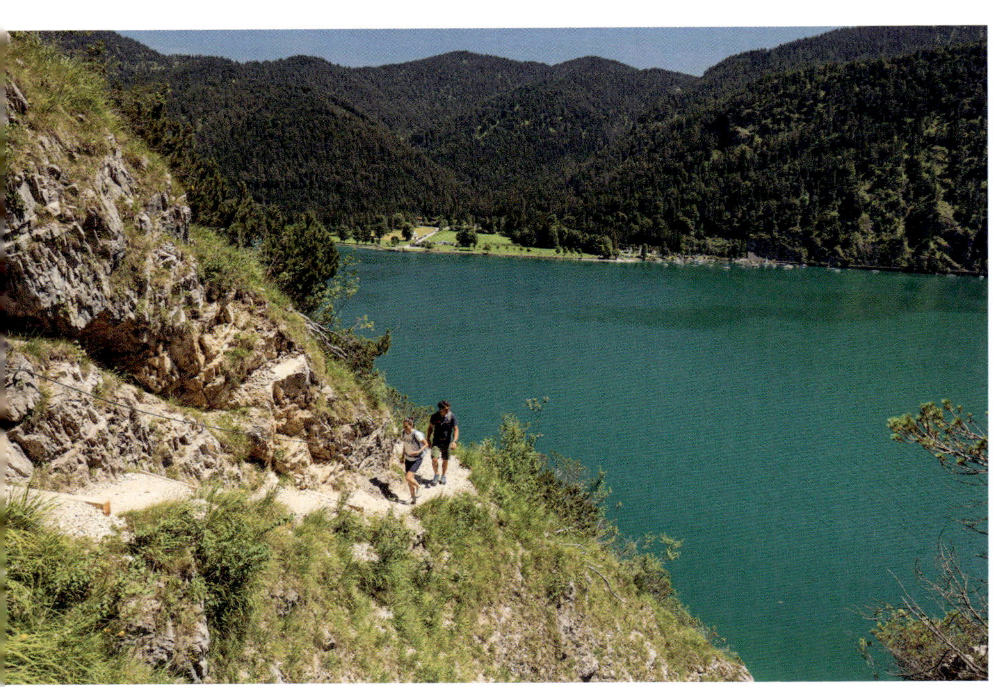

ßen Schuttkegel hinunter zum See. Das ist die Gelegenheit, um die Füße ein bisschen ins Wasser hängen zu lassen. Danach geht es wieder ein Stück in die Felswände hinauf und weiter bis zur Gaisalm. Die ist nur zu Fuß oder mit dem Schiff erreichbar und selbst das Vieh, das dort weidet, muss zum Almauf bzw. -abtrieb mit einer Fähre über den See transportiert werden. Durch die Anlegestelle der Achenseeschiffe ist hier einerseits in der Regel ziemlich viel los. Andererseits bietet das müden Wandersleuten auch die Gelegenheit, die Tour abzukürzen. Wir haben nämlich erst etwas über die Hälfte der Strecke hinter uns gebracht!

Nach der Gaisalm geht es neuerlich in die Höhe und – man kennt es inzwischen schon – der schmale Steig schlängelt sich am Hang entlang nach Achenkirch. Dort müssen wir das Ufer nun leider verlassen und ein Stück ins Hinterland wandern. Aber das Grün der Wiesen ist eine willkommene Abwechslung zum Türkis des Sees. Durch den Ortsteil Hinterwinkel geht es nun nach Osten bis zum Fischerwirt und dort an der Uferstraße weiter bis zur Scholastika. Dort stand einst ein monumentales Hotel, im dem unter anderem Karl May abgestiegen ist, doch auch der kleinere Nachfahre ist ganz schön. Hier besteigen wir das Achenseeschiff und tuckern gemütlich zurück zu unserem Ausgangspunkt. Den Weg, auf dem wir gekommen sind, haben wir dabei bestens im Blick.

Links: Auf und ab am Tiroler Meer

Rechts: Der Dalfazer Wasserfall, rechts davon der Klettersteig

Tour 13

DALFAZER WASSERFALL

Erfrischende Zwischenstation(en)

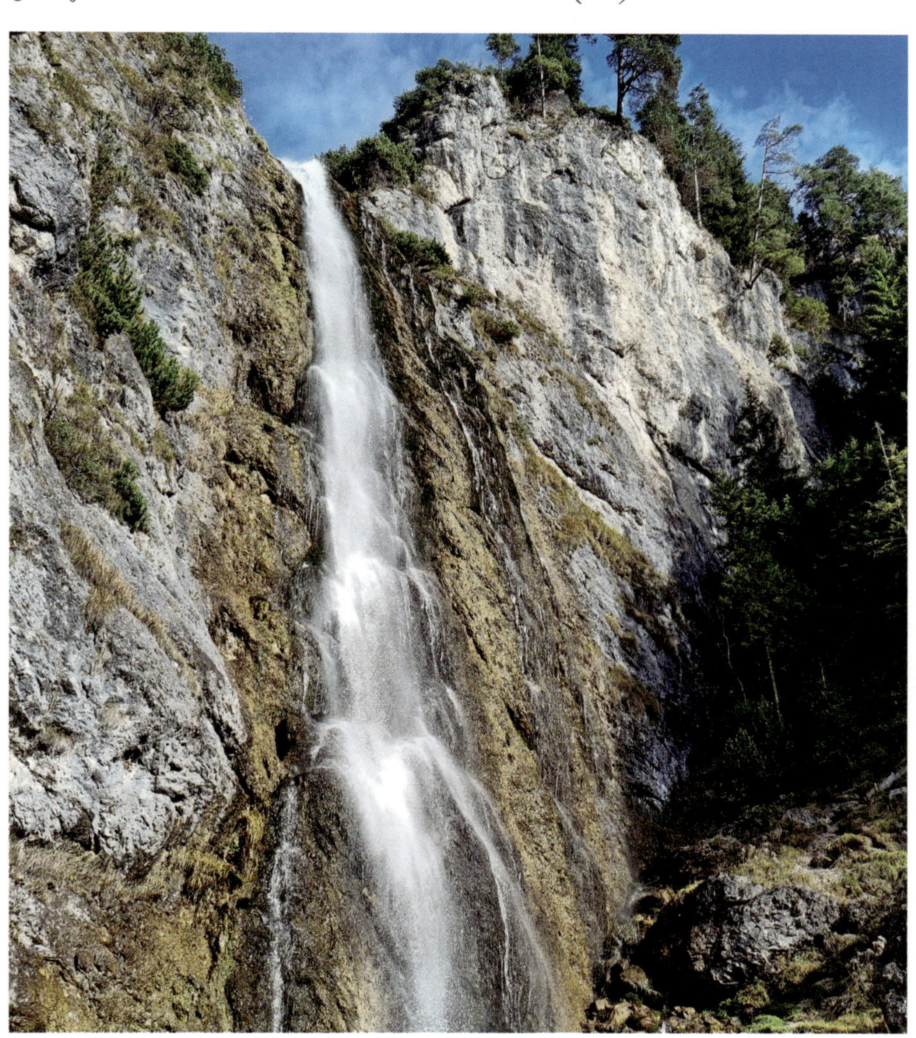

Anfahrt	**Mit den Öffis:** Mit dem Zug nach Jenbach, weiter mit Bus 8332 oder 4080 bis Maurach/Rofanseilbahn. **Mit dem Pkw:** Auf der A 12 die Ausfahrt Wiesing nehmen, dann zum Achensee und in Maurach bei der Rofanseilbahn parken (gebührenpflichtig, wird beim Kauf eines Tickets aber rückerstattet).
Ausgangspunkt	Parkplatz Rofanseilbahn
Dauer	ca. 2–2,5 Stunden Aufstieg bis zur Alm, ca. 45 Minuten Weitermarsch zur Erfurter Hütte/Bergstation, ca. 1,5 Stunden Abstieg über den Aufstiegsweg
Höhen	Maurach 975 m, Obere Dalfaz Alm 1693 m, Erfurter Hütte bzw. Bergstation Rofanseilbahn 1834 m
Einkehrmöglichkeit	Dalfaz Alm, Erfurter Hütte, Lokale in Maurach
Kurzbeschreibung	Die nahezu ideale Wanderung: technisch nicht zu anspruchsvoll, zeitlich im Rahmen, mit tollen bis angenehmen Stationen auf der Strecke
Beste Jahreszeit	Mai bis Ende Oktober

See, Wasserfall, Alm – Herz, was willst du mehr? All das hat man auf dieser Wanderung: herrliche Blicke auf den Achensee, den spektakulären Dalfazer Wasserfall und am Ende auf der Oberen Dalfaz Alm die frechsten Dohlen der Welt.

Ausgangspunkt unserer Tour ist – egal, wie man sie angeht – der Parkplatz der Rofanseilbahn. Von der obersten Stellfläche geht es zuerst durch die Häuser nach Norden abwärts. Dann müssen wir ein ganz kurzes Stück der Bundesstraße folgen, ehe es bei der Siedlung Rofangarten wieder aufwärts geht. Doch ab hier ist dann Schluss mit Asphalt und Häusern. Von nun an verläuft der Weg zuerst einmal gemächlich am Waldrand entlang, nur langsam gewinnen wir an Höhe. Nach einiger Zeit kommt man hier auch am Buchauer Wasserfall vorbei. Der dürfte aber eher klein sein, im Spätsommer 2022 war er jedenfalls völlig wasserlos. Schließlich gelangt man auf eine breite Forststraße. Achtung, diese nun einige Meter abwärts und dann auf dem breiten Weg nach rechts in Richtung Dalfazer Wasserfall gehen. Wenn man diesen kleinen Haken schlägt, muss man nämlich keine unnötigen Höhenmeter machen.

Schon nach kurzer Zeit kommt man nun zum Wasserfall und kann sich noch dazu über eine feine Aussichtsplattform mit einem Fernrohr (oder Schalltrichter?) freuen. Wer die Gischt spüren will, steigt noch ein paar Meter hinunter und erlebt den Wasserfall mit seinen vollen 60 Me-

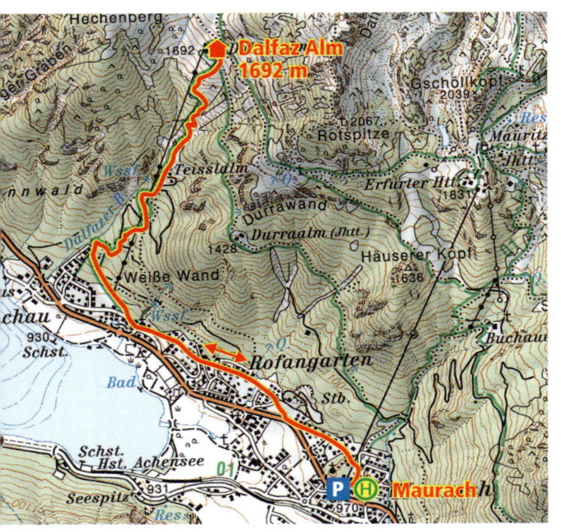

Rechts: Die Dalfaz Alm mit Traumaussicht und frechen Dohlen

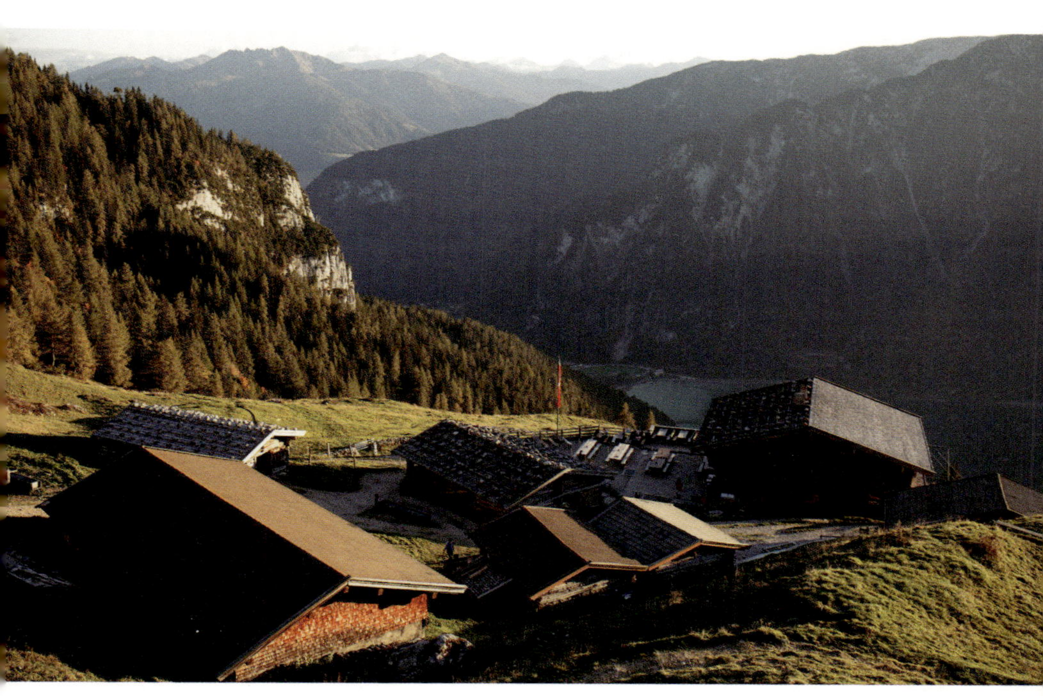

tern Fallhöhe aus erfrischender Nähe. Rechts vom Wasserfall führt auch ein Klettersteig in die Höhe. Der überwindet zwar nur etwa 80 Höhenmeter, hat es mit Schwierigkeitsgrad D aber ganz schön in sich.

Doch nun lassen wir den Wasserfall hinter uns und steigen in Serpentinen durch den Wald weiter auf. Für ein kurzes Stück gelangen wir noch einmal auf eine Forststraße, die allerdings nur bis zur Materialseilbahn der Dalfaz Alm führt. Von nun an ist das Gelände nur mehr spärlich beschattet, im Sommer kann es hier schon gnadenlos herunterbrennen. Aber da muss man durch! Auf dem Steig geht es nun in recht angenehmer Steigung unserem zweiten Ziel entgegen, der Dalfaz Alm. Heimtückischerweise sieht man sie erst sehr spät, dafür ist die Überraschung aber umso größer. Sie liegt in einem herrlichen Kessel mit einem großartigen Blick auf den Achensee und weit hinein ins Karwendel. Neben Kaiserschmarrn gibt es auf der Alm aber auch ungeheuer freche Dohlen. Wer zu langsam isst, der muss möglicherweise mit den gefräßigen Vögeln teilen, denn sie hüpfen einem bis auf den Teller.

Für den Rückweg kann man nun den Weg nehmen, über den man gekommen ist. Sehr schön ist es aber auch, noch etwa 45 Minuten Gehzeit dranzuhängen und leicht ansteigend durch den lichten Lärchenwald bis zur Erfurter Hütte weiterzugehen. Man wird dabei mit weiteren wunderbaren Ausblicken auf den See und zum Rofan belohnt. Und ist am Ende mit der Bahn in wenigen Minuten wieder im Tal. Es spricht natürlich auch nichts dagegen, die ganze Tour in umgekehrter Richtung zu machen.

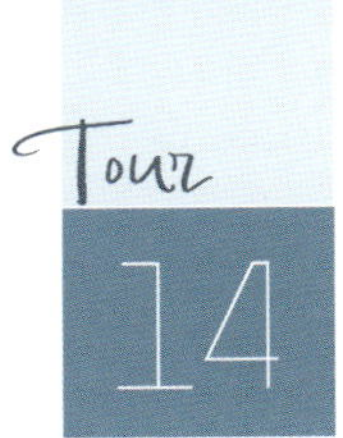

WOLFSKLAMM

Urmutter der Klammen

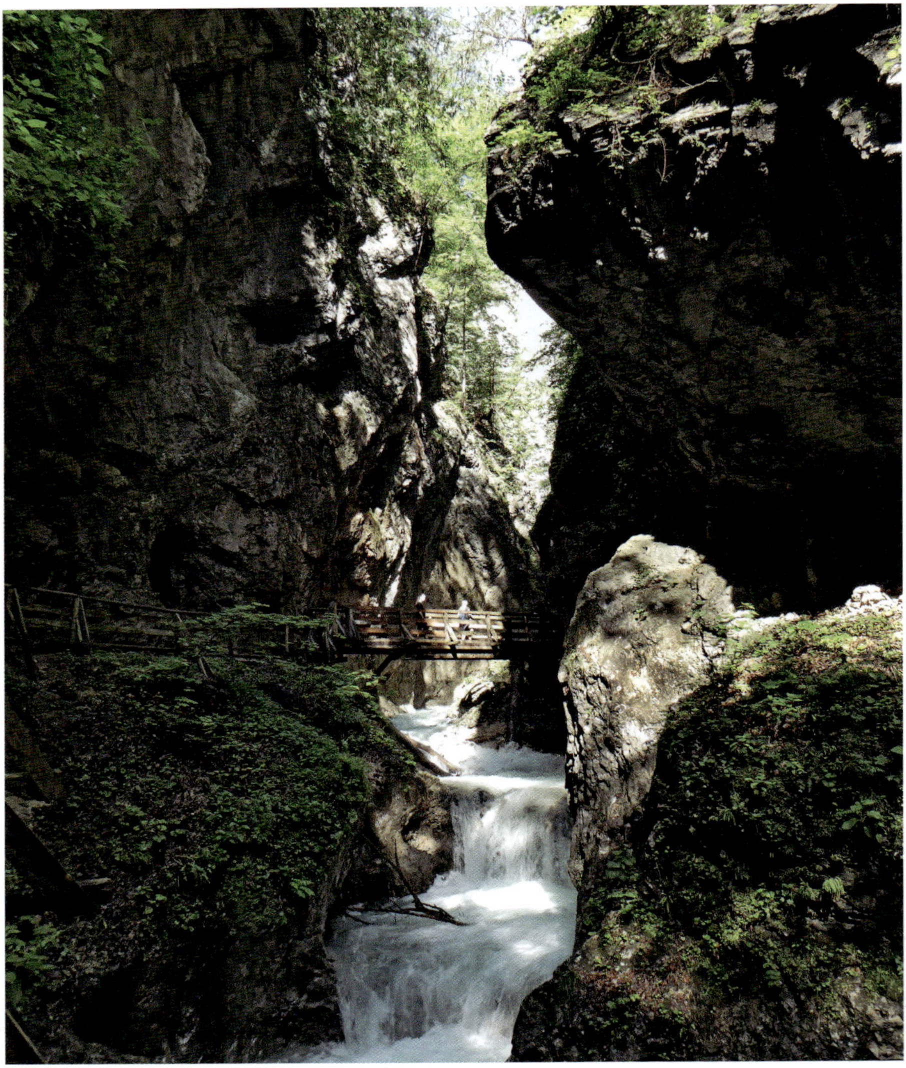

Anfahrt	**Mit den Öffis:** Mit dem Zug nach Stans, von der Bahnhaltestelle durch den Ort bis zur Kassa der Wolfsklamm benötigt man 25 bis 30 Minuten. Alternativ: Bus 4111 ab Schwaz Bhf. bis Stans/Schwimmbad. **Mit dem Pkw:** Über die A 12 Inntalautobahn, Ausfahrt Schwaz, weiter nach Stans, dort der Beschilderung „Wolfsklamm" folgen. Kostenpflichtiger, eher kleiner Parkplatz am Eingang zur Schlucht, kostenfrei sind P1 am Sportplatz und P4 beim Wirtschaftshof.
Ausgangspunkt	Parkplatz am Eingang zur Schlucht
Dauer	ca. 1–1,5 Stunden Aufstieg, ca. 1 Stunde Abstieg
Höhen	Parkplatz 575 m, St. Georgenberg 900 m, Maria Tax 750 m; Höhenunterschied: ca. 330 Hm
Einkehrmöglichkeit	Klostergasthof St. Georgenberg, Gasthof Das Marschall, Der Brandstetterhof
Kurzbeschreibung	Unschwierig, ein gewaltiges Naturschauspiel und großartiges Abenteuer für die ganze Familie
Beste Jahreszeit	Die Wolfsklamm ist von 1. Mai bis 31. Oktober geöffnet, siehe auch: www.wolfsklamm.tirol

Die Wolfsklamm war wohl die erste Schlucht in Tirol, die kommerziell touristisch genutzt wurde. Schon 1901 wurde ein erster Steig angelegt, der allerdings nur 300 Meter am Stallenbach entlangführte. Zwischen 20 und 40 Heller kostete der Eintritt damals. Nach der Vernichtung durch ein Hochwasser wurde erst 1936 ein neuer Weg angelegt, dieses Mal aber durch die ganze Schlucht, auch vorbei an den zwei großen Wasserfällen. Im Laufe der Jahre kam es immer wieder zu Zerstörungen durch Unwetter, Hochwässer, Lawinen und Felssturz. Und immer wieder wurden die Wege, Stege und Brücken aufs Neue hergerichtet und gangbar gemacht. Dafür zahlt man auch gerne den Erhaltungsbeitrag beim Mauthäuschen am Beginn. Wenn man die Wolfsklamm begeht, dann weiß man auch, warum sie schon so früh erschlossen wurde: Die Kraft des Wassers sieht man nirgendwo besser als dort. In keiner anderen Tiroler Schlucht oder Klamm ist man dem Rauschen und Tosen näher, spürt die Gischt im Gesicht, steht staunend vor dieser Natur.

Der Weg durch die Schlucht ist im Grunde einfach, die Stege sind breit, alles ist durch Geländer gut abgesichert. Oft sind die Planken allerdings nass und daher auch etwas rutschig, man sollte also schon geeignetes Schuhwerk tragen. Kondition ist nur insofern erforderlich,

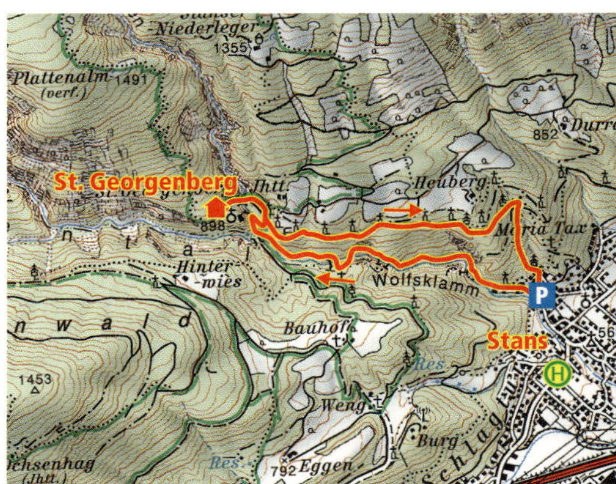

Links: Das feucht-grüne Mikroklima der Wolfsklamm

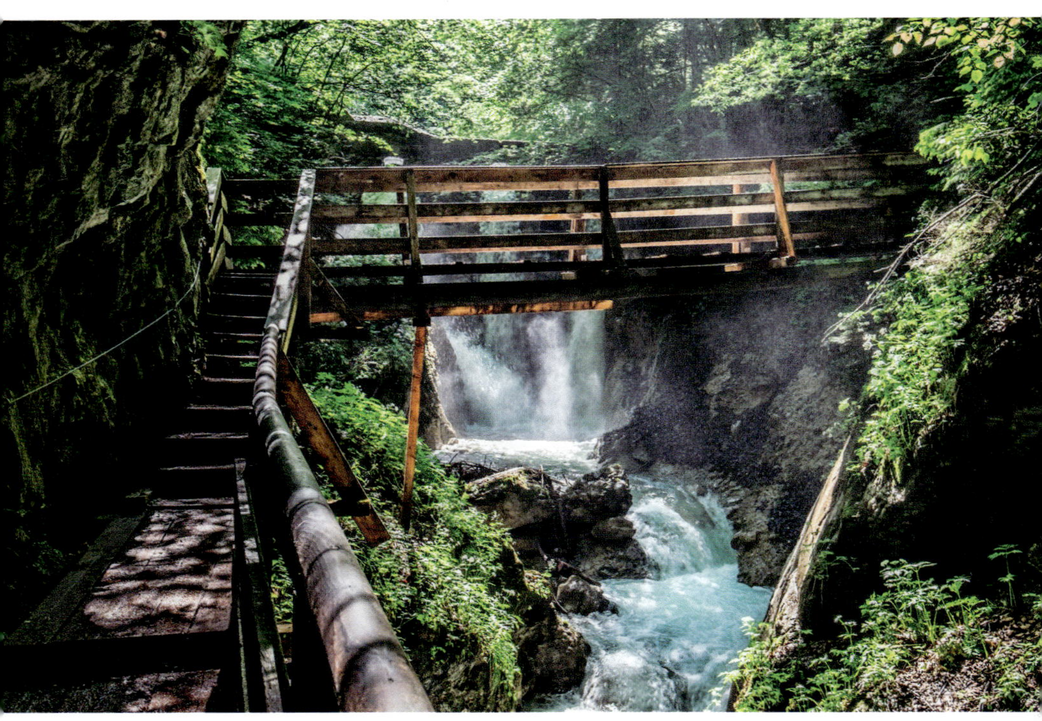

als dass man doch zahlreiche Treppen zu bewältigen hat. Aber dafür gibt es an einigen Stellen auch Bänke zum Ausruhen, manchmal sogar ein richtiges Jausenplätzchen mit Tisch. Und dazu eine gewaltige Sicht und Stimmung. Grandios sind auch die diversen Aussichtsplattformen, die einem ideale Positionen für ein paar spektakuläre Fotos garantieren. Wenn man nach einer halben Stunde oder vielleicht auch einer Stunde – mit ganz viel Schauen und Rasten – die eigentliche Schluchtstrecke hinter sich gebracht hat, dann ist man schon ein bisschen traurig, dass dieses Naturschauspiel schon wieder vorbei ist. Doch zum Trost gibt es am Wegesrand einen Platz mit Hunderten Steinmännchen. Da kann man sich gar nicht mehr verirren – oder vielleicht gerade deswegen.

Das nächste Highlight wartet aber schon. Durch ein Drehkreuz gelangt man auf eine breite Forststraße und es eröffnet sich ein erster Blick auf das Kloster St. Georgenberg, das scheinbar hoch über einem thront. Scheinbar, weil man in 20 bis 30 Minuten oben ist und sich das absolut nicht entgehen lassen sollte!
Das Kloster entstand vor über 1000 Jahren, zuerst als Einsiedelei, die später anwuchs. 1183 wurde Georgenberg offiziell zu einer Benediktinerabtei erhoben und entwickelte sich zu einem beliebten Wallfahrtsort. Noch heute leben die Benediktiner am Berg. Oder besser gesagt, wieder am Berg. Denn 1708 waren sie in die neue Abtei ins nahe Fiecht gezogen. Erst nach deren Auflassung kamen die Mönche im August 2019 wieder fix in das restaurierte und sanierte St. Geor-

genberg zurück. Ein einzigartiges Bauwerk auf dem Weg zum Kloster ist die Hohe Brücke, die auf das Mittelalter zurückgeht, aber mehrfach erneuert wurde. Die gekrümmte Steinbogenbrücke mit aufgesetztem Holzfachwerk beeindruckt noch heute. Neben der Hauptkirche liegt auf dem Felsen auch noch das Lindenkirchlein. Von dort hat man im Frühjahr und Herbst, wenn die Bäume noch keine Blätter tragen, den schönsten Überblick über das Ensemble und einen gewaltigen Ausblick aufs Inntal. Den kann man übrigens auch noch von der Terrasse des Klostergasthauses aus genießen.

Den Rückweg tritt man entweder über die breite Schotterstraße nach Weng und von dort zurück nach Stans an. Ruhiger, wenn auch etwas ausladender, ist der Abstieg über Maria Tax. Dazu zweigt man in der ersten Kehre unter der Hohen Brücke nach links ab, geht ein kleines Stück aufwärts, ehe rechts ein Weg abzweigt, den die Stationen eines modernen Kreuzwegs säumen. Diesem folgt man nun längere Zeit. Schließlich gelangt man zu einer gelben Wandertafel, die den Weg zum Stanser Joch und nach Tratzberg weist. Gegenüber befindet sich aber – man übersieht sie leicht – eine hölzerne Tafel mit der Aufschrift „Maria Tax". Dem steilen Waldweg folgt man nun, gelangt zum Kirchlein Maria Tax (es ist in der Regel leider versperrt) und dann nach Stans, und zwar exakt zum Parkplatz am Ausgangspunkt der Wolfsklamm.

Links: Unzählige hölzerne Brücken und Stege führen durch die Klamm.

Unten: Das beeindruckende Fachwerk der Hohen Brücke

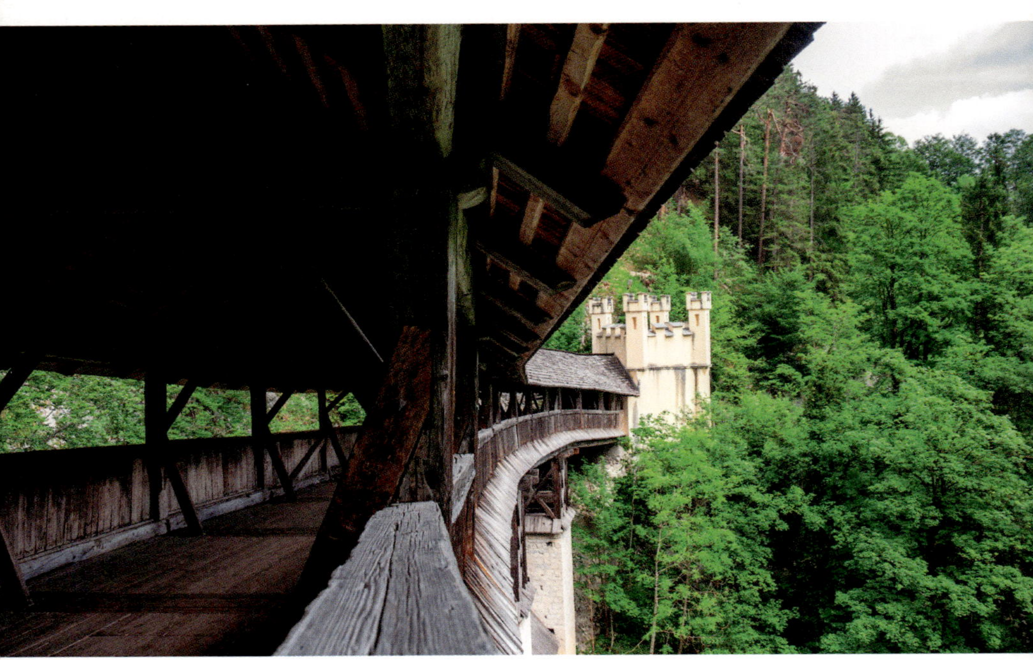

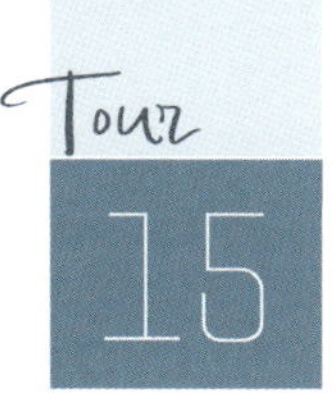

LAIMACHER WASSERFALL UND TALBACHFALL

Gut versteckte Wasserfälle

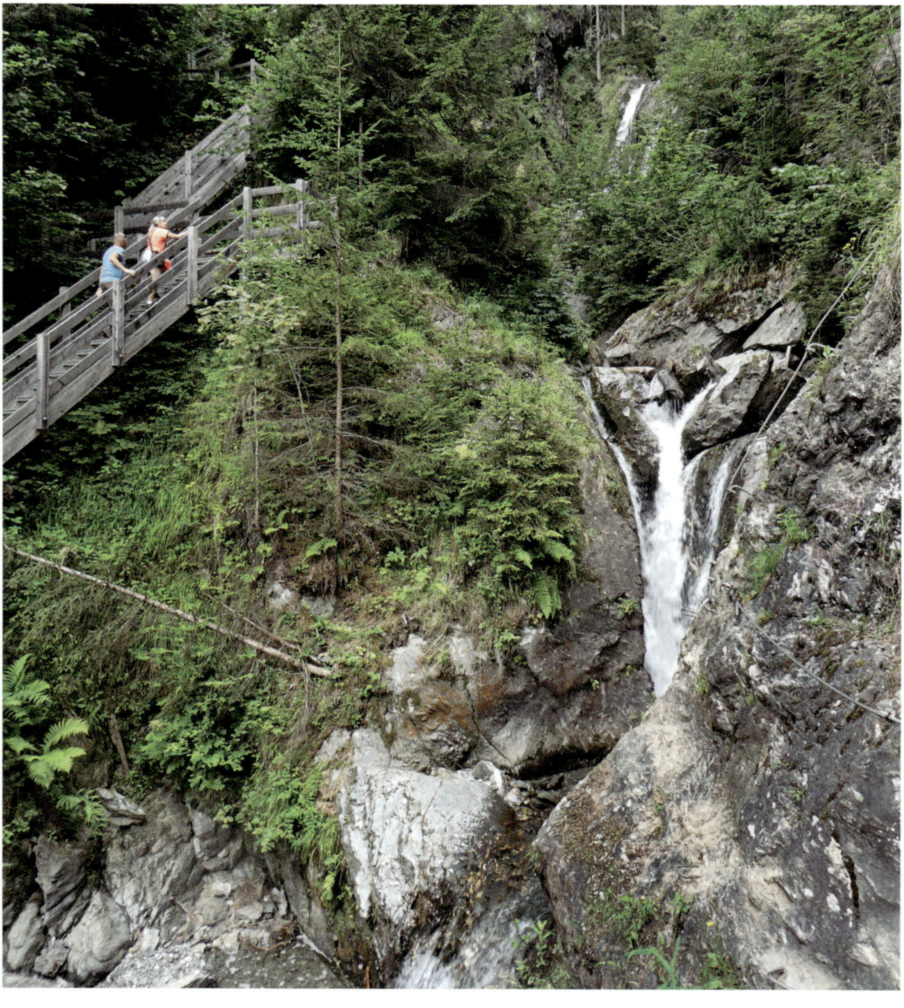

Anfahrt	**Mit den Öffis:** Mit der Bahn nach Jenbach und dort umsteigen in die Zillertalbahn. Aussteigen in Ramsau-Hippach. **Mit dem Pkw:** A 12 Inntalautobahn, Ausfahrt Zillertal, im Zillertal bis Ramsau fahren und dort unmittelbar bei der Zillerbrücke zwischen Ramsau und Hippach parken.
Ausgangspunkt	Parkplatz bei Zillerbrücke
Dauer	ca. 2,5–3 Stunden
Höhen	Insgesamt ca. 200 Hm im Auf- und ebenso viele im Abstieg
Einkehrmöglichkeit	Jausenstation Talbach
Kurzbeschreibung	Eine sehr gemütliche Runde über Wiesen- und Waldwege zu den zwei Wasserfällen, von denen der zweite eindeutig spektakulärer ist
Beste Jahreszeit	Frühjahr bis Wintereinbruch

Der Laimacher und der Talbach-Wasserfall liegen etwas versteckt zwischen Hippach und Zell am Ziller. Den zweiten könnte man sich über einen spektakulären Klettersteig sogar ganz aus der Nähe ansehen.

Das Kniffligste an dieser Wanderung ist das „Einfädeln" in den richtigen Weg. Hat man das geschafft, kann man sich praktisch nicht mehr verlaufen.

Wer mit der Bahn kommt, überquert die Zillerbrücke nach Hippach, Autofahrer parken ihren Wagen dort. Nun folgen wir der Straße in den Ort und nehmen die zweite Abzweigung nach rechts (in Richtung Zell). So gelangen wir in das gemütliche Dörfchen, wo wir unter der Kirche vorbeispazieren. Nach ihr biegen wir unmittelbar nach links ab. Nicht davon irritieren lassen, dass es da zum Parkplatz eines Hotels geht und ein Sackgassenschild dasteht. Am Ende des Parkplatzes gibt es ein Gartentor, durch das wir auf die Auffahrtsrampe zur Zillertaler Höhenstraße kommen. Wir folgen den Schildern „Easy Trail" auf dem Gehweg die Straße hinauf bis zur nächsten Kehre. Dort, bei einer Schnapsbrennerei, steht nach etwa 20 Minuten Gehzeit die erste Wandertafel zum Talbach-Wasserfall, Weg Nr. 13. Ab hier kann fast nichts mehr schiefgehen.

Links: Talbachfall mit der Wahl zwischen Klettersteig und Treppe

Rechts: Der Laimacher Wasserfall liegt verborgen im Wald.

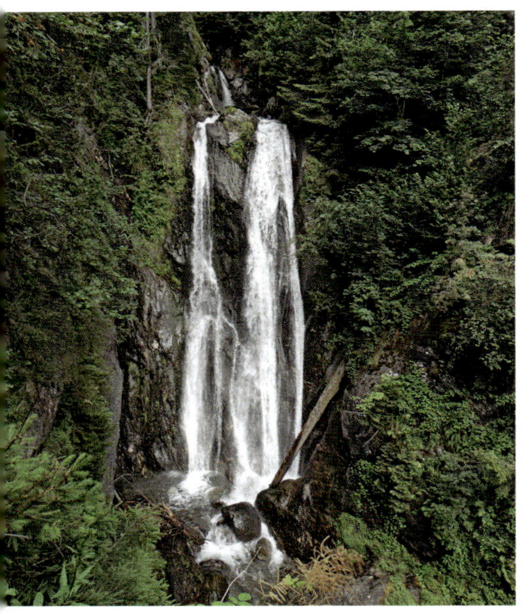

Wir wandern nun sehr gemütlich auf breiten Wald- und Wiesenwegen dahin, ab und zu kommen ein paar Häuser, etwas Asphalt. Der Blick in den Talboden Richtung Zell ist wunderschön. Der gemütlichste Rastplatz – ein Wegkreuz mit Bänken – kommt leider schon ziemlich am Anfang der Strecke. Schließlich treffen wir auf ein Schild, das uns zum Laimacher Wasserfall weist. Ab hier wird es steil, das aber zum Glück nur recht kurz. Gut im Wald verborgen finden wir schließlich den Wasserfall. Am besten dürfte er wohl im Frühjahr oder Spätherbst zu betrachten sein, wenn die Vegetation nicht ganz so üppig ist.

Nun wandern wir wieder ein kleines Stück zurück bis zur Abzweigung. Aus dem Weg Nr. 13 wird ganz kurz die Nr. 16, das Ziel, der Talbach-Wasserfall, bleibt aber gleich. Neuerlich geht es recht gemütlich dahin, etwas auf und ab. Erst kurz bevor wir den zweiten Wasserfall erreichen, wird es wieder steiler. Recht plötzlich vernimmt man das Rauschen und ist überrascht: Wir kommen von oben zu den Kaskaden. Über eine Treppe, von deren Absätzen man den Wasserfall gut beobachten kann, steigen wir nun hinunter zu einer Holzbrücke. Auf der gegenüberliegenden Felswand befindet sich der Klettersteig (bis Schwierigkeit E), in dessen Verlauf man den Talbach sogar zweimal auf Seilbrücken überquert. Beim zweiten Mal besonders spektakulär oberhalb des Wasserfalls kurz vor dem Ausstieg.

Aber wir wandern gemütlich weiter hinunter ins Tal, vorbei an einer Raststation in Richtung Zillerpromenade. Wer mit der Zillertalbahn gekommen ist, kann schon nach wenigen Metern auf das andere Zillerufer wechseln und bei der Station Laimach-Regionalmuseum wieder in den Zug steigen. Sonst geht man auf dem feinen Kiesweg der Promenade weiter zurück zum Parkplatz.

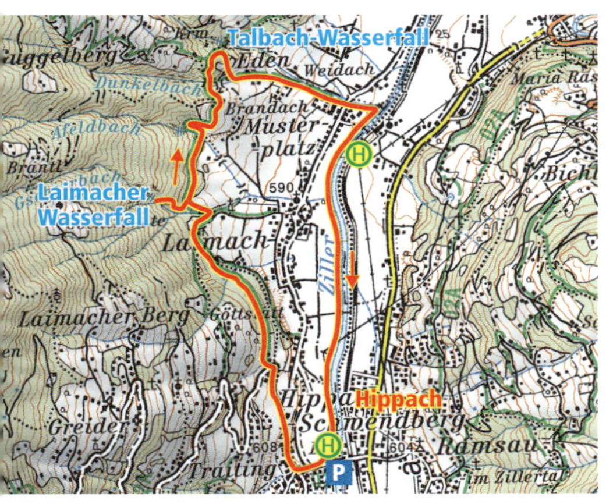

Oben: Der Talbachfall von der Treppe aus gesehen

Rechts: Etwa ein halbes Dutzend Seen gibt es am Pfitscher Joch.

Tour

PFITSCHER-JOCH-SEEN 16

Grenzenlos schön

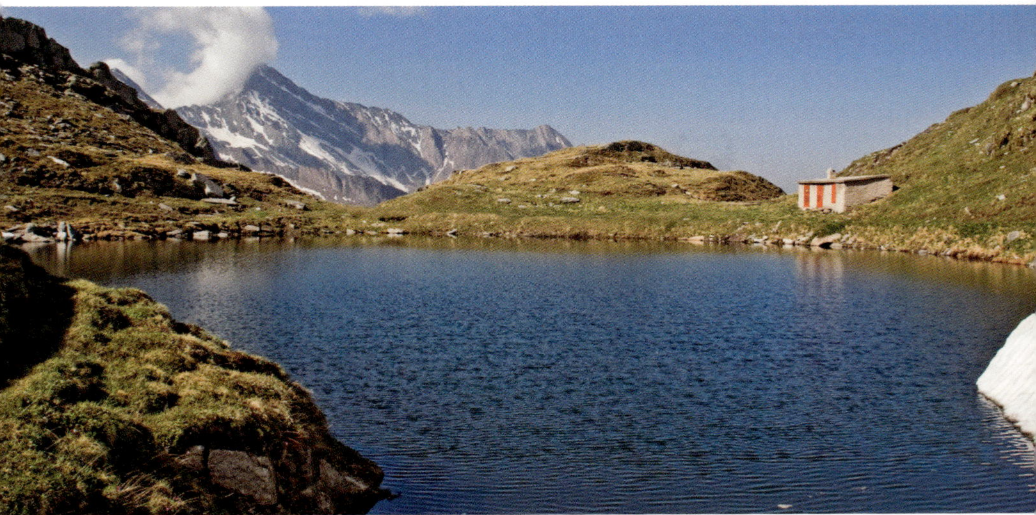

Anfahrt	**Mit den Öffis:** Mit der Bahn bis Jenbach, umsteigen in die Zillertalbahn. Weiterfahrt vom Bahnhof Mayrhofen mit Bus 4102 (hat auch den großen Vorteil, dass man sich die nicht ganz billige Maut zum Stausee spart). **Mit dem Pkw:** A 12 Inntalautobahn, Ausfahrt Zillertal, weiter bis Mayrhofen, am Ortsende abzweigen in Richtung Ginzling (dort, falls notwendig, Infos im Naturparkhaus einholen). Weiter ins Tal, ab dem Gasthof Breitlahner handelt es sich um eine Mautstraße mit Einbahnregelung. Parkmöglichkeiten am Schlegeisspeicher sind vorhanden, können aber in der Hochsaison knapp werden.
Ausgangspunkt	Parkplatz Schlegeisspeicher
Dauer	ca. 2 Stunden Aufstieg, ca. 1,5 Stunden Abstieg
Höhen	Parkplatz Stausee ca. 1800 m, Lavitzalm 2095 m, Pfitscher-Joch-Haus 2275 m; Höhenunterschied: ca. 500 Hm
Einkehrmöglichkeit	Dominikushütte (am Stausee), Kiosk bei der Brücke, Lavitzalm, Pfitscher-Joch-Haus
Kurzbeschreibung	Unschwierige, aber landschaftlich ungemein beeindruckende Wanderung mit Seen und italienischer Kulinarik als Höhepunkt
Beste Jahreszeit	Juni bis September, das Pfitscher-Joch-Haus hat in der Regel von Mitte Juni bis Anfang Oktober geöffnet.

Zugegeben, ein Großteil der Pfitscher-Joch-Seen liegt auf Südtiroler Gebiet, aber weil der Weg so schön ist, erlauben wir uns eine kleine Grenzüberschreitung mit etwas italienischem Flair – zumindest, was die Kulinarik angeht.

Allein der Schlegeisspeicher ist ein beeindruckender Anblick und für sich eine Reise wert. Wir machen diese Wanderung im hintersten Zillertal aber zu wahren Wasserspielen. Wer vor dem Start der Tour einen Blick über den See auf die (noch verbliebenen) Gletscher zwischen Großem Möseler und Hochfeiler genießen will, der parke sein Fahrzeug gleich nach dem letzten Tunnel. Der Bus hält ebenfalls dort. Auch wenn man dafür einen kleinen Asphalt-Hatscher bis zum „Einstieg" in unsere Wanderung in Kauf nehmen muss.

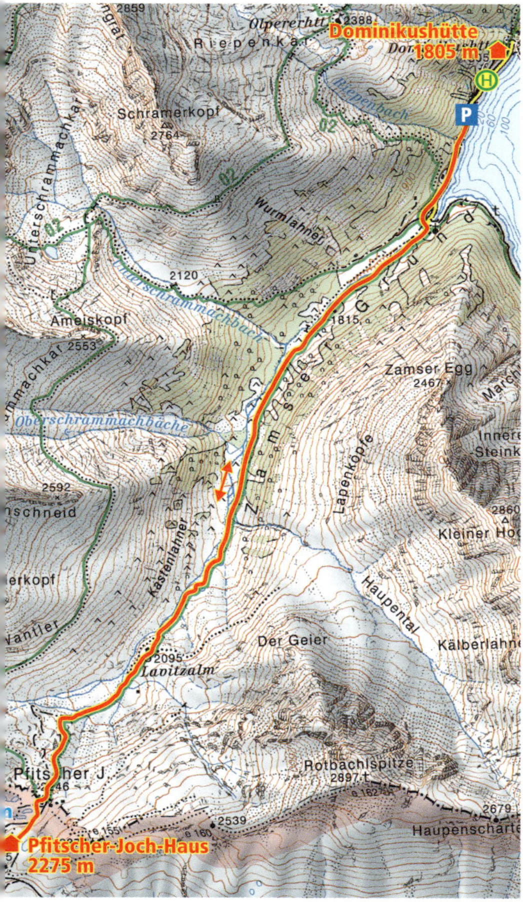

Diese beginnt mit der Überquerung des Zamser Baches, dann gehen wir durch das Gelände eines kleinen Kiosks/Souvenirstandes, ehe uns die Natur des Zamser Grundes in ihren Bann zieht. Der Weg wurde 2022 renoviert, ist teilweise mit riesigen Steinplatten gepflastert, sogar einige „Menhire" wurden aufgestellt. Allerdings haben sie hier keine rätselhafte kultische Bedeutung, sondern tragen meist eine rot-weiß-rote Markierung. Gemütlich geht es nun jedenfalls dahin, bis wir nach rund 20 Minuten den ersten Höhepunkt erreichen: den Unterschrammach-Wasserfall. Inmitten des grünen Latschengürtels fällt das Wasser dort über eine Geländestufe ab und mündet in den Zamser Bach. Um das Spektakel gut beobachten zu können, wurde am Weg eine kleine Raststation errichtet.

Doch weiter geht es. Zuerst über einen grünen, sumpfigen Boden mit vielen mäandrierenden Bachläufen, ehe der nun minimal steilere Anstieg zur Lavitzalm beginnt, die wir nach etwas mehr als einer Stunde erreichen. Wer die Alm nicht sehen mag, kann sie auf einem Steig rechts umgehen und spart sich so einige Höhenmeter im Auf- und Abstieg. Vor allem Mountainbiker nehmen dieses Angebot gerne an.

Von der Lavitzalm geht es nun wieder ein paar Meter hinunter in ein weites Becken ebenfalls mit vielen Bachläufen, die sich kreuz und quer durch den Boden schlängeln. Nur ein Arm sticht hier ganz seltsam hervor: Während alle anderen Bäch-

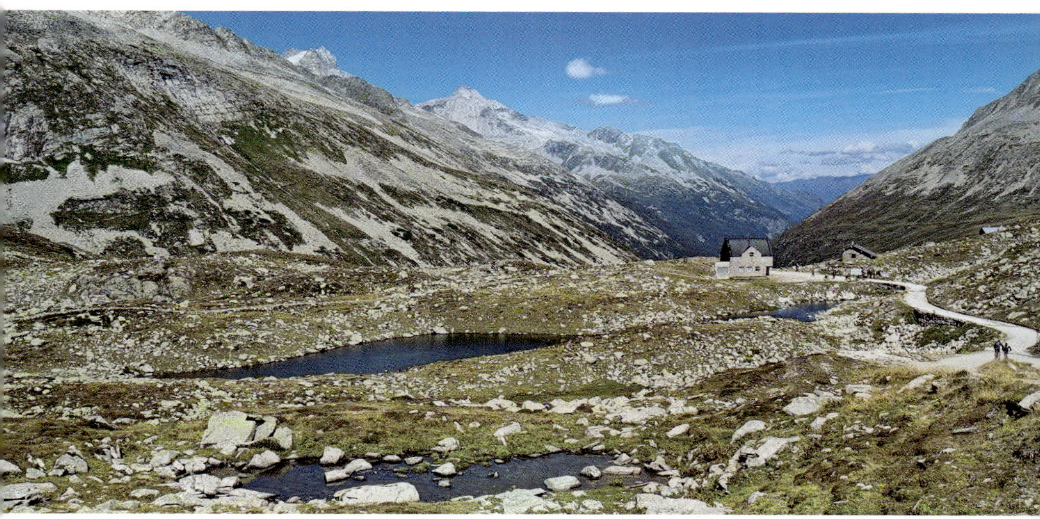

lein klares Wasser und gewöhnlich-graue Steine und Kies führen, kommt von einem Hang im Südosten ein markant roter Bach, das Rotbachl, herunter. Die Färbung dürfte von Eisenerzvorkommen herrühren.

Der Weg hat nun seinen Charakter geändert, ist zu einer breiteren, grobschottrigen Straße geworden, die in weiten Serpentinen zu unserem Ziel, dem Pfitscher Joch, hinaufführt. Von Westen rauscht dabei das weiß schäumende Wasser des Zamser Baches über die felsigen Platten von der Hohen Wand herunter. Zwei ganz markante Schotterwälle links und rechts zeigen an, wie weit und breit hier einst das Stampflkees ins Tal reichte. Die breite Straße kann man auch über den Steig 524 ein bisschen abkürzen, kommt dann allerdings nicht so nahe am beeindruckenden Zamser Bach vorbei.

Kurz vor dem Erreichen des Joches treffen wir auf die ersten kleinen Seen – noch in Nordtirol. Insgesamt gibt es wohl ein halbes Dutzend Seen und Lacken rund um das Pfitscher Joch, der überwiegende Teil davon liegt in Südtirol. Aber das tut der Schönheit ja absolut keinen Abbruch! Vorbei am ehemaligen Grenzgebäude und dem Winterraum des Pfitscher-Joch-Hauses, geht es nun in einem letzten Aufschwung zur Hütte selbst. Die ist großzügig ausgebaut, im Selbstbedienungsrestaurant gibt es Spaghetti und Makkaroni aller Art, aber selbstverständlich auch Speckknödel- und Gerstlsuppe. Kulinarisch trifft hier also Tirol auf italienische Lebensart. Kein Wunder, lautet doch das Motto: „Pfitscher Joch grenzenlos". Was auch gut und schön so ist.

Für den Rückweg nehmen wir die Aufstiegsroute. Wer am Ende nicht zu müde ist, der kann übrigens noch in den Bauch der Staumauer am Schlegeisspeicher steigen. Führungen beginnen bei einer blau gerahmten Glastür am Beginn der Dammkrone gleich neben dem ersten Straßentunnel.

Oben: Genussvolles Wandern im wasserreichen Grenzgebiet

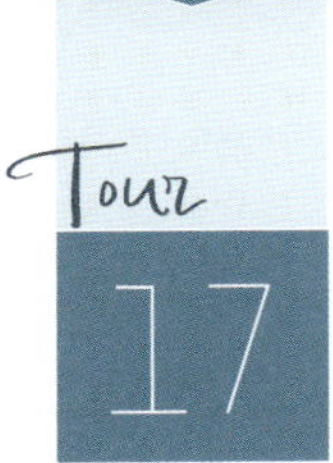

NAFINGSEE

Almdorf mit eigenem See

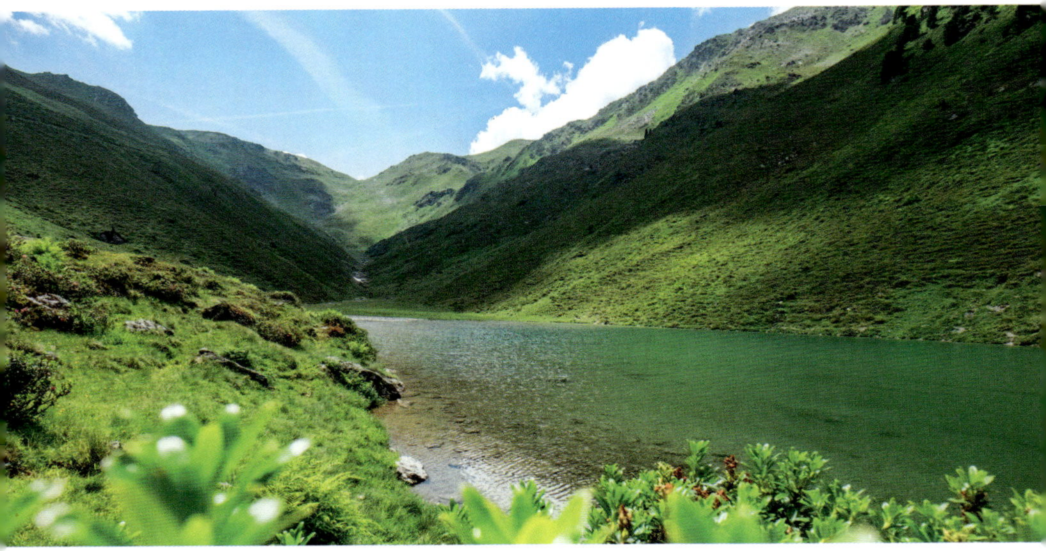

Anfahrt	**Mit den Öffis:** Leider besteht im Sommer keine Öffi-Anbindung. **Mit dem Pkw:** Auf der A 12 Inntalautobahn die Ausfahrt Wattens oder Vomp/ Vomperbach nehmen. Weiterfahrt nach Pill, Auffahrt auf den Weerberg und dort bis zum gebührenpflichtigen Parkplatz am Ende der Straße in Innerst. Achtung, nicht den Rodelparkplatz nehmen, der liegt tiefer!
Ausgangspunkt	Parkplatz in Innerst
Dauer	ca. 2,5 Stunden Aufstieg (+ 30 Minuten mit Hubertusspitze), ca. 2 Stunden Abstieg
Höhen	Parkplatz Jausenstation/Gasthof Innerst 1289 m, Weidener Hütte 1799 m, Nafingsee ca. 1900 m, Hubertusspitze 2205 m; Höhenunterschied: ca. 600 Hm (+ 300 Hm mit Hubertusspitze)
Einkehrmöglichkeit	Gasthof Innerst, Weidener Hütte (Sommeröffnungszeit meist Juni bis Mitte Oktober)
Kurzbeschreibung	Leichte Wanderung, hauptsächlich auf breiten Forstwegen mit Option auf einen einfachen Gipfel, auch als Mountainbike-Tour ausgezeichnet machbar
Beste Jahreszeit	Juni bis Spätherbst

Die Tour zum Nafingsee ist technisch eine der einfachsten in diesem Büchlein und verläuft meist auf Forst- und Almwegen. Ausgangspunkt ist der Parkplatz in Innerst. Dort gehen wir vorbei an der Jausenstation und gelangen sofort auf einen schmalen Steig mit Bretterzaun, der uns hinunterführt zum Weerbach. Von dort geht es gemächlich aufwärts bis zur Forststraße, die wir aber nur queren, unseren Weg setzen wir auf einem Waldsteig fort.

Nach einiger Zeit gelangen wir ein zweites Mal auf den Wirtschaftsweg und folgen diesem nun länger. Es geht dabei ganz bequem und überdies angenehm schattig im Wald dahin. Dann queren wir eine erste freie Almfläche, verschwinden aber rasch wieder zwischen den Bäumen. Schließlich weist ein Schild links bei einer Bank auf eine „Abkürzung" zur Weidener Hütte hin. Die lassen wir uns natürlich nicht entgehen, auch wenn der Abschnitt durch kleine Bächlein etwas matschig sein kann. Bei einem Holzhäuschen gelangen wir nun ein drittes Mal auf den Forstweg, bleiben auf diesem und erreichen nach kurzer Zeit die Weidener Hütte. Die Einkehr sparen wir uns aber für den Rückweg auf, daher geht es vorerst einmal weiter zur Nafingalm, die nur wenige Meter oberhalb der Schutzhütte liegt.

Zwischen frei laufenden Hühnern und Misthäufen hindurch geht es weiter. Schon bald zeichnet sich eine Geländekante ab, auf der ein paar Zirben stehen. Da liegt unser Ziel, der Nafingsee, in einer Mulde unterhalb des Geiseljochs. Von dort oben hat er auch seinen mäandernden Zufluss, die Südseite des Sees ist daher eher sumpfig. Dafür stehen am Ostufer auch einige Bänke, die zur Rast einladen. Besonders beeindruckend ist der Blick über den See nach Norden ins Karwendel. Wer eine Rast (noch) nicht nötig hat, dem weist am Beginn des Sees eine Tafel den Weg zur Hubertusspitze, einem Gipfelchen samt Kreuz, das man nach ein paar Serpentinen über einen steilen Hang und im obersten Teil durch einen lichten Zirbenbestand in etwa 30 Minuten erreicht. Da hat man dann tatsächlich einen großartigen Ausblick in fast alle Himmelsrichtungen.

Den Rückweg bewältigen wir über die Aufstiegsroute, kehren nun aber in der Weidener Hütte ein. Das Ganze kann man übrigens auch ganz ausgezeichnet als Bike-&-Hike-Tour (mit Hubertusspitze) machen.

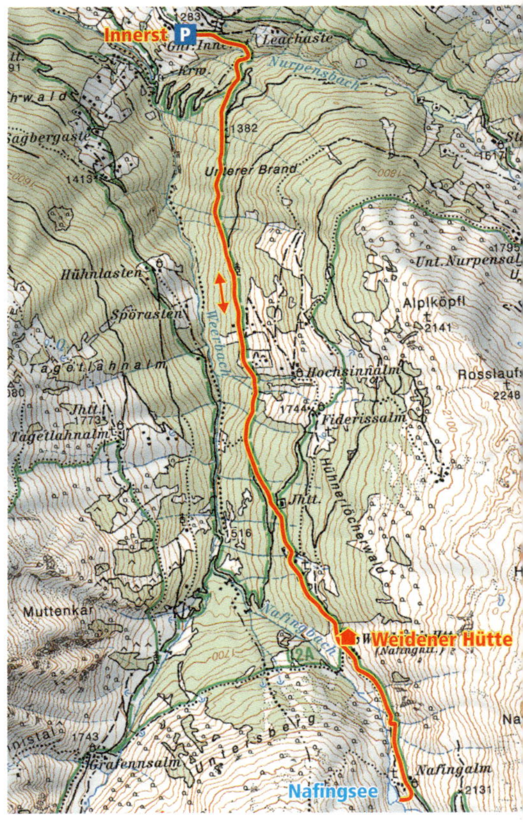

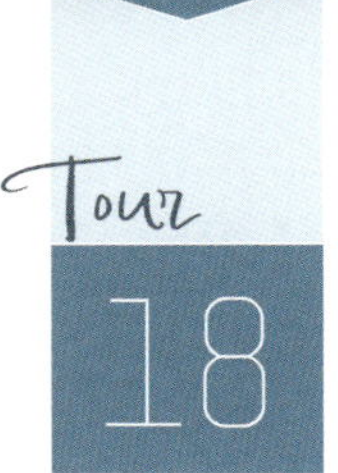

TORSEEN

Auf Watte gebettet

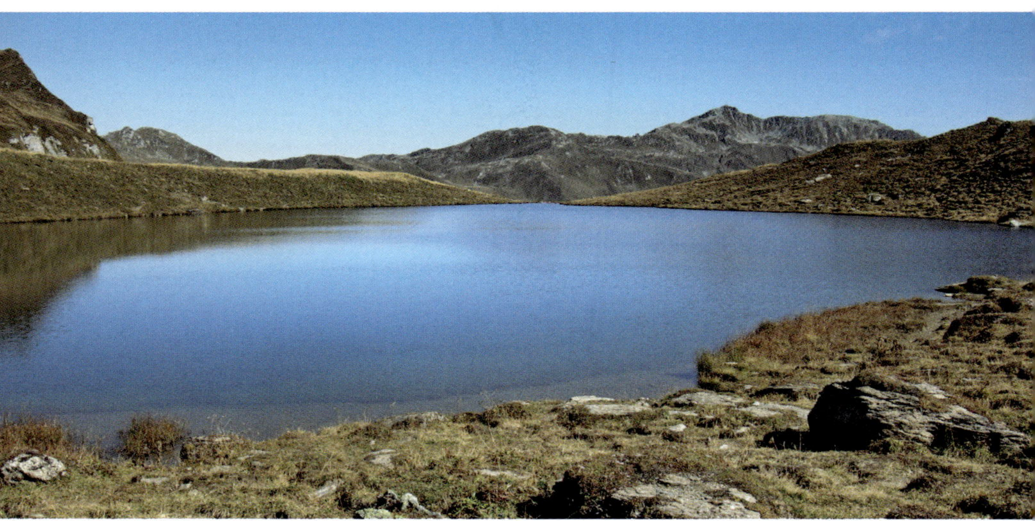

Anfahrt	**Mit den Öffis:** Mit der Bahn bis Jenbach, umsteigen in die Zillertalbahn. Weiterfahrt vom Bahnhof Mayrhofen mit Bus 4104 bis Lanersbach, Haltestelle Eggalmbahn. Sollte man aus dem Inntal kommen, ist aufgrund des großen Zeitaufwandes die Verwendung öffentlicher Verkehrsmittel bei dieser Tour allerdings schwierig. **Mit dem Pkw:** A 12 Inntalautobahn, Ausfahrt Zillertal, weiter bis Lanersbach. Parkmöglichkeiten sind bei der Eggalmbahn vorhanden.
Ausgangspunkt	Parkplatz Eggalmbahn
Dauer	ca. 3 Stunden Aufstieg, ca. 3 Stunden Abstieg
Höhen	Bergstation Eggalmbahn 1800 m, Grüblspitze 2395 m, Ramsjoch 2508 m, Torseen 2258 m, Nasse Tuxalm 1843 m, Lanersbach 1280 m; Höhenunterschied: ca. 750 Hm
Einkehrmöglichkeit	Gastronomie in Lanersbach
Kurzbeschreibung	Sehr lange, alpine Bergtour. Durch Liftunterstützung halten sich die zurückzulegenden Höhenmeter im Aufstieg aber in Grenzen.
Beste Jahreszeit	Juni bis September, die Eggalmbahn fährt im Sommer von Mitte Juni bis Ende Oktober; Auskünfte über Schießzeiten am Truppenübungsplatz Lizum-Walchen: www.wattenberg.tirol.gv.at/Truppenuebungsplatz_Lizum-Walchen

Die Torseen liegen ziemlich versteckt in den Zillertaler Alpen zwischen Tuxer- und Wattental. Mit Liftunterstützung lässt sich das romantische Plätzchen aber erstaunlich einfach erreichen.

Wir beginnen also unsere Tour an diesem Tag von Lanersbach aus mit einer Liftfahrt und landen etwas unromantisch mitten im sommerlichen Skigebiet auf der Eggalm. Nun geht es zuerst auf dem breiten Weg 35 bis zum höchsten Lift, dann über einen Rücken auf schmalem Steig weiter zu unserem ersten Gipfel, der Grüblspitze.

Es folgt der Abstieg zum Zilljöchl und dann geht es steil wieder hinauf zum Ramsjoch. Ab nun befinden wir uns auf dem Gebiet des Truppenübungsplatzes Lizum/Walchen, wie mehrsprachige Tafeln bei mehreren Gelegenheiten verkünden. Da es sich aber nicht um den Kernbereich handelt, herrscht hier selten Übungsbetrieb, der die Bergtour verhindern würde (siehe Infokasten zu dieser Tour).

Vom Ramsjoch steigen wir nun in den Kessel ab und gelangen schließlich zu unserem Hauptziel, den Torseen – einer größer, einer deutlich kleiner. Wer früh genug im Jahr dran ist, findet das Ufer der Seen von entzückenden Wattebällchen geschmückt. Dann hat nämlich das Wollgras seine Blütezeit. Aber auch ohne handelt es sich um ein ausnehmend romantisches Plätzchen mit einer herrlichen Aussicht. Es gibt durchaus Menschen, die hier ein Bad nehmen – selbst im Hochsommer ein frisches Unterfangen.

Wir folgen jetzt dem Wegweiser zur Nassen Tuxalm und kommen so zu einem wunderbaren Wasserfall, der offenbar keinen Namen hat, aber den Torbach speist. Hier gibt es eine kurze versicherte Stelle, die für geübte Wandersfrauen und -männer kein Problem darstellen sollte. Vorbei am Almdorf der Tuxalm wandern wir weiter talwärts. Beim sogenannten Ramsanger geht der Steig in einen breiten Weg über, gleichzeitig beginnt sich die Sache ehrlicherweise etwas zu ziehen: Auf diesem Almenweg geht es nun nämlich ziemlich lange dahin, fast bis zu den ersten Häusern von Vorderlanersbach. Erst dort zweigt der Weg 21 taleinwärts (rechts) ab und wir kommen auf diesem wieder zum Parkplatz. Wer mit den Öffis unterwegs ist, kann sich dieses letzte Stück sparen und steigt direkt in Vorderlanersbach wieder in den Bus.

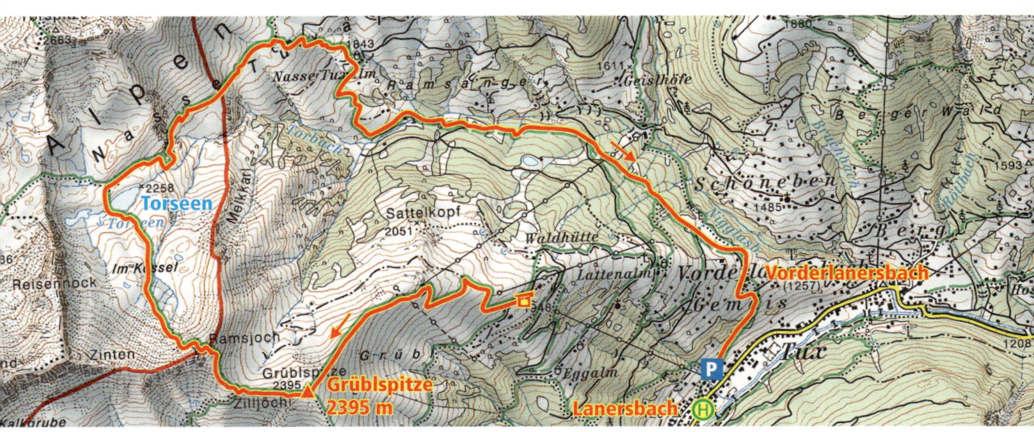

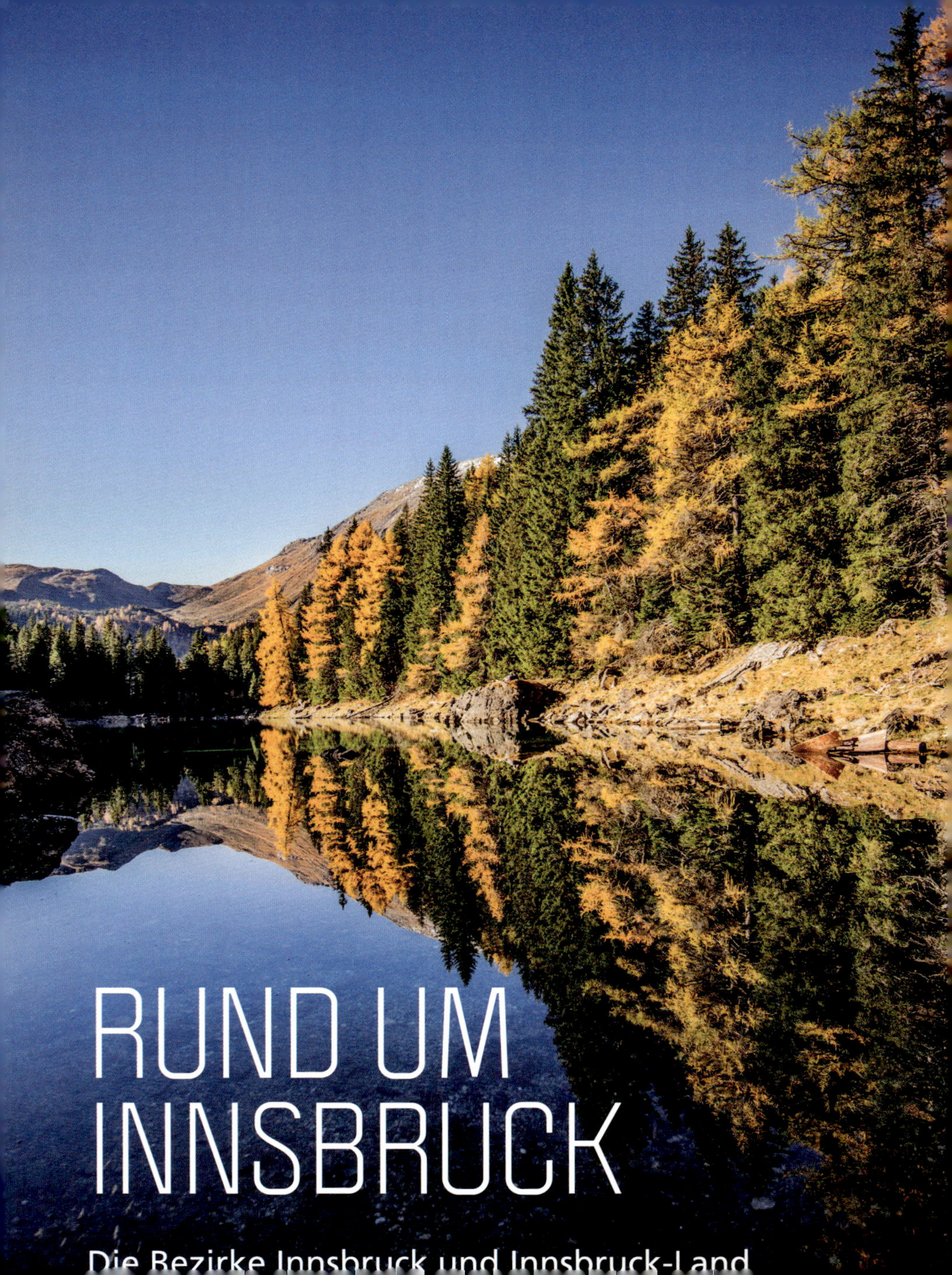

RUND UM INNSBRUCK

Die Bezirke Innsbruck und Innsbruck-Land

Der Zentralraum um Innsbruck mit der Landeshauptstadt und dem Bezirk Innsbruck-Land hat vor allem jede Menge Berge zu bieten. Umso erstaunlicher ist die Vielfalt an Gewässern im meist ziemlich alpinen Gelände: Die reicht von einem der schönsten Bergseen Tirols, dem Obernberger See, bis zum breitesten Wasserfall der Ostalpen, dem Grawa-Wasserfall. Bis auf ganz wenige Ausnahmen muss man sich diese Naturschätze allerdings mit einigermaßen vielen Höhenmetern und viel Schweiß verdienen.
Besonders hervorzuheben sind einige Touren, die Kultur und Naturerlebnis miteinander vereinen, wie etwa die bereits erwähnte Wanderung zum Obernberger See, bei der man auch sehenswerte Kirchlein besuchen kann. Oder der Aufstieg zum Blauen See, bei dem man am geheimnisvollen „Geschriebenen Stein" mit seinen seltsamen Schriftzeichen vorbeikommt, die der Wissenschaft noch immer Rätsel aufgeben. Nicht minder mystisch anmutend, wenn auch erst in jüngster Zeit entstanden, ist der Tempel am Hundstalsee oberhalb der Inzinger Alm. Und schließlich ist auch die Runde durch die Innsbrucker Sillschlucht so ein Kulturspaziergang, denn kaum eine Gegend steht mehr für einen wichtigen Abschnitt der Tiroler Geschichte als der Bergisel, der Ausgangs- und Endpunkt dieses Weges. Kämpfe gegen bayerische Besatzer fanden dort ebenso statt wie solche um olympisches Edelmetall auf der Sprungschanze.
Die liebliche Seenlandschaft, wie man sie in Teilen des Unterlandes oder des Außerferns findet, gibt es im Zentralraum allerdings nur in sehr kleinem Maßstab. Da kann man allenfalls den Lanser-, den Möserer-, Lotten- und Wildmoossee erwähnen. Bei den beiden Letztgenannten finden wir das Phänomen der periodischen Seen. Sie sind nur in manchen Jahren vorhanden, je nach Schneelage im vorangegangenen Winter. Daher kann es durchaus vorkommen, dass man statt eines stattlichen Badesees nur eine grüne Wiese vorfindet, selbst wenn diese nicht minder schön sein mag.
Im Norden wird der Zentralraum Innsbruck vom Naturpark Karwendel mit seinen Gebirgsketten dominiert. Die Gegend ist zwar ausgesprochen arm an Seen, dafür beschert sie uns andere Naturschönheiten: zum Beispiel den Gnadenwalder oder Fallbach-Wasserfall. Ebenfalls ein großartiges Schauspiel bietet die Gleirschklamm bei Scharnitz, in der man dem Gurgeln und Tosen des wilden Wassers besonders nahe kommt, weil sie sehr naturbelassen geblieben ist. In ihrer unmittelbaren Nachbarschaft, zwischen Leutasch und Mittenwald, tut sich die Geisterklamm auf, die ganz das Gegenteil zur Gleirschklamm ist: Sie wurde durch Stege bestens erschlossen und abgesichert und eignet sich mit ihrem Themenweg zu den Wassergeistern besonders für kleine Besucherinnen und Besucher.
Einen ganz besonderen Reiz hat das Wipptal mit seinen Seitentälern. Hier wechseln sich Grasberge mit schroffen Felsen ab. Daher gibt es auch zahlreiche Seen, die relativ leicht zu erreichen sind und dennoch eine spektakuläre Umgebung zu bieten haben. Da sei der Lichtsee oberhalb von Obernberg erwähnt, in dessen Hintergrund der mächtige Obernberger Tribulaun thront, oder der Ramsgrubensee im Schmirn, in dem sich die Westliche Schöberspitze spiegelt.

Links: Der wunderbar herbstliche Obernberger See

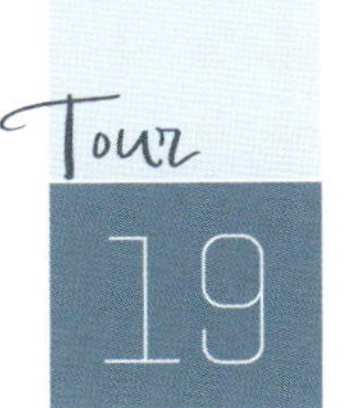

SILLSCHLUCHT

Warum in die Ferne schweifen?

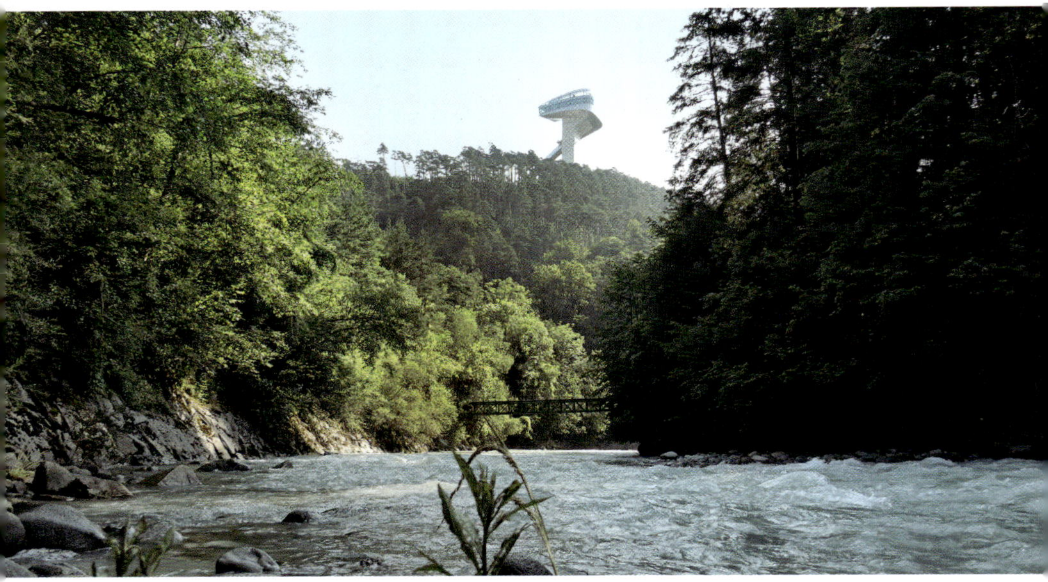

Anfahrt	**Mit den Öffis:** Mit der Straßenbahn der Linie 1 bis zum Fuße des Bergisel, dann in wenigen Minuten zu Fuß, vorbei am Gasthaus Bierstindl, in einigen Serpentinen hinauf zu Kaiserjäger-Museum und Tirol-Panorama. **Mit dem Pkw:** A 12 Inntalautobahn bis zur Ausfahrt Innsbruck Mitte, über den Südring Richtung Westen bis zur Graßmayr-Kreuzung und dann nach Süden auf den Bergisel. Dort gibt es einen großen, kostenpflichtigen Parkplatz. Von Süden kommend auf der A 13 bis zur Ausfahrt Innsbruck Süd, dann in Richtung Stadt und bei zweiter Gelegenheit rechts abbiegen auf den Bergisel (Tirol-Panorama).
Ausgangspunkt	Parkplatz Tirol-Panorama
Dauer	ca. 1–1,5 Stunden
Höhenunterschied	Maximal 100 Hm
Einkehrmöglichkeit	Bierstindl, Restaurant 1809
Kurzbeschreibung	Eine kurze Runde durch die herrlich grüne Schlucht, die einen die Stadtnähe rasch vergessen lässt. Die Wege sind großteils bestens ausgebaut.
Beste Jahreszeit	Frühjahr bis Spätherbst

Vielen Einheimischen ist die Sillschlucht vielleicht aus Kinder- und Jugendtagen bekannt, aber irgendwann in Vergessenheit geraten. Dann wird es jetzt höchste Zeit, diesem Kleinod am Rande von Innsbruck wieder einmal einen Besuch abzustatten.

Für Innsbruckerinnen und Innsbrucker gilt in diesem Fall tatsächlich: Warum in die Ferne schweifen, wenn das Gute – die Sillschlucht – liegt so nah? Praktisch vor der Haustür finden wir ein Natur-Kleinod, dem man nicht ansieht, dass es in unmittelbarer Nachbarschaft zur meistfrequentierten Autobahn der Alpen liegt.

Eine Wanderung in der Sillschlucht unterliegt einer ganz eigenen Stimmung. Bedingt durch den Bau des Brennerbasistunnels am Eingang der Sillschlucht muss man einen kleinen Umweg in Kauf nehmen und beginnt die Wanderung daher beim Parkplatz des Tirol-Panorama am Bergisel. Von dort steigen wir auf einem breiten, aber relativ steilen Weg hinunter zum Wasser und queren auf einer Brücke ans ostseitige Ufer. Schon nach wenigen Schritten in dieses dämmerige Grün ist die Nähe der Stadt vergessen. Die Sill fließt neben dem Weg dahin, links führen steile, teils felsige Hänge hinauf in Richtung Igler Straße. Mehr Platz ist dort meist nicht. Umso überraschender sind die kleinen, eingezäunten Hüttlein, die an den etwas breiteren Stellen stehen. Wem die wohl gehören mögen?

Links: Die Bergiselschanze aus ungewohnter Perspektive

Oben: Von der Viller Seite kommen Bächlein daher.

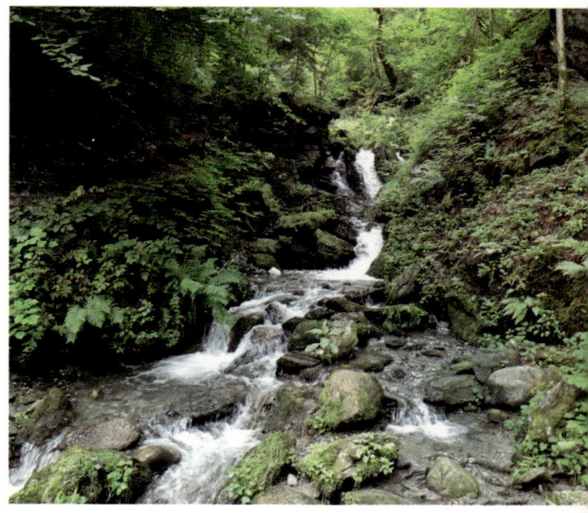

So geht es also auf dem Weg schluchteinwärts, bis wir zu einer Brücke gelangen und an das westliche Ufer wechseln. Hier erhaschen wir auch schon einen ziemlich guten Blick auf die Sprungschanze von Architektin Zaha Hadid, die im Norden wie ein Schlangenkopf aus Glas und Beton über dem Tal thront. Weiter nach Süden wird die Schlucht etwas weiter, es ist eine Art kleiner Strand entstanden. Auf den Sandbänken haben

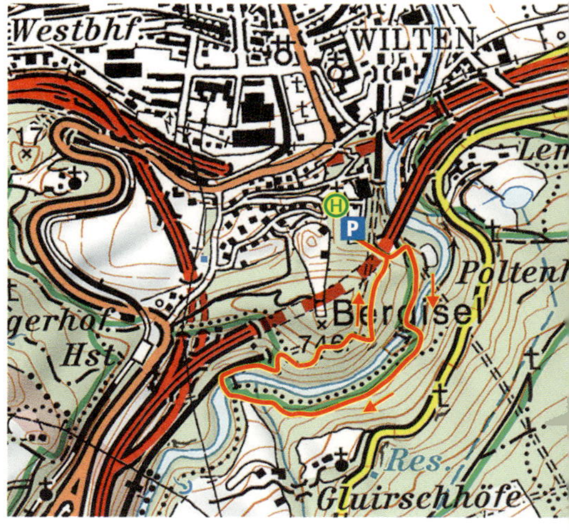

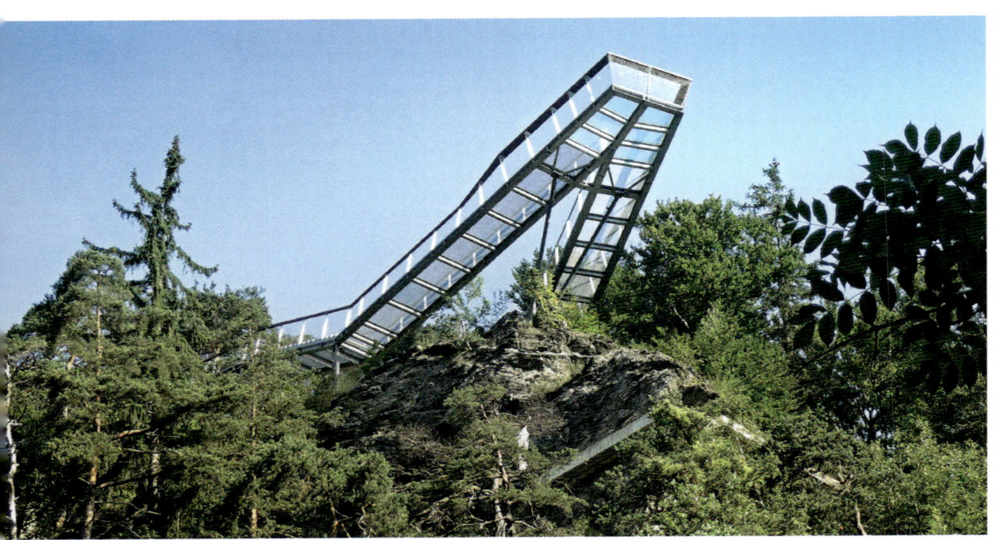

Kreative aus Schwemmholz allerlei Figuren und Behausungen gebaut. Hier lassen sich immer wieder Menschen nieder, die kein Dach über dem Kopf haben, oder auch welche, die einfach nur eine Outdoor-Nacht mit Lagerfeuer verbringen wollen. Auch bei jugendlichen Partymachern ist der Platz hier sehr beliebt. Allerdings zum Missfallen der Behörden. Jedenfalls trifft man hier auch zu früher Morgenstunde meist auf Menschen – selbst wenn sie noch schlafen sollten.

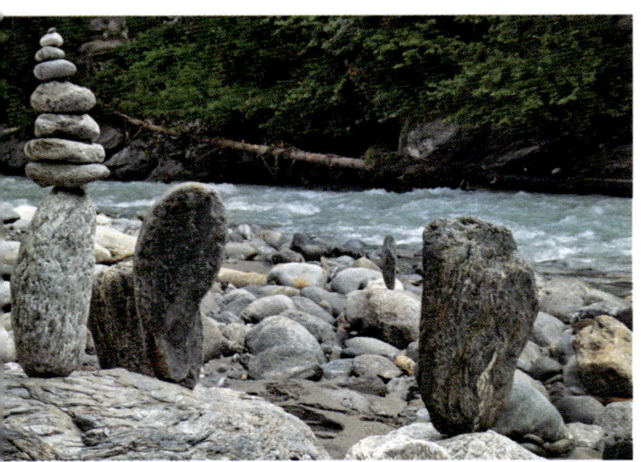

Nun geht es zurück bis zur Brücke und dann links aufwärts an der Brenner-Eisenbahn und Autobahn vorbei. Anschließend fädelt man in den Bergisel-Panoramaweg ein, der nach Osten durch den Föhrenwald führt. Höhepunkt dieses Abschnittes ist der Drachenfelsen mit einer Aussichtsplattform, von der wir noch einmal einen Blick auf das türkisgrüne Wasser in der Sillschlucht werfen können. Der Boden am Ende der Plattform, die in der Luft hängt, ist gläsern. Das muss man mögen, andernfalls bleibt man lieber auf fester Erde. Schließlich gelangen wir zurück zum Tirol-Panorama.

Am schönsten ist ein Spaziergang in der Schlucht am Morgen, wenn das Wasser dampft, leichter Nebel aufsteigt. Dann entwickelt sich eine wirklich mystische Stimmung.

Oben: Die Aussichtsplattform am Drachenfelsen ist nichts für schwache Nerven.

Links: In der Sillschlucht ist auch Zeit und Platz für ruhige Momente am Wasser.

Tour

LANSER-SEE-RUNDE

20

Die Allrounderin

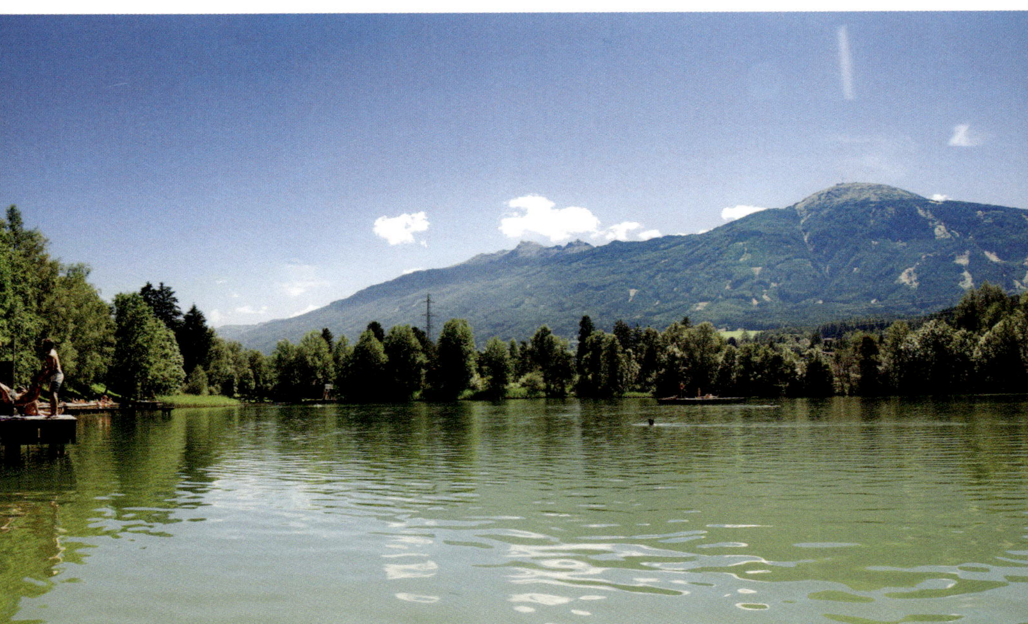

Anfahrt	**Mit den Öffis:** Mit der Straßenbahn der Linie 6 oder mit dem Bus J von Innsbruck **Mit dem Pkw:** A 12 Inntalautobahn, Abfahrt Innsbruck Mitte oder A 13, Abfahrt Patsch, nach Igls. Der Parkplatz am Lanser See ist gebührenpflichtig.
Ausgangspunkt	Parkplatz Lanser See bzw. dementsprechende Haltestelle
Dauer	ca. 2,5–3 Stunden
Höhen	Lanser See 840 m; Höhenunterschiede auf der Strecke bewegen sich im Bereich weniger Meter.
Einkehrmöglichkeit	Bar/Restaurant am Lanser See, Jausenstation Vogelhütte Lans, Golfrestaurant Lans, Golfalm Lans
Kurzbeschreibung	Leichte Runde, auf der man immer wieder Stücke abkürzen oder dazufügen kann, z. B. einen Abstecher auf den Lanser Kopf
Beste Jahreszeit	Die Wanderung ist das ganze Jahr über schön, im Hochsommer ist ein Sprung in den Lanser See aber verlockender als die Wanderung.

Die Lanser-See-Runde geht einfach immer. Sie hat zu jeder Jahreszeit ihre Reize und ist dementsprechend auch stark frequentiert.

Wir starten beim Lanser-See-Parkplatz bzw. bei der dortigen Haltestelle der Straßenbahn 6, der „Igler". Zuerst geht es auf dem asphaltierten Weg nach Westen an den Schienen entlang. Nach wenigen Minuten schon biegen wir aber nach rechts ab und gehen über die Felder in Richtung Vill. Bei einem kleinen Graben (das Bächlein ist kaum erkennbar) zweigen wir wieder nach rechts (Norden) ab und folgen dem Bachgangweg zum Wald.

Wer mag, kann auch noch ein Stück weiter Richtung Vill wandern und dort die vorrömischen Ausgrabungen am Goarmbichl anschauen. Es handelt sich dabei um Häuser der Alpenkelten aus der Zeit um 400 bis 150 vor Christus. Hier wurde auch das Viller Bronzerädchen gefunden, das heute das Stadtteilwappen von Vill ziert. Vom Goarmbichl gelangt man über einen weiteren Hügel wieder zurück zum Bachgangweg und auf unsere Route.

Der Weg führt nun am Waldrand an einem großen Kreuz vorbei, über Stege durch das Viller Moor mit wunderschönen Schilf- und Birkenbeständen und schließlich über einen kleinen Hügel zum Lanser See. Der ist wohl neben dem Natterer See einer der Innsbrucker Badeklassiker, bekannt und beliebt, lange bevor es einen Baggersee gab. Wer mag, kann hier natürlich einen Sprung ins Wasser tun und sich eine Weile auf einen der Stege legen. Aber wir sind ja für eine kleine Wanderung gekommen, umgehen den See daher nördlich und kommen nun zum Lanser Moor oder Seerosenweiher, über dem das Lanser Köpfl thront. Im Frühjahr kann man dort ein

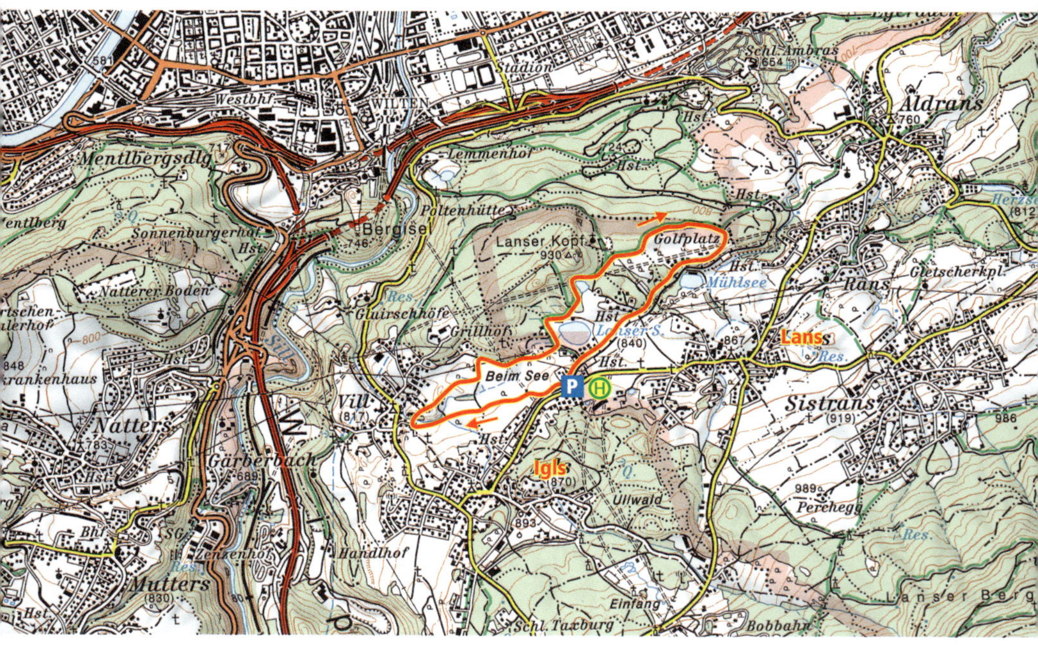

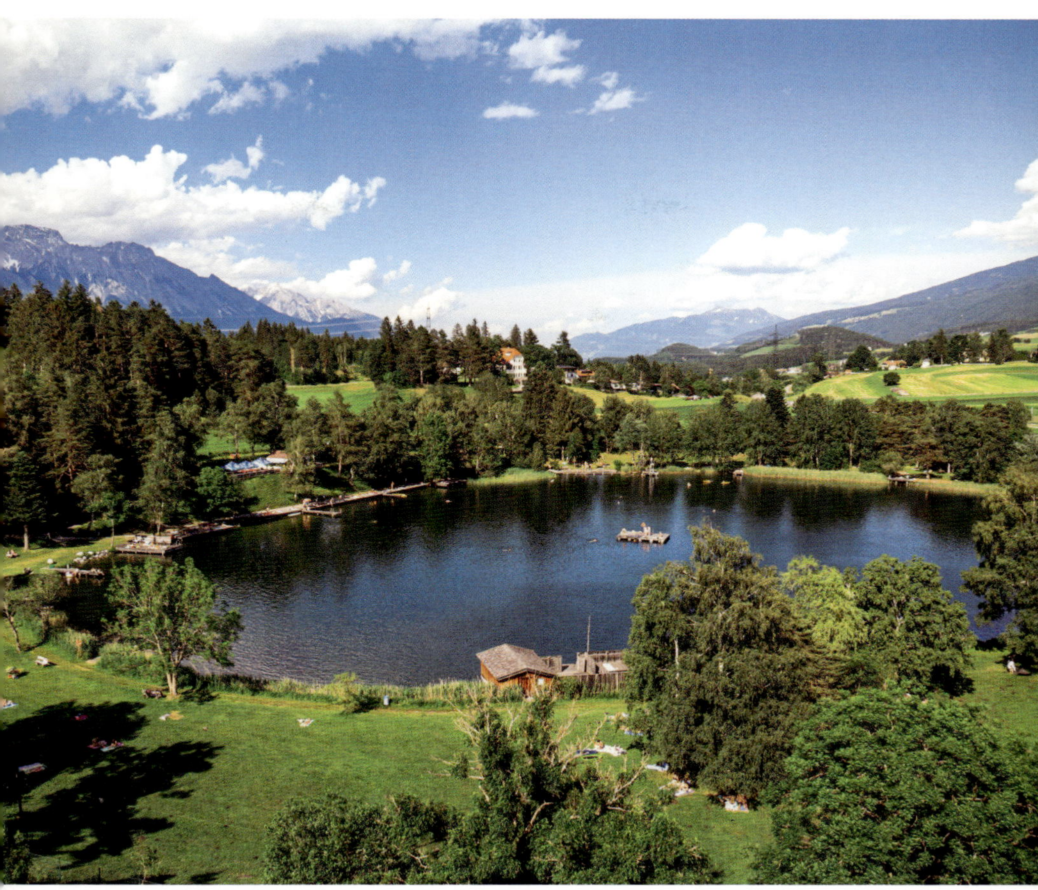

ganz besonderes Schauspiel betrachten: die Paarung der Frösche und Kröten. Da wimmelt es um das und im Wasser nur so vor Amphibien. Aber nicht zu neugierig sein, gell!

Doch weiter geht es nördlich vom Golfplatz teilweise durch ein dichtes Wäldchen zur Vogelhütte. Auch die ist seit Generationen beliebtes Ausflugsziel der Innsbruckerinnen und Innsbrucker. Auf Erwachsene warten dort eine zünftige Brettljause, Würstel und himmlische Kuchen. Für Kinder gibt es einen Spielplatz und auch ein Gehege mit Gänsen. Früher existierten in der Gegend von Innsbruck zahlreiche Vogelhütten, die wohl auf den beliebten Vogelfang hinweisen.

Der Rückweg erfolgt nun auf der asphaltierten, aber wenig befahrenen Straße vorbei am Mühlsee, den man unter sich im Wald sieht, dann an den Straßenbahnschienen entlang zurück zum Ausgangspunkt.

Oben: Der Lanser See ist vor allem für sonnenhungrige Innsbrucker eine beliebte Oase.

Tour

21

GNADENWALDER WASSERFALL

Ein Wasserstrahl aus dem Nichts

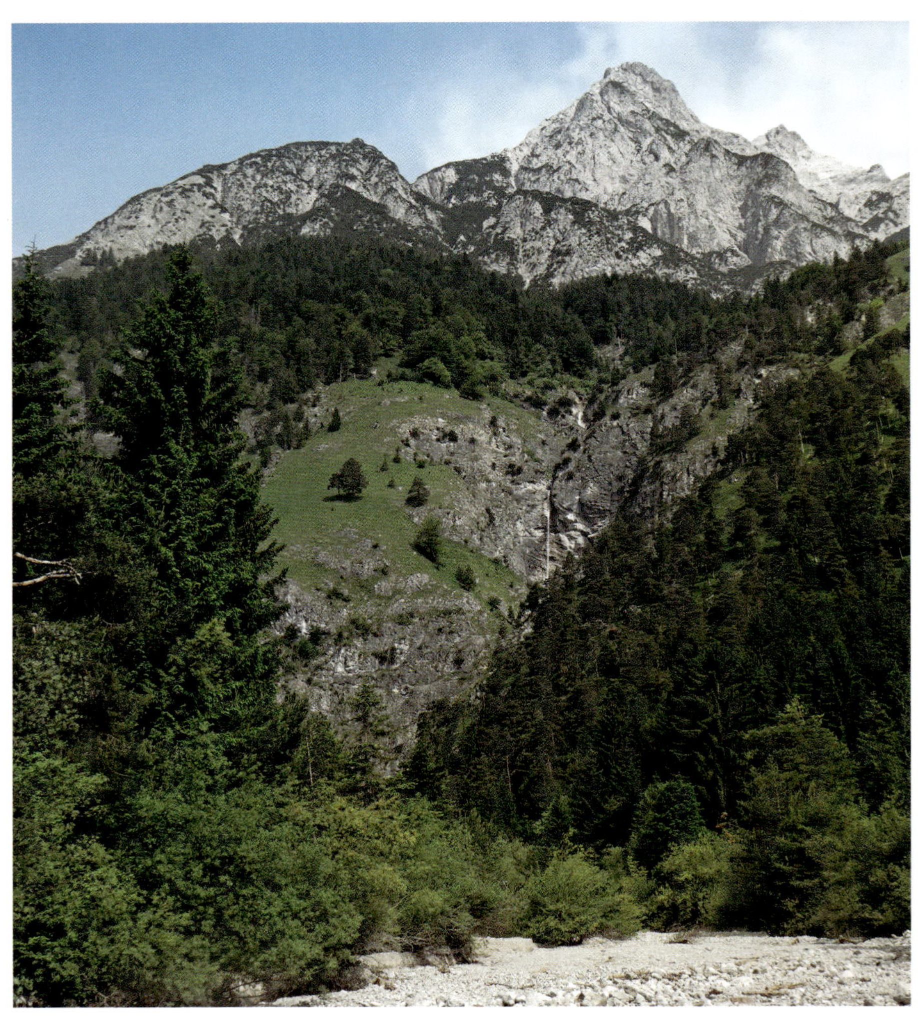

Anfahrt	**Mit den Öffis:** Mit dem Zug nach Hall, von dort mit dem Bus Nr. 3 weiter bis Absam-Wiesenhof. Gegenüber der Kirche/Polizeischule führt ein Weg in den Wald, auf dem man auf den Besinnungsweg gelangt. Diesem nun nach Westen bis zum ausgetrockneten Bachbett oder bis zum Parkplatz folgen. **Mit dem Pkw:** Auf der A 12 Inntalautobahn die Ausfahrt Hall nehmen. Weiter in Richtung Absam, immer der Salzbergstraße folgen. An deren Ende nach rechts auf der Walderstraße weiter, vorbei am Gasthaus Walderbrücke bis zum zweiten Parkplatz links.
Ausgangspunkt	Parkplatz gegenüber vom Schotterwerk
Dauer	Auf dem Direktweg ca. 30 Minuten, über den Besinnungsweg etwas länger
Höhen	Parkplatz ca. 800 m, Wasserfall ca. 880 m; Höhenunterschied ca. 80 Hm
Einkehrmöglichkeit	In der Nähe: Walder Brücke, Gasthof Speckbacher, Martinsstube
Kurzbeschreibung	Ein idealer Familienausflug mit Kindern, die gerne im Wasser spielen und dabei obendrein beeindruckende Natur erleben wollen
Beste Jahreszeit	Immer, solange kein Schnee liegt. Im Winter herrscht hier oft Lawinengefahr.

Der Gnadenwalder Wasserfall liegt zwar in einem der beliebtesten Ausflugsgebiete rund um Innsbruck. Aber er geht trotz seiner spektakulären Fallhöhe etwas unter.

Der Weg zum Gnadenwalder bzw. Fallbach-Wasserfall beginnt direkt beim Parkplatz links nach der langen Rampe der Gnadenwalder Straße und der Walderkapelle. Rechts geht es zur Bogner Aste, beziehungsweise zum Schotterwerk. An der Abzweigung beim Parkplatz nehmen wir den Weg, der halbrechts nach Norden auf das Karwendel zuläuft, an einer bald darauf folgenden Abzweigung halten wir uns neuerlich rechts. Einen Hinweis auf den Wasserfall sucht man an beiden Gabelungen vergebens. Der Weg ist breit, mäßig steil und durchaus auch für einen Kinderwagen/Buggy geeignet. Erst die letzten Meter zum Wasserfall geht es dann auf einem zwar schmalen, aber ausgetretenen Steig neben dem ausgetrockneten Bachbett entlang.

Der Wasserfall selbst liegt noch einmal hinter einem Eck etwas verborgen und rauscht im freien Fall in ein kleines Becken und von diesem dann weiter über eine kleinere Stufe hinunter zum Bachbett. Hier sollte man nicht unbedingt herumklettern, auch wenn es viele tun.

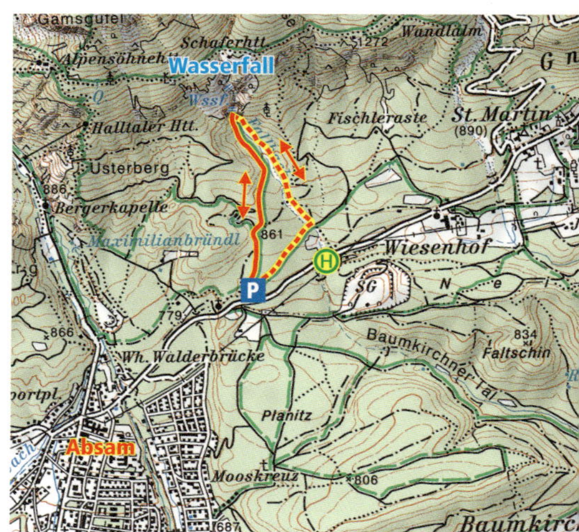

Links: Aus der Entfernung sieht man die Fallhöhe am besten.

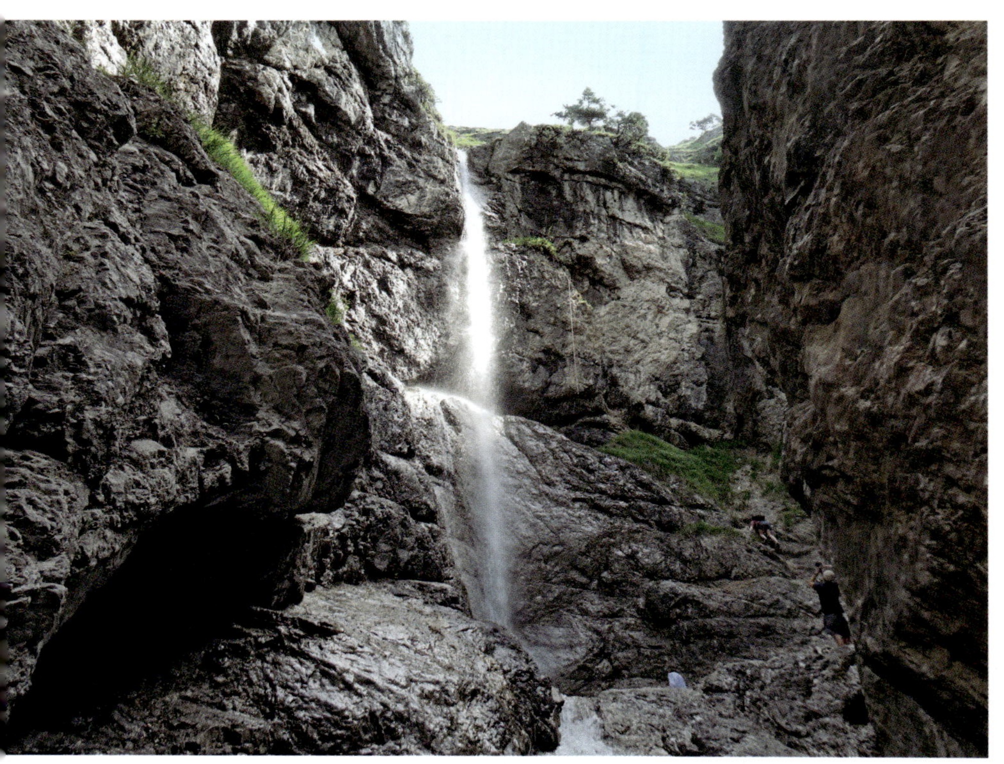

Die Steine sind abgeschmiert und extrem rutschig. Das Wasser des Falles versickert schon nach wenigen Metern im Schotter. Auf dieser kurzen Distanz spielt es sich dafür ab: Erwachsene tauchen ihre Füße ins kühle Nass, Kinder bauen Staudämme, Sonnenbadende liegen auf den Steinen. Für einen Familienausflug mit kurzer Gehzeit ist der Platz einfach ideal.

Was aus der Nähe gar nicht so imposant aussieht, das stellt sich aus der Ferne ziemlich beeindruckend dar. Wer die gesamte Höhe des Fallbach-Wasserfalles erfassen will, der wandert am besten vom Parkplatz den Besinnungsweg entlang bis zum ausgetrockneten Bachbett und dann dieses weglos aufwärts. Aus diesem Blickwinkel rauscht der Wasserfall nämlich scheinbar aus dem Nichts kommend, unter der Fallbachkar-Spitze aus beachtlicher Höhe als dünner Strahl ins Tal. Von April bis Juni ist das Naturschauspiel sicherlich besonders beeindruckend. Der Anmarsch über das ausgetrocknete Bachbett ist ungefährlich, außer natürlich bei Starkregen. So lässt sich eine kleine Runde drehen: Besinnungsweg–Bachbett–Wasserfall–Normalweg zum Parkplatz.

Oben: Ein Blick ums Eck lohnt sich: der Gnadenwalder Wasserfall.

Rechts: Ruhe und Einsamkeit, nur wenige Kilometer Luftlinie von der Landeshauptstadt entfernt

Tour
22

BLAUER SEE

Magischer Ort

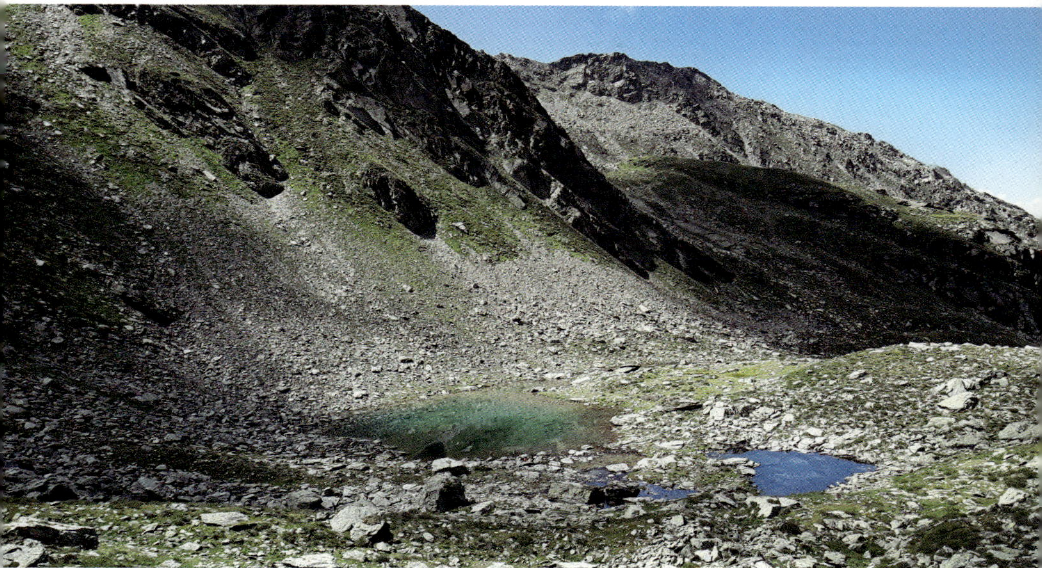

Anfahrt	**Mit den Öffis:** Mit dem Bus der Linie J vom Innsbrucker Stadtzentrum bis zur Patscherkofelbahn-Talstation. Für die Rückfahrt von Ellbögen Mühltal nach Innsbruck Bus 4141 (ab Sommer 2023: Linie 560). **Mit dem Pkw:** A 12, Ausfahrt Innsbruck Mitte, weiter über Vill und Igls bis zur Patscherkofelbahn; alternativ A 13, Ausfahrt Patsch, zum selben Ausgangspunkt
Ausgangspunkt	Talstation Patscherkofelbahn
Dauer	ca. 3–3,5 Stunden Aufstieg, ca. 3–3,5 Stunden Abstieg
Höhen	Patscherkofel-Bergstation 1964 m, Boscheben 2035 m, Viggarspitze 2306 m, Blauer See 2235 m, Meißner Haus 1707 m, Ellbögen/Mühltal 1039 m; Höhenunterschied: 650 Hm
Einkehrmöglichkeit	Das Kofel, Patscherkofel-Schutzhaus, Boscheben, Meißner Haus
Kurzbeschreibung	Technisch mittelschwere, allerdings sehr lange Tour. Besonders der Rückweg zieht sich.
Beste Jahreszeit	Juni bis September, davor oder danach muss man in höheren Lagen mit Schnee rechnen.

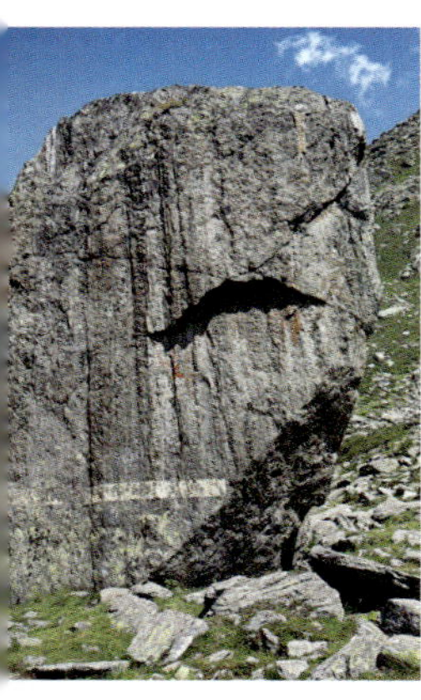

Der Blaue See liegt im Viggartal unweit eines Steines, der mit geheimnisvollen Zeichen beschrieben ist. Es wird also nicht nur eine landschaftlich, sondern auch historisch interessante Bergtour.

Der Beginn ist sehr gemütlich: Wir fahren nämlich mit der Patscherkofelbahn bis zur Bergstation. Auch dort angekommen, wird es noch nicht großartig anstrengend. Wir wandern den berühmten Zirbenweg in Richtung Osten, der Weg ist nur mäßig steil. Nach rund 20 Minuten kommen wir am Gasthaus Boscheben vorbei. Falls wer noch nicht gefrühstückt haben sollte, wäre hier die Gelegenheit dazu. Ansonsten steuern wir auf die Viggarspitze zu. Die kann, muss man aber nicht besteigen. Etwas östlich des Gipfels verlassen wir den Weg zum Glungezer und steigen nach Süden zum Viggar-Hochleger ab.

Von dort geht es dann etwa 45 Minuten ins Viggartal hinein bis zum Beschriebenen oder Geschriebenen Stein. Dieser stellt auch heute noch ein Rätsel in der Volkskunde dar. Was sagen die seltsamen Zeichen, die dort eingeritzt sind? Eine Inschrift verweist angeblich auf Kaiser Maximilian I., der hier zur Jagd ging. Vermutet wird, dass es sich ursprünglich um eine urzeitliche Kultstätte im Sinne eines markanten Punktes, aber nicht um einen Opferplatz handelte. Im Laufe der Zeit dürften sich dann Hirten verewigt haben, die des Schreibens nicht mächtig waren und daher nur Kreuze oder Hausmarken ihres Hofes einritzten. Ganz gelöst ist das Rätsel aber nicht, und wir werden's auch nicht lösen. Daher wenden wir uns wieder der Natur zu.

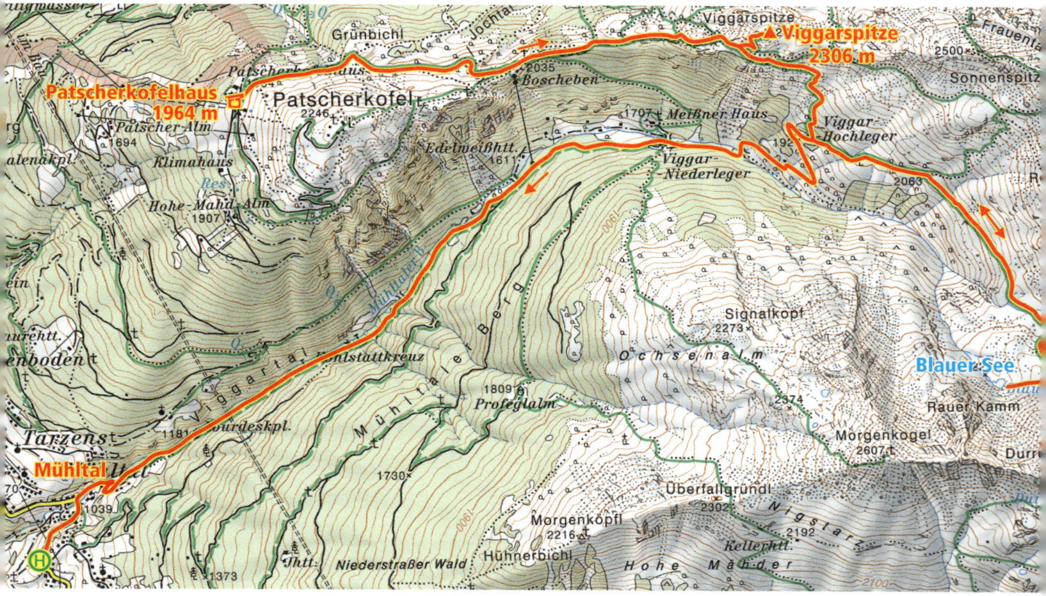

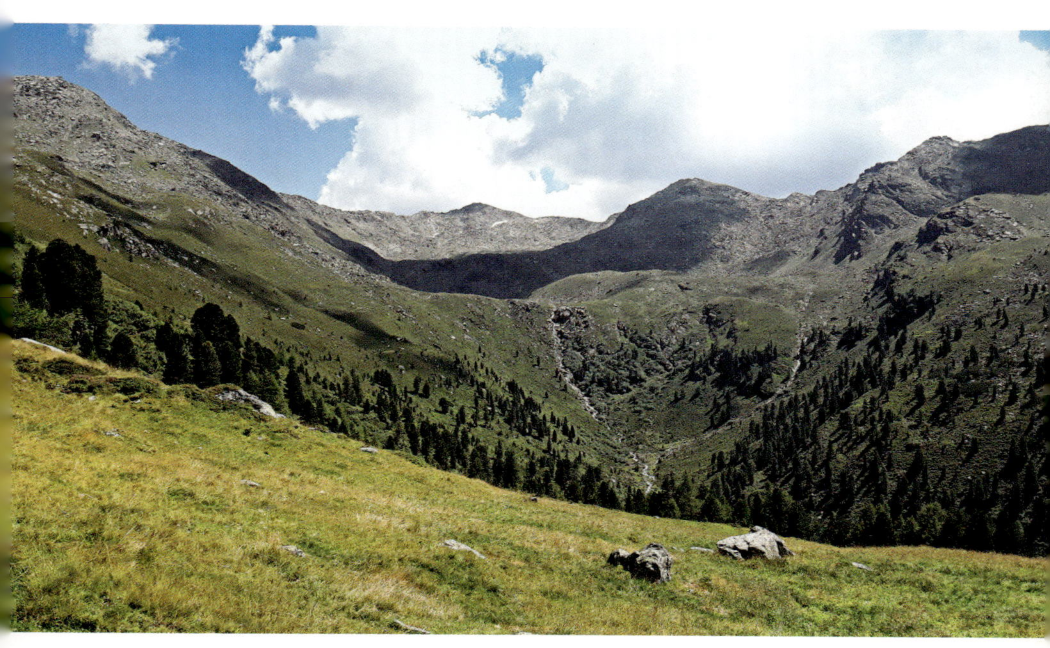

Nur etwas oberhalb vom Geschriebenen Stein liegt der Blaue See etwas westlich abseits vom Weg. Und er hält, was sein Name verspricht. Das Wasser ist einfach nur tiefblau. Und überhaupt: Wenn man dort oben sitzt und in die Runde schaut, kann man schon das Gefühl von einem magischen Ort bekommen. Da der Weg bis zum See in jedem Fall ziemlich weit ist, stehen auch die Chancen nicht schlecht, dass man das Panorama alleine genießen kann. Überdies gibt es in der etwas höher gelegenen sogenannten Seegrube ja noch andere, wenn auch nicht ganz so malerische Seen.

Für den Rückweg marschieren wir zuerst bis zum Viggar-Hochleger, dann weiter auf einer nun breiteren Forststraße zum Niederleger. Wer Hunger hat, geht dort ein paar Meter hinauf bis zum Meißner Haus. Der Forstweg führt nun weiter talauswärts bis zur Edelweißhütte. Dort besteht die Möglichkeit, auf dem Panoramaweg über die Patscher Alm den Patscherkofel quasi zu umrunden und wieder zur Talstation der Seilbahn zurückzukehren. Die andere Variante ist weniger anstrengend, geht aber auch ganz schön in die Knie: Wir folgen dem Weg entlang des Mühltaler Baches bis Mühltal und steigen dort in den Bus. Der bringt uns bequem zurück nach Innsbruck. Wer allerdings zum Parkplatz der Patscherkofelbahn zurück möchte, der muss nach dem Grünwalderhof beim Goldbichl aussteigen und noch einmal ein Stück zu Fuß (entlang der Straße) zum Startpunkt gehen.

Links: Der Geschriebene Stein gibt Rätsel auf.

Oben: Blick ins hintere Viggartal

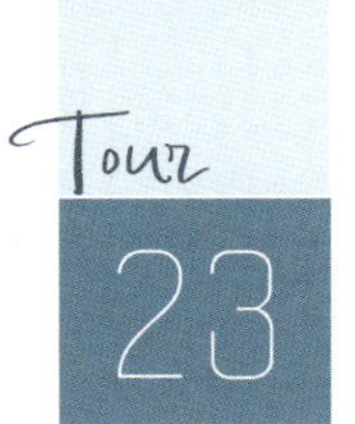

Tour 23 RAMSGRUBENSEE

Bei den frechen Murmeltieren

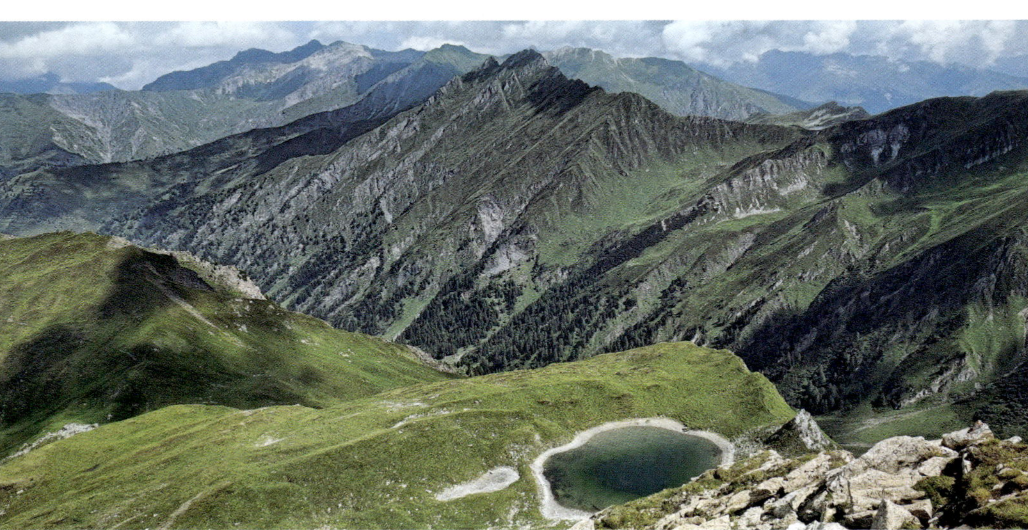

Anfahrt	**Mit den Öffis:** Mit der Bahn nach St. Jodok am Brenner, kurzer Fußweg zum Gemeindehaus und Weiterfahrt mit dem Bus 4144 bis Schmirn/Toldern. Der Bus fährt allerdings nur wenige Male/Tag. Bei Anfahrt mit den Öffis verlängert sich die Tour um ca. 45 Minuten bis 1 Stunde. **Mit dem Pkw:** Brennerautobahn A 13, Ausfahrt Matrei, auf der Brenner-Bundesstraße weiter bis St. Jodok, dort abzweigen nach Schmirn. Weiterfahrt bis Schmirn/Toldern, dort dem Parkplatzschild Wildlahner folgen. Bitte die Kuhgatter schließen!
Ausgangspunkt	Parkplatz Wildlahner
Dauer	ca. 2–2,5 Stunden Aufstieg (plus 45 Min bis 1 h zur Schöberspitze), ca. 1,5–2 Stunden Abstieg (von der Schöberspitze 2–2,5 h)
Höhen	Toldern 1480 m, Parkplatz ca. 1530 m, Ramsgrubensee 2369 m, Westliche Schöberspitze 2580 m; Höhenunterschied: ca. 1100 Hm
Einkehrmöglichkeit	keine
Kurzbeschreibung	Technisch mittelschwere, in einigen Passagen ziemlich steile Tour, mit der Option auf einen schönen Gipfel mit Olpererblick
Beste Jahreszeit	Juni bis September

Der Ramsgrubensee im Wildlahnertal ist für sich schon ein lohnenswertes Ziel. Man kann es aber durch die Besteigung der Westlichen Schöberspitze noch wesentlich verschönern.

Schon wenige Meter oberhalb des Parkplatzes ist klar, wohin es hier geht: Ein handgemaltes Schild weist den Weg zum Ramsgrubensee. Rein orientierungsmäßig hat sich's damit erledigt, wir folgen stets dem einmal eingeschlagenen Weg (auf Karten oft auch „Ramsgrubner See").

Dieser führt in einer ersten Phase ziemlich steil durch lichten Wald. Oft sind es eher Treppen als ein Steig. Auch kann es teilweise recht matschig werden. Aber wozu tragen wir „festes Schuhwerk", wie das so schön heißt? Nach etwa der Hälfte der Strecke lehnt sich das Gelände etwas zurück, wird flacher, man sieht die ersten Gipfel. Der Pfad zieht nun durch ein wunderbar grünes, oft auch blühendes Tälchen in Richtung einer Einsattelung. Hier kommt es auch gerne zu Begegnungen mit einer sonst eher scheuen Spezies: dem Murmeltier. Bei unserer Wanderung ertönten allerdings keine aufgeregten Pfiffe, ehe die ganze Meute in ihren Löchern verschwand. Stattdessen machten sie in drei bis fünf Metern Entfernung Männchen und betrachteten uns mindestens genauso neugierig wie wir sie. Fast wäre man versucht, hinzugehen und sie zu streicheln.

Vom Sattel geht es nach Süden einen letzten Aufschwung hinauf, ehe man in einer Mulde den See vor sich liegen sieht. Auf der Südseite durch die Felsen der Schöberspitzen begrenzt, ist er nach allen anderen Himmelsrichtungen offen. Angeblich, so berichteten uns zwei unerschrockene Schwimmerinnen, soll er recht flach sein. Wir haben dieses Erlebnis aber ausgelassen und stattdessen noch einmal den Murmeltieren zugesehen, die auch hier unbeeindruckt von Wanderern ihrem Tagwerk nachgehen.

Weil sich die Schöberspitzen so schön im See spiegeln und der Gipfel zum Greifen

Links: Der Ramsgrubensee aus der Vogelperspektive von der Schöberspitze

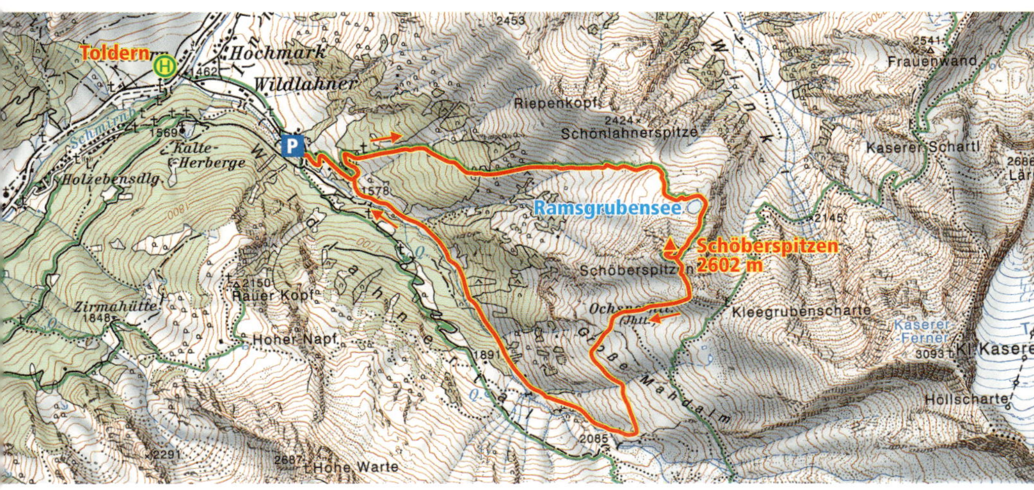

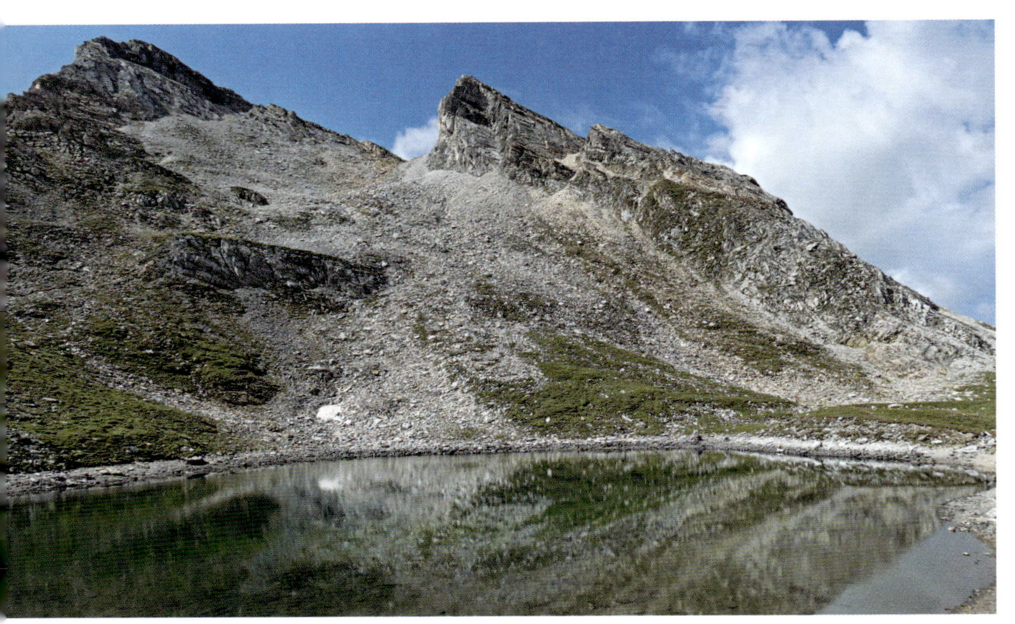

nah ist, machen wir uns auf den Weg dorthin. Wer das nicht will, wandert einfach den Aufstiegsweg zurück. Der Weg zu den Schöberspitzen, zur Westlichen Schöberspitze, um präzise zu sein, führt durch einen steilen, aber kurzen Geröllhang. Der Weg ist aber sehr gut begehbar. Während des Aufstieges zu einem Sattel wundert man sich, weil der Gipfelaufbau eher nach (brüchigem) Klettergelände aussieht. Doch dann löst sich das Rätsel: Der Berg hat eine sanfte, grasige Südwestseite, auf der auch die letzten Meter zum Gipfelkreuz kein Problem sind. Dort angekommen, bietet sich ein großartiger Blick zum Olperer mit den Resten seines einst stolzen Gletschers, auf die Fußsteinkante, die Sagwand … und auf den Ramsgrubensee, der direkt unter einem liegt.

Der Abstieg erfolgt nun vom Sattel nach Westen, zuerst zu einer Schäferhütte (Ochsnerhütte) und dann weiter hinunter zu einem Damm am Wildlahnerbach. Dort kann man sich entscheiden, ob man über eine Brücke etwas oberhalb des Dammes auf die linke Bachseite quert oder den Abstieg auf der rechten fortsetzt. Etwas tiefer hat man bei einer zweiten Brücke noch einmal und kurz vor dem Parkplatz ein drittes Mal die Wahl. Der Weg auf der linken Seite ist breit, allerdings weiter vom Wasser entfernt, das hier noch einmal mächtig tosend durch eine kurze Schlucht fließt. Auch einige kleinere Wasserfälle gibt es, um die herum das Gestein ganz braun ist.

Wieder beim Parkplatz angekommen, kühlen wir dann wenigstens unsere Füße im eiskalten Bach.

Oben: Oft ist man am Ramsgrubensee allein mit den Murmeltieren.

Rechts: Näher kommt man an den Zeisch-Wasserfall leider nicht heran.

Tour 24

ZEISCH-WASSERFALL

Magie aus Wasser und Steinen

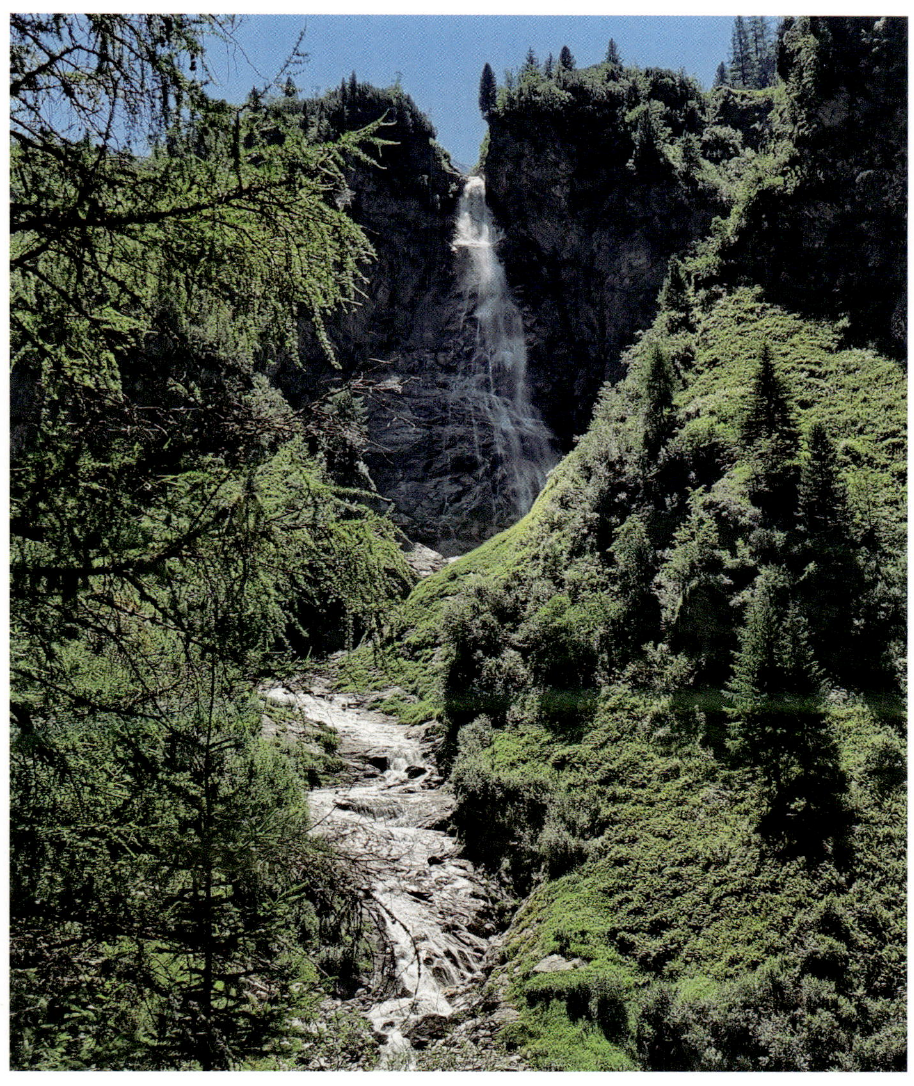

Anfahrt	**Mit den Öffis:** Mit der Bahn nach St. Jodok am Brenner, kurzer Fußweg zum Gemeindehaus und Weiterfahrt mit dem Bus 4144 bis Vals-Touristenrast. Der Bus fährt allerdings nur wenige Male am Tag. **Mit dem Pkw:** A 13 Brennerautobahn, Ausfahrt Matrei, auf der Brenner-Bundesstraße weiter bis St. Jodok, dort abzweigen nach Vals und praktisch bis zum Ende der Straße, zum Parkplatz der Geraer Hütte (angeschrieben).
Ausgangspunkt	Parkplatz der Geraer Hütte
Dauer	ca. 2,5 Stunden Aufstieg, ca. 1,5–2 Stunden Abstieg
Höhen	Parkplatz ca. 1350 m, Innere Zeischalm 1925 m; Höhenunterschied: ca. 600 Hm (weitere ca. 150 Hm, falls man bis zur Wildau geht)
Einkehrmöglichkeit	Jausenstation Touristenrast
Kurzbeschreibung	Eine Tour, auf der man ordentlich Höhenmeter macht, die aber einen landschaftlich besonders reizvollen Rast-/Wendepunkt hat
Beste Jahreszeit	Frühsommer bis Wintereinbruch (der dort oben schon recht früh sein kann)

Im hinteren Valsertal liegen der Zeisch-Wasserfall und die gleichnamige Alm. Harmonisch verbindet sich hier die Natur mit behutsamen menschlichen Eingriffen zu einer magischen Welt.

Das hintere Valsertal ist wohl einer der schönsten Talschlüsse Tirols und steht nicht umsonst unter Naturschutz. Genau dort befindet sich auch der Zeisch-Wasserfall. Den kann man sich natürlich einfach nur so anschauen. Wir verbinden das aber mit einer Wanderung auf die gleichnamige, ganz spezielle (Innere) Zeischalm.

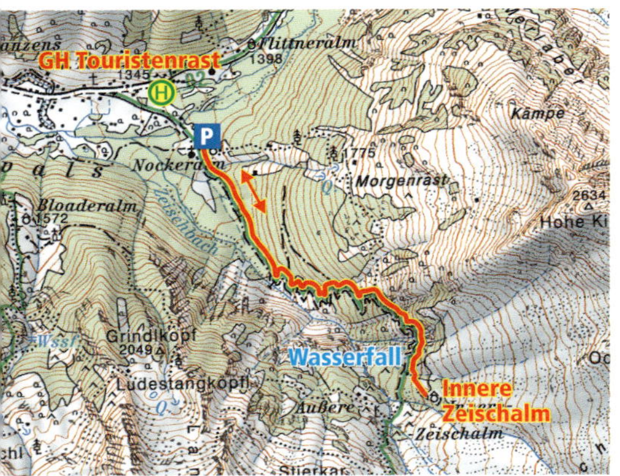

Unsere Wanderung beginnt entweder bei der Touristenrast oder beim Parkplatz für die Geraer Hütte. Wer vor neun Uhr morgens dran ist, hat erstens noch recht sicher einen Parkplatz und zweitens einen Aufstieg, der sich selbst im Hochsommer großteils im Schatten befindet. Die Sonne versteckt sich sehr lange hinter der Hohen Kirche.

Los geht es auf einem breiten Forstweg, vorbei an mehreren alten, idyllischen Almhütten linker Hand, rechts von uns liegt ein seltener Grauerlen-Wald. Zum Aufwärmen geht es eine Weile recht gemächlich auf diesem Weg dahin, auch einen Brunnen passieren wir noch. Den ersten Hinweis, dass es ab nun etwas anstrengender werden könnte, gibt ein steinerner Thron, auf dem in einem launigen Spruch steht, man solle hier noch einmal sitzen, denn später werde man schwitzen. Und so kommt es dann auch. Wir verlassen nun den Forstweg und folgen einem (leider etwas unglücklich aufgestellten) Wegweiser „Geistbeckweg – Landshuter-

Rechts: Wasserspiele aller Art sind eine Leidenschaft von Erich Gatt.

Europa-Hütte". Schon kurz zuvor haben wir auch erstmals den großartigen Zeisch-Fall erblickt. Der Steig windet sich nun in sehr vielen Serpentinen durch den Wald, nach einiger Zeit queren wir noch einmal den Forstweg. Immer wieder kommen wir zum Glück aber an allen möglichen Arten von Sitzgelegenheiten – inklusive Klappstuhl – vorbei. Begleitet werden wir vom Rauschen des Wasserfalls, der zuweilen durch die Bäume sichtbar ist. Schließlich wird es etwas lichter – und sonniger. Nach einigen weiteren Serpentinen verläuft der Weg etwas flacher und wir queren drei kleinere Wasserfälle. Da kann man gerne eine Dusche nehmen oder sich wenigstens die Beine besprengen lassen. Stellenweise ist der Weg hier durch ein Seilgeländer abgesichert, unter den überhängenden Felsen liegen auch Teile kleiner Wasserräder. Und dann sind wir angekommen, ein dicker, rot-weißer Pfeil weist bei einer Abzweigung geradeaus. Wer hier genug hat, der geht noch bis zur Brücke über den Bach. Davor liegt eine nette Wiese, auf der sich's sehr gut lagern und jausnen lässt.

Neugierige folgen aber nicht dem Pfeil, sondern zweigen links ab und steigen, meist über Stufen, noch ein Stück höher. Inmitten der Bäume und Latschen liegt schließlich die Zeisch-Alm, seit Jahrzehnten das Reich von Erich Gatt. Es ist eine ganz besondere Welt, die er sich da geschaffen hat: überall Wasserräder, aber vor allem Steinmauern, Steinmänner, eine steinerne Duschkabine, Kraftsteine. Kurz: Steine überall, allesamt ohne eine Kelle Mörtel als Trockenmauern zusammengefügt aus dem, was die Natur dort oben hergibt. Ausgeschenkt wird auf der Alm nicht, aber dennoch ist es gut möglich, dass man von Erich Gatt ein Schnapserl und ein paar interessante Geschichten kredenzt bekommt. Etwa 150 Meter oberhalb der Alm liegt die Wildau, ein Platz der Ruhe und des Friedens, umgeben von der Hohen Kirche, der Hohen Wand, dem Kluppen/der Kluppe und – etwas weiter entfernt – vom Kraxentrager. Auch hier plätschern überall kleine Rinnsale und auch hier hat Erich Gatt seine Spuren hinterlassen. Mitten im grünen Boden steht ein spitz aufgestellter Stein mit einem Herrgott daran. Wer wird hier nicht demütig?

Der Abstieg erfolgt über die Aufstiegsroute, wahlweise kann man zur Knieschonung ab ungefähr der Hälfte den Steig verlassen und den Forstweg ausgehen.

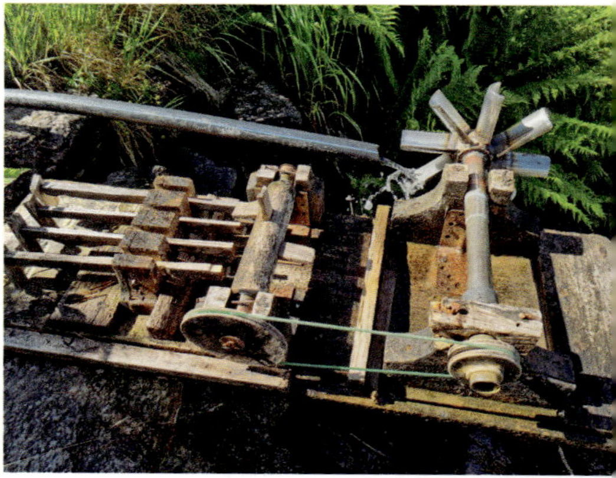

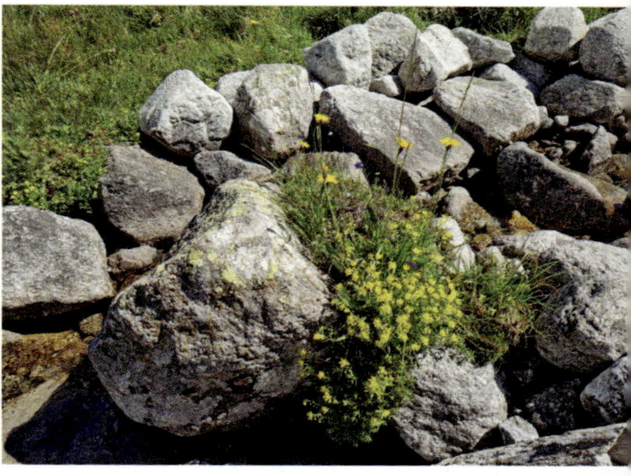

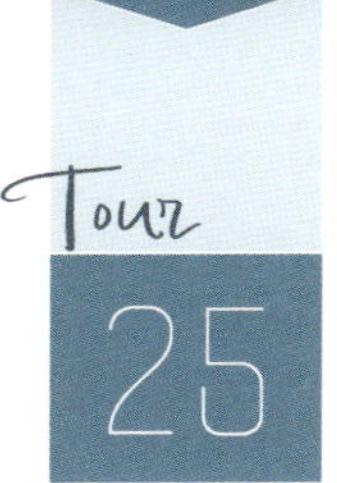

OBERNBERGER SEE

Bäche, Kirchen und ein See

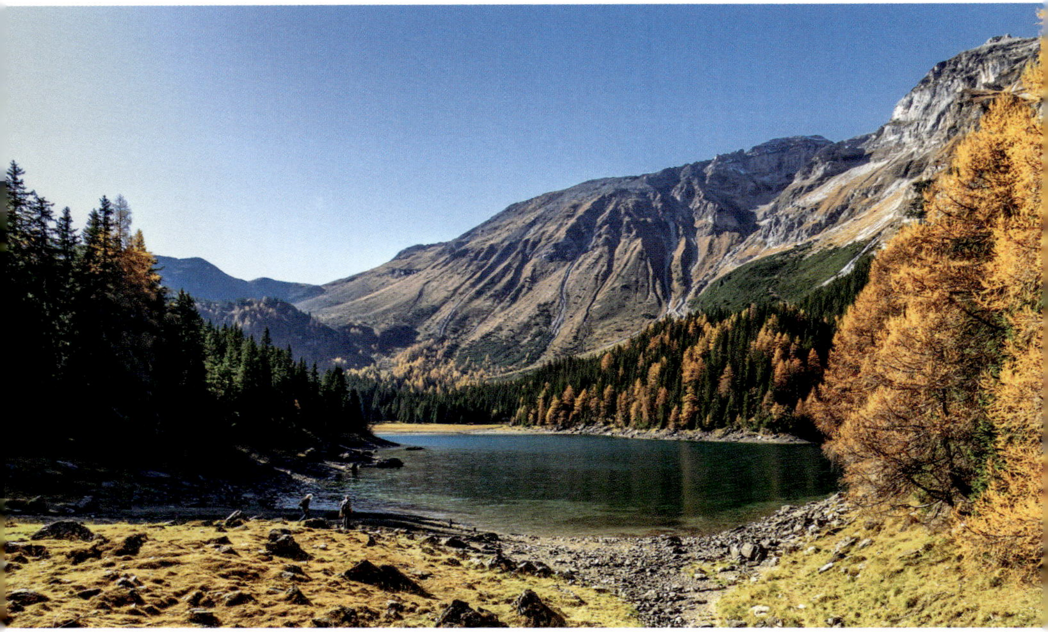

Anfahrt	**Mit den Öffis:** Mit dem Zug bis Steinach am Brenner, dort umsteigen in den Bus 4145 nach Obernberg, aussteigen im Ortszentrum. **Mit dem Pkw:** Auf der A 13 Brennerautobahn bis zur Ausfahrt Nösslach, von dort nach Vinaders und weiter ins Obernbergtal. Im Zentrum von Obernberg gibt es bei einem kleinen Selbstvermarkter-Häuslein einige wenige Parkplätze.
Ausgangspunkt	Ortszentrum von Obernberg
Dauer	ca. 2–2,5 Stunden bis zum See, ca. 1,5 Stunden Abstieg
Höhen	Obernberg 1396 m, höchster Punkt ca. 1800 m, Obernberger See 1590 m; Höhenunterschied: ca. 400 Hm
Einkehrmöglichkeit	Gasthof Waldesruh, Imbissstand beim Festplatz, Almi's Berghotel
Kurzbeschreibung	Eine einfache, landschaftlich und kulturell aber sehr lohnende Wanderung, die allerdings auch nicht zu kurz ist
Beste Jahreszeit	April bis Spätherbst, schönste Blüte Mai/Juni

Auf einem eher ungewöhnlichen Weg geht es bei dieser Runde zum Obernberger See. Entlang der Strecke liegen auch zwei Kirchen, deren Besichtigung sich auf jeden Fall lohnt.

Wir starten im Ortszentrum von Obernberg und steuern zunächst einmal die markante und durchaus sehenswerte Kirche an. Ein erstes Gotteshaus auf dem Hügel ist bereits im frühen 14. Jahrhundert erwähnt, die aktuelle Kirche wurde im spätbarocken Stil 1760 errichtet.

Nach einigen Minuten der inneren Einkehr oder eines Kulturbesuches – je nachdem – geht es weiter zum Seebach und an dessen Ufer auf einem angenehmen Spazierweg taleinwärts. Achtung, die Nähe zum Bach bringt es mit sich, dass man gerne von Bremsen und Mücken attackiert wird, ein dementsprechender Schutz ist angeraten. Aber dafür gluckert das glasklare Wasser auch nett vor sich hin und zahlreiche Blumen am Ufer erfreuen das Auge.

Im Ortsteil Eben verlassen wir aber den Bach und halten uns bergwärts auf dem Weg 95 in Richtung Allerleigrubenspitze, vielen wahrscheinlich als beliebte Skitour bekannt. Bei der zweiten Kehre wandern wir nun geradeaus und halten uns Richtung Südwesten, es handelt sich nun um den Weg 90. Nachdem es eine ganze Weile auf einem breiten Forstweg dahingegangen ist, wird der Steig schmäler und verliert an Höhe. Erst ganz kurz vor dem See kommen wir wieder auf einen breiten Weg, der eine letzte Kurve macht, und dann stehen wir ziemlich überraschend bereits am Ufer. Uns gegenüber liegt nun das wohl beliebteste Fotomotiv von Obernberg, die Kapelle Maria am See oder Unserer Lieben Frau am See auf einer kleinen Halbinsel. Man erreicht sie über eine Holzbogenbrücke.

Links: Der Obernberger See im herbstlichen Kleid

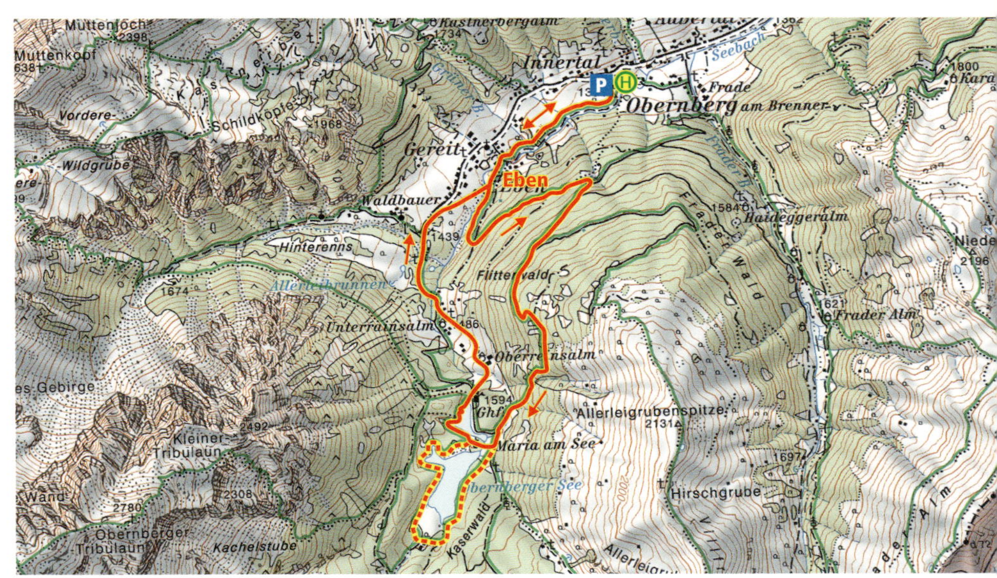

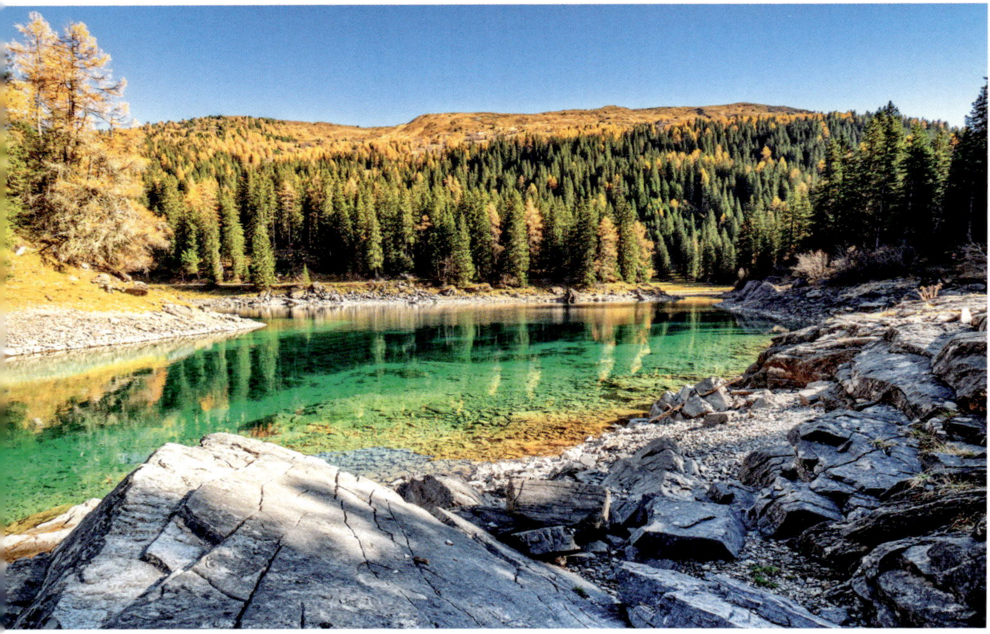

Auch wenn das Kirchlein alt aussieht, wurde es doch erst in den 1930er-Jahren erbaut.

Am See kann man die Wanderung ganz nach Belieben fortsetzen: Entweder mit einer beinahe kompletten Umrundung oder man geht am ost- oder westseitigen Ufer in Richtung ehemaliges Ausflugsgasthaus am Abfluss. Wenn der See besonders voll ist, schwappt hier das Wasser über. In den zahlreichen Buchten bietet sich im Sommer auch ein kleines Bad an. War das Wasser vor 30 Jahren noch so kalt, dass nur ganz Hartgesottene hineingesprungen sind, so hat auch hier die Klimaerwärmung ihre Spuren hinterlassen. Wasser- und vor allem Außentemperatur laden inzwischen durchaus zum Schwimmvergnügen ein.

Dann geht es über den Wiesenweg an der Oberreinsalm vorbei wieder ins Tal. Im Frühsommer ist das eine einzige Blütenpracht. Wir gelangen so zuerst zur Waldesruh und dann nach Eben, wo wir auf dem Bachweg wieder zu unserem Ausgangspunkt zurückkehren.

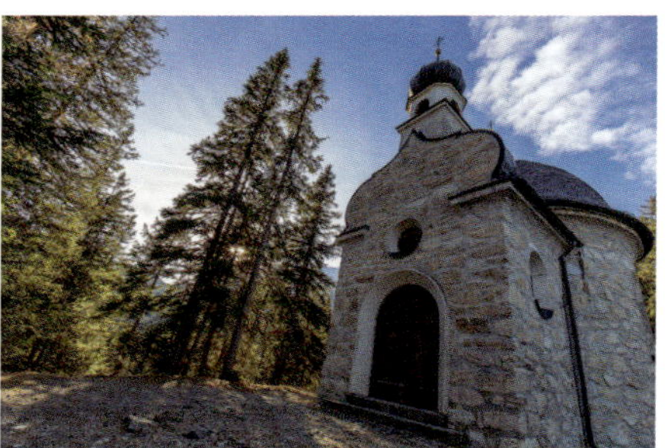

Oben: Ein wunderschöner Tag an einem wunderschönen See

Links: Das Seekirchlein entstand erst in den 1930er-Jahren.

Tour 26

LICHTSEE

Blütenpracht auf den Bergmähdern

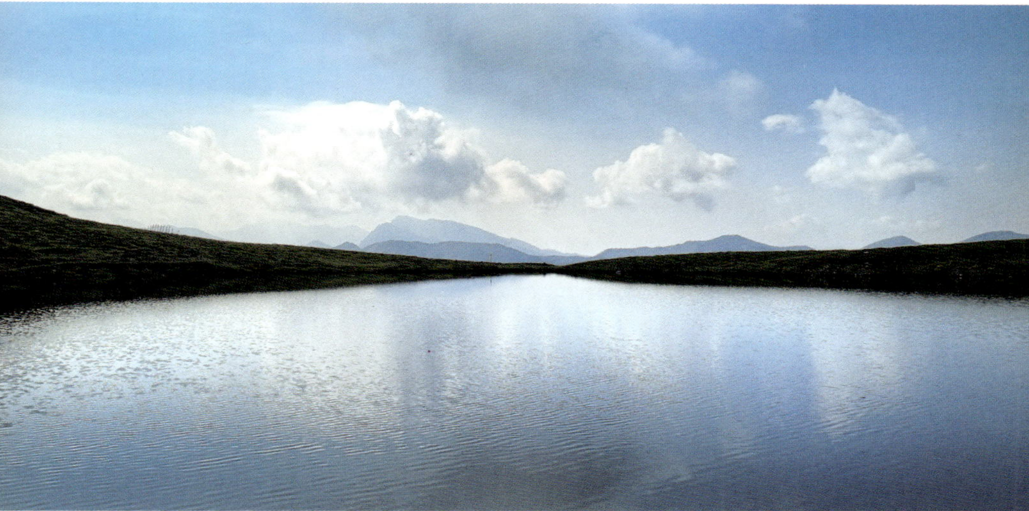

Anfahrt	**Mit den Öffis:** Mit dem Zug bis Steinach a. Br., dort umsteigen in den Bus 4145, der bis zum Gasthof Waldesruh fährt. Die Wahl des Busses ermöglicht etliche weitere Tourenvarianten (Wanderung bis zum Nösslachjoch und Talfahrt mit dem Lift nach Steinach, Abstieg von der Kastnerbergalm in die Ortsmitte von Obernberg). **Mit dem Pkw:** Auf der A 13 Brennerautobahn bis zur Ausfahrt Nösslach, von dort nach Vinaders und weiter ins Obernbergtal. Beim Gasthof Waldesruh kostenpflichtiger Parkplatz. Der Parkplatz ist zwar groß, an schönen Wochenenden aber dennoch oft voll.
Ausgangspunkt	Parkplatz Gasthof Waldesruh
Dauer	ca. 2–2,5 Stunden Aufstieg, ca. 1,5–2 Stunden Abstieg
Höhen	Parkplatz 1454 m, Kastnerbergalm 1743 m, Lichtsee 2104 m, Rohrsee 2076 m, Kastnerberg 2209 m; Höhenunterschied: 650 Hm bis Lichtsee bzw. 750 Hm bis Kastnerberg
Einkehrmöglichkeit	Am Ausgangs-/Endpunkt Gasthof Waldesruh, Imbissstand beim Festplatz
Kurzbeschreibung	Leichte Wanderung durch eine Blütenpracht, kombiniert mit zwei Seen und einem einfachen Gipfelerlebnis
Beste Jahreszeit	Mai bis Spätherbst, schönste Blüte Mai/Juni

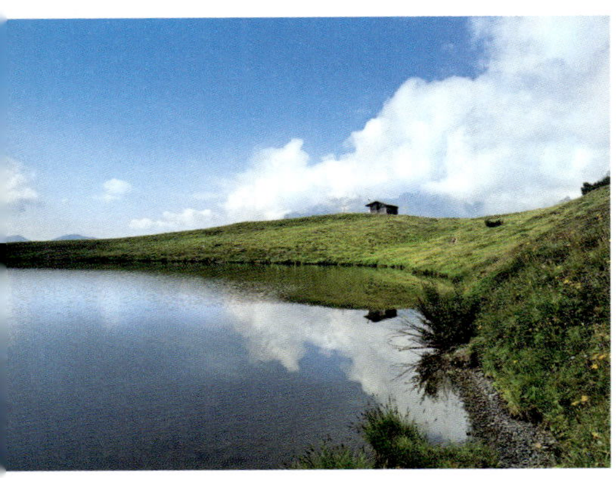

Bei dieser Wanderung ist der Weg fast genauso schön wie das Ziel. Durch Lärchen- und Zirbenwälder und über Blumenwiesen geht es zum Lichtsee – und vielleicht auch noch weiter zum Rohrsee in Obernberg.

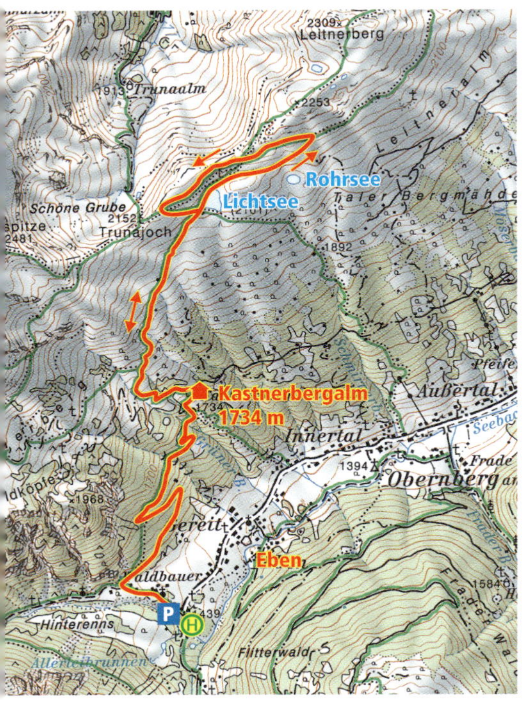

Unser Ausgangspunkt ist die Waldesruh im hintersten Obernbergtal. Während die meisten Wanderer dem Obernberger See zuströmen, wenden wir uns nach Nordwesten und kommen dabei noch an den letzten Häusern des Talschlusses vorbei. Danach beginnt der Aufstieg auf einem breiten Forstweg, der meist gut von Lärchen beschattet wird. Die Steigung ist mäßig und wir kommen rasch voran. Schließlich wird das Gelände etwas freier, es mischen sich Wald und Weideflächen, wir haben nach etwa einer Stunde die Kastnerbergalm erreicht. Noch bleiben wir auf dem Wirtschaftsweg, ziehen ein paar Serpentinen höher, bis wir zu einem Schilderbaum kommen. Der weist uns den Weg in Richtung Lichtsee. Der Steig, der uns dorthin führt, ist mal mehr, mal weniger steil. Gleich zu Beginn durchqueren wir eine Feuchtwiese, ein paar Bretter verhindern, dass wir nasse Schuhe bekommen. Weiter geht es durch ein Gestrüpp aus Erlen, Disteln, Himbeerstauden … Der Weg ist zwar in der Regel nicht ausgeschnitten, dafür aber gut ausgetreten. Und dann kommen wir aus dem Dickicht heraus auf herrliche Bergmähder, auf denen nahezu den ganzen Sommer etwas blüht. Die größte Pracht entfalten diese Wiesen jedoch im Mai und Juni. Zur Freude über die bunten Blumen kommt auch noch der erste Blick auf ein kleines Holzhäuschen mit keckem Kamin, das nicht weit vor uns auf einem Kamm steht. Unser Ziel ist nicht mehr weit!

Direkt östlich der „Fischerhütte" liegt der Lichtsee, eingebettet in einer Mulde. An ruhigen Tagen ist er ein absolutes Idyll: Libellen schweben über dem Wasser, man sitzt am Ufer, genießt den Ausblick auf den Grenzkamm zwischen Nord- und Südtirol oder den mächtigen Obern-

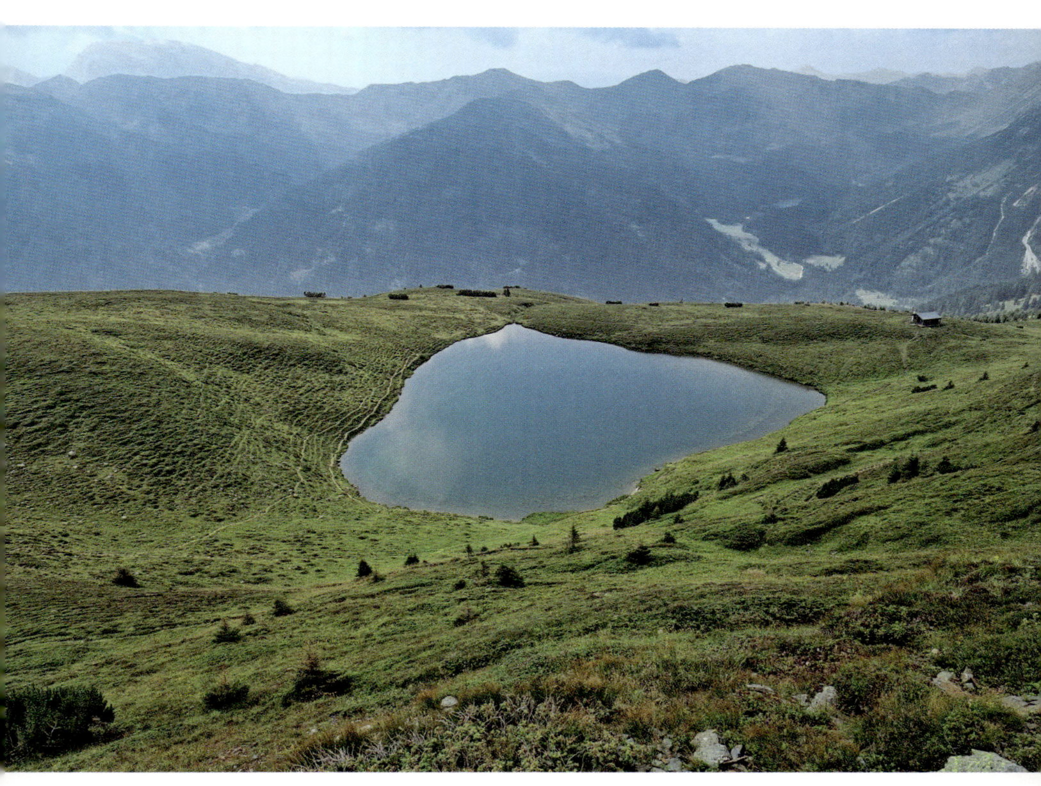

berger Tribulaun. An schönen Wochenenden kann es allerdings schon einmal fast so zugehen wie am Innsbrucker Baggersee. Aber zum Glück eben nur fast. Die meisten Besucherinnen und Besucher wählen nicht unseren Weg, sondern kommen von der Liftstation am Nösslachjoch. Da ist der Anmarsch zwar auch recht lang, aber man spart sich viele Höhenmeter. Wer also die Ruhe liebt, der wählt, wenn möglich, einen Wochentag für diese Wanderung.

Nach einer Pause am Lichtsee wandern wir weiter in östliche Richtung, entweder nur ein paar Meter bis zum nächsten Joch oder noch ein Stück weiter bis zum Rohrsee. Den Rückweg nehmen wir dann durch freies Gelände über den Kamm, am besten immer entlang des Weidezauns. So stauben wir noch einen Gipfel mit ab: den Kastnerberg, das ist die Kuppe, die direkt über dem Rohrsee liegt. Von dort haben wir einen Ausblick bis hinunter ins Tal und sehen auch den Obernberger See am Fuße des Tribulaun daliegen. Der Abstieg führt nun zum Trunajoch, von dort zurück bis zum Lichtsee und dann auf der Aufstiegsstrecke wieder ins Tal. Die kleine Schleife kostet uns maximal 30 zusätzliche Minuten.

Links: Die Fischerhütte am Lichtsee

Oben: Der Lichtsee in seiner ganzen Pracht, im Hintergrund im Dunst des Tales ist der Obernberger See zu sehen.

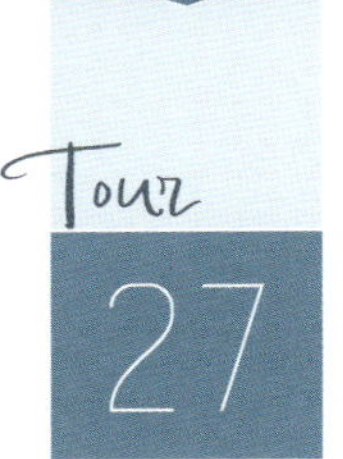

RINNENSEE

Entspannt mit Übernachtung

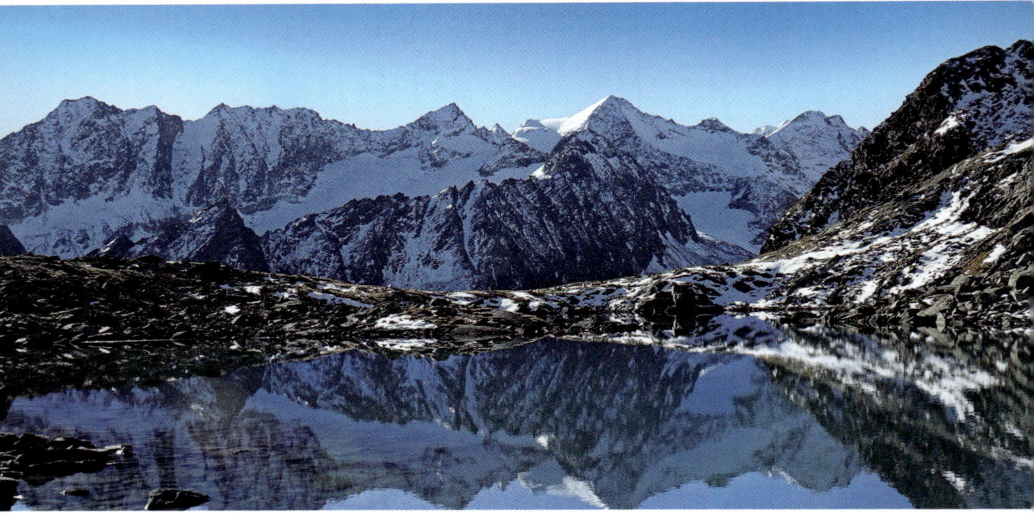

Anfahrt	**Mit den Öffis:** Mit dem Bus 590 gelangt man von Innsbruck nur bis Neustift bzw. Milders. Dort muss man den Oberissalm-Shuttle-Bus (www.stubai.at/stubaital/infrastruktur/detail/oberissalm-shuttle-neustift/) rufen. **Mit dem Pkw:** Anreise über die A 13, Ausfahrt Schönberg/Stubaital, Weiterfahrt bis Milders, dann rechts ins Oberbergtal. Dort, soweit es die aktuellen Verhältnisse erlauben. Normalerweise kostenpflichtiger Parkplatz bei der Oberissalm.
Ausgangspunkt	Parkplatz bei der Oberissalm
Dauer	ca. 2,5–3 h Aufstieg, ca. 2,5 h Abstieg. Falls man nicht bis zur Oberissalm fahren kann, verlängert sich die Tour pro Richtung um ca. eine Stunde.
Höhen	Oberissalm 1742 m, Alpeinalm 2040 m, Franz-Senn-Hütte 2147 m, Rinnensee 2646 m; Höhenunterschied: 900 Hm
Einkehrmöglichkeit	Franz-Senn-Hütte, Oberissalm, Alpeinalm
Kurzbeschreibung	Eine alpine Tagestour mit guten Bergwegen und einem wunderbaren Ziel
Beste Jahreszeit	Am besten an den Sommer-Öffnungszeiten der Franz-Senn-Hütte orientieren: meist Mitte Juni bis Ende September/Anfang Oktober.

Der Rinnensee ist ein Klassiker im Stubaital. Besonders entspannt und genussvoll ist er mit einer Übernachtung auf der Franz-Senn-Hütte zu erreichen.

Zum Zeitpunkt der Recherche für dieses Buch war es unsicher, ob und wann die Zufahrt mit dem Pkw zur Oberissalm wieder möglich sein würde, da die Straße dorthin durch schwere Unwetter in Mitleidenschaft gezogen war. Bitte also vor der Tour genau informieren! Dennoch lohnt das Ziel, ein bisschen flexibel muss man halt sein. Unser Vorschlag: Am besten eine Übernachtung auf der wunderbaren Franz-Senn-Hütte einplanen.

Aber starten wir vorerst einmal so, als wäre alles normal: Von der Oberissalm wandern wir erst am Fahrweg, später am Wanderweg taleinwärts zur ersten Wegverzweigung. Hier folgen wir rechts der Beschilderung „Sommerweg". Nach der ersten Steilstufe kommen wir zum flachen Boden der Alpeinalm, die etwas unterhalb des Weges liegt. Unser Ziel, die Franz-Senn-Hütte, ist nun fast schon zum Greifen nahe. Aber noch einmal geht es leicht ansteigend, zuletzt über eine Brücke, zum Schutzhaus, das seit Jahrzehnten von der Familie Fankhauser geführt wird. Es ist Sommer wie Winter idealer Ausgangspunkt für eine Vielzahl an klassischen Bergtouren.

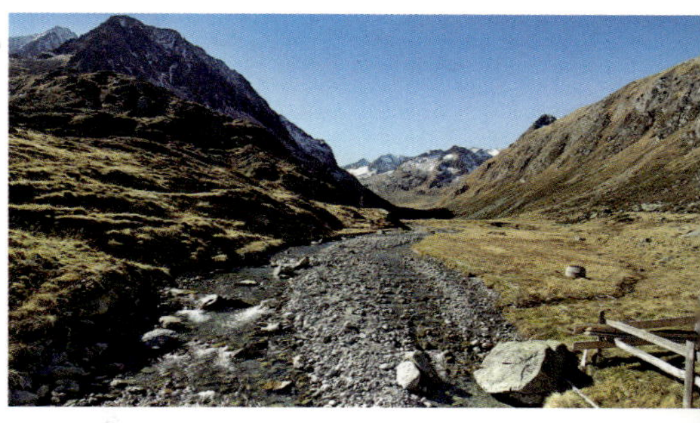

Links: Der Rinnensee im Spätherbst

Oben: Blick von der Franz-Senn-Hütte in Richtung Westen

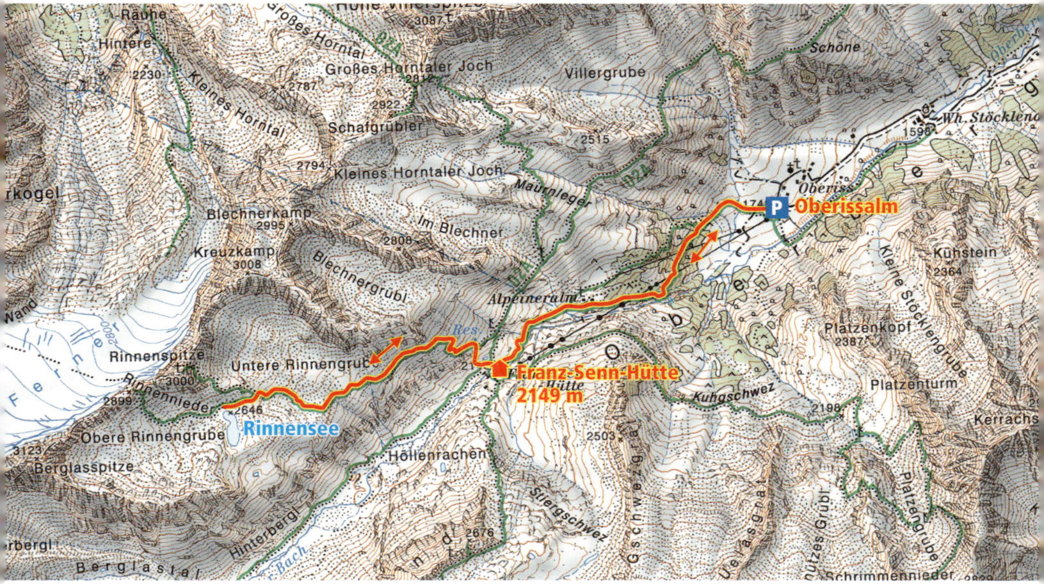

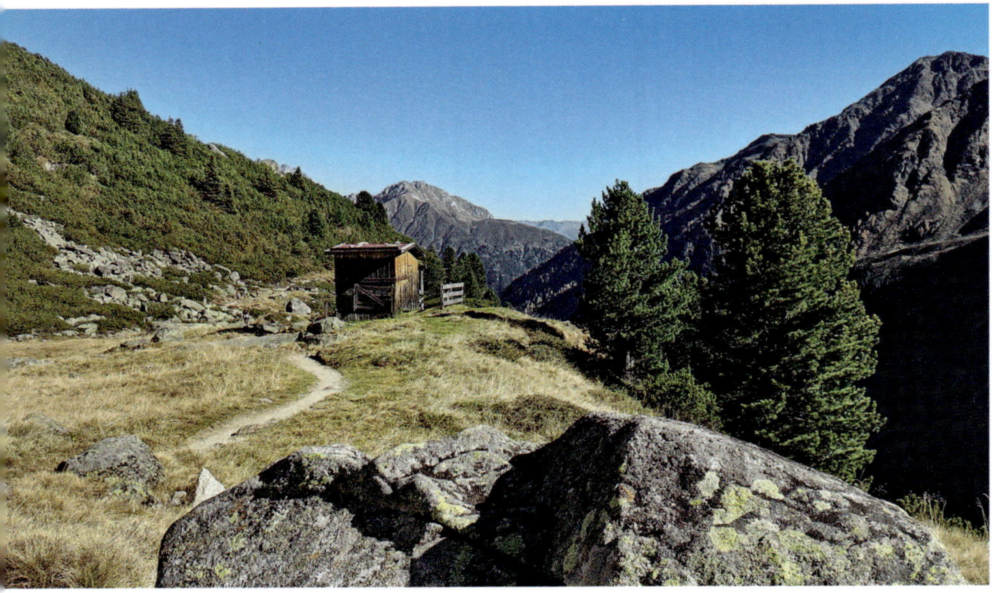

Hinter der Hütte geht es nun – egal ob mit oder ohne Übernachtung – über den Alpeinerbach und weiter auf dem markierten Weg Richtung Starkenburger Hütte (Stubaier Höhenweg). Nach wenigen Minuten zweigen wir aber links zum Rinnensee/zur Rinnenspitze ab. Über einen gut angelegten Steig geht es durch die steile Grasflanke stetig aufwärts. Ab und zu sollte man dabei kurz anhalten und die Aussicht genießen. Nach geraumer Zeit erreicht man eine kleine Ebene samt Bankerl, die zu einer Rast einlädt. Dann geht es auf zur letzten Etappe in Richtung See: An einer Gabelung verlassen wir den Steig zur Rinnenspitze und zweigen nach links (Westen) in Richtung Rinnennieder ab. Nun sind es nur noch knapp zehn Minuten bis zum Rinnensee. Dieser liegt in einer Senke, nach Norden hin behütet von der Rinnenspitze. Nach Süden offenbart sich einem die ganze Pracht der Stubaier Gletscherwelt. Zentral in unserem Blickfeld liegt die Ruderhofspitze. Der Abstieg erfolgt über die Aufstiegsroute.

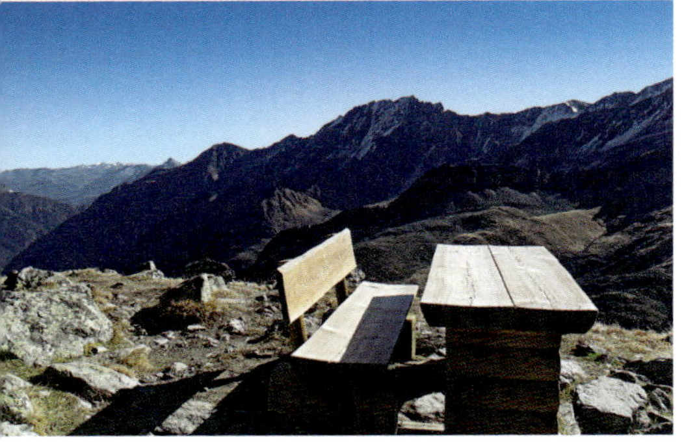

Oben: Blick zurück auf den Aufstiegsweg, von hier sind es noch etwa 20 Minuten bis zur Franz-Senn-Hütte

Links: Vor der letzten Etappe zum See gibt es sogar eine Bank zum Rasten.

Rechts: Der Mischbach-Wasserfall im Stubaital

Tour

28

MISCHBACH-WASSERFALL

Sonntagsspaziergang mit Wasserfallblicken

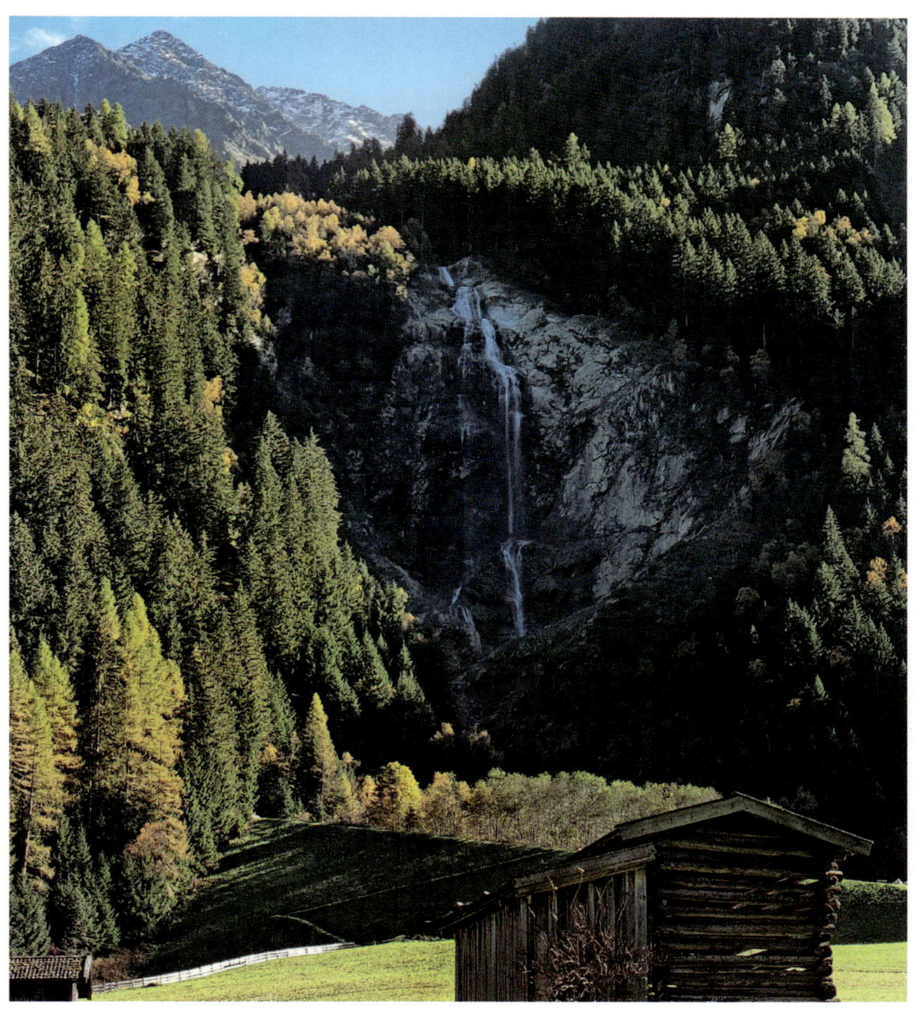

Anfahrt	**Mit den Öffis:** Mit dem Bus 590a oder 590b ab Innsbruck Hauptbahnhof bis Haltestelle Klausäuele/Falbesoner Au. **Mit dem Pkw:** Anreise über die A 13, Ausfahrt Schönberg/Stubaital, Fahrt bis zum Parkplatz Klausäuele/Falbesoner Au (nach Volderau)
Dauer	ca. 2–2,5 h
Höhen	Falbesoner Au 1212 m, Volderau 1129 m; Höhenunterschied: ca. 160 Hm
Einkehrmöglichkeit	Volderauhof, Marendstüberl beim Kids-Park Klausäuele
Kurzbeschreibung	Ein gemütlicher Spaziergang, teils auch mit Kinderwagen befahrbar, viel und gerne von den Einheimischen begangen
Beste Jahreszeit	Außerhalb der Wintersaison (denn dann sind dort Langlaufloipen), am schönsten im Frühjahr und Frühherbst

Es darf auch einmal eine gemütliche Talwanderung sein, bei der man den Mischbach-Wasserfall und die Kaskaden des Kerrachbaches nur aus der Ferne beobachten kann. Aber keine Sorge, Wasser gibt es dennoch genug.
Ausgangspunkt der Rundwanderung ist der Parkplatz Klausäuele/Falbesoner Au.

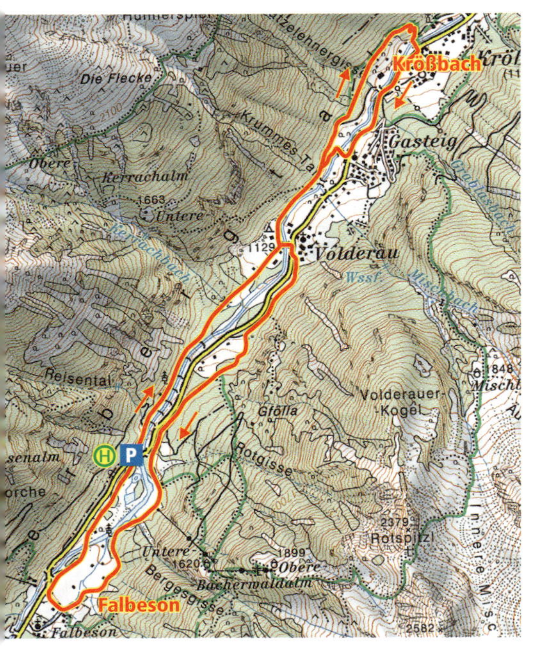

Hier geht es gleich unter der Straße durch und auf dem Talwanderweg abwärts. Der ist hier sehr breit und asphaltiert (es handelt sich ja um die alte Straße), dementsprechend kommen auch sehr viele Radfahrer daher. Neben dem Weg rauscht die Ruetz talauswärts. Nach kurzer Zeit lohnt sich links ein Blick zum Kerrachbach, der in einiger Entfernung auch in Form eines Wasserfalls den Weg ins Tal findet. Bevor es in Volderau zur Straße geht, zweigt der Rad-/Wanderweg links ab und führt nun über einen Steinschutzdamm oberhalb an einem Campingplatz vorbei. Dort, wo der Damm endet, verläuft ein Forstweg geradeaus weiter, die Asphaltstraße geht nach unten. Wir nehmen hier den Forstweg und sparen uns so ein paar Höhenmeter.
Nun geht es – teils auf Asphalt, teils auf Schotter – am Waldrand auf der Sonnenseite ein Weilchen dahin, bis wir zum Sportplatz von Krößbach kommen. Hier zweigen wir nach Süden ab, überqueren die Ruetz und gelangen so zur Straße. An dieser geht es jetzt ein Stück auf dem Gehsteig zurück taleinwärts. Wenn wir nicht gerade ein Wochenende erwischen, an dem Einheimische und Gäste dem Gletscher zustreben, hält sich der

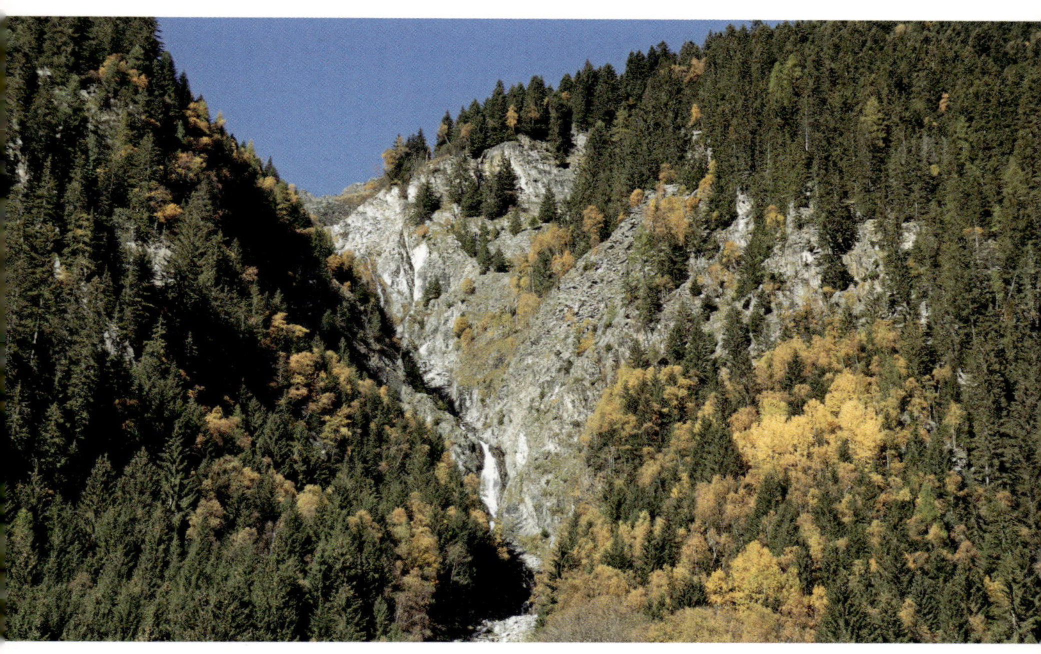

Verkehr hier sehr in Grenzen. So wandern wir zurück bis Volderau. Bei der nächsten Kreuzung nach dem Skiverleih machen wir noch einmal einen kleinen Abstecher, queren die Straße und marschieren an einem Brunnen vorbei zur Ruetz hinunter. Hier hat man den tollsten Blick zum Mischbachfall mit dem Habicht im Hintergrund.

Nun überqueren wir neuerlich die Brücke und halten uns dann links. Wir bleiben immer am Bachufer, der Weg führt nun durch den Campingplatz. Dort wo er endet, überqueren wir noch einmal die Ruetz und die Straße und kommen direkt zum Volderauhof. Ab hier führt der Forstweg in den Wald, weg vom Verkehr, wird teilweise auch einmal ein bisschen steiler und schmaler. Die Hinweistafeln zur Bacherwandalm ignorieren wir.

Schließlich gelangen wir wieder zum Ausgangspunkt zurück. Wer direkt zum Parkplatz möchte, muss hier kurz über die Straßenbrücke. Es lohnt sich allerdings, noch eine kleine Zusatzschleife anzuhängen und die Falbesoner Au auszuwandern. Hier wurde in letzter Zeit viel renaturiert und gleichzeitig ein Kids-Park mit allerlei Spielgelegenheiten am und im Wasser geschaffen. Die Wege hier sind barrierefrei. So geht es also am rechten Ruetzufer taleinwärts bis zur nächsten Brücke und am linken Ufer dann wieder zurück. Hier bietet sich auch die Gelegenheit, beim Marendstüberl einzukehren und sich ein mächtiges Stück Torte einzuverleiben. Bis zum Auto bzw. Bus sind es mit vollem Bauch dann ja nur mehr ein paar Meter.

Oben: Auch der Kerrachbach bildet Kaskaden.

GRAWA-WASSERFALL

Aufstieg in der kühlenden Gischt

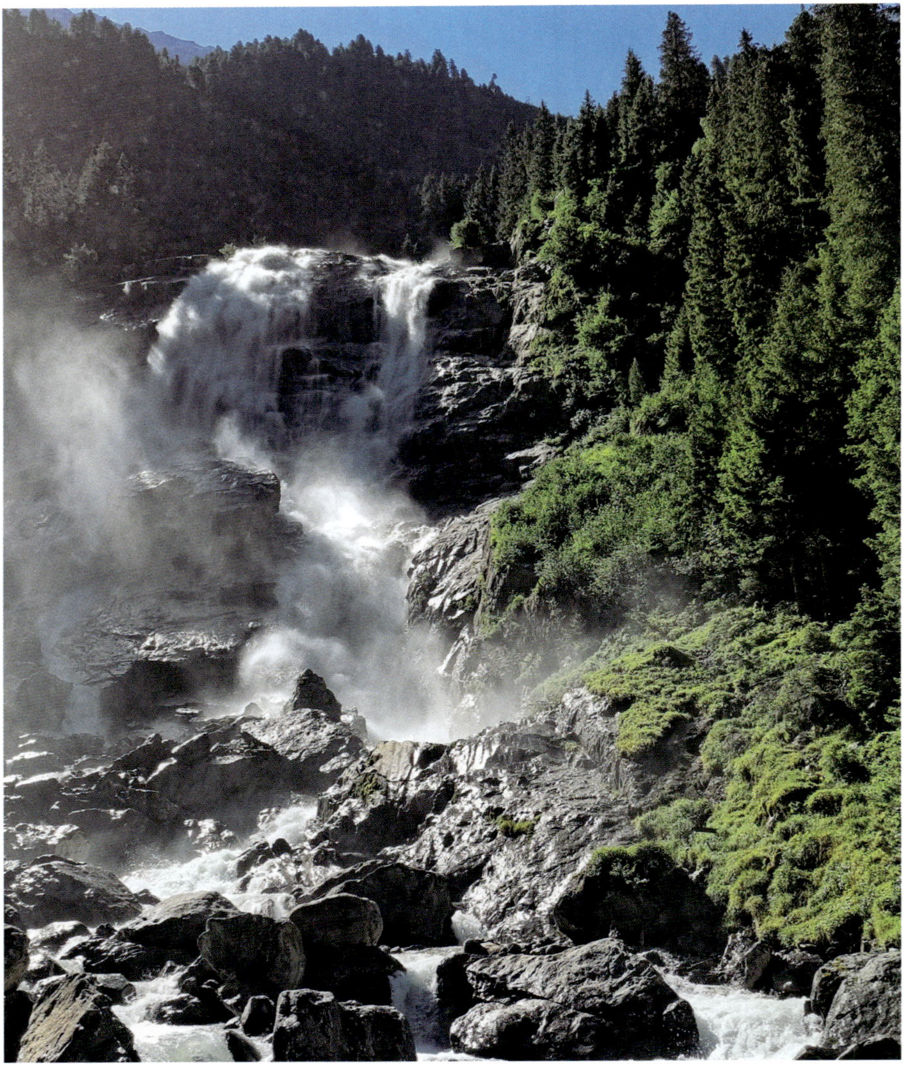

Anfahrt	**Mit den Öffis:** Mit dem Bus 590a oder 590b ab Innsbruck Hauptbahnhof. Grawa-Alm und Sulzenauhütte sind eigene Haltestellen. **Mit dem Pkw:** Anreise über die A 13, Ausfahrt Schönberg/Stubaital, Weiterfahrt bis zur Grawa-Alm oder noch ca. 300 Meter weiter bis zum Parkplatz zur Sulzenauhütte.
Ausgangspunkt	Parkplatz zur Sulzenauhütte
Dauer	ca. 2,5 h Aufstieg, ca. 2 h Abstieg Durch den Aufstieg zum Gletscher verlängert sich die Tour um ca. 2 weitere Stunden.
Höhen	Grawa-Alm 1534 m, Sulzenaualm 1847 m, Sulzenau-Hütte 2191 m; Höhenunterschied: ca. 650 Hm
Einkehrmöglichkeit	Grawa-Alm, Sulzenaualm (an Ruhetagen gibt es Getränke im Kühlschrank), Sulzenauhütte
Kurzbeschreibung	Eine Tour, die einem die Macht des wilden Wassers beeindruckend vor Augen führt. Trittsicherheit und etwas Ausdauer sind erforderlich.
Beste Jahreszeit	Am besten an den Öffnungszeiten der Sulzenauhütte orientieren (in der Regel Mitte Juni bis Mitte/Ende September).

Der Wilde-Wasser-Weg im Stubaital besteht eigentlich aus drei Etappen. Am spektakulärsten ist zweifellos das Stück vom Grawa-Wasserfall bis zur Sulzenauhütte.

Wir starten am besten beim Parkplatz zur Sulzenauhütte, folgen aber zuerst den Schildern abwärts in Richtung Grawa-Wasserfall, mit 85 Metern der breiteste seiner Art in den Ostalpen. Auf der dortigen hölzernen Plattform kann man sich ein wenig auf den Aufstieg einstimmen. Wer dort unten steht, atmet Tausende kleinste Wasserpartikel ein. Eine Wohltat für die Lunge und eine großartige Kühlung.

Doch genug geschaut, wir beginnen unseren Aufstieg zur Sulzenaualm über den Wilde-Wasser-Weg. Ein ganzes Stück geht es sehr knapp am Grawa-Wasserfall dahin, die kühlende Gischt hüllt uns ein. Auf zwei Aussichtsplattformen kann man die tosenden Wassermassen noch einmal ganz nah, gewissermaßen hautnah, erleben. Dann löst sich der Steig vom Fall und verläuft im Hang westlich davon. Apropos Steig: Er besteht aus vie-

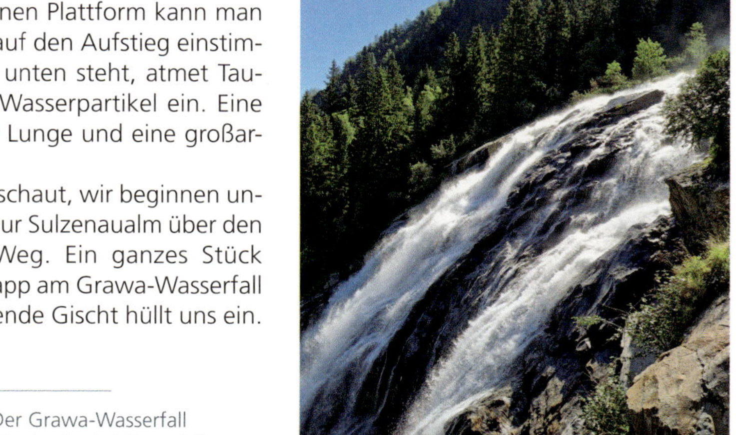

Links und rechts: Der Grawa-Wasserfall ist mit 85 Metern der breiteste Wasserfall der Ostalpen.

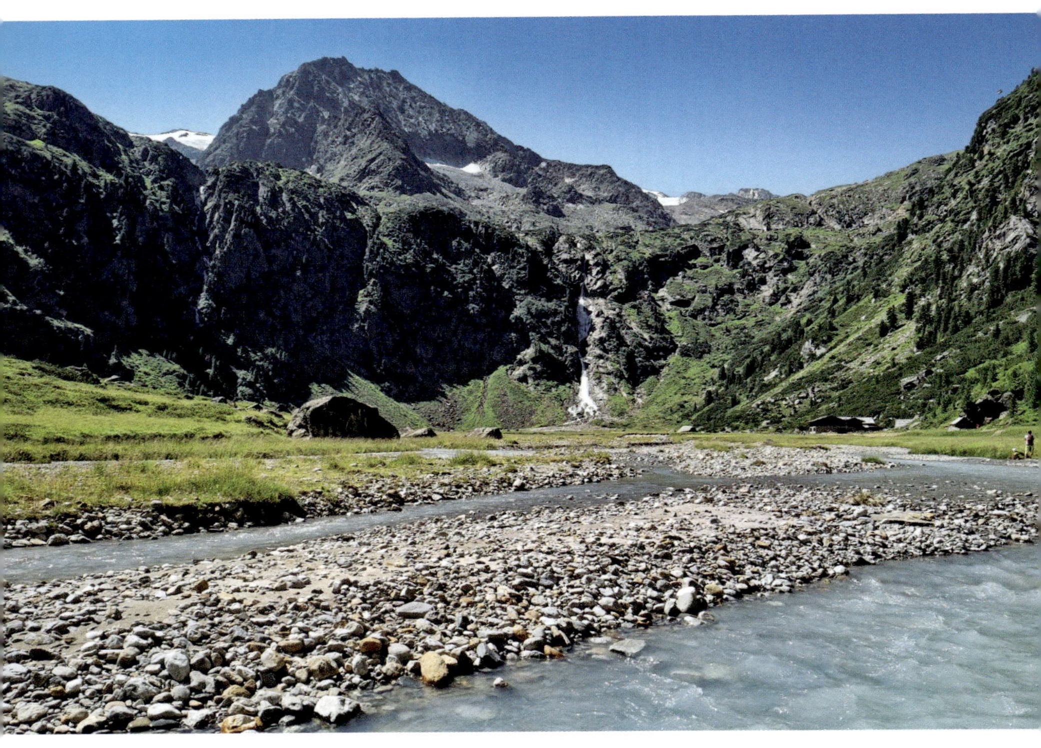

len Stegen und Treppen, bei Nässe kann das etwas rutschig sein. Konzentrieren muss man sich auch, weil zwischen den Brettern zum Teil recht große Abstände bestehen. Schließlich erreichen wir den Normalanstieg auf die Sulzenauhütte. Hier hören die Stege und Treppen auch auf, es geht nun auf einem gut ausgetretenen Steig leicht ansteigend wieder Richtung Osten. Wir überwinden noch zwei bis drei kleine Kehren, bevor es nun beinahe eben dahingeht und wir schließlich „ums Eck" biegen.

Nun tut sich uns ein großartiges Panorama auf: links von uns der Bach, der gleich in die Tiefe stürzen wird, vor uns ein grüner Kessel mit mäandernden, glitzernden Gewässern, im Hintergrund weitere Wasserfälle, auf einer Kante unser Ziel, die Sulzenauhütte. Und eine „Etage" höher dann die Berge: Mairspitze, Sulzenaukogel, Aperer und Wilder Freiger, Pfaffenknollen, um nur einige zu nennen.

Doch zuerst geht es – ungefähr zur Halbzeit des Aufstieges – einmal gemütlich, zwei Brücken querend durch den grünen Boden und vorbei (oder auch nicht) an der Sulzenaualm mit ihren lustig geschnitzten Stühlen. Immer näher kommen wir nun zum Sulzenaufall, der pfeilgerade 200 Meter in die Tiefe stürzt. Beeindruckt beim Grawa-Wasserfall dessen Breite, so ist es beim Sulzenaufall die

Die Sulzenaualm (oben) und der Sulzenau-Wasserfall (rechts)

ungeheure Wucht des Wassers, das nach dem Auftreffen auf den Felsen in gewaltigen Fontänen hinausgeschleudert wird. Man kann es kaum beschreiben, man muss es sehen! Der Wilde-Wasser-Weg zweigt hier vom Normalanstieg zur Sulzenauhütte wieder ab und führt – wenn auch etwas länger – näher am Wasserfall in die Höhe. Kurz vor der Hütte kommen beide Wege wieder zusammen. Schweißtreibend wird dieser Teil aber in jedem Fall.

Wer genug Energie übrig hat, kann noch die finale Etappe des Wilde-Wasser-Weges anhängen und quasi an den Ursprung des wilden Wassers, zum Sulzenauferner, gehen. Ein ganz markanter Punkt auf dem Weg dorthin ist die Blaue Lacke, ein idyllischer See, der von einer Unzahl Steinmännchen umgeben ist. Wegen der Klimaerwärmung ist die Landschaft dort oben leider massiven Veränderungen unterworfen. Jedes Jahr sieht es ein bisschen anders aus.

Für den Rückweg nehmen wir zuerst den Aufstiegsweg. Erst unterhalb der Lastenaufzüge zweigen wir nun nicht neuerlich zum Grawa-Wasserfall ab, sondern gehen geradeaus weiter über einen sehr angenehmen und meist schattigen Waldweg hinunter zu unserem Ausgangspunkt beim Parkplatz der Sulzenauhütte.

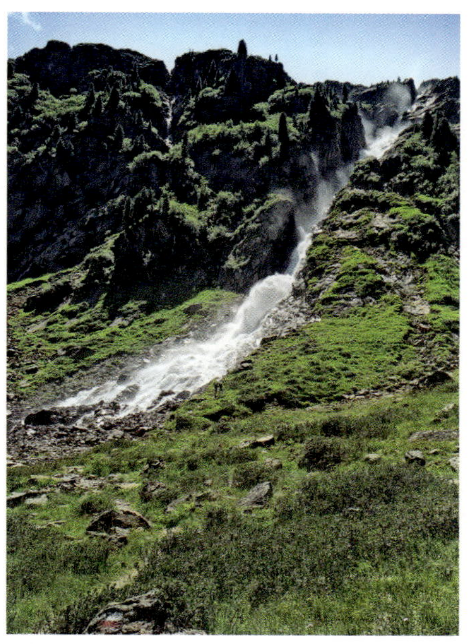

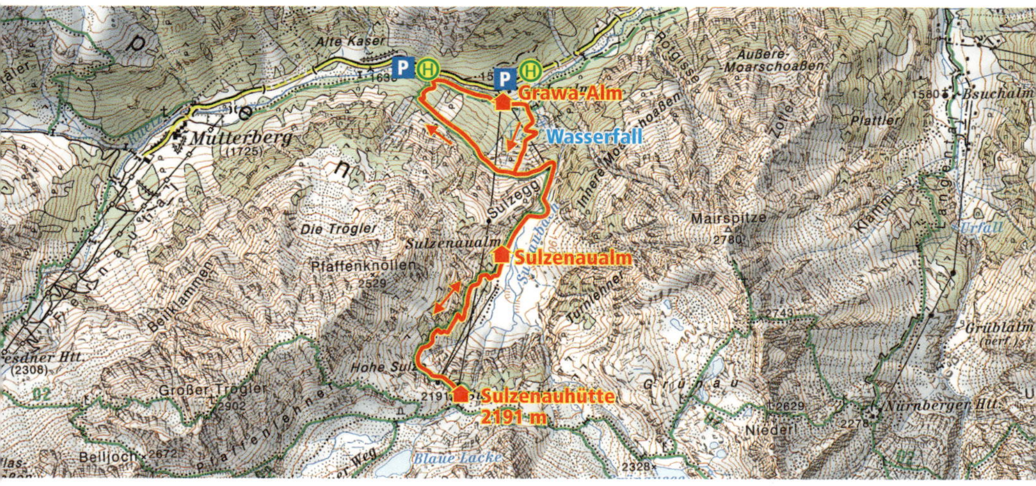

SALFEINSSEE

Das Parade-Fotomotiv

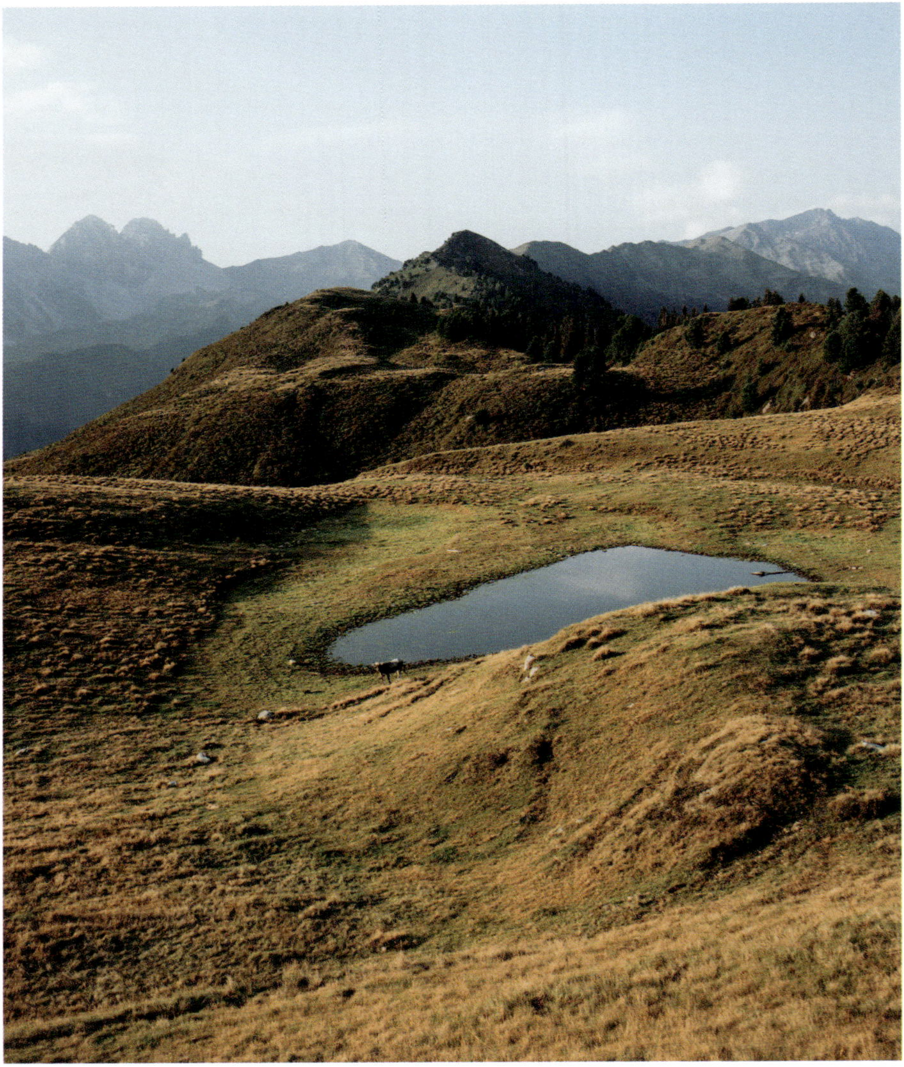

Anfahrt	**Mit den Öffis:** Mit dem Bus der Linie 4162 (ab Sommer 2023: Linie 404) ab Innsbruck Hauptbahnhof nach Grinzens/Haltestelle Abzweigung Kemater Alm. **Mit dem Pkw:** Auf der A 12 bis zur Abfahrt Kematen, weiter über Kematen und Axams nach Grinzens.
Dauer	Von Grinzens ca. 2–2,5 Stunden Aufstieg, ca. 2–2,5 Stunden Abstieg
Höhen	Grinzens ca. 930 m, Nederer Hütte 1633 m, Salfeins 2000 m, Salfeinsalm 1738 m; Höhenunterschied: ca. 1070 Hm
Einkehrmöglichkeit	Auf der Tour leider keine; wer mit dem Auto/(E-)Rad bis zum Kaserl gefahren ist, kann nach der Rückkehr noch bis zur Kemater Alm weiterfahren.
Kurzbeschreibung	Unschwierige, aber lange Wanderung, die am Ziel mit einem atemberaubenden Panorama belohnt wird
Beste Jahreszeit	Juni bis in den Spätherbst, auch wenn die beschriebene Route selbst als Ski-/Schneeschuhtour möglich ist

Der Schönangerl- oder Salfeinssee ist in den letzten Jahren vom Geheimtipp zu einer extrem beliebten Tour mutiert. Ein Foto von den Kalkkögeln, die sich im Wasser spiegeln, darf dabei keinesfalls fehlen.

Wir erreichen unser Ziel auf dieser Tour über eine eher unbekannte Aufstiegsroute. Ausgangsort ist der Sportplatz in Grinzens. Von dort geht es auf der Forststraße nahezu gleichmäßig steil den Berg hinauf bis zur Nederer Hütte. Ab da weiter auf einem Steig, der Wald wird etwas lichter, wir nähern uns langsam dem Kamm. Schließlich kommen wir ins Freie und können einen ersten Blick auf die Gipfel der Kalkkögel genießen. Auch ein Gipfelkreuz finden wir vor, allerdings ist dieses noch nicht unser Ziel. Doch nur wenige Meter weiter nach Süden und ein paar Meter höher haben wir dann Salfeins erreicht, markiert durch eine orange Vermessungstafel. Knapp unter dem Gipfel nach Süden liegt der Salfeinssee, ein kleines Biotop, um das sich die

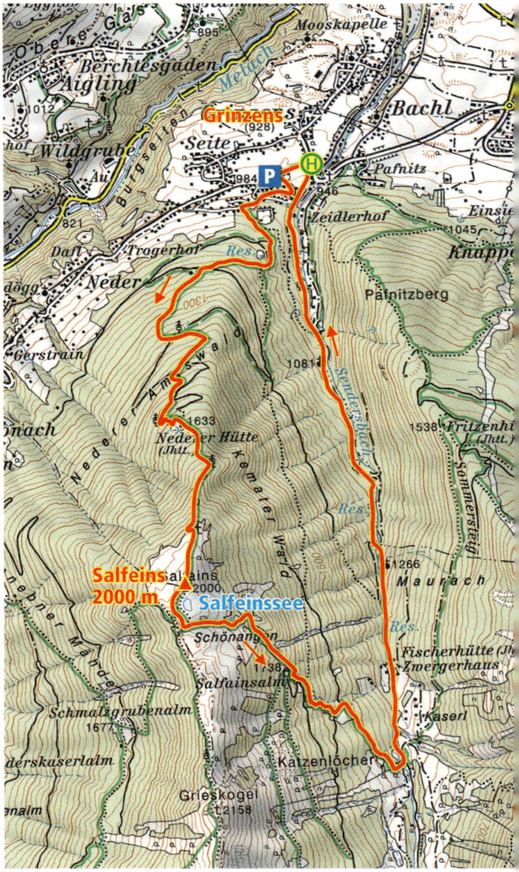

Links: Der Salfeinssee ist aus gutem Grund außerordentlich beliebt.

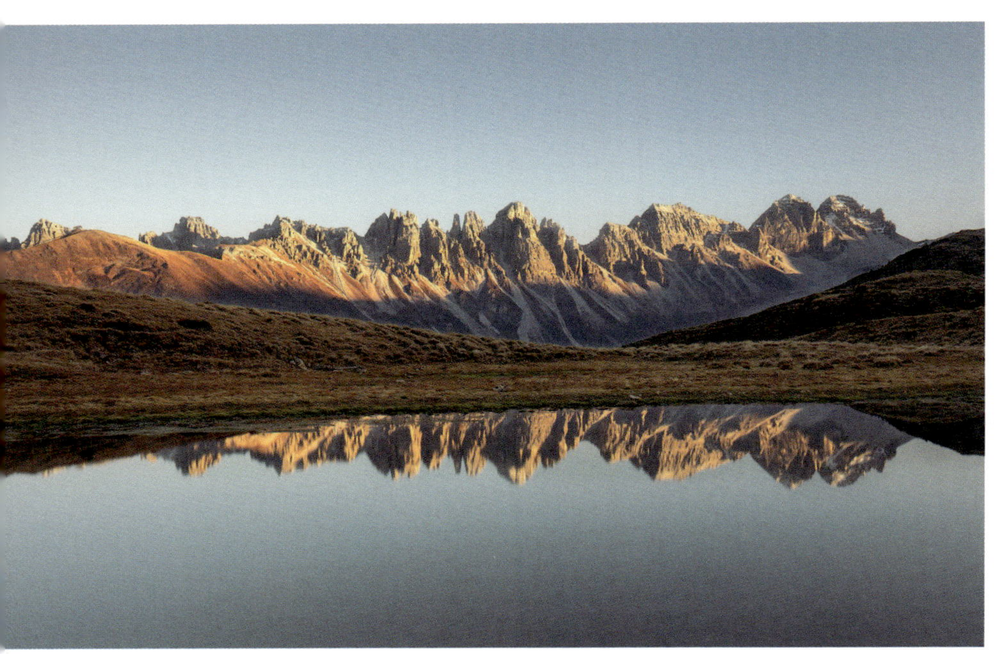

Kühe scharen und in dem sich die herrlichen Kalkkögel spiegeln. In den letzten Jahren wurde diese Einstellung zu einem der alpinen Fotomotive schlechthin. Auch wir konnten nicht widerstehen.
Nach Westen blicken wir in Richtung Sellrain/Kühtai und hinüber zum Rangger Köpfl. Nach Osten liegen uns die Mittelgebirgsorte und Innsbruck zu Füßen.
Den Abstieg nehmen wir über die Salfeinsalm. Dazu gehen wir vom See auf dem Plateau noch einmal ein paar Meter weiter nach Süden und gelangen so zu einem gut markierten Steig, der uns nach Osten talwärts bringt. Nach einer schwachen halben Stunde sind wir bei der Salfeinsalm, die allerdings nicht bewirtschaftet ist. Von dort führt der breite Forstweg in weiteren 45 Minuten hinunter ins Senderstal und über den Sendersbach.
Dort beginnt dann der leider unangenehmste Teil der Wanderung: die (an Wochenenden recht stark befahrene) Schotterstraße talauswärts zurück nach Grinzens.
Wer die 1070 Höhenmeter Aufstieg und den langen Rückmarsch scheut, der kann mit dem Pkw auf der Mautstraße von Grinzens auch ins Senderstal bis zu den Parkplätzen beim Kaserl fahren und unsere hier beschriebene Abstiegsroute als Hin- und Rückweg nehmen.
Weil auf Salfeins sehr gerne im Freien oder im Zelt übernachtet wird, sei an dieser Stelle noch einmal erwähnt: Das Biwakieren ist in Tirol auf den Bergen verboten, außer man ist in eine Notsituation geraten.

Oben: Der Salfeins- oder Schönangerlsee mit den Kalkkögeln im Hintergrund

Tour

31

HUNDSTALSEE

Ein Tempel am See

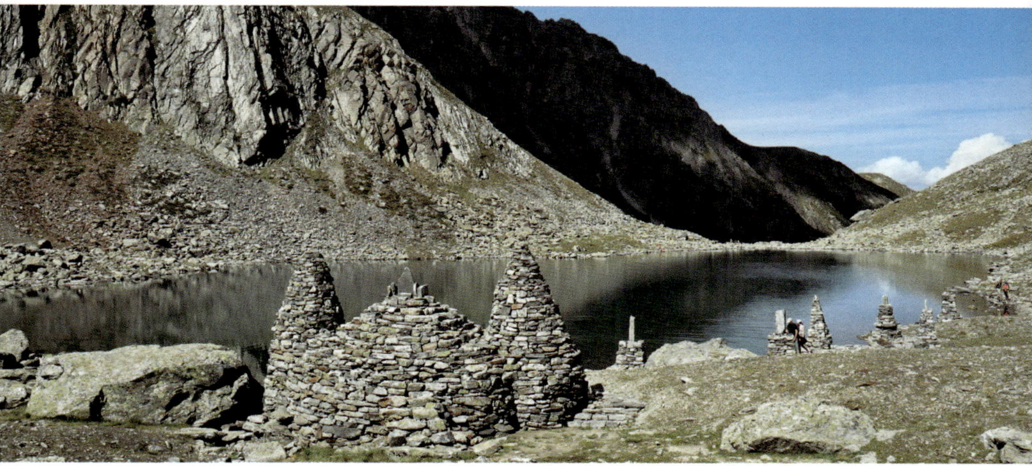

Anfahrt	**Mit den Öffis:** Theoretisch ist eine Anfahrt mit der Bahn bis Inzing möglich, allerdings muss dann die gesamte Strecke bis zur Inzinger Alm zu Fuß bewältigt werden, was die Tour erheblich verlängert. **Mit dem Pkw:** A 12, Ausfahrt Zirl West, weiter ans westliche Ortsende von Inzing (beim Schwimmbad) und zum Weiler Hof. Von dort über die Forststraße (Hoarligweg) bis knapp vor die Inzinger Alm. Die Auffahrt ist laut Tafel vom 1. Juni bis 30. September gestattet. Achtung, der Parkplatz vor der Alm ist klein, früh dran sein! Ein/e Held/in, wer diese Strecke mit dem Bike oder zu Fuß bewältigt.
Ausgangspunkt	Parkplatz kurz vor der Inzinger Alm
Dauer	ca. 2 Stunden Aufstieg, ca. 1,5 Stunden Abstieg
Höhen	Inzing 616 m, Inzinger Alm 1641 m, Hundstalsee 2287 m; Höhenunterschied: ca. 650 Hm
Einkehrmöglichkeit	Inzinger Alm
Kurzbeschreibung	Technisch mittelschwere, in einigen Passagen sehr steile Tour. Die Eindrücke in dem Boden nach der Schäferhütte und beim See sind dafür mehr als genug Belohnung.
Beste Jahreszeit	Juni bis September, davor oder danach muss man in höheren Lagen mit Schnee rechnen. Überdies darf man dann nicht mit dem Auto zur Inzinger Alm fahren und muss noch einmal 1000 Höhenmeter mit dem Rad oder zu Fuß einkalkulieren oder einen alternativen Zustieg vom Rangger Köpfl aus in Betracht ziehen.

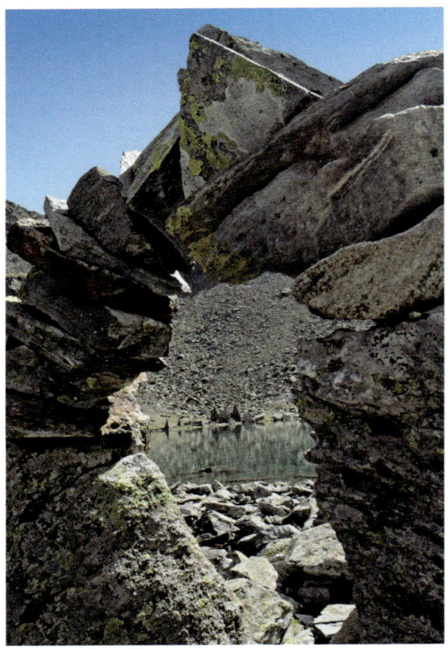

Der Hundstalsee ist jedenfalls ein magisch-mystischer Ort. Denn welcher andere Tiroler Bergsee kann schon mit einem steinzeitlich anmutenden Tempel aufwarten?

Im Jahr 1986 geschah am Ufer des Hundstalsees, über der Inzinger Alm auf einer Seehöhe von 2000 Metern gelegen, Seltsames: Zwei Männer begannen einen steinernen Tempel zu bauen, einen Apollontempel, um genauer zu sein. Die Männer waren Robert Tribus und Heinz Triendl aus Oberperfuss, weitere, wie etwa Wolfgang Mathies, sollten folgen. 20 Jahre lang bewegten sie Hunderte Kilo schwere Steine und fügten sie zu einem runden Bauwerk, einem Iglu gleichend, zusammen. Sehr zum Missfallen der Behörden und Grundeigentümer, die immer wieder den Abbruch des Schwarzbaues einmahnten. Doch die Fans des Projekts organisierten sich, protestierten, gingen an die Öffentlichkeit, die Erbauer machten währenddessen beharrlich weiter. Bis der Tempel 2006 schließlich fertiggestellt war: mit einem Innendurchmesser von 3,5 Metern, einer Breite von acht Metern und zwei Türmchen. Insgesamt wurden 350 Tonnen der umliegenden Steine verbaut. Ohne eine Kelle Mörtel. Im Jahr 2009 schließlich legalisierten die Österreichischen Bundesforste den Bau mit einem Nutzungsvertrag. Heute ist der Tempel neben der landschaftlichen Schönheit der Anziehungspunkt am Hundstalsee.

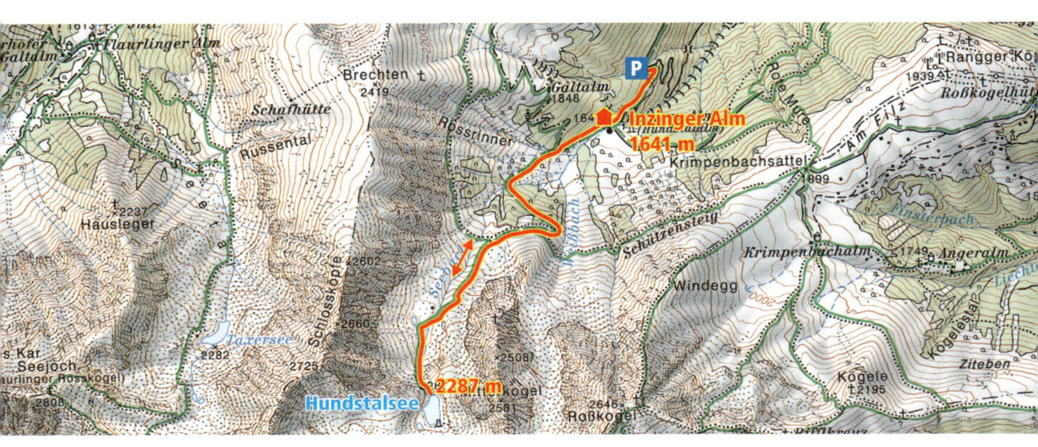

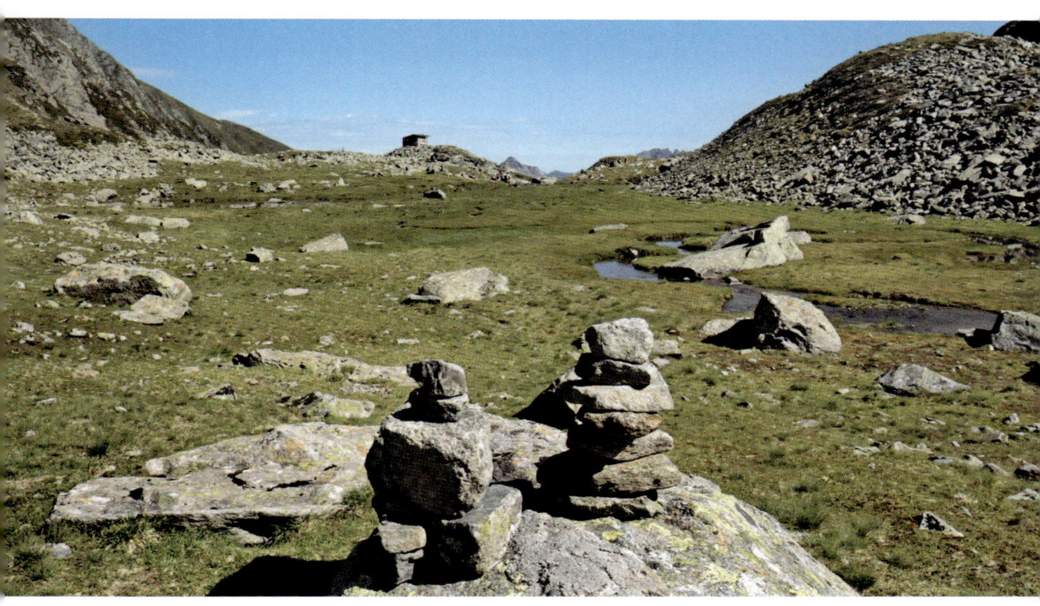

Eine Wanderung zum Hundstalsee begänne eigentlich auf dem Rangger Köpfl, in Inzing oder Hatting. Doch zum Glück darf man mit dem Pkw bis kurz vor die Inzinger Alm fahren (allerdings nur während der Öffnungszeiten) und spart sich so gut drei Stunden schweißtreibenden Aufstieg. Wer will, kann und darf natürlich auch zu Fuß gehen oder mit dem (E-) Bike fahren.

Da es nur einen kleinen Parkplatz gibt, empfiehlt es sich, früh dran zu sein. Von dort erreicht man in etwa 10 Minuten die Inzinger Alm und wandert dann in einen schönen Almboden. Rechts zweigt man in Richtung Brechten ab, geradeaus geht es weiter zum Hundstalsee. Der erste Abschnitt führt in einigen langen Serpentinen durch Latschen, bis man zu einer verfallenen Schäferhütte gelangt. Von da an wird der Steig steiler. Die zweite Etappe endet in einem weiteren herrlich grünen Boden mit kleinen Lacken und Tümpeln, der von Bächlein durchzogen ist. Die dritte schließlich ist ein letzter Steilaufschwung, an dessen Ende man das Ziel, den Hundstalsee, erreicht hat. Eingebettet in ein steinernes Meer liegt er da, umgeben von Mitterkogel, Weißstein, Koflerspitzen und der Peiderspitze. Wer den Hundstalsee erreicht hat, dem sticht der eingangs erwähnte Tempel natürlich sofort ins Auge. An schönen Wochenenden lagern rund um den See und besonders um das bizarre Bauwerk viele Menschen. Idealerweise setzt man eine Wanderung zum Hundstalsee daher eher unter der Woche an, sofern das möglich ist.

Der Rückweg zur Inzinger Alm und zum Wagen erfolgt über die Aufstiegsroute.

Links: Der Tempel am Hundstalsee

Oben: Der Boden vor dem letzten Aufschwung zum See

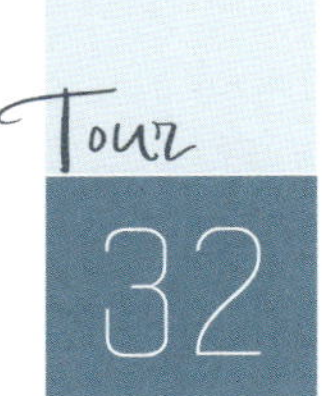

Tour 32

ZIMMERBERGKLAMM

Die schönste Klamm-Treppe

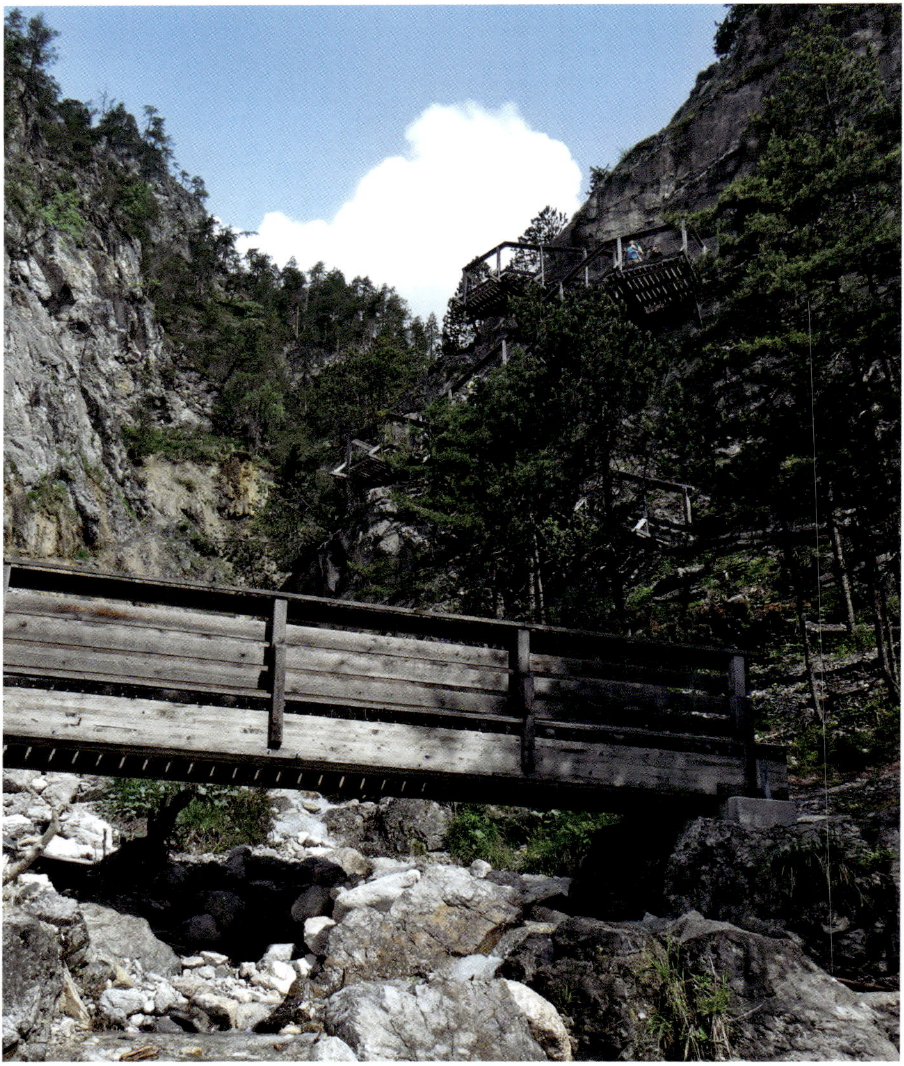

Anfahrt	**Mit den Öffis:** Mit dem Zug zur Haltestelle Telfs/Pfaffenhofen, zu Fuß über die Innbrücke bis in die Anton-Auer-Straße, von dort weiter mit Bus 4176 (ab Sommer 2023: Linie 350/355) bis Haltestelle Telfs/Lumma. **Mit dem Pkw:** A 12 Inntalautobahn, Ausfahrt Telfs West, im Kreisverkehr in Richtung Mieming, durch den Umfahrungstunnel Telfs, im zweiten Kreisverkehr weiter Richtung Mieming, in der darauffolgenden scharfen Linkskurve nach rechts abzweigen auf die Niedere-Munde-Straße und dann dem Klammweg folgend an den Thöni-Werken vorbei. Hinter den letzten Hallen befinden sich einige wenige kostenfreie Parkplätze.
Ausgangspunkt	Parkplätze nahe Thöni-Werke
Dauer	ca. 1,5–2 Stunden Aufstieg, ca. 1 Stunde Abstieg
Höhen	Parkplatz Thöni-Werke 764 m, Strassberghaus 1191 m; Höhenunterschied: ca. 430 Hm
Einkehrmöglichkeit	Strassberghaus
Kurzbeschreibung	Eine recht einfache Schluchtwanderung auf großteils naturbelassenen Wegen mit baulichen Höhepunkten, einem steilen Finale und einem ausgesprochen angenehmen, schattigen Rückweg
Beste Jahreszeit	Möglich vom Frühjahr bis zum Spätherbst, bevorzugt aber im Frühjahr wegen Wasserstand und Blumenblüte

Vor einigen Jahren wurde der Steig durch die Zimmerbergklamm bei Telfs erneuert. Glanzstück der neuen „Infrastruktur" ist eine gewaltige Holztreppe, mit deren Hilfe man eine Felswand überwindet.

Die Klamm-Tour beginnt hinter den letzten Thöni-Werkshallen, wo wir gleich den Griesbach über eine Brücke queren. Zuerst schlängelt sich der Weg eine Weile im Wald am westlichen Ufer recht unscheinbar entlang, ehe es spektakulär wird. Eine wuchtige hölzerne Treppe wurde 2018 durch eine senkrechte Wand gebaut. Die Steinschlaggefahr, die den alten Weg immer wieder betraf, war so gebannt. Das „monumentale" Bauwerk fügt sich auch bestens in die Natur ein. Nach der Stiege geht es dann weiter auf schmalen, schottrigen Steigen am Bach entlang. In der Regel führt der Griesbach recht wenig Wasser, das in dem verhältnismäßig breiten Kiesbett oft beinahe verschwindet. Wer also ein bisschen mehr Getöse haben will, der sollte

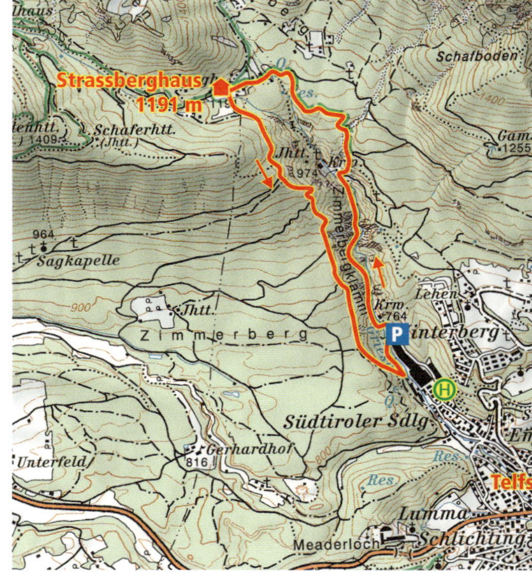

Links: Eine imposante Treppe umgeht die Gefahrenstelle.

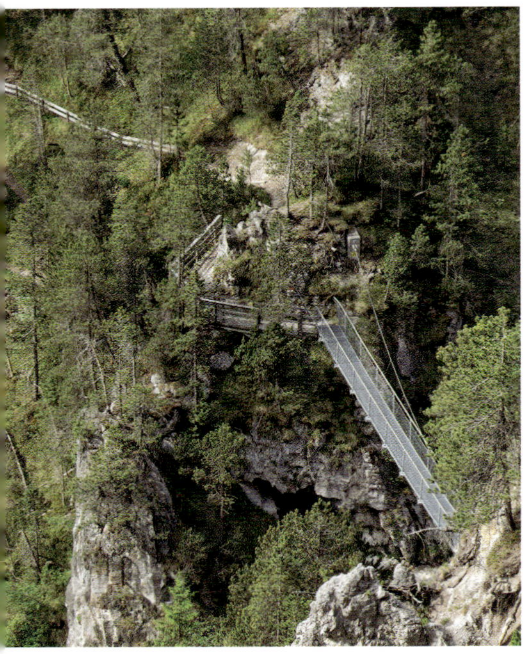

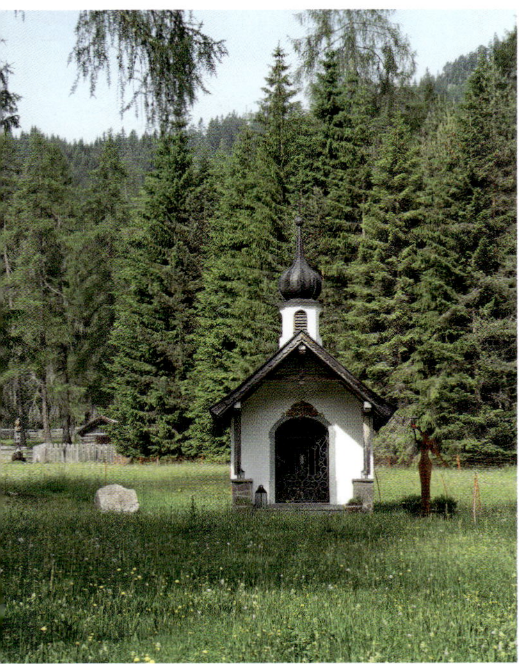

die Wanderung zur Schneeschmelze im Frühjahr machen. Dann besteht Hoffnung auf etwas mehr „Action". Der zweite bauliche Höhepunkt der Klammbegehung ist eine Hängebrücke kurz vor dem Ausstieg. Natürlich aus Alu.
Nach dem Ende der eigentlichen Schlucht besteht die Möglichkeit, auf einem breiten Forstweg in Richtung Lehen zu gehen und die Tour zu verkürzen. Wir schnaufen aber im steilen Zickzack noch 10 bis 15 Minuten einen letzten Hang hinauf. Oben wartet ein netter Rastplatz mit toller Aussicht auf uns. Hier hat man einen Blick hinunter in die Schlucht und nach Süden auf die Sellrainer Berge. Weiter geht es nun Richtung Westen auf einem flachen Steig ganz gemütlich durch den Wald und dann noch ein Stückchen auf einem Forstweg weiter, bis wir nach etwa einer halben Stunde beim Strassberghaus ankommen. Im Frühjahr sind die Wiesen rund um dieses beliebte Ausflugsziel eine einzige bunte Blütenpracht.
Zurück geht es über den Strassbergweg, von dem nach einiger Zeit nach Süden ein Steig nach Telfs abzweigt. Man landet dann in der ehemaligen Südtiroler-Siedlung und kann dort in den Bus einsteigen oder muss am Bach entlang noch zurück zum Parkplatz. Achtung: Die Abzweigung, die ungefähr auf halbem Weg zwischen Strassbergweg und Südtiroler-Siedlung bereits wieder in Richtung Zimmerbergklamm zu führen scheint, sollte man nicht nehmen. Der Steig endet rasch in steilem, unwegsamem Gelände!

Die letzte Brücke der Klamm (oben) und die Kapelle vor dem Strassberghaus (unten)

Tour

33

MÖSERER-SEE-RUNDE

Manchmal drei, manchmal nur einer

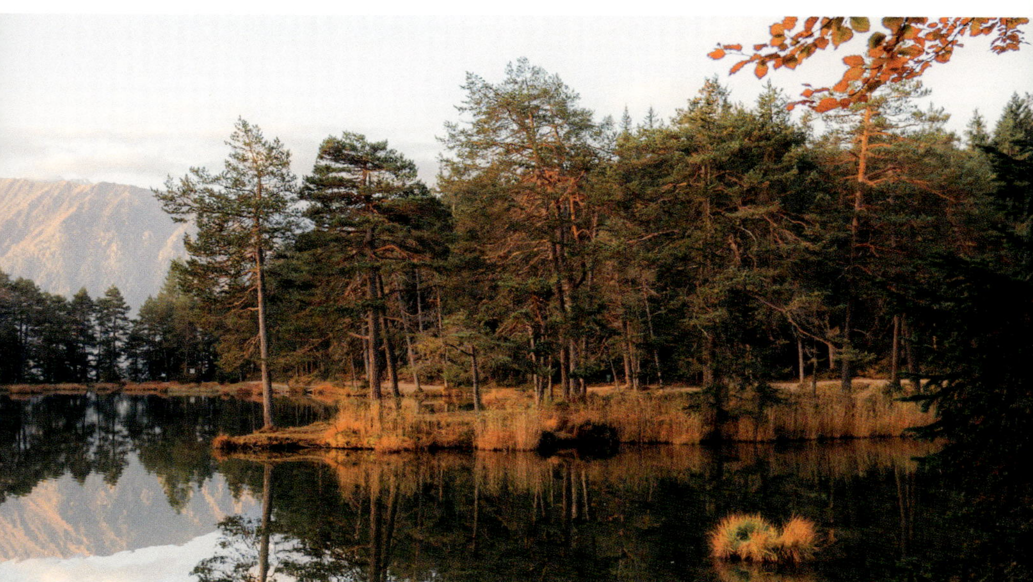

Anfahrt	**Mit den Öffis:** Mit dem Zug bis Seefeld, Weiterfahrt mit dem Bus 434 bis Mösern/ Hinterfeldlift. Dann auf dem Möserer Seeweg zu Fuß nach Norden wandern. **Mit dem Pkw:** Von der A 12, Abfahrt Zirl, nach Seefeld und weiter nach Mösern. Am Ortsanfang rechts abbiegen auf den Möserer Seeweg. Dort befinden sich einige kostenpflichtige Parkplätze. Oder Ausfahrt Telfs-Ost, über Sagl nach Mösern und nun am Ortsende links über den Möserer Seeweg zu den Parkplätzen.
Ausgangspunkt	Parkplatz Möserer See
Dauer	ca. 2,5–3 Stunden
Höhen	Mösern 1206 m, Möserer See 1284 m, Lottensee 1262 m, Brunschkopf 1510 m; Höhenunterschied: ca. 300 Hm
Einkehrmöglichkeit	Möserer Seestub'n, Lottenseehütte
Kurzbeschreibung	Leichte Runde, großteils auf breiten Wegen, Begegnung mit dem Naturphänomen der periodischen Seen eingeschlossen
Beste Jahreszeit	Die Wanderung ist fast das ganze Jahr möglich, allerdings gilt es zu berücksichtigen, dass im Winter am Lotten- und Wildmoossee Loipen gespurt sind.

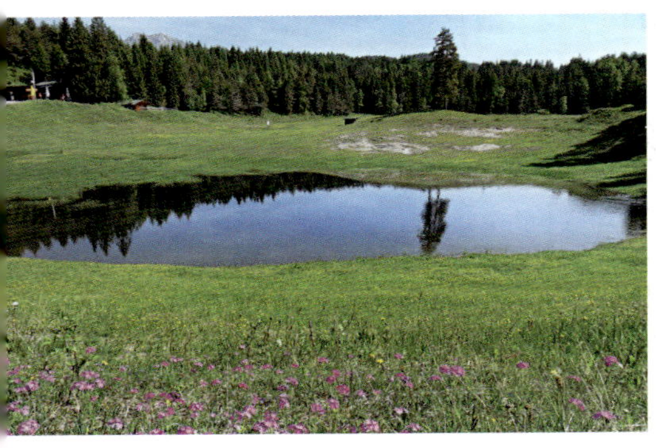

Die Runde Möserer See, Lotten- und Wildmoossee kann manchmal ganz schön wasserarm sein. Denn von den drei Seen tauchen zwei nur periodisch auf und sind – wenn vorhanden – mal kleiner, mal größer.
Ausgangspunkt dieser Runde ist Mösern. Auf dem Möserer Seeweg geht es zuerst kurz auf einer Forststraße in Richtung See, dann zweigen wir aber gleich nach Westen ab und nehmen einen Steig durch den Wald. Auf diesem gelangen wir nach etwa 15 Minuten zum Südende des Möserer Sees und gehen nun an dessen Westseite entlang, bis wir beinahe in

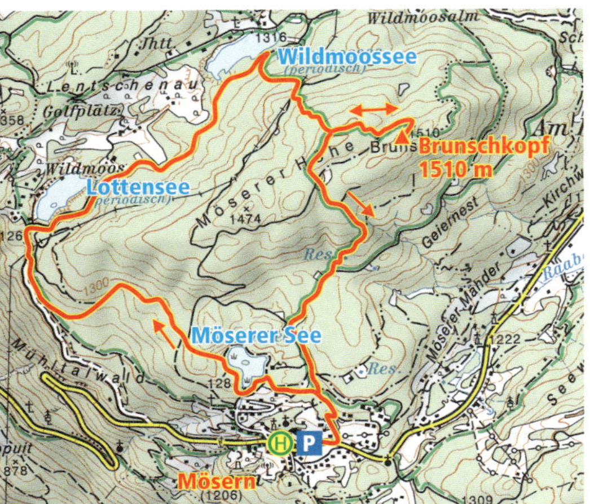

der nordwestlichsten Ecke angelangt sind. Hier führt ein scheinbar recht breiter Weg in den Wald, allerdings ohne Beschilderung. Den nehmen wir und folgen ihm unbeirrt, auch wenn es so aussieht, als würde er bald im Wald enden. Tatsächlich landen wir aber auf einem Steig, dem wir nun nach rechts/Nordwesten folgen, und so kommen wir schon nach kurzer Zeit wieder auf eine breite Forststraße. Weiter nach Norden/Westen haltend, geht es nun leicht abwärts zum Lottensee. Falls er sich gerade zeigt.
Der Lotten- wie der Wildmoossee erscheinen nämlich nur unregelmäßig. Es hängt hauptsächlich von ausreichend Schnee im Winter und Regen im Sommer ab, ob sich die Gesteinsbecken unter der Erde so weit füllen, dass es das Wasser an die Oberfläche drückt. Zuweilen trifft man daher auf durchaus stattliche Seen, zuweilen auf bescheidene Lacken, manchmal aber auch nur auf eine Wiese. Dementsprechend sollte man seine Badegelüste in jedem Fall am Möserer See befriedigen, der ist nämlich verlässlich da.
Am Lottensee angekommen, wandern wir am südöstlichen Ufer entlang, passieren dann einen Golfplatz und nach rund 30 Minuten den Wildmoossee – oder jedenfalls die dortige Wiese. Hier verlassen wir nun die Forststraße und zweigen rechts auf den Steig 61 ab. Ganz kurz wird es etwas steiler, denn immerhin müssen wir nun so an die 200 Höhenmeter bewältigen. Auf der Höhe angekommen, halten wir uns zuerst links und wandern zum Brunschkopf. Hier befindet sich eine großzügige Aussichtsplattform, von der man einen wunderbaren Überblick über das Seefelder Becken hat. Man wundert sich, dass man so nahe am Ort ist, wo man doch gerade eine ziemlich weite Schleife nach Westen gezogen hat.

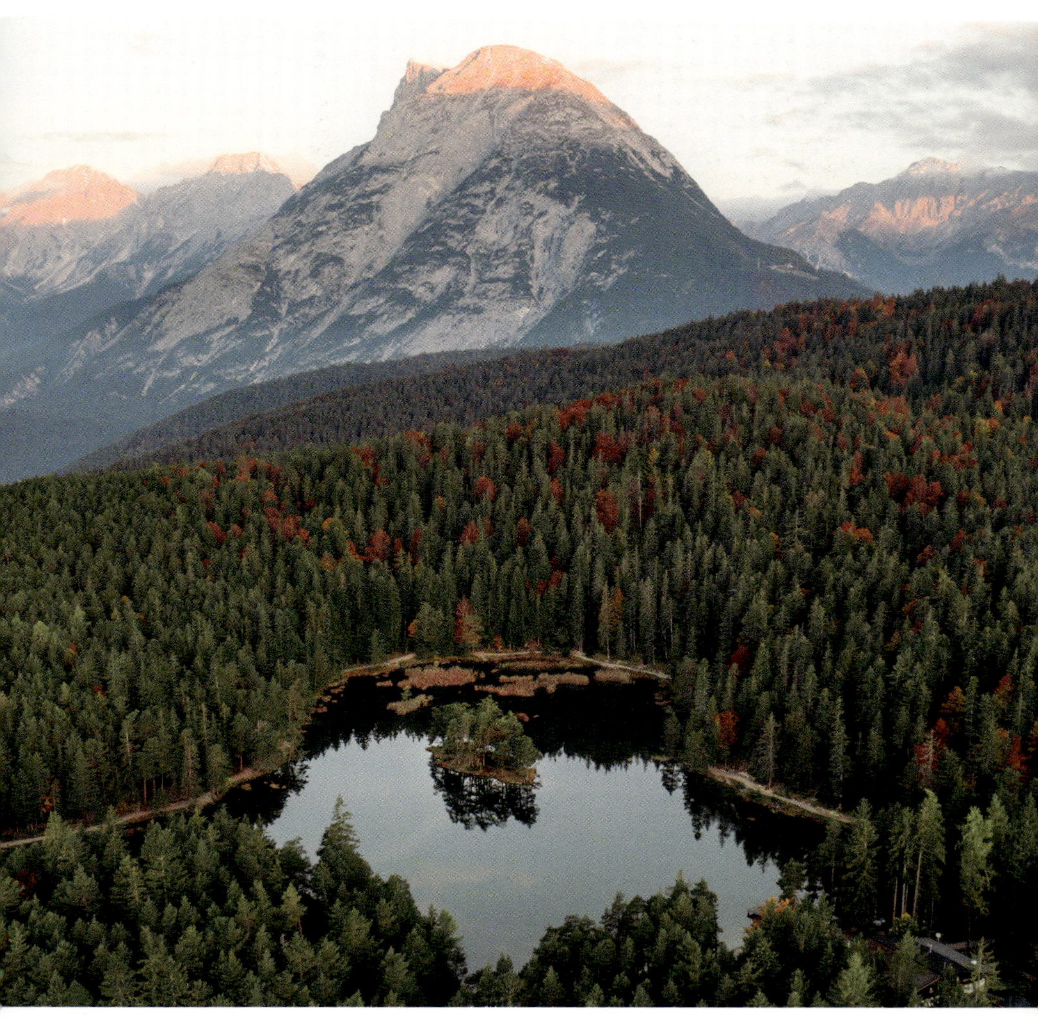

Nun geht es ein kleines Stück den Weg zurück, den wir gekommen sind, dann aber steigen wir nach Süden ab. Zuerst auf einem Steig, später wieder auf den typischen breiten Forststraßen, die das Gebiet durchziehen. So gelangen wir zum Ausgangspunkt. Wer mag, hat kurz davor noch einmal die Gelegenheit, rechts zum Möserer See abzubiegen, entweder zur Einkehr oder auf einen Sprung ins Wasser. Oder einfach, weil's so schön ist und man noch ein bisschen am Wasser sitzen will.

Links: Der Lottensee ist zuweilen recht klein oder auch ganz weg.

Oben: Möserer See mit Hoher Munde im Morgenlicht

GLEIRSCHKLAMM

Die Ursprünglichste aller Klammen

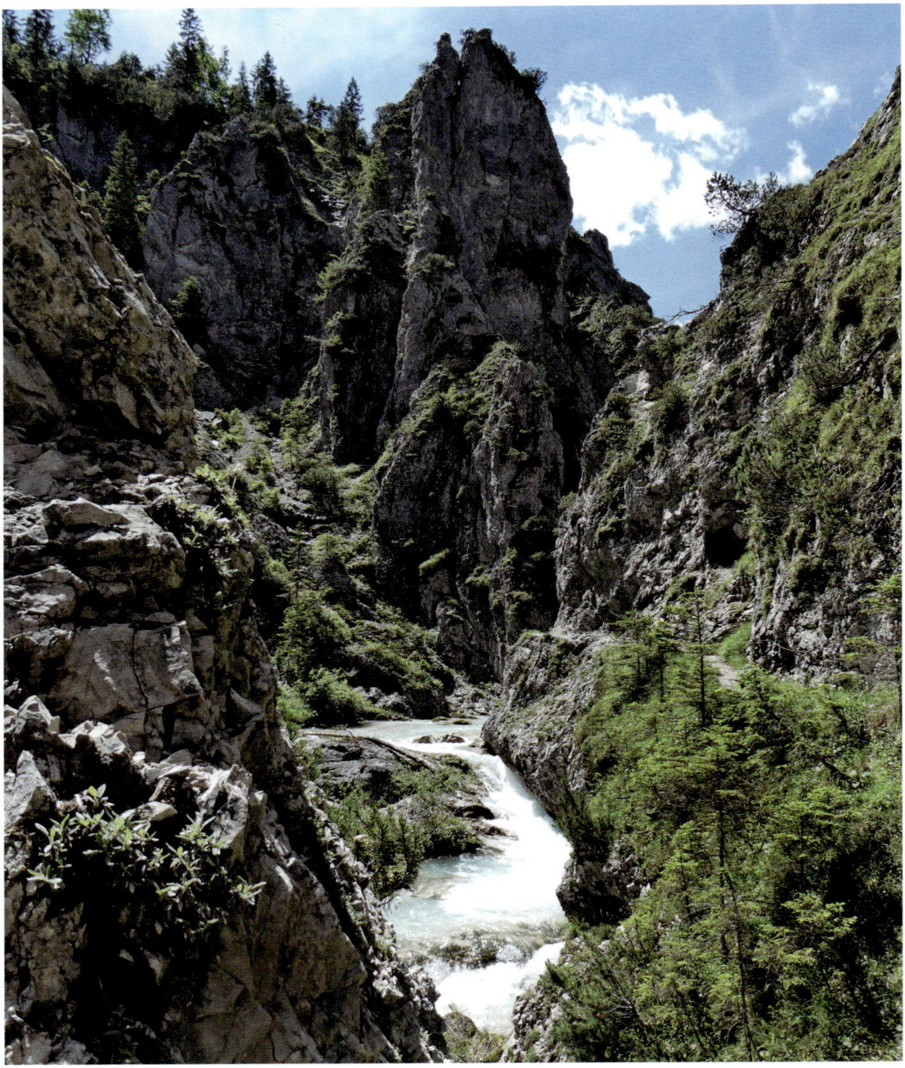

Anfahrt	**Mit den Öffis:** Am besten mit der Bahn – egal ob von Mittenwald oder Seefeld kommend – bis Scharnitz. Vom dortigen Bahnhof geht man etwa 30 Minuten zu Fuß bis zum Beginn der eigentlichen Tour. Nach der Bahnunterführung kann man aber auf die Isarpromenade wechseln und muss nicht auf der Straße gehen. **Mit dem Pkw:** Von der A 12, Abfahrt Zirl, nach Seefeld und weiter nach Scharnitz. Es gibt dort mehrere gebührenpflichtige Parkplätze, die im Sommer oft sehr voll sind.
Dauer	Gesamt vom Parkplatz ca. 3–3,5 Stunden, vom Bahnhof entsprechend ca. eine Stunde länger
Höhen	Parkplatz ca. 960 m, höchster Punkt ca. 1060 m; Höhenunterschied: ca. 350–400 Hm
Einkehrmöglichkeit	Scharnitz Alm, Café Länd (direkt neben dem Infozentrum), weitere Gastronomie im Ort
Kurzbeschreibung	Spektakuläre Klammwanderung, auf der Trittsicherheit erforderlich ist. Mit kleineren Kindern nicht empfohlen!
Beste Jahreszeit	Juni bis September, eine ideale, weil kühle Wanderung an Hitzetagen

Die Gleirschklamm ist von den bekannten Schluchten wohl die, die am ursprünglichsten belassen wurde. Darum sollte man für eine Begehung auch trittsicher sein.

Der Naturpark Karwendel ist ungeheuer vielfältig, aber die Gleirschklamm ist eines der schönsten Stücke davon: wild, romantisch, geschichtsträchtig, abenteuerlich. Sie zu erkunden, egal ob als eigener Ausflug oder auf dem Durchmarsch zu Almen und Gipfeln, lohnt sich unbedingt.

Wir beginnen unsere Wanderung entweder am Bahnhof in Scharnitz oder auf

Links: Die Gleirschklamm ist sehr naturnah geblieben.

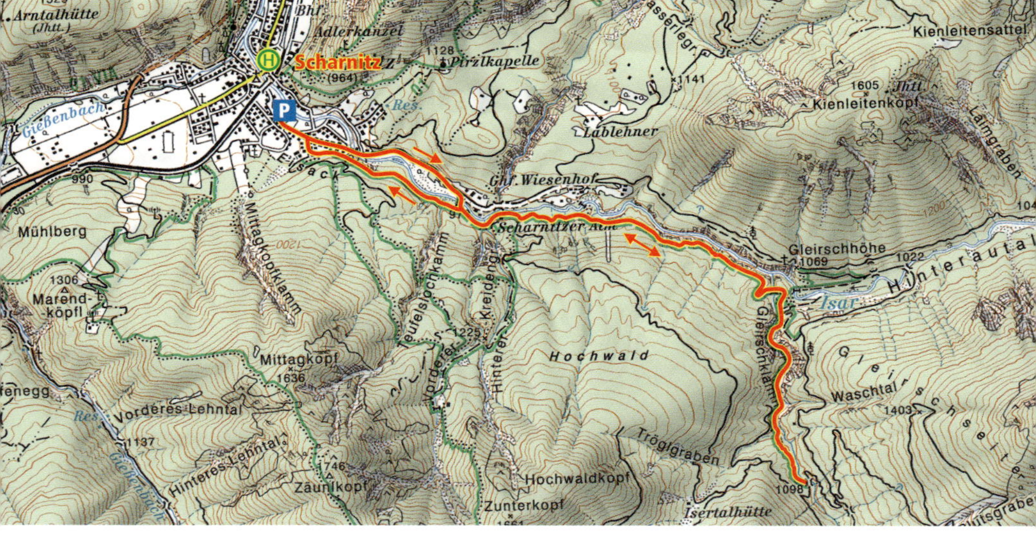

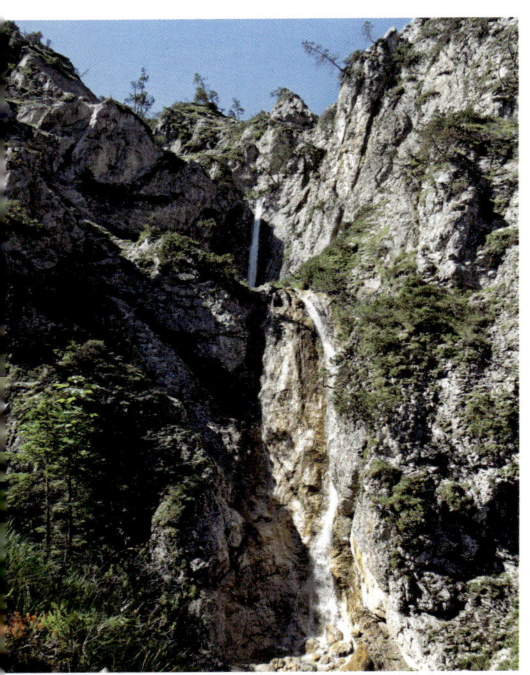

einem der großen Karwendelparkplätze. Zuerst geht es ein Stück die Hinterautalstraße entlang, bei der ersten Isarbrücke verlassen wir diese allerdings und wechseln an das Südufer. Von hier wandern wir auf einer breiten Forststraße, dem Nederweg, Richtung Osten an der Scharnitz Alm vorbei. Lange befinden wir uns irritierend hoch über dem wilden Wasser, erst nach rund 45 Minuten vom Info-Zentrum erreichen wir tatsächlich den Eingang zur Gleirschklamm (Hinweistafel). Der Weg mit seinen Brücken, Tunnels und Stegen ist nur an wenigen Stellen gesichert. Besonders an feuchten Stellen muss man aufpassen, dass man nicht ausrutscht. Ein Sturz in das tosende Wasser wäre fatal. Auch aufs Köpfchen heißt es bei überhängenden Felsen Acht zu geben. Zum Schauen und Staunen bleibt man aber ohnedies am besten stehen.

Die Urgewalt des Wassers ist einfach atemberaubend: Es donnert und rauscht und rumpelt und schäumt … unvorstellbar, dass bis weit ins 20. Jahrhundert Baumstämme durch diese wilden Gewässer getriftet wurden. Die Geschichte des Karwendel-Holzes und der gefährlichen Trift wird in der Holzerhütte beim Infozentrum in Scharnitz erzählt. Ein Besuch lohnt sich nach der Rückkehr.

Die eigentliche Strecke durch die Schlucht ist nicht besonders lang, man hat sie nach etwa 30 Minuten durchwandert. Dann windet sich der Weg wieder höher, das Wasser bleibt weit unter uns. Nicht minder spektakulär sind dort aber die Ausblicke auf die südlichste Karwendelkette, die Nordkette. Wenn man genau schaut, kann man auch aus dieser Perspektive eines der Innsbrucker Wahrzeichen, die Frau Hitt, entdecken. Schließlich gelangt man auf einen breiteren Weg, der nach Osten auf die Fahrstraße führt, nach Westen zur Isartalhütte und Oberbrunnalm. Der Rückweg kann entweder wieder durch die Klamm erfolgen, weil's so schön war. Oder über den Fahrweg, an dessen tiefster Stelle vor der Gleirschhöhe nach links ein Steig abzweigt, der wieder an den Eingang der Klamm und zum Nederweg führt.

Alternativ dazu retour über die Isartalhütte und den Hochwaldweg, in diesem Fall landet man am Ende wieder bei der Scharnitz Alm. Wir haben uns natürlich für den Rückweg durch die Gleirschklamm entschieden.

Links: Abstecher zu einem kleinen Wasserfall auf dem Weg zur Gleirschklamm

Rechts: Spektakuläre Ausblicke für Jung und Alt in der Geisterklamm

Tour 35

GEISTERKLAMM

Flüsternde Wassergeister und Kobolde

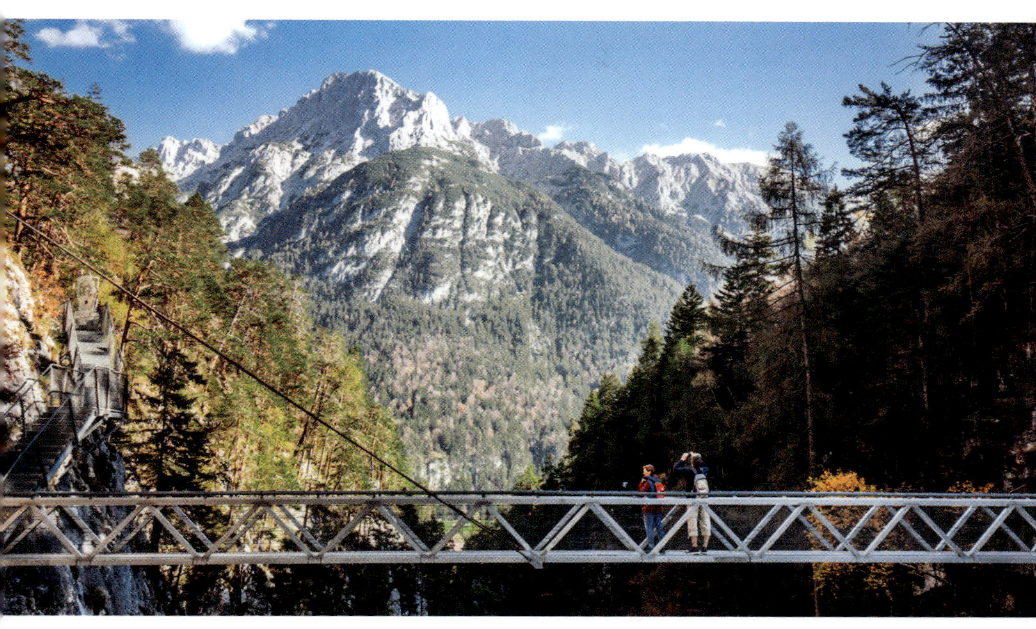

Anfahrt	**Mit den Öffis:** Mit der Bahn bis Seefeld, weiter mit dem Bus 431 bis zur Haltestelle Unterleutasch/Geisterklamm. **Mit dem Pkw:** A 12, Ausfahrt Zirl, Auffahrt über den Zirler Berg, weiter bis Gießenbach, kurz vorher links nach Leutasch abzweigen. In Leutasch Richtung Mittenwald bis knapp vor die Staatsgrenze. Kostenpflichtiger Parkplatz direkt am Beginn der Geisterklamm.
Ausgangspunkt	Parkplatz bei der Geisterklamm
Dauer	ca. 2–2,5 Stunden (je nach kindlicher Neugier und Ausdauer)
Höhen	Einstieg Geisterklamm Leutasch 1040 m, Ausstieg Koboldsklamm Mittenwald 950 m; Höhenunterschied: insgesamt ca. 160 Hm
Einkehrmöglichkeit	Leutascher (Geister-)Klammstüberl, Klammkiosk
Kurzbeschreibung	Einfache, aber wirklich spektakuläre Schluchtwanderung, die nicht nur für die Kleinen etwas zu bieten hat. Achtung: Nicht für Kinderwägen und Hunde geeignet.
Beste Jahreszeit	von Mai bis Ende Oktober geöffnet

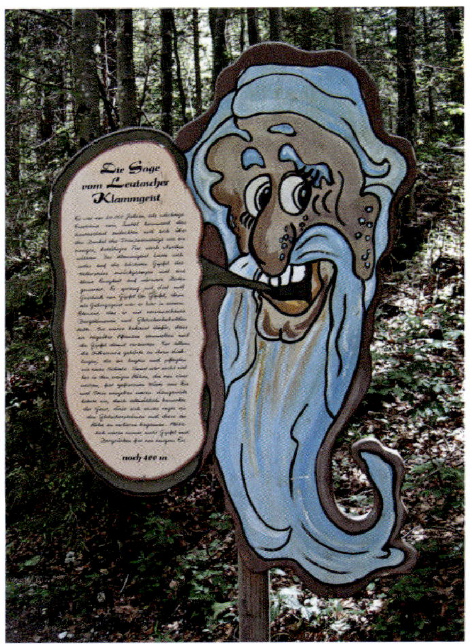

Spielerisch werden Kinder mit der Natur vertraut gemacht.

Rechts: Bisweilen befindet sich der rauschende Bach weit unterhalb des Wegs.

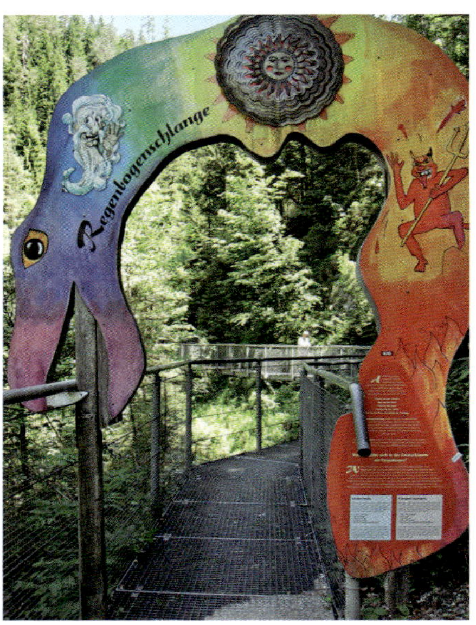

Die Leutaschklamm, die Unterleutasch mit Mittenwald verbindet, trägt ihren zweiten Namen „Geisterklamm" vielleicht nicht ganz zu Unrecht, sollen hier doch Geister, Feen, Nixen und Kobolde ihr Unwesen treiben. Diese Wesen aus einer anderen Welt erzählen Groß und Klein von gefährlichen Strudeln, Gumpen, Gletschern oder Buchenwäldern.

Die Leutaschklamm beginnt knapp vor der deutschen Grenze in der Unterleutasch. Auf einem Kiesweg geht es einige Meter bis zum Eingang. Hier stellt sich auch eine der Figuren vor, die uns durch die Schlucht mit ihren Naturphänomenen führen wird: der Klammgeist. Insgesamt stehen entlang des Weges 40 Schau- und Informationstafeln, die meisten für Kinder, aber auch einige für Erwachsene.

Der Steig selbst beginnt am Regenbogentor, hinter dem sich die Zauberwelt eröffnet. Und das ist die Klamm tatsächlich, ganz ungeachtet aller Märchengestalten. Der Steg besteht durchgehend aus Gitterrosten und ist so dichtmaschig abgezäunt, dass er selbst mit kleinen Kindern problemlos begehbar ist. Spektakulär ist er hoch oben in die Klamm gebaut, die das Wasser im Lauf der Jahrtausende bis zu 75 Meter tief ins Gestein gegraben hat. An verschiedenen Stellen erklärt der Klammgeist, was sich tief drunten in der Leutascher Ache abspielt: Das Tosen der gefährlichen Strudel und herrlichen Gumpen kann man mit Hörrohr oder Trichter auf verschiedene Art wahrnehmen. Bei der Höllbrücke besteht die Möglichkeit, die gleichnamige Kapelle zu besuchen, die etwa 20 Meter höher an der Straße nach Mittenwald liegt. Danach geht es weiter, dem Höhepunkt entgegen: der Panoramabrücke. Diese spannt sich dort, wo die Klamm steil in

Richtung Mittenwald stürzt, quer über die Schlucht und gibt einen traumhaften Ausblick auf die gegenüberliegende Westliche Karwendelspitze frei. Hier befindet sich auch der Ausstieg aus der (österreichischen) Geisterklamm.

Wir setzen unseren Weg allerdings – zuerst über ein paar Stufen bergauf, dann aber absteigend – fort und hören jetzt auf die bayerischen Kobolde, die uns unter anderem von der Kraft der Gletscher während der Eiszeiten erzählen. Schließlich gelangen wir zum Mittenwalder Klammkiosk beim unteren Ausstieg aus der Klamm. Hier besteht noch die Möglichkeit – allerdings gegen einen kleinen Unkostenbeitrag –, auf einem anderen Weg 200 Meter in die Klamm zurückzukehren und den dortigen 23 Meter hohen Wasserfall zu bestaunen.

Nach dem Ausstieg wenden wir uns beim Kiosk nach Süden, gewinnen durch einige Serpentinen wieder an Höhe und kehren dann auf dem fast ebenen Weg durch den Wald wieder zu unserem Ausgangspunkt zurück.

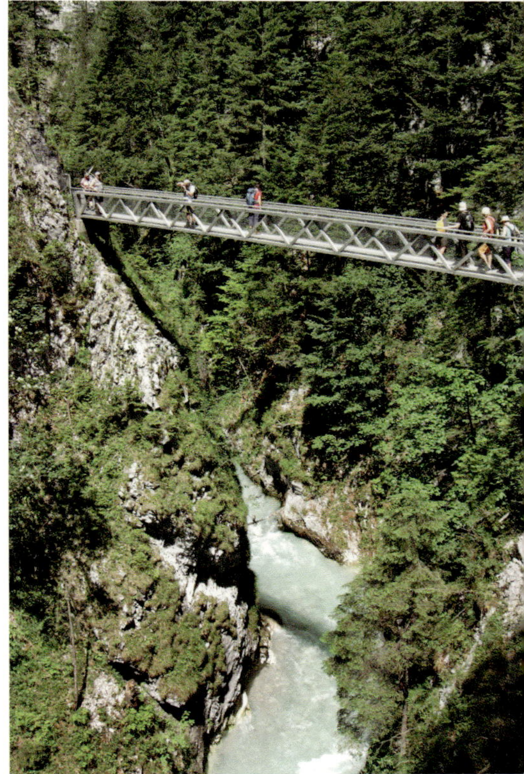

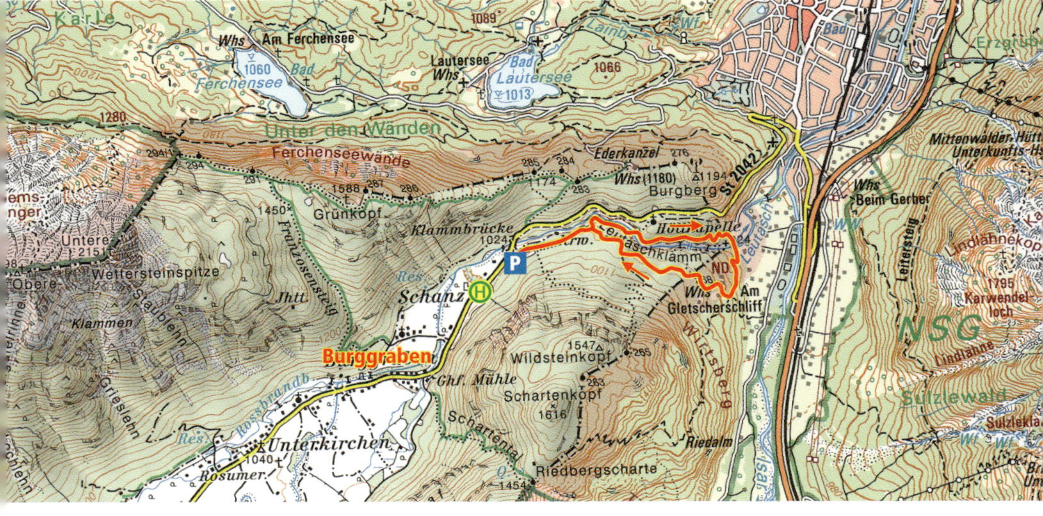

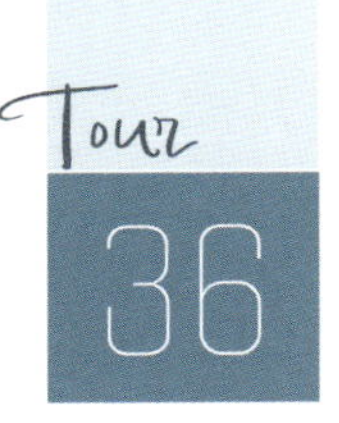

Tour 36

SEEBENSEE UND DRACHENSEE

Ein Seefoto mit Zugspitzblick ist Pflicht

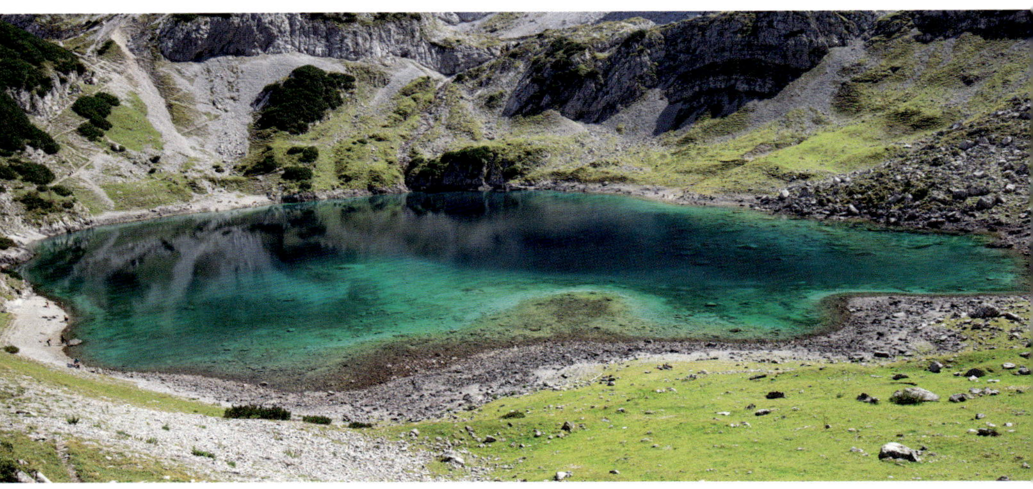

Anfahrt	**Mit den Öffis:** Mit der Bahn nach Seefeld, dort verkehrt vom Bahnhof wenige Male am Tag der VVT-Regionalbus 430 bis Gaistal/Salzbach, eine Fahrradmitnahme ist begrenzt möglich. **Mit dem Pkw:** A 12 Inntalautobahn, Ausfahrt Zirl oder Telfs, Fahrt in die Leutasch/Ortsteil Klamm, weiter ins Gaistal zu den gebührenpflichtigen Parkplätzen entlang der Straße. Wer früh dran ist, bekommt noch einen Platz beim Salzbach und spart sich zwei oder drei Kilometer Anfahrt bzw. Rückfahrt.
Ausgangspunkt	Parkplätze im Leutascher Ortsteil Klamm
Dauer	ca. 2 Stunden Hinfahrt Seebensee, ca. 1,5 Stunden Rückfahrt
Höhen	Parkplatz 1236 m, Igelsee 1500 m, Seebenalm 1575 m, Seebensee 1657 m, Coburger Hütte/Drachensee 1917 m; Höhenunterschied: ca. 450 Hm (bis Seebensee) bzw. 700 Hm (bis Drachensee)
Einkehrmöglichkeit	Gaistalalm, Tillfussalm, Seebenalm, evtl. Coburger Hütte
Kurzbeschreibung	Einfache kombinierte Mountainbike-Wander-Tour durch die saftig grünen Böden des Gaistals bis zum Seeben- oder gar zum Drachensee
Beste Jahreszeit	Juni bis Oktober

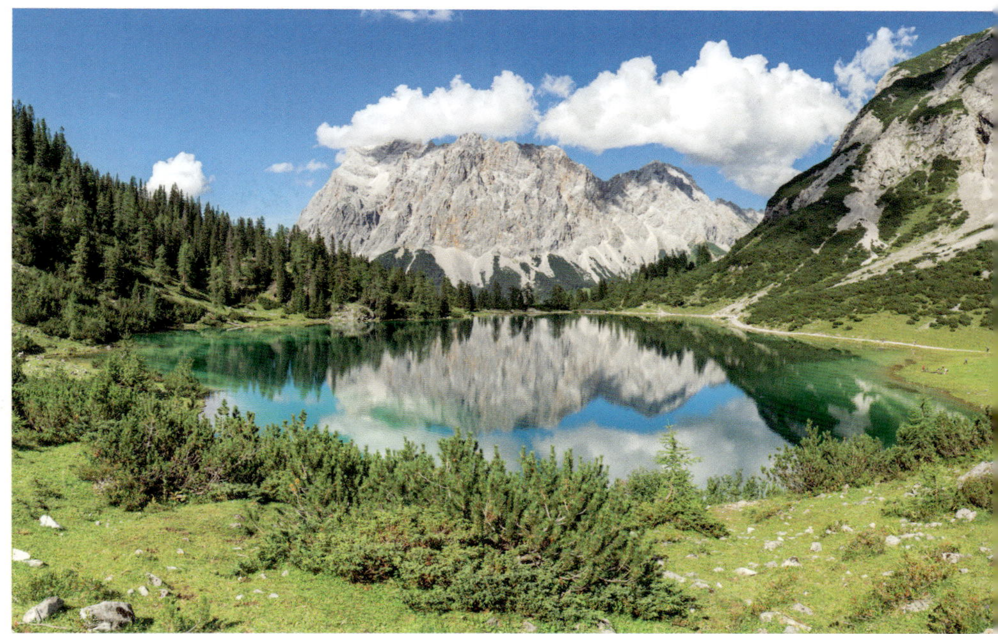

Ein Ausflug zum Seeben- und eventuell noch zum Drachensee bietet sich als Wanderung oder aber als einfache Genuss-Mountainbike-Tour an.

Ausnahmsweise nehmen wir dieses Mal das Rad für einen Teil der Strecke: Bike & Hike, wie das heute heißt. Wir starten von einem der kostenpflichtigen Parkplätze am Beginn des Gaistales in der Leutasch und queren gleich den Salzbach. Danach geht es ein paar Minuten etwas bergauf, aber das ist auch schon eines der steilsten Stücke der ganzen Tour. Wir passieren die Abzweigung zur Hämmermoosalm (dabei wählen wir den linken bzw. unteren Weg) und schon haben wir die Steigung überwunden. Ja, es geht sogar wieder ein bisschen hinunter in den grünen Grund des Gaistales. Der breite Schotterweg führt nun an der Leutascher Ache entlang, vorbei an zufrieden weidenden Kühen sowie der Gaistal- und der Tillfußalm. Auf diesem Streckenabschnitt kann es im Hochsommer ganz schön heiß werden, es empfiehlt sich daher, eher früh aufzubrechen. Steigungen gibt es für längere Zeit keine, nur bei den erwähnten Almen jeweils einen kleinen „Schnapper".

Drachensee (links) und Seebensee mit Zugspitzblick (oben)

Erst kurz vor dem Igelsee beginnt dann ein längerer Anstieg, der eigentlich erst bei der Einmündung in den Ehrwalder-Alm-Weg endet. Beim Igelsee, der in heißen Jahren ausgetrocknet sein kann, legen wir noch eine kurze Rast ein und genießen den Blick auf die Mieminger Kette im Süden. An der bereits erwähnten Gabelung auf der „Passhöhe" halten wir uns links. Ab jetzt ist mit verstärktem Spaziergänger- bzw. E-Mountainbiker-Aufkommen zu rechnen, zahlreiche Wanderer fahren nämlich mit dem Lift auf die Ehrwalder Alm und marschieren nur das kurze Stück bis zur Seebenalm. Dieses führt übrigens mäßig steil, meist abseits des Wirtschaftsweges, durch den Wald. Auf der Alm angekommen, sollten weniger gute Biker das Rad am besten schieben oder stehen lassen. Der letzte Abschnitt bis zum See ist anfänglich nämlich verhältnismäßig steil. Zu Fuß braucht man von der Seebenalm bis zum See maximal 30 Minuten.

Am See darf natürlich ein Foto mit dem Zugspitzmassiv bzw. der beeindruckenden Ehrwalder Sonnenspitze nicht fehlen. Oder eines von den Kühen, die dort gerne auch ein Hufbad nehmen. Das Zugspitz-Motiv ist übrigens so begehrt, dass der Ehrwalder Gemeinderat 2019 beschloss, für kommerzielle Aufnahmen eine Gebühr zu verlangen. Wer den Hike-Teil dieses Tipps noch etwas ausbauen möchte, der gelangt vom Seebensee zu Fuß unschwierig in etwa einer Stunde auf die Coburger-Hütte, die man auf einem Kamm im Süden gut erkennen kann. In einer Mulde südlich des Schutzhauses liegt der Drachensee in einer beeindruckend urigen Landschaft. Wer Zeit und Ausdauer hat, sollte sich daher den Anstieg noch „gönnen".

Der Rückweg von der Seebenalm beginnt mit: kurzer Anstieg – kurze Abfahrt – kurzer Anstieg. Ab der Abzweigung ins Gaistal läuft es dann aber für viele, viele

Rechts: Seebensee mit Blick auf die Rückseite der Mieminger Kette

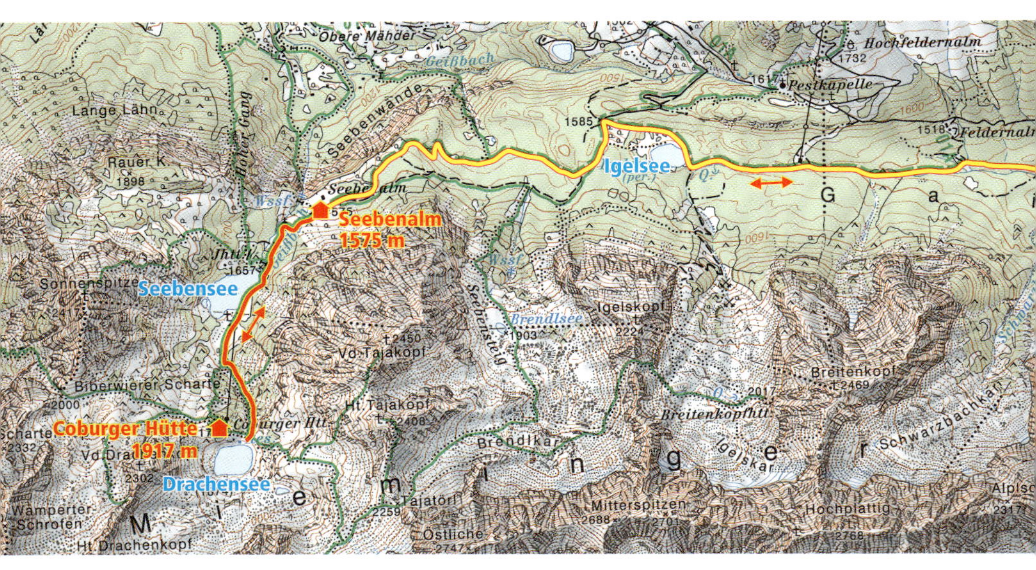

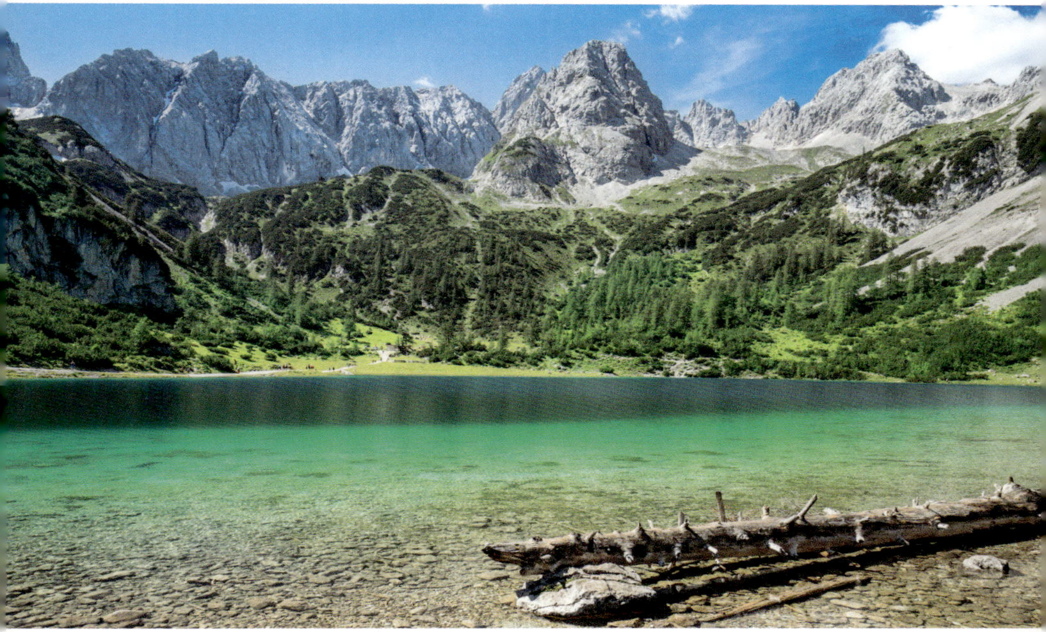

Kilometer ganz von selbst. Doch Vorsicht: Gegenverkehr! Erst vor der Gabelung zur Hämmermoosalm kommt noch einmal ein kleiner Gegenanstieg, ehe es in einer finalen Abfahrt zum Parkplatz geht.

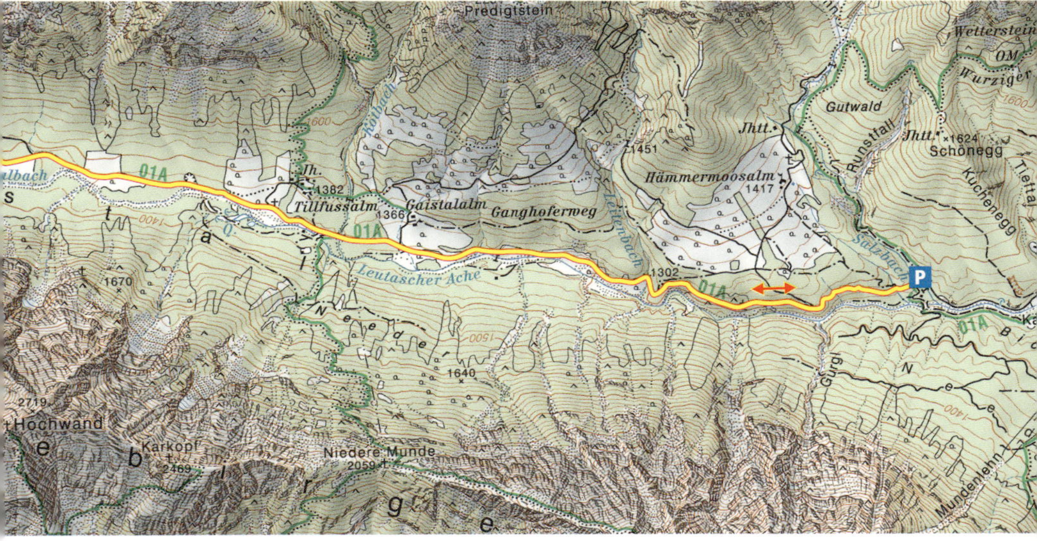

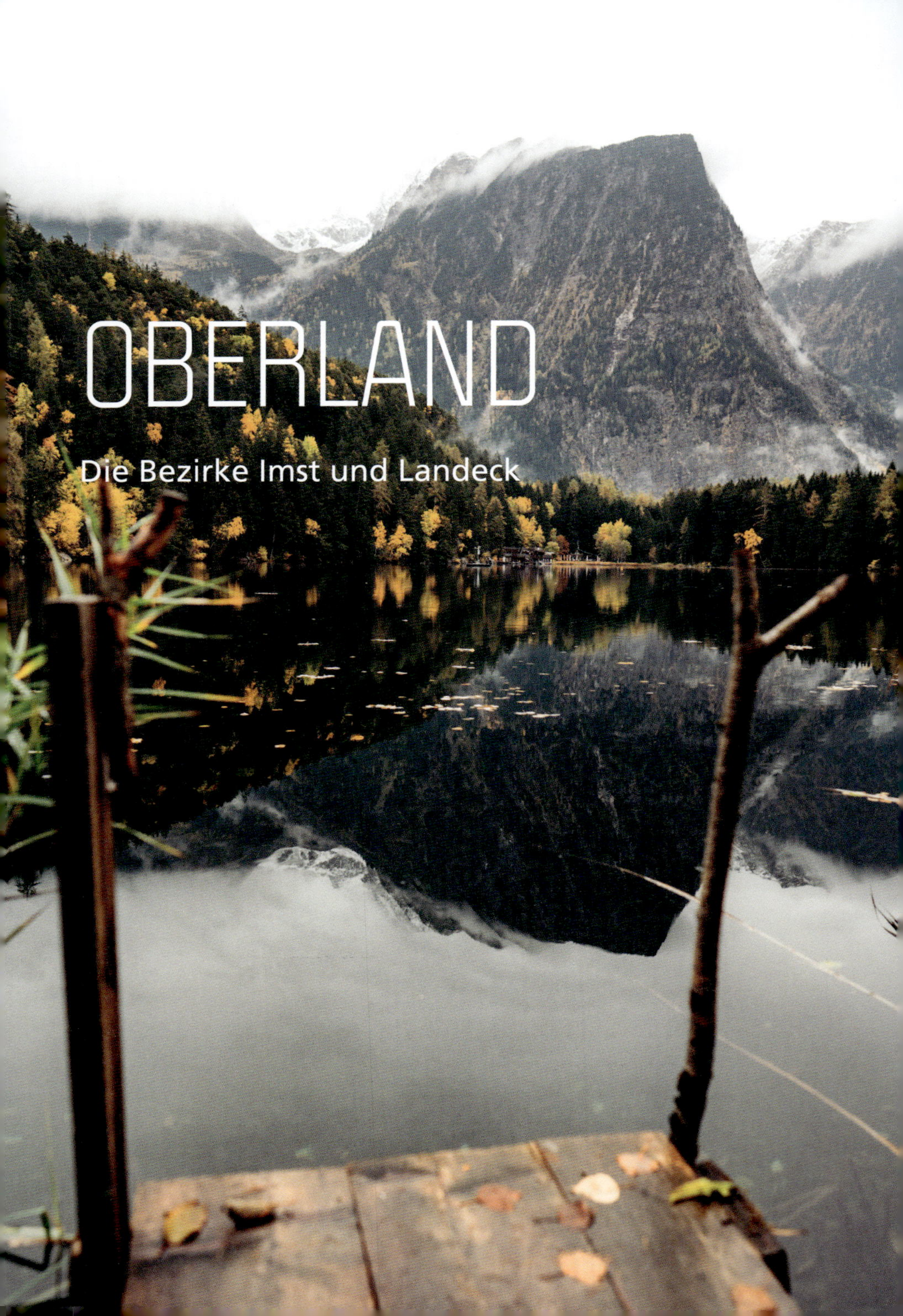

OBERLAND

Die Bezirke Imst und Landeck

Nun sind wir endgültig im hochalpinen Teil dieses Buches angekommen. Besonders Ötztal, Pitztal und Paznaun bieten einige wunderbare Seen, die in eine teils beinahe unwirklich erscheinende Bergwelt eingebettet sind. Der Preis dafür sind allerdings Aufstiege, die zwar vom alpinen Können her nicht besonders anspruchsvoll sind, dafür aber ein gehöriges Maß an Ausdauer verlangen.

Als einer der schönsten Plätze sei hier der Winnebachsee im Sulztal erwähnt, an dessen Ufer sich auch die gleichnamige Hütte befindet. Es ist vielleicht eine Anregung, dort eine Nacht zu verbringen und den See im letzten Abendlicht oder am frühen Morgen zu genießen. Magische Momente sind da quasi garantiert. Ohne praktischen Stützpunkt muss man bei einer Wanderung auf die Gurgler Seenplatte auskommen. Doch dafür wird man mit einem umwerfenden Blick auf die Ötztaler Gletscherwelt belohnt. Archäologischen Erkenntnissen nach wurde die Gegend um den dort gelegenen Soomsee schon vor Jahrtausenden als Almgelände genutzt. Im Pitztal ist so ein besonderes Gewässer der Brechsee, der, man möchte beinahe sagen „kuschelig eingebettet", zwischen den schroffen Bergzacken liegt. Ebenfalls in die Kategorie ganz besonders magischer Orte reiht sich der Berglisee bei Mathon ein, über dem ein dunkelgrauer Blockgletscher droht. Müsste man eine Filmkulisse für ein Bergdrama suchen, dort wäre eine.

Selbstverständlich gibt es auch im Oberland Ziele, die mit etwas weniger Aufwand zu erreichen, aber nicht minder schön sind. Der Schwarze und der Grüne See bei Nauders wären Beispiele dafür. Interessantes Detail sind in Nauders die Waalwege, an denen man entlangwandert. Einst dienten diese schmalen Kanäle zur Bewässerung der Felder im Oberen Gericht. Ebenfalls leicht erreichbar sind die Seen südlich des Fernpasses (natürlich auch nördlich davon, doch davon mehr im Kapitel zum Außerfern). Der Fernsteinsee ist neben dem Piburger See der einzige natürliche Badesee im Oberland, der sich praktisch in Tallage befindet.

Gleich zwei lohnenswerte Schluchten bietet das Imster Becken: Die Rosengartenschlucht, in der auf engstem Raum und einer eigentlich sehr kurzen Strecke das Wasser ganze Arbeit am Fels geleistet hat. Beinahe künstlerisch muten die Wannen und Tröge an, die es in Tausenden Jahren ausgespült hat. Nur wenige Kilometer weiter befindet sich bei Tarrenz die Salvesenklamm. Von der sieht man zwar nur an wenigen Stellen wirklich etwas, doch dafür ist die einfache Gehstrecke mit einem Skulpturenpfad und einem „verhexten Kinderlehrpfad" umso netter. Und außerdem ist Tarrenz in den letzten Jahren zum bekanntesten Weinbaugebiet Nordtirols geworden. Es lässt sich nach der Tour also auch ein guter heimischer Tropfen dort trinken.

Wo bei Umhausen hohe Felswände und ein Bach zusammentreffen, da kommt der Stuibenfall dabei heraus. Fast 160 Meter schießt das Wasser in die Tiefe. Der Wasserfall ist durch Leitern und Stege voll erschlossen. Das mutet natürlich erst einmal wenig umweltschonend an, aber andererseits kann man wohl keinen Wasserfall in Tirol so aus der Nähe erleben wie diesen. Daher sollte man hier nicht zu puristisch sein, denn das Abenteuer Stuibenfall lohnt sich allemal.

Links: Der herbstliche Piburger See

Tour

37 KRASPESSEE

Ein Gefühl wie in den Highlands

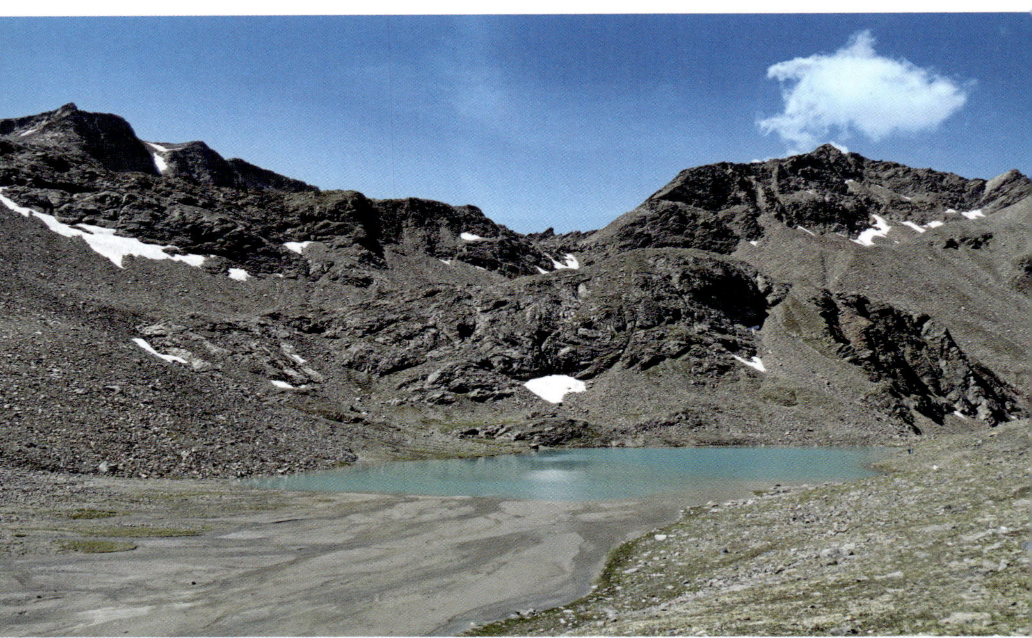

Anfahrt	**Mit den Öffis:** Mit Bus 4166 ab Innsbruck bis St. Sigmund/Haggen. **Mit dem Pkw:** Über Kematen oder über das Ötztal/Ochsengarten/Kühtai. Achtung, es stehen bei der Panoramatafel neben der Schärmer Alm nur wenige Parkplätze zur Verfügung, der Rest ist Privatgrund!
Ausgangspunkt	Parkplätze bei der Schärmer Alm in Haggen
Dauer	ca. 2,5–3 Stunden Aufstieg, ca. 2–2,5 Stunden Abstieg
Höhen	Parkplatz 1646 m, Hüttl am Stoa 2025 m, Kraspessee 2549 m; Höhenunterschied: ca. 900 Hm
Einkehrmöglichkeit	Am Ausgangs-/Endpunkt Schärmer Alm, Forellenhof, unterwegs leider keine
Kurzbeschreibung	Unschwierige, wenngleich lange Wanderung durch eine großartige hochalpine Landschaft, mit kleineren Kindern nicht zu empfehlen
Beste Jahreszeit	Juli/August; früher bzw. später muss man in den höheren Lagen mit Schnee rechnen.

Streng genommen liegt der Kraspessee noch im Bezirk Innsbruck-Land. Da diese Tour aber mit den folgenden beiden quasi eine Einheit bildet, hat der schöne und stille See Eingang in das Kapitel „Oberland" gefunden.

Der Weg zum Kraspessee ist, wie man in Tirol sagt, „ein ziemlicher Hatscher": also lang und auch reich an Höhenmetern – nämlich ziemlich genau 900. Aber es ist eine Wanderung, die einen durch eine großartige Hochgebirgslandschaft zum Ziel führt und sich absolut lohnt.

Wir starten im Sellraintal im kleinen Weiler Haggen. Von dort führt zuerst ein recht breiter Schotterweg ins Kraspestal hinein, die Steigung ist auch durchaus gemächlich. So gelangen wir bis zur sogenannten Unteren Zwing, einem Felsriegel im Tal. Hier überwinden wir die erste Steilstufe. Nachdem wir die geschafft haben, gelangen wir zu einer kleinen hölzernen Jagdhütte, dem „Hüttl am Stoa". Inzwischen ist auch aus dem breiten Schotterweg ein Steig geworden, der uns an einem Gedenkkreuz – es erinnert an ein Lawinenunglück – vorbei und dann links über eine Brücke führt. Ab jetzt schlängelt sich der Weg durch das alpine Hochtal hinauf bis zur nächsten Steilstufe. Munter springt hier das Wasser ins Tal, es einen Wasserfall zu nennen, wäre – noch – übertrieben. Schön ist die Szenerie allemal.

Nach Überwindung dieser zweiten Höhenstufe gelangen wir in ein weiteres Hochtal mit einer wunderbaren, im Sonnenlicht glitzernden Bachlandschaft. Links am Hang steigen wir höher, gehen den Talkessel aus und gelangen so relativ bequem über die dritte Steilstufe. Jetzt, so denkt man, kann's nicht mehr weit sein bis zum Ziel. Die Felsen da vorne sehen doch fast aus wie ein natürlicher Damm, hinter dem sich der See befinden muss. Doch der Schein trügt. Das letzte Stück (30 bis 45 Minuten) geht's durch beziehungsweise über eine echte Blockwüste. Hier ist Konzentration und Vorsicht angesagt, denn sich hier nur den Knöchel zu verstauchen, hätte wohl einen Hubschraubereinsatz zur Folge – etwas, was man nicht haben muss. Großzügig angebrachte rot-weiße Markierungskleckse führen uns aber sicher durch die Felslandschaft.

Schließlich kommen wir auf eine kleine Hochfläche, in einem scheinbar ausgetrockneten See hat jemand einen Stein-

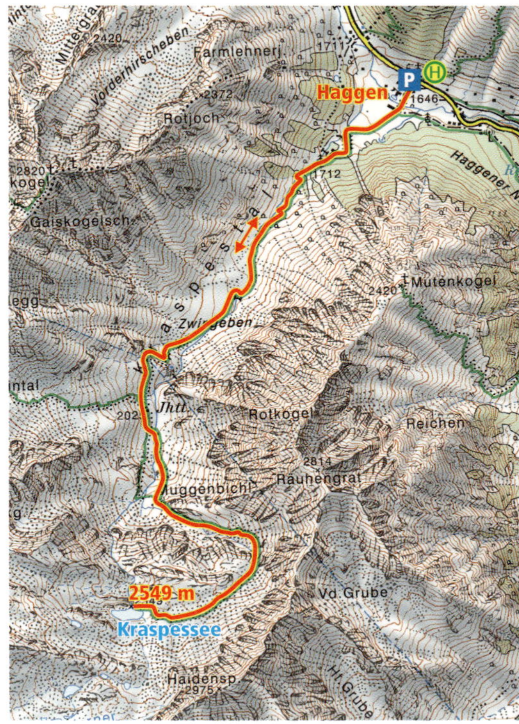

Links:
Der Kraspessee, ein wenig besuchtes Ziel

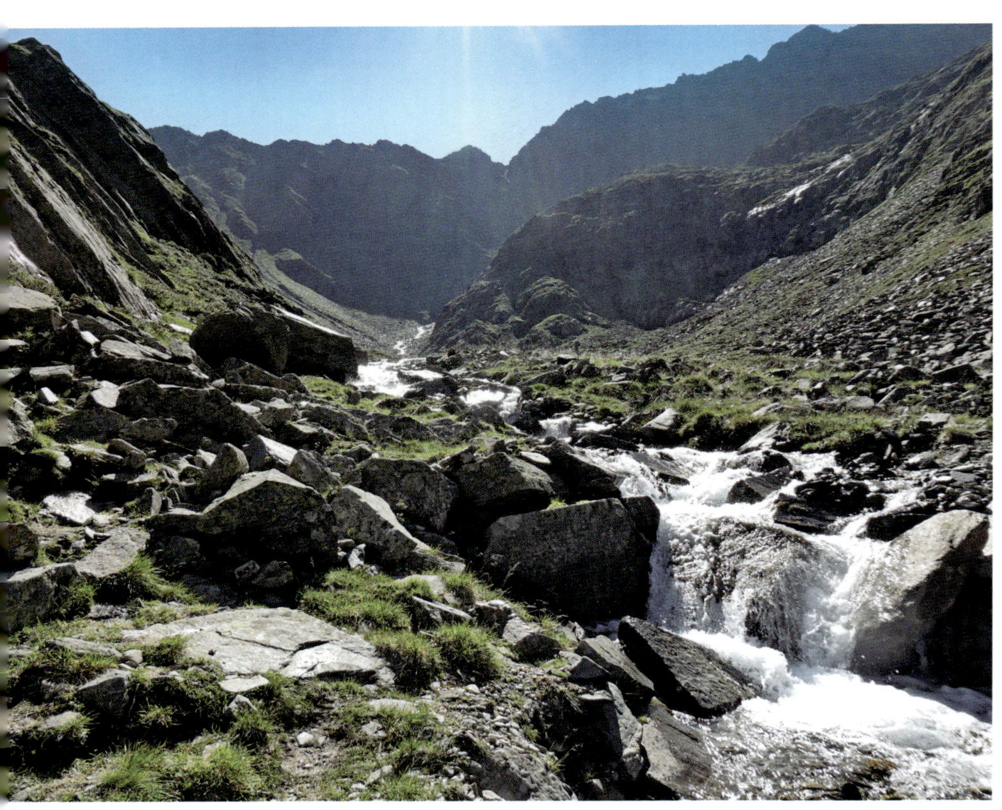

kreis ausgelegt, und nur ein Stückchen weiter liegt er endlich, der türkisblaue und meist relativ einsame Kraspessee. Viele kleine Bächlein und Rinnsale fließen ihn ihm zusammen. An den Flanken der umliegenden Berge wird man selbst im Hochsommer noch etwas Schnee finden, die weißen Flecken spiegeln sich dann malerisch im Wasser. Auf dem Hügel, der für den See einen natürlichen Damm bildet, lässt es sich wunderbar wie auf einer Tribüne sitzen und den Ausblick genießen. Einerseits auf den See, andererseits auf die umliegenden Berge: Besonders zu erwähnen sind im Süden des Kessels der Zwieselbacher Rosskogel, im Winter eine beliebte Skitour, und die Kraspesspitze unmittelbar westlich über dem See. Dreht man sich talauswärts, sticht einem westlich (links) der Pockkogel ins Auge. Aber das ist dann schon wieder eine eigene Tour – ebenfalls mit Seebegleitung.

Der Abstieg erfolgt über die Route, über die wir gekommen sind, wobei zwischen den Steinblöcken jetzt noch mehr Vorsicht geboten ist als beim Aufstieg.

Oben: Je höher man kommt, desto schöner wird das Kraspestal.

Rechts: Der Gossenköllesee ist nicht nur ein beliebtes Wanderziel, sondern auch Forschungsstätte der Universität Innsbruck.

Tour 38

GOSSENKÖLLESEE

Auf den Spuren der Forellen von Kaiser Maximilian

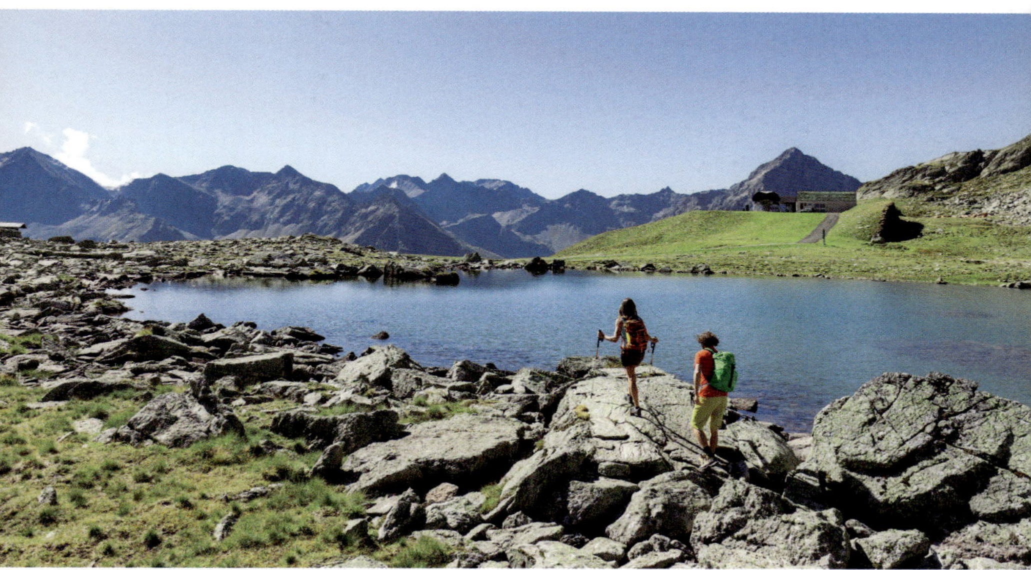

Anfahrt	**Mit den Öffis:** Mit Bus 4166 ab Innsbruck oder 4196 ab Ötztal-Bahnhof bis Kühtai-Jagdschloss. Achtung: In den Zwischensaisonen fährt unter Umständen kein Bus. **Mit dem Pkw:** Über die A 12, Ausfahrt Kematen oder über das Ötztal/Ochsengarten/Kühtai. Ausreichend Parkplätze gegenüber vom Jagdschloss Kühtai.
Dauer	ca. 2–2,5 Stunden Aufstieg, ca. 3–3,5 Stunden Abstieg/Rückweg
Höhen	Parkplatz ca. 1960 m, Gossenköllesee 2416 m, Pirchkogel 2828 m, Grünwaslkreuz 2027 m, Mareil 1730 m; Höhenunterschied: ca. 900 Hm
Einkehrmöglichkeit	Marlstein, Almhof Mareil, Dortmunder Hütte, Lokale in Kühtai
Kurzbeschreibung	Abwechslungsreiche Bergtour, die etwas Trittsicherheit und vor allem wegen der Länge gute Wetterverhältnisse erfordert
Beste Jahreszeit	Juli/August, je nach Schneelage auch schon Juni bzw. noch September

Am Rande des Kühtaier Skigebietes liegt ein Gewässer, das für Forscherinnen und Forscher der Universität Innsbruck eine besondere Bedeutung hat: der Gossenköllesee. Dessen Besuch lässt sich zu einer ziemlich ausgiebigen Bergtour ausbauen.

Den Gossenköllesee allein wollten wir nicht besuchen. Daher entschlossen wir uns zu einer Rundtour Kühtai–Gossenköllesee–Pirchkogel–Marlstein–Kühtai.

Diese beginnt beim Jagdschloss Kühtai, wo man bereits den ersten Wegweiser zum Pirchkogel findet. Zwischen den Liftanlagen wandert man den ersten Hang hinauf, mit Kühtai und dem Finstertaler Stausee im Blick. Doch kaum wird das Gelände etwas flacher, verschwindet plötzlich die Kulisse des Skiortes bis auf einige Lifthäuschen und Stützen. Im Sommer werden die Skipisten zu Weiden, und auf denen haben es sich Kühe und Pferde gemütlich gemacht. Wir steuern – zuerst über einen breiten Schotterweg, dann über einen Steig – auf den Kessel unterhalb von Grieskogel und Pirchkogel zu.

Dort befinden sich die Schwarzmoosseen, beim untersten steht ein Häuschen. Das ist die Forschungsstation am Gossenköllesee, benannt nach dem Limnologen Roland Psenner. Forscherinnen und Forscher beschäftigen sich mit verschiedenen Organismen, die in dem ca. 1,6 Hektar großen Hochgebirgswasser leben und überleben. Neben Bakterien, Flagellaten und sonstigen Kleinstlebewesen bevölkern den See übrigens auch Bachforellen, deren Vorfahren dort angeblich schon von Kaiser Maximilian I. vor über 500 Jahren angesiedelt wurden.

Nun geht es links vom See über einen Hang mit grobem Blockwerk auf eine Einsattelung zwischen dem Hinteren

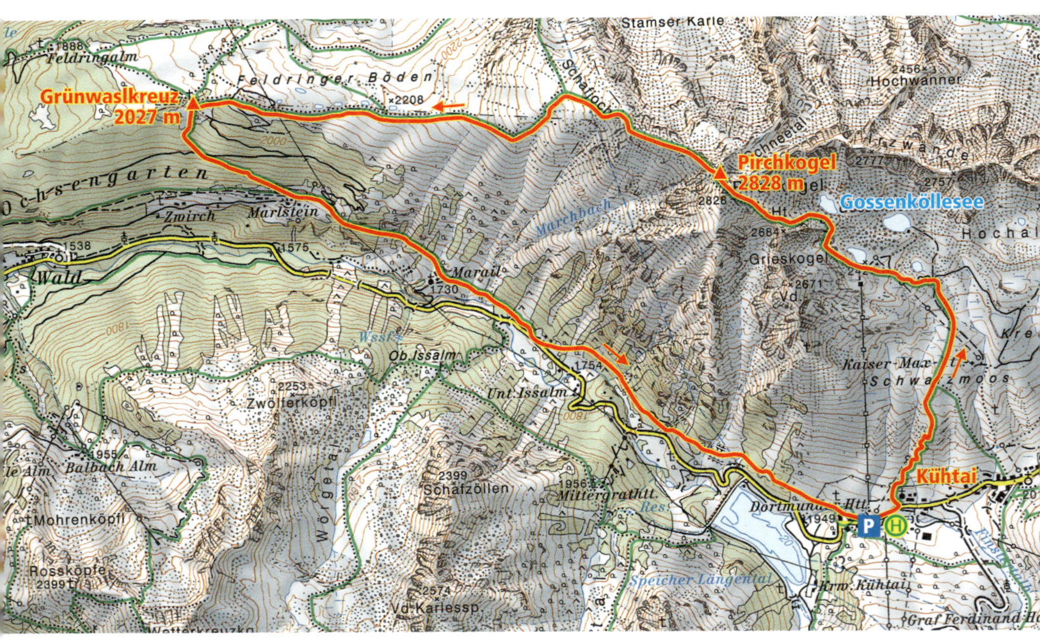

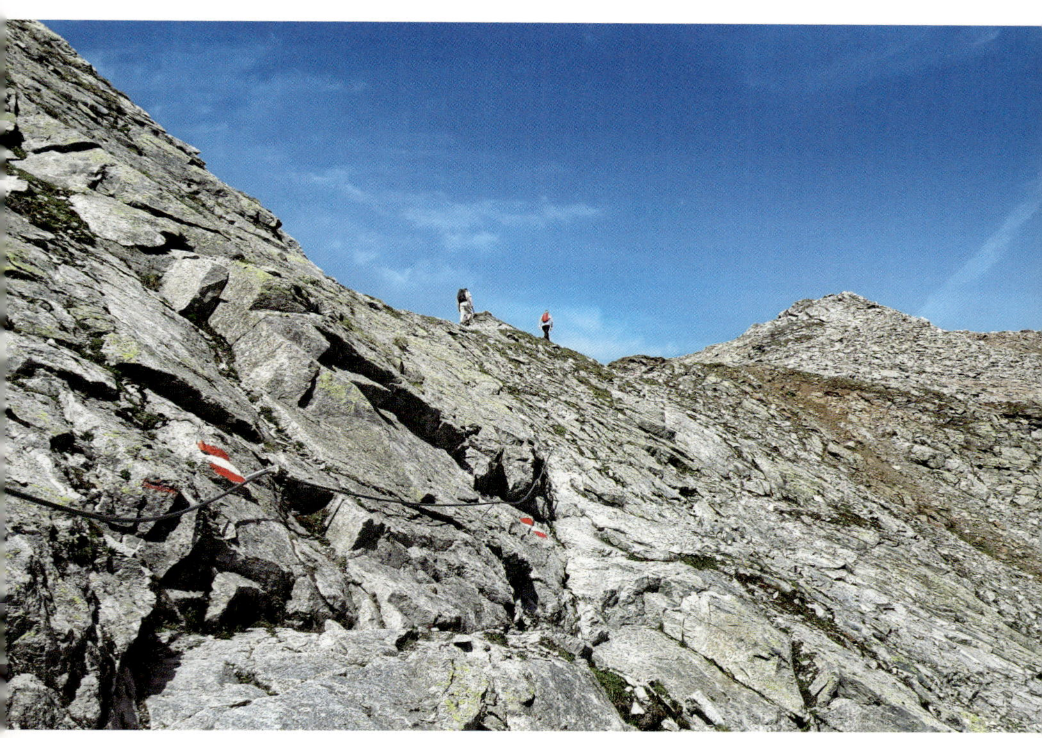

Grieskogel und dem Pirchkogel. Auf dem breiten Rücken nach Norden gehend, gelangen wir schließlich zu einem Messpunkt (dem eigentlichen Gipfel des Pirchkogels). Das Gipfelkreuz steht aus Gründen der besseren Sichtbarkeit allerdings ein paar Meter tiefer. Dafür hat man von dort einen wunderbaren Ausblick auf das Inntal, das Mieminger Plateau und die Mieminger Berge.

Nach der Gipfelrast gehen wir ein Stück zurück auf den Sattel und steigen dort nun nach Westen ab. Lieblich ist das Bild der Pferde, die hier auf den Feldringer Böden weiden. Fast am Ende der Böden steht das Grünwaslkreuz, von dem man entweder über einen Forstweg oder aber über einen Waldsteig nach Marlstein gelangt. Wer hier die Tour abbrechen will oder muss, der geht am besten über die Straße nach Ochsengarten und fährt mit dem Bus zum jeweiligen Ausgangspunkt zurück.

Wer noch genügend Ausdauer hat, der steigt hier in den Knappen- bzw. Kaiser-Franz-Josef-Weg ein, umrundet halb den Vorderen und Hinteren Grieskogel und gelangt schließlich wieder nach Kühtai. Der Höhenunterschied auf dieser letzten Etappe ist zwar gering, aber die Entfernung doch recht beachtlich. Man sollte das nicht unterschätzen!

Oben: Der Aufstieg zum Pirchkogel ist etwas versichert.

Tour 39 FINSTERTALER STAUSEE

Vom Kühtai nach Haggen

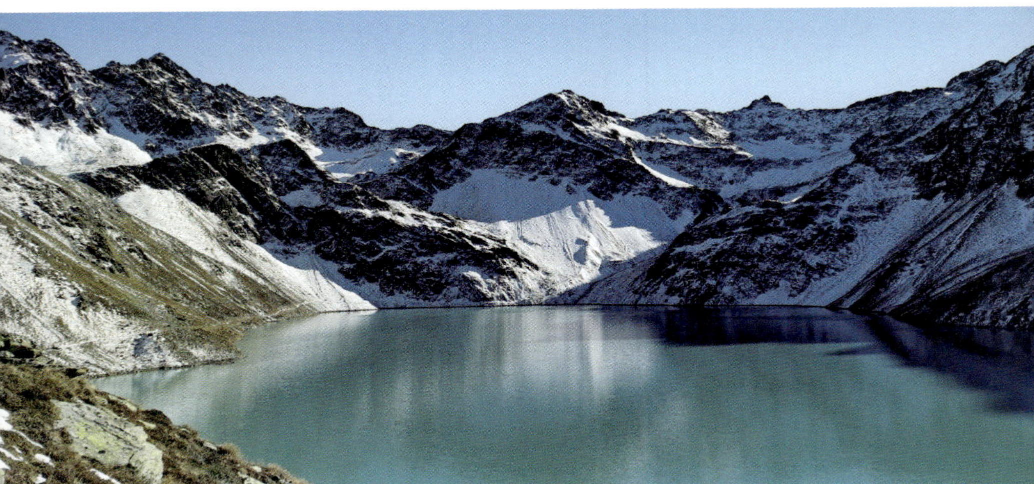

Anfahrt	**Mit den Öffis:** Mit Bus 4166 ab Innsbruck bis Kühtai bzw. bei Verwendung nur eines Pkw von Haggen bis Kühtai. Achtung: In den Zwischensaisonen fahren die Busse unter Umständen nur bis St. Sigmund. **Mit dem Pkw:** Über die A 12, Ausfahrt Kematen und über das Sellraintal oder die A 12, Ausfahrt Ötztal und über das Ötztal/Ochsengarten/Kühtai. Wanderparkplätze in Kühtai.
Ausgangspunkt	Kühtai
Dauer	ca. 2,5–3 Stunden Aufstieg, ca. 2–2,5 Stunden Abstieg
Höhen	Kühtai Parkplatz ca. 1970 m, Steintalsattel 2741 m, Pockkogel 2807 m, Hüttl am Stoa 2025 m, Haggen 1646 m Höhenunterschied: 850 Hm
Einkehrmöglichkeit	Schärmer Alm, Forellenhof
Kurzbeschreibung	Lange Bergtour, die Ausdauer und Trittsicherheit erfordert. Als Überschreitung von Kühtai nach Haggen eher selten begangen.
Beste Jahreszeit	Juli/August. Früher bzw. später muss man in den höheren Lagen mit Schnee rechnen.

Eine Bergtour auf den Pockkogel im Kühtai ist ein recht anspruchsvolles Unternehmen. Noch dazu, wenn man danach nach Haggen absteigt. Auf dem ersten Teil hat man dabei den Speicher Finstertal als imposante Kulisse.

Unsere Bergtour beginnt in Kühtai bei den Wanderparkplätzen neben dem Drei-Seen-Lift. Von hier wenden wir uns zuerst auf der Werksstraße des Staudammes nach Süden, verlassen diese allerdings recht bald nach links und halten quasi frontal auf die Staumauer zu, die über uns steht. Der Weg durchs Gelände ist ziemlich steil, wer einen langsamen Start bevorzugt, kann auch die Straße ausgehen. Auf der Dammkrone angekommen, kann man den Speicher Finstertal in seiner ganzen Länge bewundern. In dem Tal, das er auffüllt, gab es vor seiner Erbauung mehrere kleine – die Finstertaler – Seen.

Normalerweise geht man nun ein kleines Stück am östlichen Ufer entlang. 2021 und 2022 war das allerdings nicht möglich, man musste ein kleines Stück Richtung Neunerkogel gehen und dann wieder absteigen, bis man zur Abzweigung zum Pockkogel gelangte. Wie auch immer der Weg in Zukunft angelegt sein wird, man sollte diesen Abschnitt ausgiebig genießen, er ist einer der wenigen flachen der Tour. Doch schon bald geht es nach links bzw. Osten den Hang hinauf. Über ein Hochtal steuern wir nun auf den Steintalsattel zu, die doch recht beeindruckende Kulisse des Sees haben

Links: Der Finstertaler Stausee

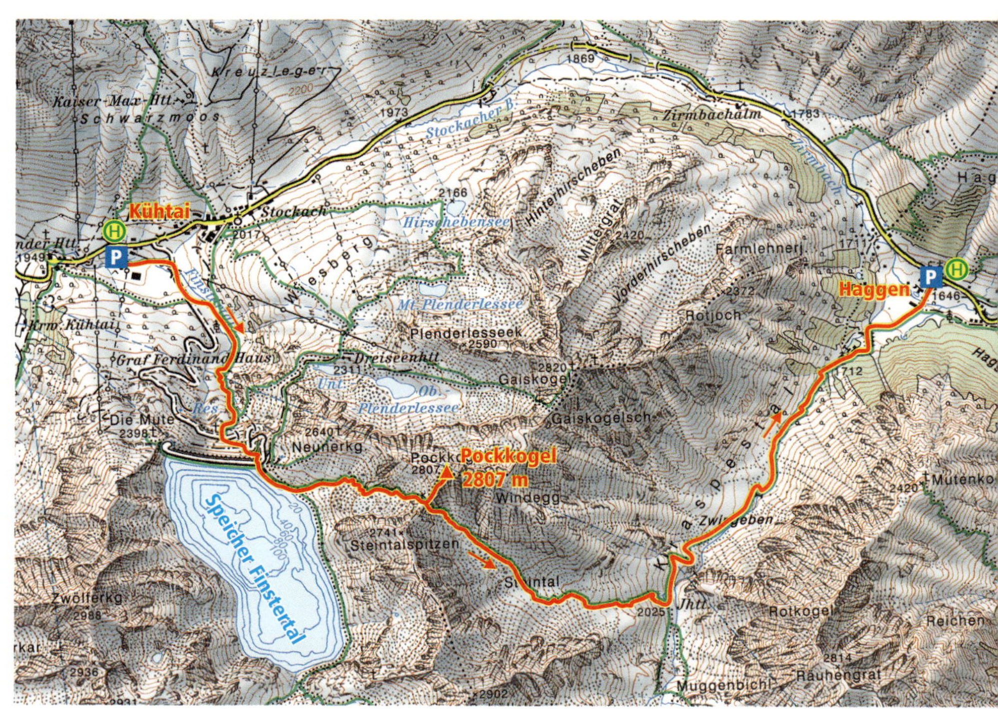

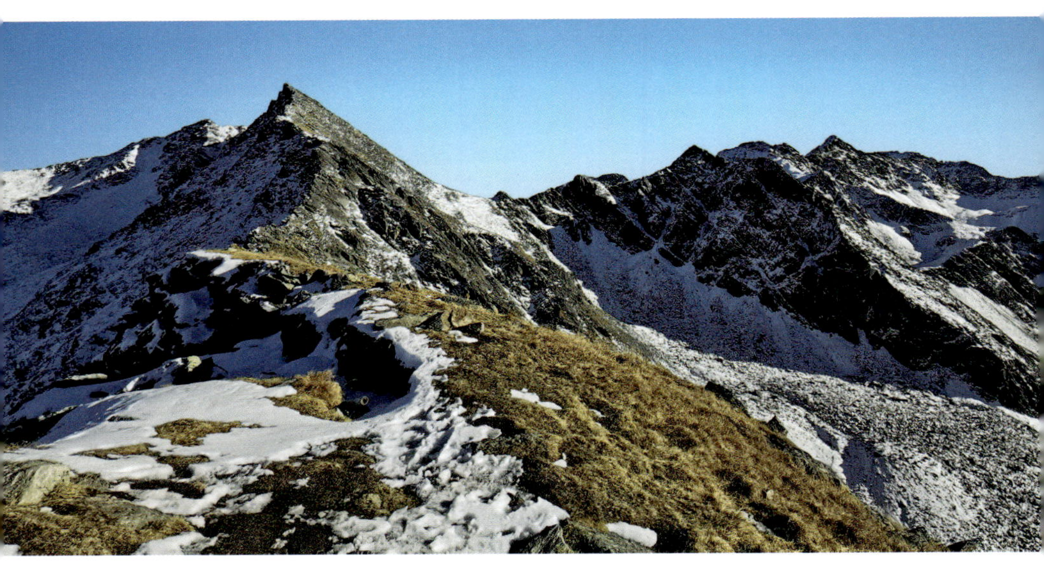

wir in unserem Rücken. Auf dieser Scharte angekommen, halten wir uns links und erklimmen die letzten Meter zum Pockkogel. Hier muss man zuweilen etwas Hand an den Fels legen, sollte also etwas Bergerfahrung und Trittsicherheit mitbringen. Die Plackerei auf den Gipfel, den wir nach etwa zwei Stunden erreicht haben, lohnt sich aber auf jeden Fall. Nach Norden hin blicken wir hinunter auf das Kühtaier Skigebiet und Richtung Wetterstein und Mieminger Berge. Nach Osten und Süden erschließt sich uns das Meer der Ötztaler und Stubaier Alpen mit all seinen prominenten Gipfeln.

Für den Rückweg steigen wir zuerst bis zur bereits bekannten Scharte ab, halten uns dann aber nach Osten. Es geht nun das Steintal hinunter. Das besteht, wie der Name schon sagt, aus vielen Steinen, ist zum Teil aber auch beinahe kniehoch mit Gräsern und Blumen bewachsen. Man muss daher gut schauen, wo man hintritt. Dieser Weg ist zudem eher selten begangen. Doch auch der nimmt einmal ein Ende und wir erreichen die Sohle des Kraspestales beim sogenannten Hüttl am Stoa. Von dort geht es talauswärts, wir umgehen eine Felsstufe, die sogenannte Zwing, und stoßen an deren Fuß auf einen einigermaßen breiten Wirtschaftsweg. Auf diesem wandern wir dann die letzten Kilometer über Weiden und durch lichten Lärchenwald bis nach Haggen.

Nach dieser Tour spürt man in den Wadeln 900 Meter Auf-, vor allem aber 1200 Meter Abstieg. Da werden am Ende sogar die wenigen Meter vom Forellenhof bis hinauf zur Haltestelle an der Landesstraße anstrengend. Mit dem Bus geht es dann entweder Richtung Innsbruck oder Richtung Kühtai, je nach Anreiseart.

Oben: Etwas rechts der Bildmitte verläuft der Aufstieg zum Sattel und dann nach links hinauf zum Pockkogel (Blick hier vom Neunerkogel, den wir auf dieser Tour nicht besteigen).

Tour

40

ROSENGARTEN-SCHLUCHT

17 Brücken und eine Grotte

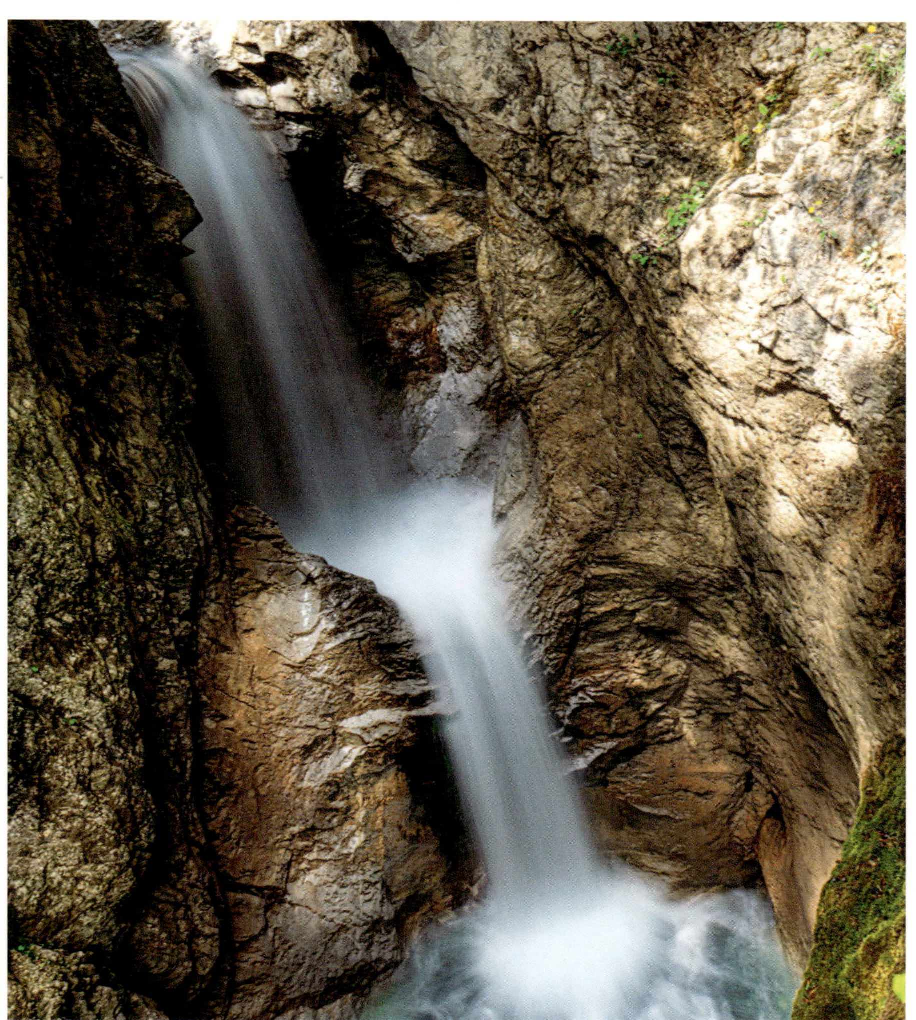

Anfahrt	**Mit den Öffis:** Mit der Bahn nach Imst, vom Bahnhof mit dem Stadtbus 4 ins Zentrum. **Mit dem Pkw:** A 12, Ausfahrt Imst, auf der Umfahrungsstraße Imst ist die Rosengartenschlucht dann bereits ausgeschildert. Im Stadtzentrum gibt es kostenpflichtige Parkplätze.
Ausgangspunkt	Stadtzentrum Imst
Dauer	ca. 2,5–3 Stunden
Höhen	Imst 827 m, Hoch-Imst 1040 m; Höhenunterschied: ca. 210 Hm
Einkehrmöglichkeit	In Hoch-Imst oder im Imster Stadtzentrum
Kurzbeschreibung	Eine Tour mit unglaublich vielen Überraschungen, vorausgesetzt, das Stiegensteigen macht einem nichts aus
Beste Jahreszeit	Frühjahr bis Wintereinbruch, am idealsten an heißen Tagen!

Die Wanderung durch die Rosengartenschlucht beginnt mitten im Stadtzentrum von Imst. Doch innerhalb weniger Minuten befindet man sich inmitten einer wilden, faszinierenden Natur.

Gleich hinter der Johanneskirche in Imst beginnt unsere Wanderung und schon nach wenigen Metern sehen wir rechter Hand etwas Besonderes: das sogenannte Imster Bergl, an und in dessen Konglomerat aus Platzmangel einige Häuser gebaut wurden. Aber wir kommen später noch einmal auf das Bergl zu sprechen.

Vorerst geht es weiter zum Eingang der kostenlos begehbaren Rosengartenschlucht. Dort hat sich der Schinderbach in Jahrtausenden auf einer Strecke von 1,5 Kilometern ins Gestein gegraben. Für Hobbygeologen und -geologinnen besonders interessant: Man wandert durch mehrere erdgeschichtliche Zeitalter. Auch wenn die Strecke relativ kurz scheint, so ist sie doch ungeheuer abwechslungsreich. Immer wenn man denkt, jetzt kommt sicher keine Brücke oder kein spektakulär ins Tal stürzender Wasserfall mehr, biegt man ums nächste Eck und steht wieder vor einer oder einem. Der Weg ist gut ausgebaut, besteht zum Teil aus hölzernen Stegen und insgesamt 17 Brücken. Auch Tunnels gibt es, und an einer Stelle heißt es Kopf einziehen, denn man muss unter einem weit überhängenden Felsen durch. Begleitet wird man dabei von dem in solchen Schluchten üblichen Getöse der Wassermassen.

Doch irgendwann wird es dann merklich ruhiger, man muss noch unter der Brücke der Straße nach Hoch-Imst durch und hat die Schluchtstrecke hinter sich gebracht. Jetzt geht es durch den

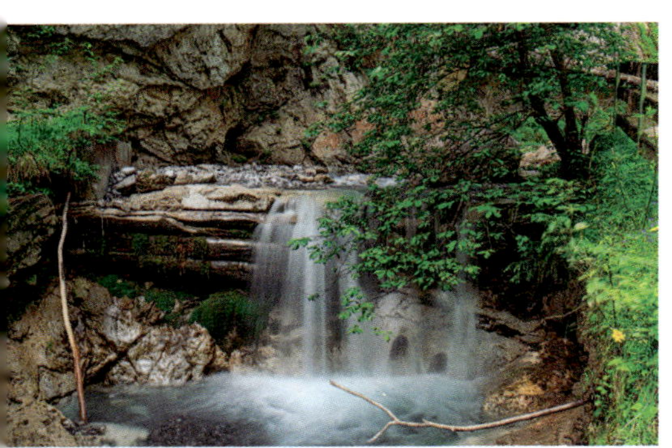

Links und rechts: Die Zahl der Brücken und Wasserfälle in der Rosengartenschlucht scheint endlos.

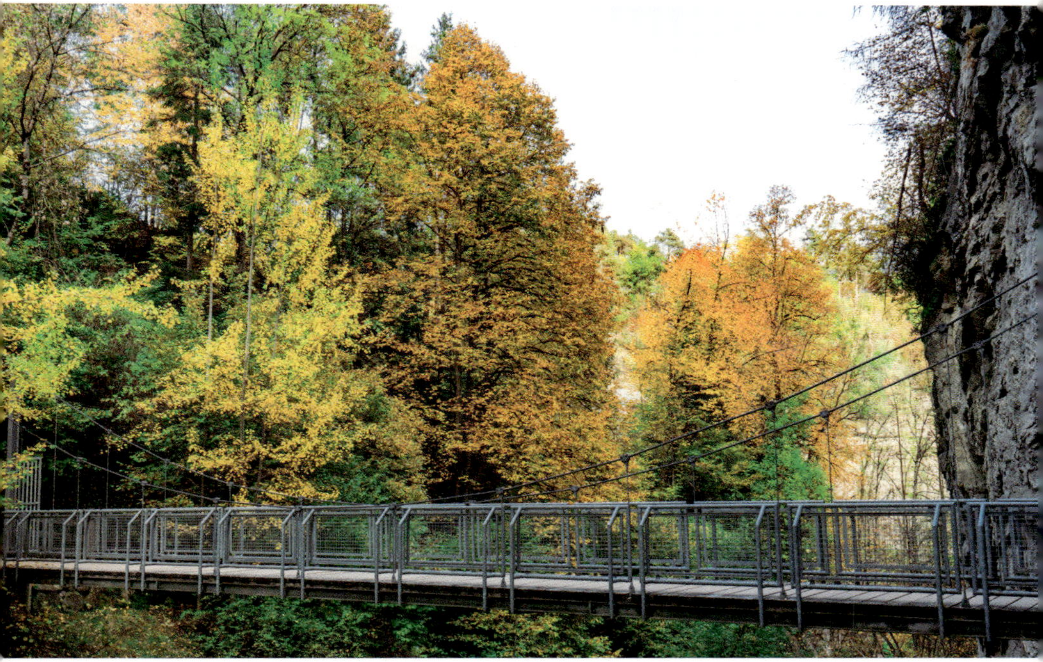

Föhrenwald noch zur Blauen Grotte. Neben dem Schinderbach befindet sich dieses auffällige, von Menschenhand gemachte Loch. Hier wurde einst Bergbau betrieben, man förderte allerlei Erze. Das Gestein wurde in der Anfangszeit des Bergbaues erhitzt und dann abgeklopft. Erst später verwendete man Hammer und Meißel bzw. Brecheisen. In der Blauen Grotte wurden beide Techniken verwendet. Den Namen bekam sie, weil im Inneren etwas Wasser steht und bläulich schimmert. Um diesen Schimmer wahrzunehmen, muss man allerdings ein bisschen Fantasie aufwenden.

Von der Blauen Grotte geht es nun zum Parkplatz Hoch-Imst, den man überquert – oder vielleicht auch in einem der dortigen Lokale einkehrt. Am nordwestlichen Ende des Parkplatzes fädelt man wieder in den Wanderweg ein, der einen zuerst zu einer Forstmeile, später zum Wetterkreuz bringt und dann hinunter ins Tal. Schließlich stoßen wir auf die ersten Häuser und folgen dem Weg zur Laurentius-Kirche auf dem bereits erwähnten Imster Bergl. Sie ist eines der ältesten Kirchlein Tirols mit einem Christogramm – das Symbol XP – aus dem 5. Jahrhundert. Und schließlich beenden wir unsere Runde wieder im Stadtzentrum.

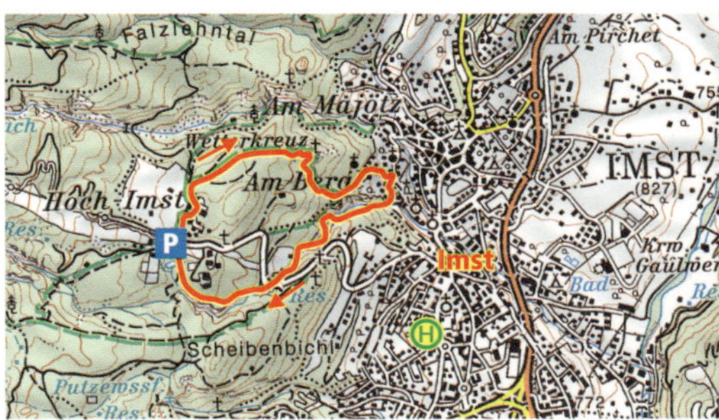

SALVESENKLAMM

Für Kinder und Kunstgenießer

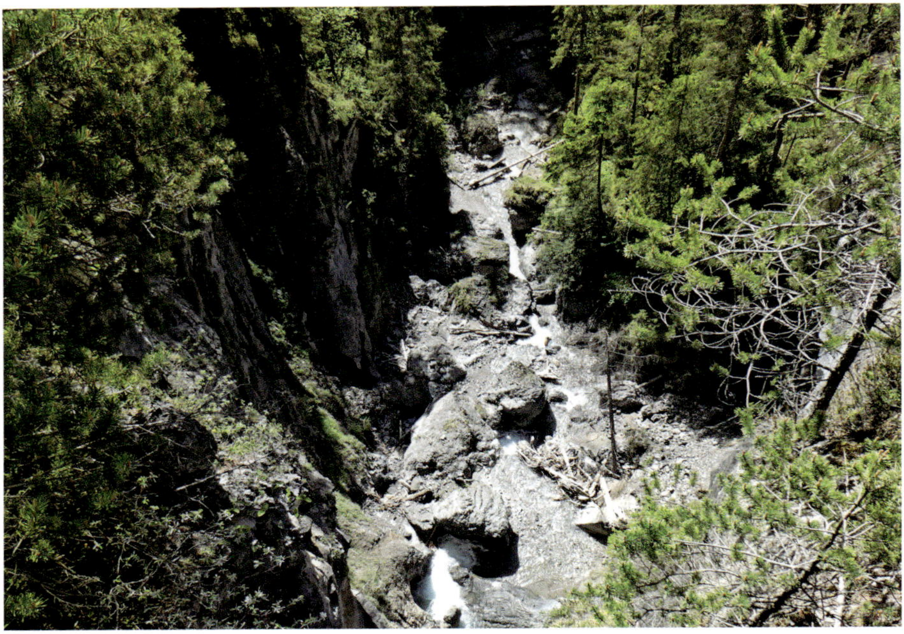

Anfahrt	**Mit den Öffis:** Mit der Bahn nach Imst, vom Bahnhof mit dem Stadtbus 4 weiter bis zum Terminal Post und von dort mit dem Bus 4206 weiter nach Tarrenz. **Mit dem Pkw:** A 12 Inntalautobahn, Ausfahrt Imst, auf der Umfahrungsstraße weiter nach Tarrenz und dort entweder beim Friedhof oder im Zentrum parken.
Ausgangspunkt	Kirche in Tarrenz
Dauer	ca. 1,5–2 Stunden
Höhen	Tarrenz 836 m, höchster Punkt ca. 990 m; Höhenunterschied: ca. 190 Hm
Einkehrmöglichkeit	Auf dem Weg keine. In Tarrenz aber z. B. das traditionsreiche Gasthaus Sonne, in dem vor über 100 Jahren schon die Dadaisten abstiegen.
Kurzbeschreibung	Eine einfache, nicht besonders lange Tour und überdies eine Mischung aus Kunst, Kinderquiz und Natur
Beste Jahreszeit	Frühjahr bis Wintereinbruch

Die Salvesenschlucht bei Tarrenz bietet Kindern einen verhexten Lehrpfad und Kunstaffinen interessante Skulpturen in freier Natur. Nur mit Blicken aufs Wasser ist sie etwas sparsam.

Wir beginnen unsere Wanderung – je nach Anreiseart – entweder im Ortszentrum von Tarrenz oder beim Friedhofsparkplatz oberhalb der Kirche. Falls wir aus der Dorfmitte kommen, spazieren wir an durchaus interessanten Häusern vorbei zuerst zur Kirche hinauf, die weithin sichtbar Tarrenz überblickt.

Beim Friedhof geht es dann rechts weg in den Wald. Dort beginnt einerseits der „verhexte Kinderlehrpfad", andererseits ein Skulpturenweg. Ach ja, und in die Klamm selbst geht's natürlich auch. Wir gehen also vorbei an einem riesigen Kontrabass, dem „Denkmal für vertane Gelegenheiten", durchschreiten ein rostiges Tor, überqueren eine Wiese mit einem Übungsskilift und kommen schließlich zum unteren Ende der Salvesenklamm, aus der mächtig das Wasser rauscht. Der Weg führt allerdings nicht in die Schlucht, sondern weiter nach Norden. Schließlich biegt der Kinderlehrpfad, auf dem die kleine Hexe Salvesia ihr Unwesen treibt, ab und führt wieder ins Dorf zurück. Wir folgen aber weiter den Skulpturen und gelangen schließlich zum „Schlüssel des Erfolges". Der ist allerdings nicht das Ende unserer Runde.

Nun geht es in Serpentinen nicht besonders anstrengend durch den Wald aufwärts und dann wieder etwas nach Süden. Wir befinden uns nun am östlichen Rand der Salvesenklamm, hören das Wasser zwar rauschen, sehen es aber nur selten. Erst am sogenannten Hohen Übergang erhaschen wir einen Tiefblick auf das Wasser, das weit unter uns unberührt dahinfließt. Der Übergang selbst

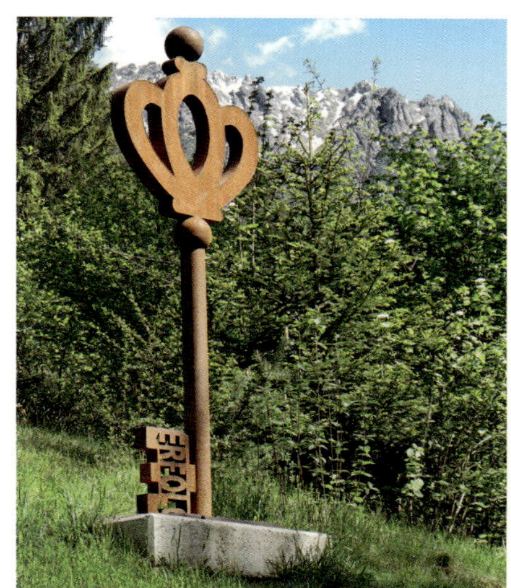

ist eine Alubrücke mit einer kleinen Aussichtsplattform.

Der Rückweg erfolgt nun auf der gegenüberliegenden westlichen Seite der Schlucht. Entlang des leichten Steiges sind einige Bänke aufgestellt, die zur Rast einladen. Am Ende gelangen wir wieder zu den ersten Häusern von Tarrenz, wandern ein Stück durch den Ort und kommen zu unserem Ausgangspunkt am Friedhof oder – etwas weiter – im Zentrum zurück.

Links: Blick vom „Hohen Übergang" in die Klamm

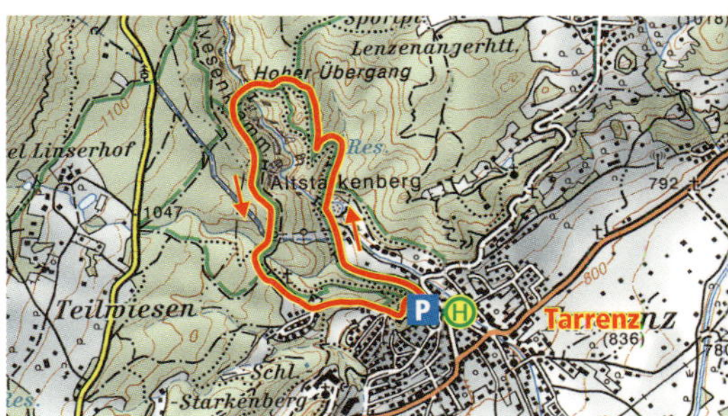

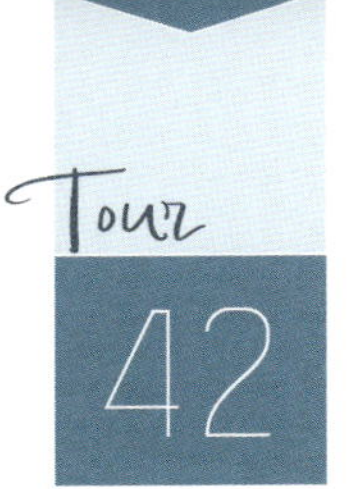

AMBERGER SEE

Naturjuwel mit einer „dunklen Seite“

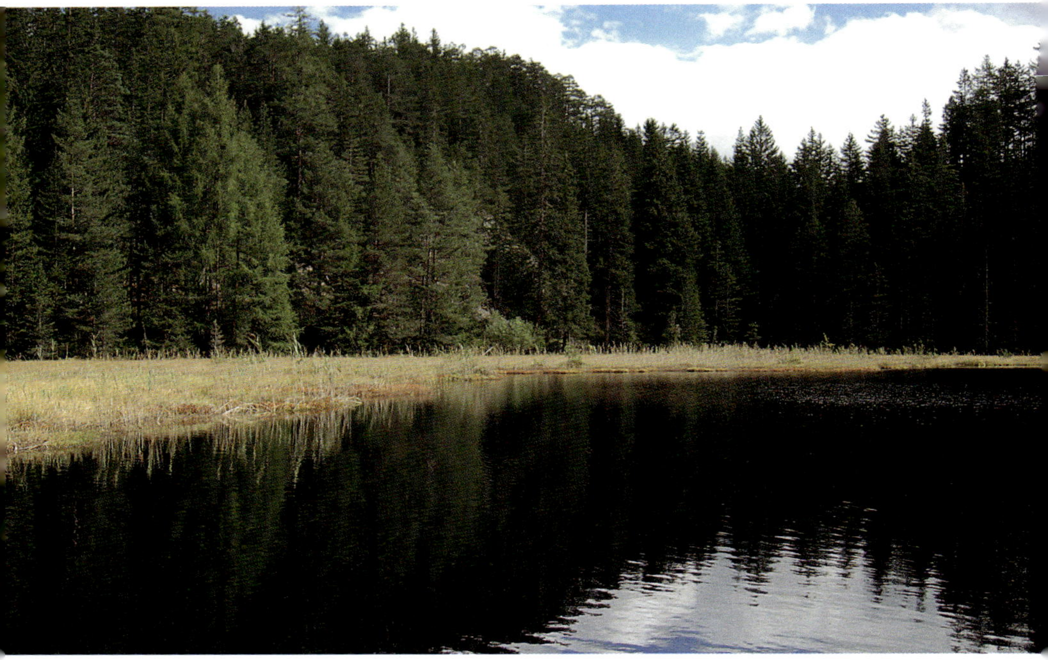

Anfahrt	**Mit den Öffis:** Leider kann man mit dem Bus 4196 nur bis Ochsengarten fahren, die Tour würde sich dadurch wesentlich verlängern. **Mit dem Pkw:** A 12, Ausfahrt Ötztal, zurück nach Haiming, dann Auffahrt über den Haiminger Berg bis zum Sattele. Dort befindet sich ein gebührenpflichtiger Parkplatz. Achtung, auf beiden Seiten der Straße, nicht nur im eingezäunten Teil!
Ausgangspunkt	Sattele oberhalb von Ochsengarten
Dauer	ca. 2 Stunden je Richtung
Höhen	Sattele und Amberger See 1690 m, nur wenige Höhenmeter
Einkehrmöglichkeit	Keine, auf der Heimfahrt eventuell einen Abstecher nach Marlstein machen.
Kurzbeschreibung	Grundsätzlich sehr einfache Tour, an einigen Stellen etwas ausgesetzt, landschaftlich aber sehr abwechslungsreich
Beste Jahreszeit	Mai bis Oktober, je nach Schneelage

Wer am Sattele über Ochsengarten parkt, hat in der Regel als klassische Ziele die Feldringer Böden und das Faltegartenköpfl im Visier. Wir wandern stattdessen in die entgegengesetzte Richtung und treffen dort auf den idyllisch gelegenen Amberger See/Brandsee.

Vom kostenpflichtigen Parkplatz am Sattele wenden wir uns also nach Westen und folgen einige Zeit einer breiten Forststraße. Diese läuft jedoch aus und endet in einem Feuchtgebiet. Über hölzerne Stege geht es durch dieses kleine Biotop, ehe wir wieder festen Boden unter die Füße bekommen. Nun führt der Steig durch den Wald, mal durch etwas steileres Gelände, mal ist es von großen Steinblöcken gesäumt. Wir bewegen uns unter dem Narrenkopf und oberhalb der Kuhgartenwand, wo man durchaus trittsicher sein sollte. Schließlich gelangen wir neuerlich auf einen Forstweg, der zu unserem Erstaunen abwärts führt. Die Höhenmeter, die wir uns bisher erarbeitet haben, verlieren wir leider wieder (und müssen sie auf dem Rückweg noch einmal hinauf).

Kurz vor dem See stoßen wir auf einen zweiten Forstweg, der von Ochsengarten heraufkommt. Aber da haben wir es dafür auch schon fast geschafft. Nach wenigen Minuten sehen wir durch die Bäume den Amberger See blitzen. Dieser ist fast vollständig im Wald gelegen, im Süden erblicken wir aber über den Baumwipfeln die imposanten Spitzen rund um den Acherkogel. Ein kleiner Steg bildet den einzigen Zugang zum

Links: Der Amberger See ist nur über einen Steg zugänglich.

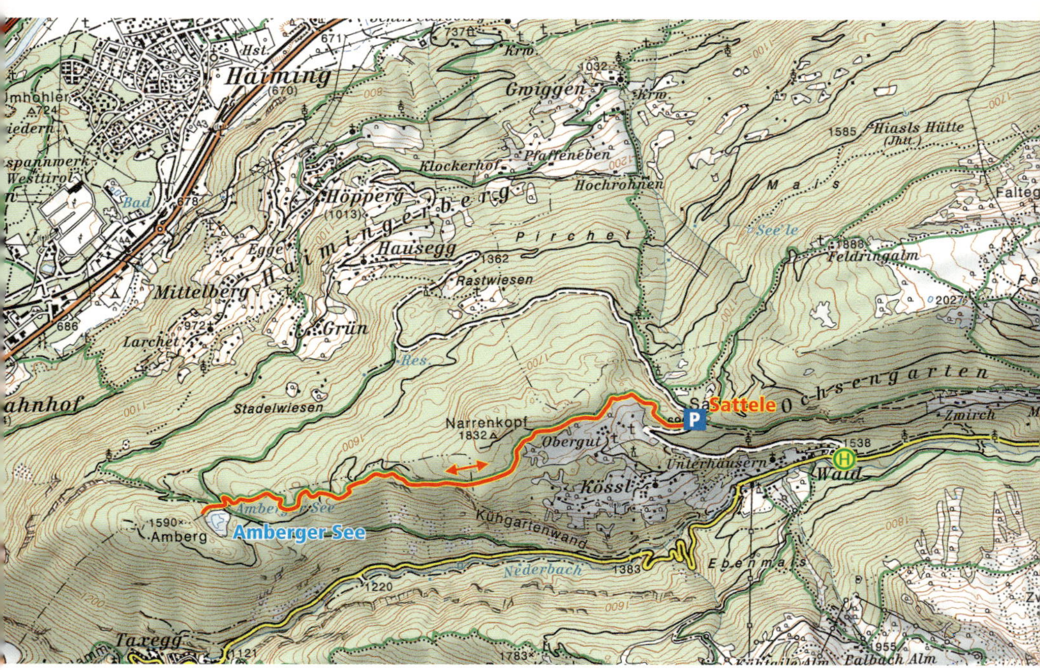

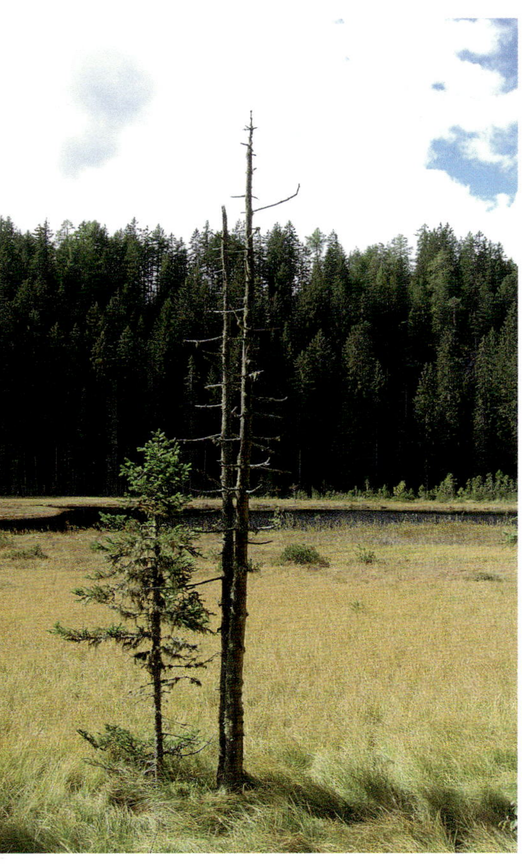

idyllischen Gewässer. Dort gibt es auch ein paar hölzerne Möbel, die zum Verweilen und Jausnen einladen. Wir nehmen dann als beste Alternative wieder denselben Weg zurück.

Der Amberg war bereits seit den 1930er-Jahren Teil eines großen Kraftwerksprojektes, das aus den umliegenden Tälern das Wasser in Stollen unter dem Berg durchführen sollte. Eine Druckrohrleitung hätte es dann zu den Turbinen nach Ötztal-Bahnhof gebracht. Erst 1941 wurde mit der Vermessung begonnen. Dem Kraftwerksprojekt schloss sich dann die Luftwaffe des Deutschen Reiches an, die in Ötztal-Bahnhof zwei riesige Windkanäle für die Erprobung von Flugzeugen bauen wollte. Zum Antrieb der Ventilatoren sollte direkt das Wasser aus den erwähnten Druckrohren verwendet werden, ohne es zuerst in elektrische Energie umzuwandeln. Mehr als 1000 Zwangsarbeiter und Kriegsgefangene waren in dem Lager in Ötztal-Bahnhof mit dem Bau dieses gigantomanischen Projektes beschäftigt, einige kamen dabei auch ums Leben.

Der Durchbruch des Stollens unter dem Amberg erfolgte im August 1943. Letztlich wurden weder das Kraftwerk noch die Windkanäle vollendet, die Franzosen brachten die bestehenden Teile nach Frankreich und nahmen damit in den 1950er-Jahren eine Flugzeug-Testanlage ähnlicher Art in Betrieb. 1950 bekam das Kraftwerk Amberg neuerlich eine wasserrechtliche Bewilligung, der Bau wurde aber nie fortgesetzt. Man entschied sich schließlich für die Kraftwerksgruppe Sellrain-Silz, deren Anlagen ab 1977 errichtet wurden. So blieb der Amberg bis auf die Stollen und einige Mauerreste bis heute unberührt.

Oben: Waldidylle und Ruhe am Amberger See

Rechts: In warmen Sommern hat das Wasser im Piburger See durchaus Badetemperatur.

Tour

43

PIBURGER SEE

Wildes und stilles Wasser

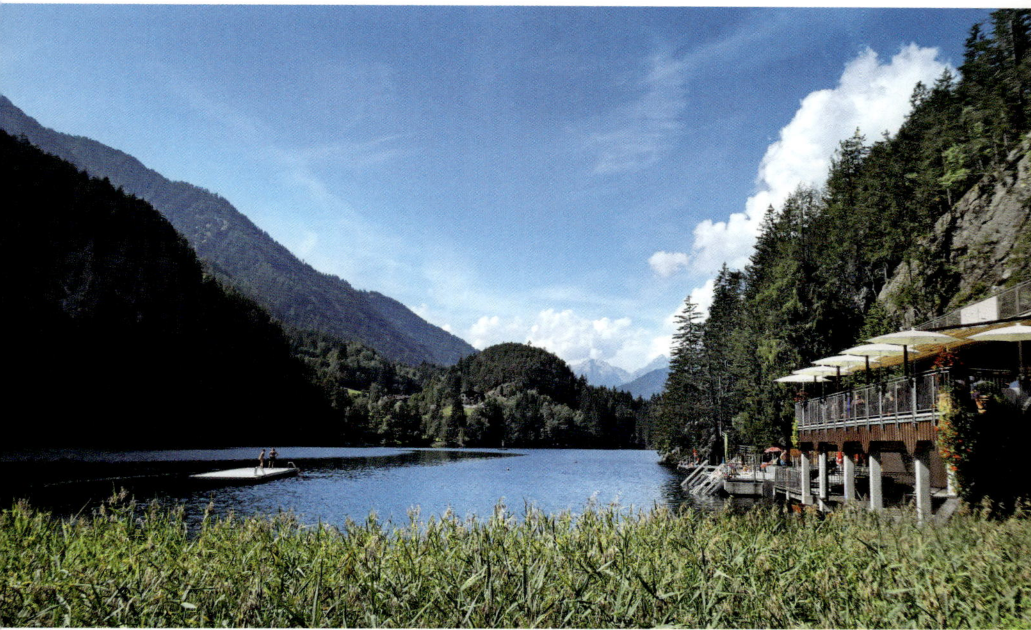

Anfahrt	**Mit den Öffis:** Mit der Bahn bis Ötztal-Bahnhof und weiter mit Bus 4194 oder 8352 (Haltestelle Oetz-Gemeindeamt). **Mit dem Pkw:** Über die A 12 Inntalautobahn, Ausfahrt Ötztal; Parkplatz im Zentrum oder bei der Acherkogelbahn.
Ausgangspunkt	Zentrum von Oetz bzw. Parkplatz Acherkogelbahn
Dauer	ca. 1,5–2 Stunden Aufstieg, ca. 1–1,5 Stunden Abstieg
Höhen	Oetz 812 m, Piburger See 913 m; Höhenunterschied: ca. 200 Hm inkl. allen Ab- und Aufstiegen
Einkehrmöglichkeit	Restaurant am See, Gasthaus Seehäusl
Kurzbeschreibung	Leichte Runde mit einem lohnenden Ausblick auf Oetz und der Möglichkeit, sich im See abzukühlen
Beste Jahreszeit	Eigentlich fast zu jeder Jahreszeit möglich, wenn man einmal vom Sprung ins Nass absieht, den man wohl eher in den Sommermonaten wagen wird.

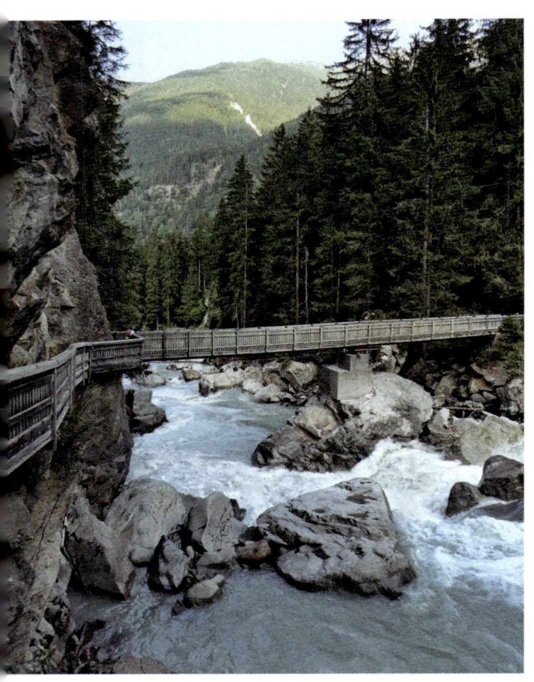

Der Piburger See ist ein beliebter und idyllisch gelegener See im Ötztal. Die Kapazitäten für Sonnenhungrige und Wasserratten dort sind freilich beschränkt. Darum machen wir eine kleine Wanderung mit der Option auf einen Sprung ins Wasser.

Vom Parkplatz/der Bushaltestelle in Oetz bzw. von der Acherkogelbahn (siehe Anreise) wandern wir zuerst zu einer Brücke über die Ötztaler Ache mit dem „Raftingeinstieg Untere Ötz". Man erkennt ihn sofort: Auf dem dortigen Parkplatz stehen jede Menge Autos und Camper mit Kajaks auf dem Dach und grellfarbene Neoprenanzüge springen ins Auge.

Bei der Brücke wechseln wir ans westliche Ufer und nehmen nun einen Weg, der quer über die dortige Wiese nach Süden zum Waldrand und zu einem Wegkreuz führt, von hier dann leicht ansteigend bis zu einem Forstweg. Den verlassen wir aber bald wieder und folgen einem Steig in Richtung Kluft bzw. Kanzel. Der Wald wurde hier durch Unwetter in den letzten Jahren leider ziemlich in Mitleidenschaft gezogen. Dennoch ist die Gegend, durch die wir da wandern, recht urig: Schatten spendende Bäume und herumliegendes Blockwerk prägen das Bild. Schließlich treffen

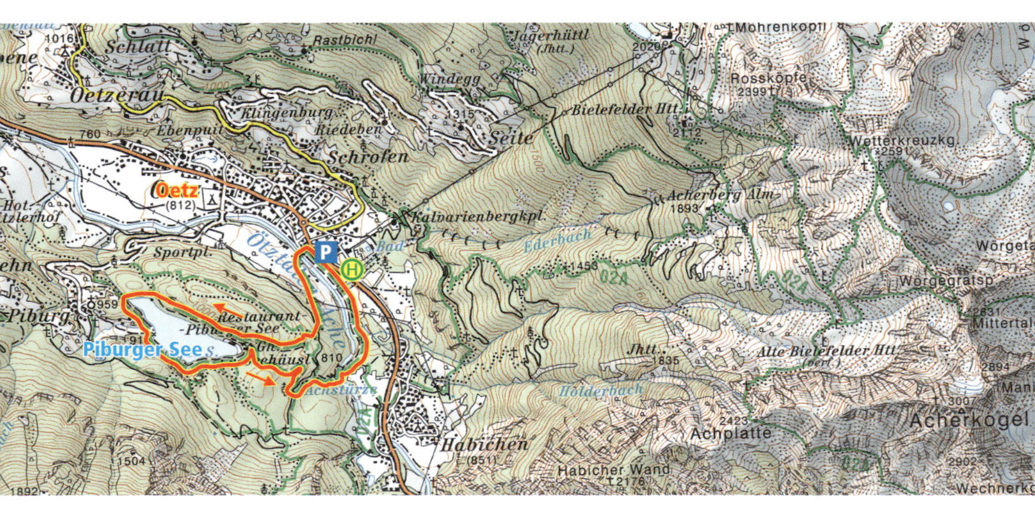

wir auf eine Abzweigung zu ebenjener Kanzel. Es handelt sich um einen Aussichtspunkt, vom den man einen wunderbaren Blick über Oetz hat. Da verliert man zwar ein bisschen an Höhe und muss denselben Weg auch wieder zurück, aber es lohnt sich.

Wieder auf den ursprünglichen Weg zurückgekehrt, geht es weiter ziemlich auf und ab, man wundert sich, dass man auf einer so kurzen Strecke durch die kleinen Schluchten eigentlich so viele Höhenmeter machen kann. Doch schließlich gelangen wir an eine Einsattelung, von der es nur mehr wenige Meter bis hinunter an den Piburger See sind. Je nach Gusto kann man den Wurzelsteig östlich des Sees wählen oder einen breiten Weg an dessen Westseite, der allerdings nicht ständig am Wasser entlangführt. Der See ist seit 1929 Naturdenkmal und Kernstück des Naturschutzgebietes Achstürze-Piburger See. Ist man am südlichen Ende angelangt, bieten sich zwei Optionen: einkehren und/oder ein Sprung ins Wasser. Im Unterschied zu vielen Bergseen hat er mit rund 24 Grad im Sommer eine recht angenehme Temperatur. Der Platz ist allerdings etwas beschränkt, darum liegen Badende auch oft ober- oder unterhalb der Spazierwege.

Egal, welche Variante man gewählt hat, irgendwann wird es Zeit für die Heimkehr. Dazu nehmen wir am Südende des Sees zuerst einen breiten Wirtschaftsweg, von dem dann ein fast gleich breiter Steig – teils mit Treppen – zur Wellerbrücke abzweigt. Auf dieser quert man die Ache, deren Wasser hier schon beeindruckend unter einem rauscht. Von der Brücke hat man auch einen tollen Ausblick auf die Achstürze. Zuweilen kann man Kajakfahrerinnen und -fahrer bewundern, die sich durch das wilde Wasser kämpfen auf der Suche nach der Ideallinie. Auch etwas weiter achenabwärts bietet sich noch einmal die Gelegenheit, von einer Aussichtsplattform aus die Sportlerinnen und Sportler zu bestaunen. Oft finden sich dort auch deren Kolleginnen und Kollegen ein, bewerten kritisch, suchen nach besseren Wegen, ehe sie selbst ins Wasser steigen. Das letzte Stück zurück zum Ausgangspunkt geht es nun auf einem angenehmen, gut beschatteten Kiesweg an der ruhiger fließenden Ache entlang.

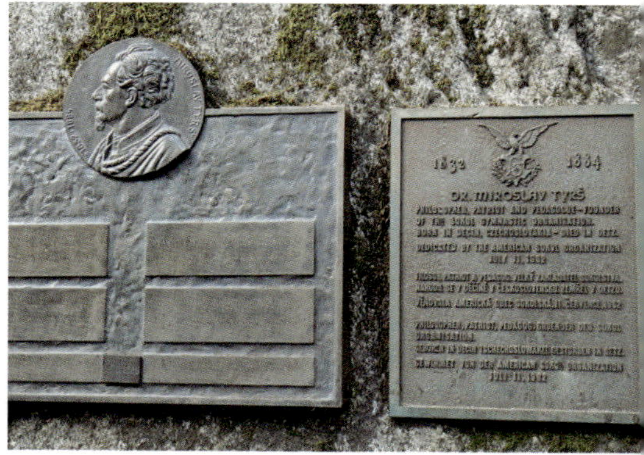

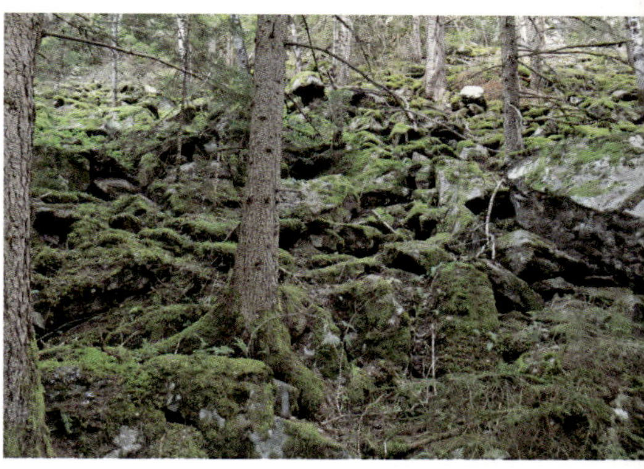

Links: Die Wellerbrücke mit den Achstürzen

Oben: Gedenktafel für den Philosophen Tyrs

Tour

44 STUIBENFALL

Treppen steigen oder klettern

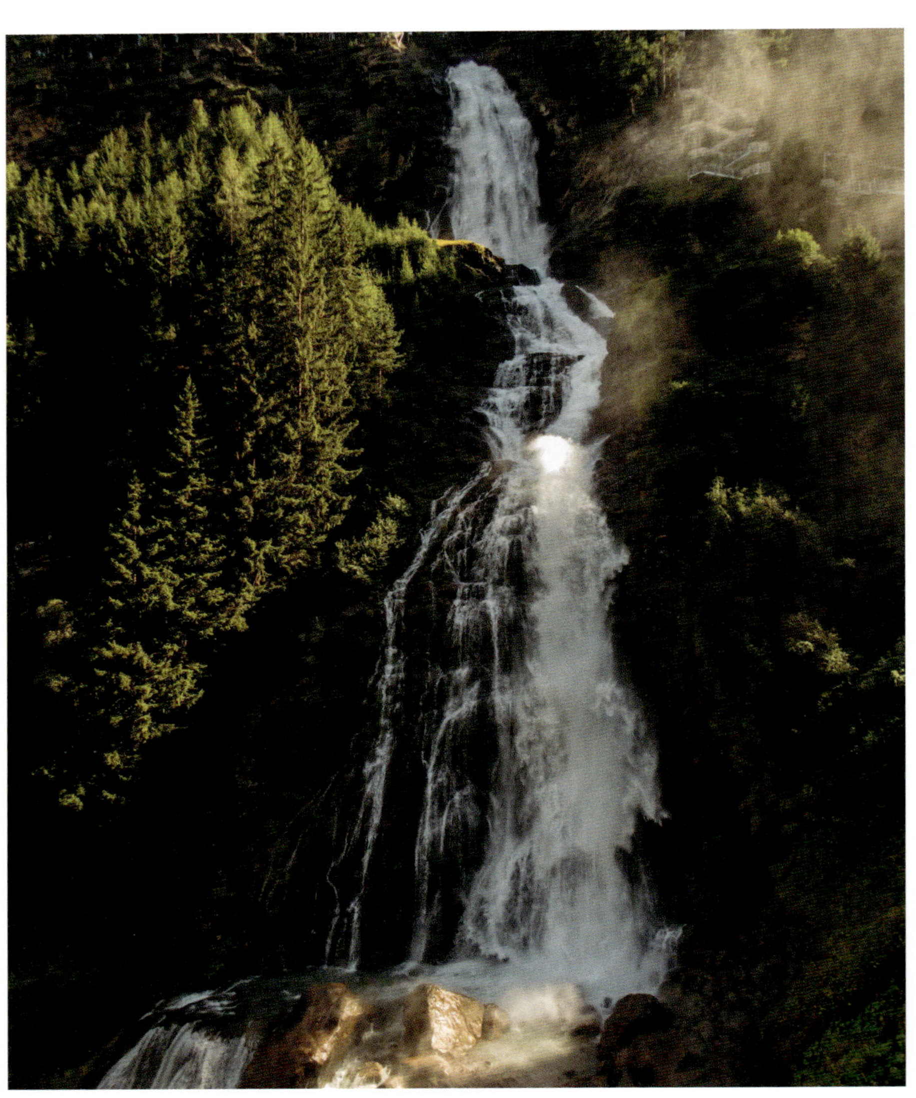

Anfahrt	**Mit den Öffis:** Mit der Bahn bis Ötztal-Bahnhof, umsteigen in den Bus 4194 oder 8352 (ab Imst oder Ötztal-Bahnhof), Fahrt bis zur Haltestelle Umhausen/ Feuerwehrhaus. **Mit dem Pkw:** A 12, Ausfahrt Ötztal, bis Umhausen, dort den Hinweisschildern Stuibenfall, Ötzidorf folgen. Großer, gebührenpflichtiger Parkplatz beim Bischoffsplatz.
Ausgangspunkt	Parkplatz beim Bischoffsplatz in Umhausen
Dauer	ca. 3,5–4 Stunden
Höhen	Parkplatz 1079 m, Höfle/höchster Punkt 1539 m; Höhenunterschied: ca. 460 Hm
Einkehrmöglichkeit	Waldcafé Stuböbele (am Weg zum Wasserfall), Gasthof Stuibenfall, Gastronomie beim Bischoffsplatz
Kurzbeschreibung	Wer den Stuibenfall erklimmen will, der muss gut sein im Treppensteigen. Davon gibt es auf den rund 450 Höhenmetern nämlich reichlich. Aber dafür wird man mit einem einzigartigen Naturschauspiel belohnt.
Beste Jahreszeit	April bis Oktober

Der höchste Wasserfall Tirols, der Stuibenfall, lässt sich über Stege, Stiegen und eine Hängebrücke erklimmen. Oder auch über einen Klettersteig.
Der Grawa-Wasserfall im Stubai beeindruckt durch seine Breite, der Stuibenfall hingegen durch seine Höhe: 159 Meter schießt das Wasser des Horlachbaches in glitzernden Kaskaden in die Tiefe. Der Weg zum Wasserfall beginnt am Bischoffsplatz in Umhausen. Vorbei geht es am bekannten Ötzidorf, anfangs mäßig, gegen Ende hin aber ordentlich steil bis zur untersten Aussichtsplattform am Fall. Bis hierher muss man mit vielen Menschen aus aller Welt rechnen, die wenigstens aus der Ferne einen Blick auf dieses Naturschauspiel werfen wollen. Hier geht der breite Weg über in einen schmaleren Steig, der sich in Serpentinen durch den Wald zieht und uns so dem Getöse der Wassermassen immer näher bringt. Schließlich erfolgt der Übergang in den „technischen Teil" unseres Aufstieges. Man hat nämlich den Stuibenfall mit einem System von 700 Stufen, Alustegen und einer 80 Meter langen Hängebrücke erschlossen. An dieser Stelle sei ausdrücklich gewarnt: Wer sich dabei unwohl fühlt, viel Luft unter den Fußsohlen zu haben, für den ist diese Tour nicht geeignet.
Für den Rest jedoch lässt sich der Wasserfall auf der Steiganlage beinahe an-

Der Stuibenfall, gesehen vom Ende des breiten Zustiegsweges

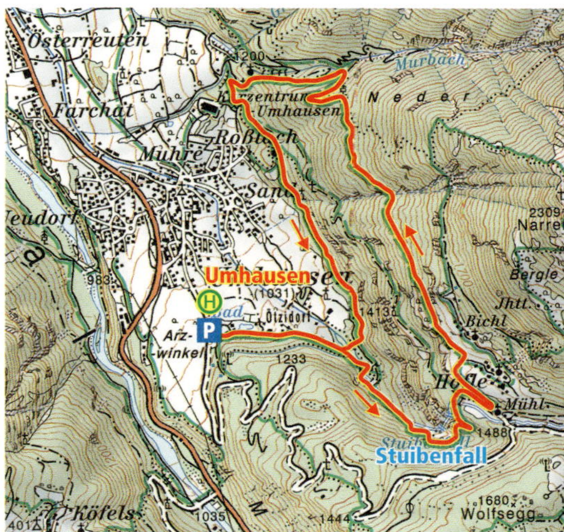

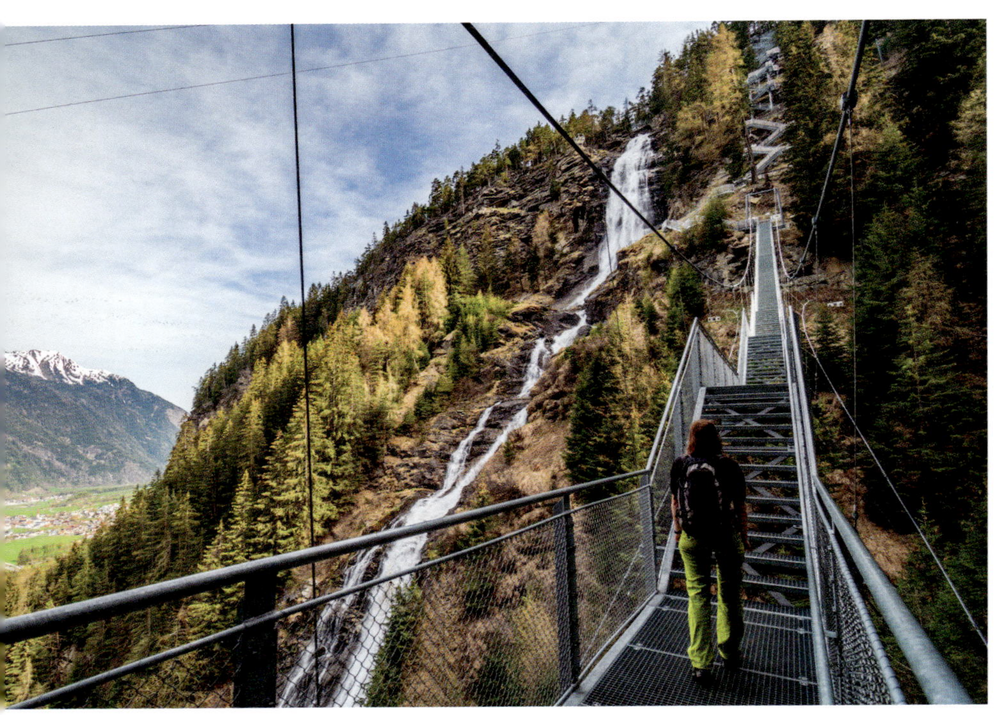

greifen. Immerhin spürt man die Gischt im Gesicht. Von diesem staubenden – „stuibenden" – Wasser rührt übrigens auch sein Name her. Die Millionen kleinster Wassertropfen, die man dabei einatmet, sollen noch dazu eine gesundheitsfördernde Wirkung haben. Dafür muss man schon in Kauf nehmen, zu Fuß ein mittleres Hochhaus zu erklimmen.

Nass von Schweiß und Wasser kommt man schließlich am Ausstieg an. Über eine Wiese geht es nun zum Gasthof Stuibenfall und dann noch ein kleines Stück höher in den Niederthaier Ortsteil Höfle. Hier steigen wir in den Umhauser Höhenweg ein und halten uns talauswärts (nach links). Zuerst verlieren wir nur langsam an Höhe, dann geht es aber steiler abwärts. Oberhalb des Umhauser Ortsteiles Roßlach wendet sich der Weg nun wieder Richtung Süden (taleinwärts) und wir wandern, immer am Waldrand entlang, oberhalb des Ortes zu unserem Ausgangspunkt zurück.

Ganz Wagemutige können entlang des Stuibenfalles auch einen 450 Meter langen Klettersteig im unteren bis mittleren Schwierigkeitsgrad (A/B, einige Stellen C) erklimmen. Dazu ist natürlich eine Klettersteigausrüstung erforderlich. Der Einstieg erfolgt unmittelbar am Ende des breiten Zustiegsweges. Den Rückweg nimmt man dann wie bereits beschrieben in Angriff.

Oben: Die Stege und Treppen am Stuibenfall sind nicht für alle geeignet.

Rechts: Der Winnebachsee liegt an der gleichnamigen Hütte inmitten einer spektakulären Hochgebirgslandschaft.

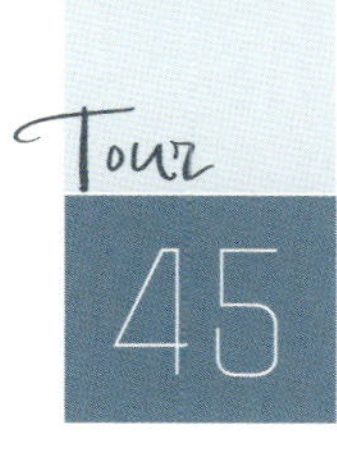

WINNEBACHSEE

Felswände und Gletscher

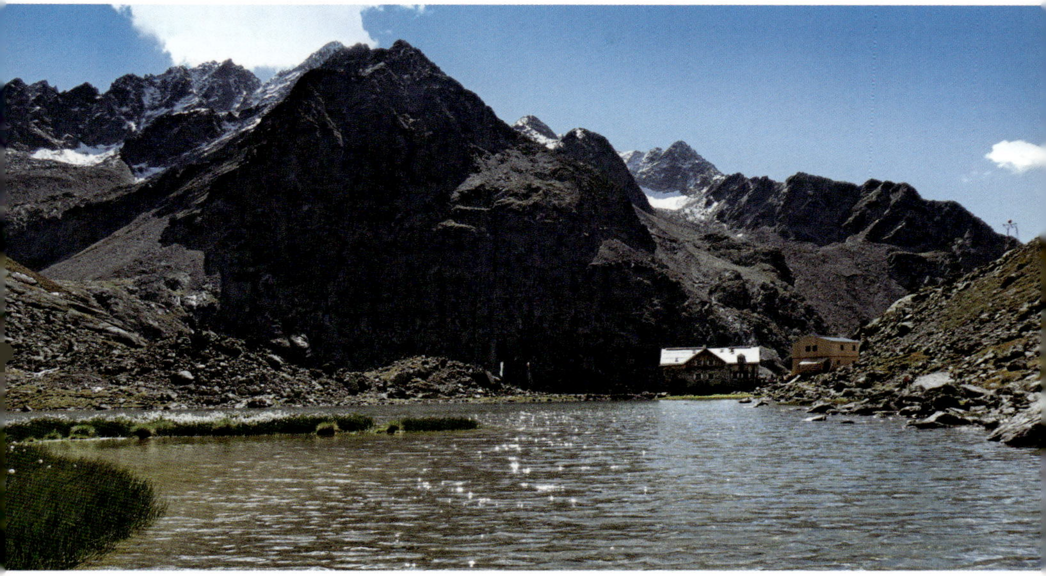

Anfahrt	**Mit den Öffis:** Mit dem Zug bis Ötztal-Bahnhof. Dort umsteigen in den Bus 4194 oder 8352 bis Längenfeld, Busstation Hotel Edelweiß/Gries. Weiterfahrt mit dem Pendel-/Wanderbus (4-mal täglich von Ende Mai bis Anfang Oktober) oder dem Taxi. **Mit dem Pkw:** Über die A 12 Inntalautobahn, Abfahrt Ötztal, taleinwärts bis Längenfeld. Beim ersten Kreisverkehr links Richtung Gries abbiegen, am Ortsende großer, kostenpflichtiger Parkplatz.
Ausgangspunkt	Wanderparkplatz in Gries
Dauer	ca.2–2,5 Stunden Aufstieg, ca. 1,5–2 Stunden Abstieg
Höhen	Gries 1569 m, Winnebachseehütte 2362 m; Höhenunterschied: ca. 800 Hm
Einkehrmöglichkeit	Winnebachseehütte
Kurzbeschreibung	Steiler Beginn, dann etwas flacher weiter in einem großartigen Hochtal mit dem Endpunkt Winnebachsee und -hütte. Etwas anstrengend, aber mit Belohnung in Sicht.
Beste Jahreszeit	Juni bis September. Die Hütte ist in der Regel von Mitte Juni bis Anfang Oktober geöffnet.

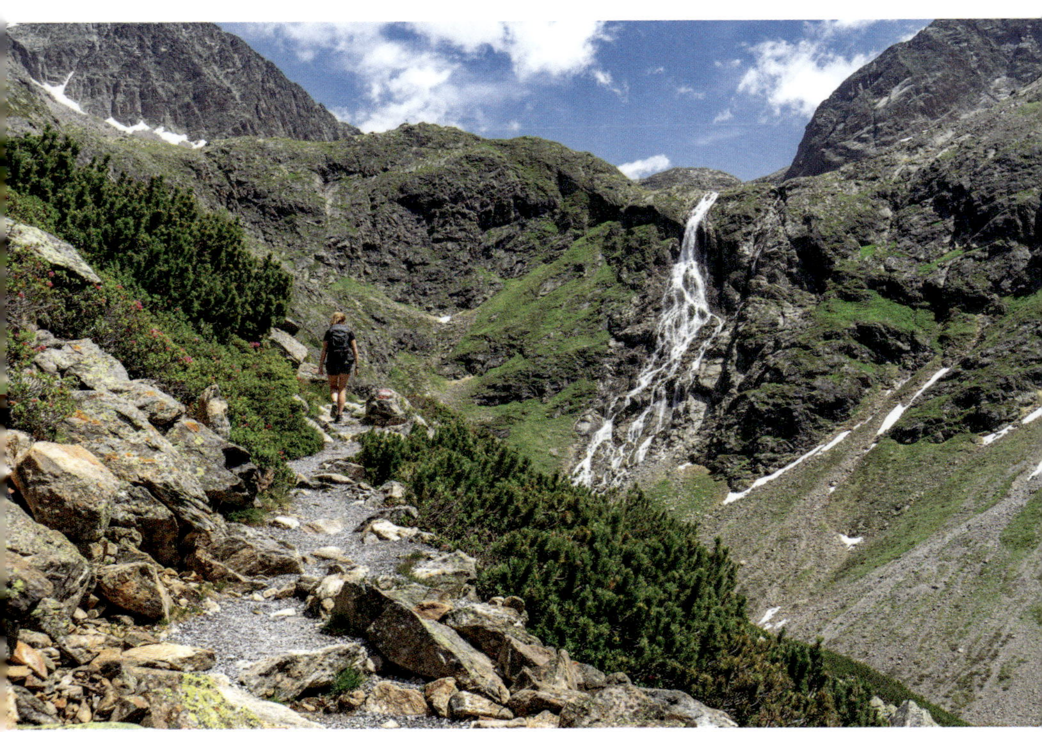

Kristallklar liegt der Winnebachsee in einem Kessel. Von seinem Ufer schweift der Blick zu nahen, dunklen Felswänden oder weiter in die Ferne zu den Ötztaler Gletschern. Hier möchte man einen Sommer verbringen.

Vom Wanderparkplatz in Gries im Sulztal geht es ein kleines Stück an der Straße zurück, vorbei an einem Übungslift und dann nach rechts in drei weiten Serpentinen in etwa 20 Minuten hinauf zum Gasthof Winnebach mit einer kleinen Kapelle. Ab hier verabschieden wir uns vom Asphalt und wechseln auf einen ziemlich steilen Waldweg. Den geht es jetzt eine ganze Weile aufwärts, bis sich das Gelände etwas zurückneigt. Der Wald wird lichter und nun wird auch offensichtlich, dass wir uns im einem Tal bewegen. Rechts von uns ist immer wieder das Kabel der Materialseilbahn sichtbar, die die Winnebachseehütte versorgt. Der Weg führt hauptsächlich durch niederes Gebüsch, zuweilen muss man auch die eine oder andere störrische Kuh umgehen. Eine markante Zwischenstation ist die Winnebachalpe mit einem kleinen, recht neuen Holzhäuschen, wo man eine Rast einlegen und das Flair dieses rauen Hochtales auf sich wirken lassen kann.

Vor uns haben wir nun im Talgrund die herrlichen Bachfälle, auf die wir schnurstracks zuzumarschieren scheinen. Nass

Oben: Die Bachfälle beim Aufstieg zum Winnebachsee

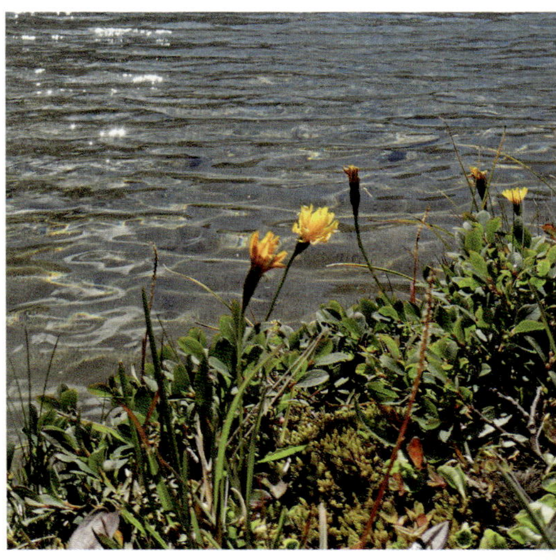

werden wir aber nicht, weil wir nämlich zuvor links die letzten Serpentinen hinauf zur Winnebachseehütte nehmen, die direkt an der Hangkante steht. Hinter dem Haus beginnt der gleichnamige See. Er liegt in einem weiten, relativ flachen Kessel, auf dessen westlicher Seite der Weg in Richtung Zwiesel- oder Winnebachjoch entlangführt. Auf diesem kann man bis zum Seeende spazieren und sich dann auf einen der großen Steinblöcke setzen und entspannt die Szenerie mit mäandernden Bächlein, See und Hütte beobachten. In der Ferne, talauswärts, glitzern die Ötztaler Gletscher. Am Ostufer des Sees geht es dann über wenig Stock und viel Stein wieder zurück. Eine Seeumrundung dauert an die 20 Minuten.

Die Winnebachseehütte wurde 2015 ausgebaut. Im Sommer lässt es sich gut auf der Terrasse sitzen, die allerdings nicht dem See zugewandt ist. Vom neuen Anbau hat man einen tollen Blick auf die bereits erwähnten Bachfälle. Zurück wandern wir über den Aufstiegsweg.

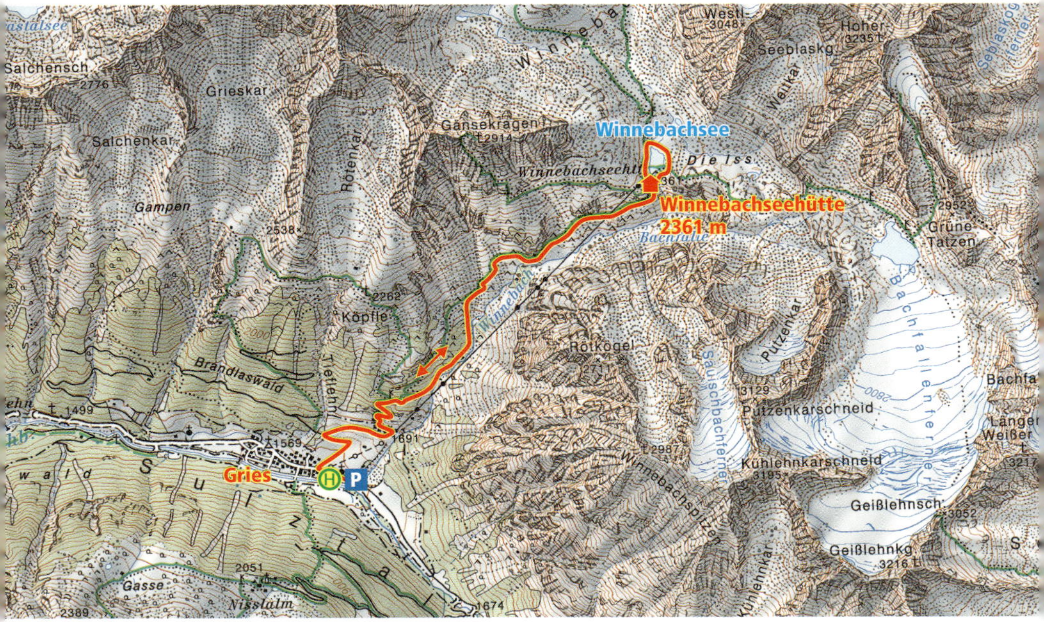

SCHWEFELSEE

Ein Schwefelbad für Frösche

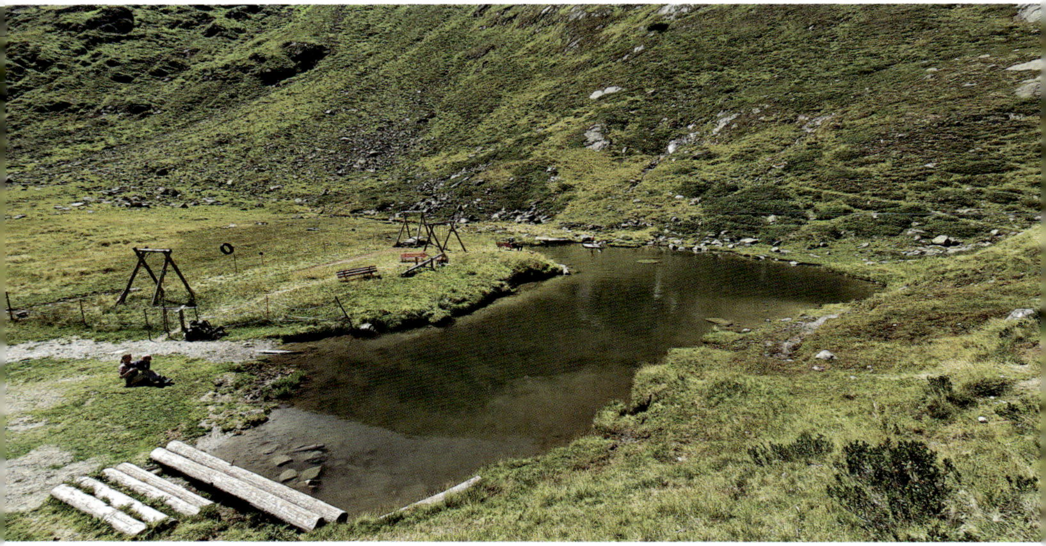

Anfahrt	**Mit den Öffis:** Mit dem Zug bis Ötztal-Bahnhof. Dort umsteigen in den Bus 4194 oder 8352 bis Längenfeld, Busstation Hotel Edelweiß/Gries. Weiterfahrt mit dem Pendel-/Wanderbus (4-mal täglich von Ende Mai bis Anfang Oktober) oder dem Taxi. **Mit dem Pkw:** Über die A 12 Inntalautobahn, Abfahrt Ötztal, taleinwärts bis Längenfeld. Beim ersten Kreisverkehr links Richtung Gries abbiegen. Am Ortsende großer, kostenpflichtiger Parkplatz.
Ausgangspunkt	Wanderparkplatz in Gries
Dauer	ca. 1,5–2 Stunden Aufstieg, ca. 1,5 Stunden Abstieg
Höhen	Gries 1569 m, Vordere Sulztalalm 1898 m, Amberger Hütte 2135 m; Höhenunterschied: ca. 570 Hm
Einkehrmöglichkeit	Vordere Sulztalalm, Amberger Hütte
Kurzbeschreibung	Unbeschwerte Wanderung durch ein herrliches, langgezogenes Hochtal. Belohnt wird man am Ende mit der Sonnenterrasse der Amberger Hütte, einem unbeschreiblichen Ausblick und dem kleinen Schwefelsee.
Beste Jahreszeit	Juni bis September; die Hütte ist in der Regel von Mitte Juni bis Ende September/ Anfang Oktober geöffnet.

Die Amberger Hütte mit dem Schwefelsee liegt am Rande der Sulze. Hier bieten sich einem unbeschreibliche Blicke auf die höchsten Gipfel der Stubaier Alpen. Ausgehend von Gries im Sulztal kann man fast in jede Himmelsrichtung zu einem See wandern: Winnebachsee, Schönrinnenkarsee oder Schwefelsee. Der Letztgenannte ist mit den wenigsten Anstrengungen verbunden, denn die knapp 570 Höhenmeter verteilen sich recht verträglich auf die Wegstrecke.

Ausgangspunkt ist, wie auch bei der Tour zum Winnebachsee, der kostenpflichtige Wanderparkplatz in Gries im Sulztal. Dieses Mal geht es aber nach Südosten auf einem kaum ansteigenden Almweg, vorbei an einer kleinen Kapelle, ins Tal hinein. Die Strecke lässt sich sehr gut in drei etwa gleich lange Abschnitte unterteilen: Zuerst geht es über Wiesen bis zur Vögelasbrücke, wo der Fahrweg zur Nisslalm abzweigt. Doch wir ziehen weiter auf unserer Forststraße taleinwärts und gelangen zur Vorderen Sulztalalm. Die Wanderung führt uns bis hierher die ganze Zeit durch klassisches Almgelände mit Weiden und Bächen, unterbrochen von etwas Wald.

Am dritten Abschnitt ab der Vorderen Sulztalalm ändert die Landschaft deutlich ihren Charakter. Wir wandern durch ein Hochtal, links und rechts reichen zuweilen Schotterfelder bis zu dessen Sohle, der Wald ist licht geworden. Vor uns steht mächtig der Schrankogel. Doch der Weg ist, auch wenn er kurzzeitig etwas steiler wird, immer noch herrlich breit und man marschiert ganz unbeschwert am Fischbach entlang. Nur wo ist denn jetzt diese

Links: Spiel, Spaß und Kröten gibt es am Schwefelsee.

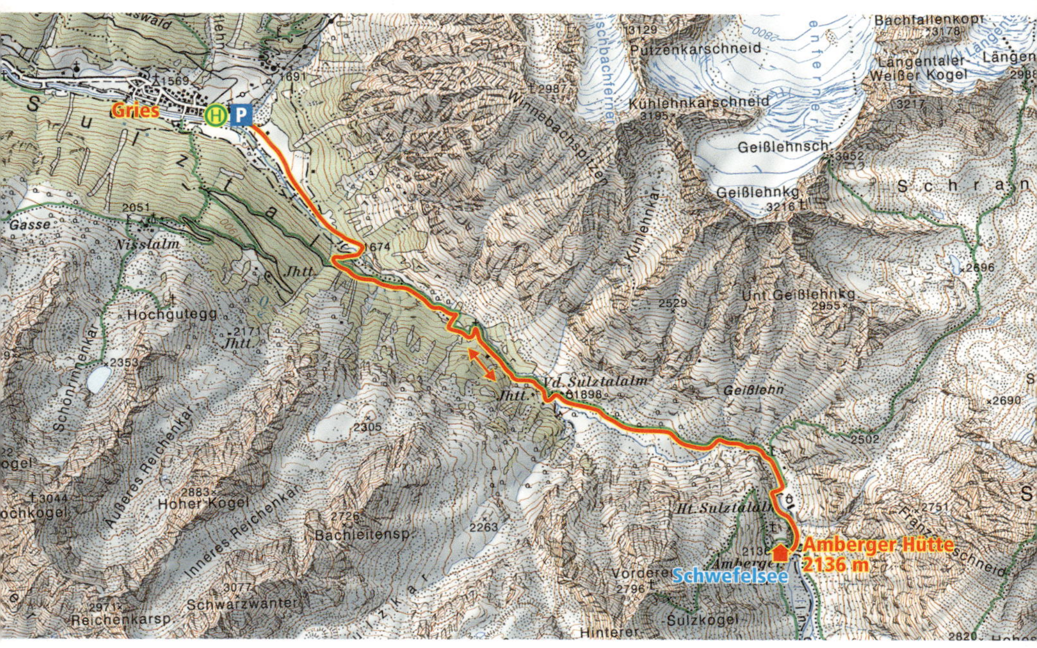

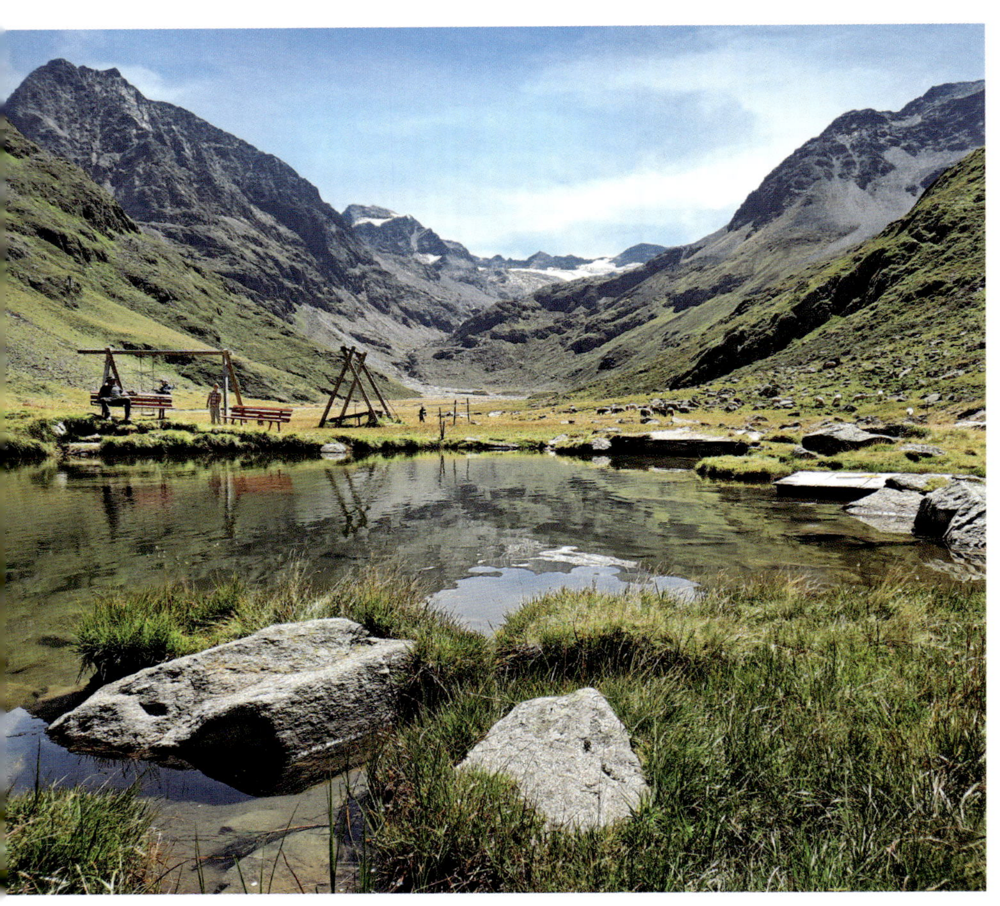

Amberger Hütte? Weit und breit nichts von ihr zu sehen, wo man sie jetzt doch eigentlich bald erreicht haben müsste.
Kein Wunder, man sieht sie erst nach der letzten Wegbiegung, wenn man praktisch nur mehr zwei, drei Gehminuten vor sich hat. Und was für eine prächtige Aussicht sich da bietet! Ein großartiges Tal, die sogenannte Sulze, erstreckt sich südlich der Hütte, umrahmt von Bergen und Gletschern. Und in diesem Tal, wenige Meter unterhalb der Hütte – auf deren Sonnenterrasse wir uns natürlich gemütlich niederlassen –, liegt der Schwefelsee. Wobei der Schwefelgehalt nicht besonders hoch sein kann, wir sichten im Wasser nämlich Frösche. Oder sind es Kröten? Weil der See nicht tief ist, ist das Wasser trotz der Höhe im Hochsommer gar nicht so kalt. Am Ufer befinden sich außerdem einige Spielgeräte für Kinder.
Zurück geht es über den Aufstiegsweg.

Oben: Blick vom Schwefelsee in die Sulze

Rechts: Vor allem im Frühsommer ist die Gurgler Seenplatte ein lohnendes Ziel.

Tour 47

GURGLER SEENPLATTE

Fünf Seen auf einer Platte serviert

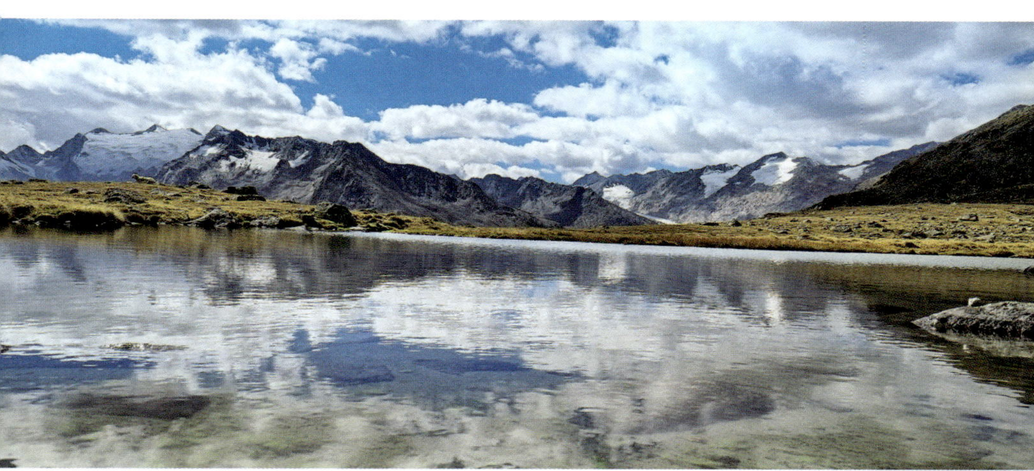

Anfahrt	Vor Beginn dieser Tour sollte man sich klar sein, ob man die Variante mit oder ohne Nedersee machen möchte. Bei der langen Runde empfiehlt es sich, das Auto beim Parkplatz Lenzenalm stehen zu lassen und mit dem Bus bis Obergurgl zu fahren. **Mit den Öffis:** Mit dem Zug bis Ötztal-Bahnhof, dort umsteigen in den Bus 4194 oder 8352. **Mit dem Pkw:** A 12 Inntalautobahn, Ausfahrt Ötztal-Bahnhof, im Ötztal bis Obergurgl. Dort stehen kostenpflichtige Parkhäuser zur Verfügung.
Ausgangspunkt	Kongresszentrum Gurgl Carat in Obergurgl
Dauer	ca. 2–2,5 Stunden Aufstieg, ca. 1,5–2 Stunden Abstieg; Variante mit Nedersee ca. 5,5–6 Stunden Gesamtgehzeit
Höhen	Obergurgl 1907 m, Soomsee 2500 m, Itlsee 2665 m, Nedersee 2436 m, Lenzenalm 1896 m; Höhenunterschied: ca. 760 Hm
Einkehrmöglichkeit	Bei der langen Runde: Lenzenalm, Sahnestüberl (unterhalb der Straße), sonst Gaststätten in Obergurgl
Kurzbeschreibung	Sehr steiler, aber sehr aussichtsreicher Aufstieg bis zum Soomsee/Itlsee. Die lange Abstiegsvariante über den Nedersee bietet die Möglichkeit einer Tageswanderung.
Beste Jahreszeit	Juni bzw. September/Oktober. Wer die Seen mit ausreichend Wasser sehen will, der/die wählt besser den Frühsommer.

Auf der Gurgler Seenplatte bei Obergurgl befinden sich der Soom-, der Itl-, der Nedersee und noch zwei kleinere Gewässer. Alle abzuwandern, ist ein ganz ordentlicher Tagesausflug, dem man am Ende ein Sahnehäubchen aufsetzen kann.

Da steht man nun in Obergurgl am Kongresszentrum Gurgl Carat neben der Pfarrkirche und entdeckt gelbe Wanderwegweiser. Aber kann das wirklich stimmen? Da hinunter, in die Häuserschlucht zwischen Parkgarage und Feuerwehr? Ja, es stimmt, hier beginnt der Schalfkogelweg, von dem dann der Seenplattenweg abzweigt. Und dieser führt uns schließlich zu einer Brücke über die Gurgler Ache.

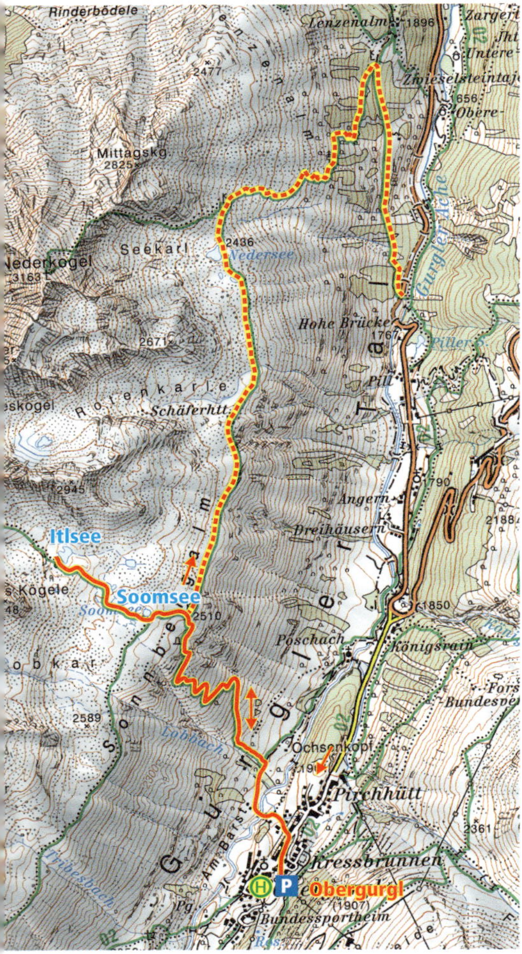

Wenn man die überschreitet, so wechselt man in eine andere Welt: rechts des Baches Hotels, Chalets, Pensionen, Skilifte, links davon karges, ländliches Leben mit ein paar Holzhütten und weidenden Schafen. Hier beginnt ein breiter Schotterweg, der uns mäßig ansteigend in wenigen Minuten bis zum Loobbach führt. Doch das war für längere Zeit die letzte Erholung, denn von nun an wird es für eine gute Stunde steil. Das Gute an der Sache: Wenn wir an der Hangkante angelangt sind, die man bereits von ganz unten sehen kann, dann haben wir auch mehr oder weniger unser Ziel erreicht: den Soomsee. Denn von dieser scharfen, durch den Gletscher vor vielen tausend Jahren geformten Kante, dem Saum bzw. im Ötztaler Dialekt Sohm/Soom, hat der See seinen Namen.

Aber vorerst geht es unbarmherzig diesen steilen Steig hinauf, der vom Schotterweg abzweigt. Je nach Jahreszeit taucht man dabei im Frühsommer in ein frisches Blütenmeer ein, oder es riecht im Herbst schon würzig vom Wacholder und die bunten Farbtupfer von Heidel- und Preiselbeeren säumen den Weg. Der Ausblick, den man talein- und -auswärts hat, ist dabei großartig: Nach Westen zu sieht man die Gletscher mit dem Gurgler Ferner im Zentrum, nach Osten blickt man gegen Hochgurgl. Von dort dringen speziell am Wochenende auch Geräusche wie von einer Rennstrecke herauf – die Motorräder, die das Timmelsjoch hinauf- und hinunterfahren.

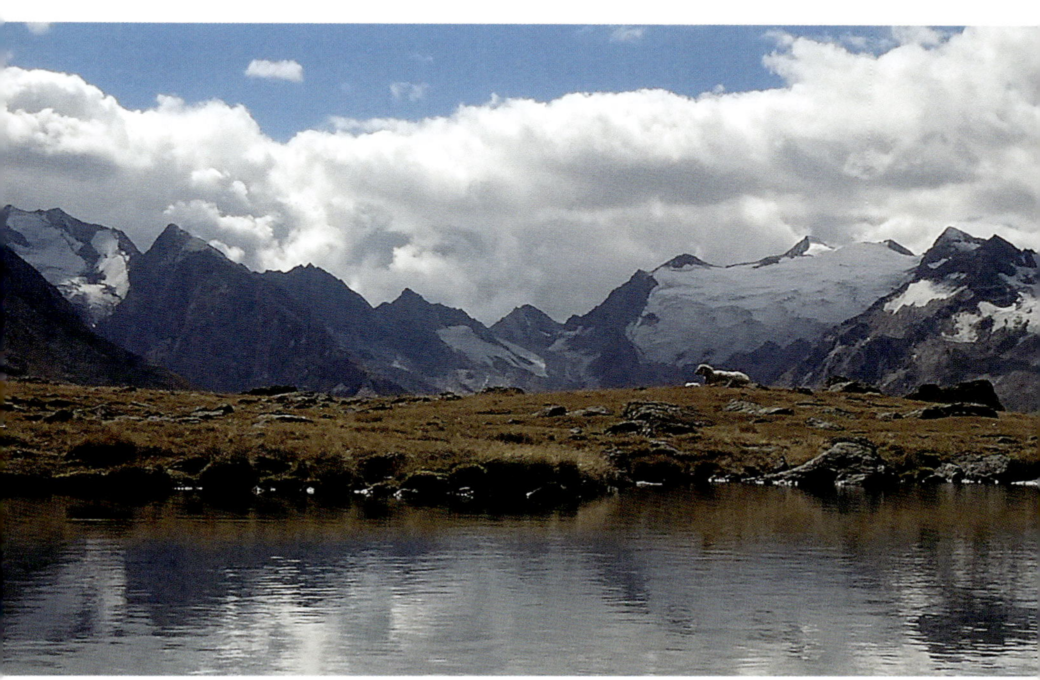

Langsam lehnt sich der steile Hang schließlich etwas zurück, die Serpentinen werden weiter. Erblickt man dann einen roten Smiley auf einem Stein, kann das nur bedeuten: Jetzt ist es nicht mehr allzu weit. Und tatsächlich: Endlich hat man die Hangkante erreicht, an der der Weg in Richtung Lenzenalm und Nedersee abzweigt (12 bzw. 49). Auch eine Stele steht dort, die einen über die Beweidung der Seenplatte seit etlichen tausend Jahren aufklärt. Um die ebenfalls beschriebenen steinernen Tierpferche zu sehen, die es dort gegeben haben soll, braucht man aber wohl ein geschultes Auge.

Der Soomsee liegt noch einmal rund 10 bis 15 Minuten höher. In heißen Sommern trocknet er allerdings aus. Doch keine Sorge, wenn man dem Weg zum Gurgler Schartl folgt, kommt links bald ein zweites, kleineres Gewässer und nach weiteren 20 Minuten schließlich der Itlsee. Tatsächlich ist hier das Gelände teilweise ganz flach, von sanften Grasmatten überzogen, auf denen die Schafe weiden. Hier ist der Blick auf die Gletscher taleinwärts noch einmal viel beeindruckender.

Nach ausgiebiger Rast geht es nun wieder hinunter bis zum ersten Wegweiser, bei dem die Entscheidung ansteht: lange, aber dafür eher sanft absteigend zum Nedersee und zur Lenzenalm oder kniebrecherisch auf dem Aufstiegsweg nach Obergurgl? Wir haben Variante 2 gewählt.

Oben: Die weißen Büschel des verblühenden Wollgrases

Tour 48 TIMMELSJOCH/ BANKERSEEN

Auf den Pass des Donners

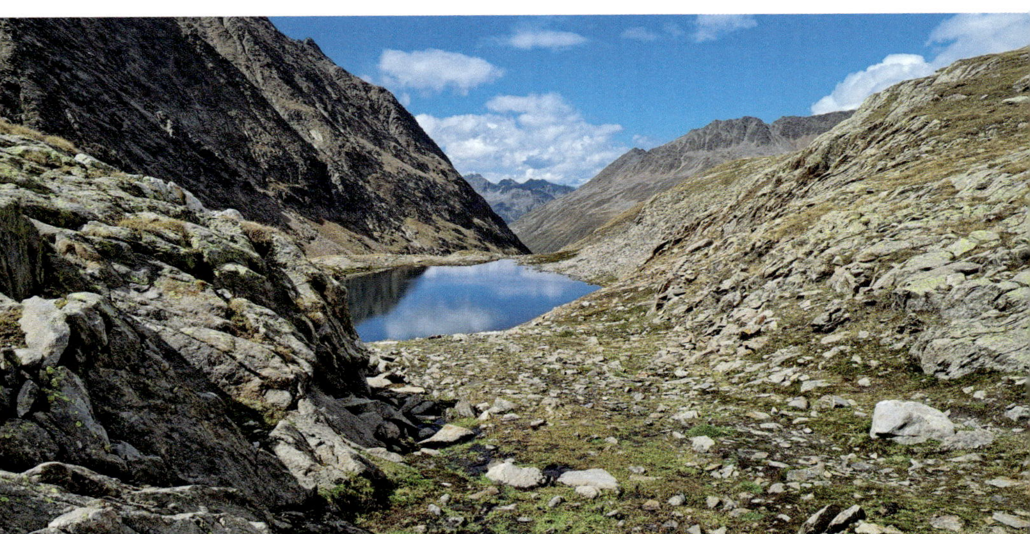

Anfahrt	**Mit den Öffis:** Mit dem Zug bis Ötztal-Bahnhof. Dort umsteigen in den Bus 8352 oder 4194 (Manche Busse dieser Linie fahren in der Sommersaison bis zum Pass). Alternativ in Obergurgl in den Bus 8405 umsteigen. **Mit dem Pkw:** Auf der A 12 bis Ausfahrt Ötztal, dann im Ötztal bis auf das Timmelsjoch. Die Straße ist ab Hochgurgl mautpflichtig.
Ausgangspunkt	Parkplatz Timmelsjoch
Dauer	Ganz nach Belieben
Höhen	Timmelsjoch 2474 m, der Höhenunterschied auf der Wanderung beträgt insgesamt ca. 100 bis 150 Hm.
Einkehrmöglichkeit	Rasthaus Timmelsjoch
Kurzbeschreibung	Entdeckungstour abseits des Timmelsjochs mit zahlreichen Überraschungen. Technisch einfach, kaum Höhenmeter.
Beste Jahreszeit	Juli bis September (abhängig von der Öffnung der Passstraße, die je nach Schneelage variiert)

Die Bankerseen am Timmelsjoch liegen in einer archaischen Landschaft aus Schutt und Gletscherschliff. Eine kleine Wanderung zwischen Nord- und Südtirol, auf der es viel zu bestaunen gibt.
Am Timmelsjoch wimmelt und wuselt es in der Regel. Menschen steigen auf der Überquerung des Passes kurz aus dem Auto, knipsen schnell ein paar Fotos und sind in der Regel rasch wieder weg. Motorräder liefern sich ohnedies passauf und passab ein Rennen, die Fahrerinnen und Fahrer dabei natürlich mit Helmkameras bewaffnet. Nicht umsonst heißt das Timmelsjoch auf Italienisch Passo Rombo – Pass des Donners.
Dass nur wenige Meter von der Passhöhe und dem Trubel entfernt eine archaische, hochalpine Welt beginnt, das interessiert nur wenige. Darum wird es auch rasch ruhig, wenn man beim Parkplatz die Straße überquert, das Passmuseum links liegen lässt und einem deutlich sichtbaren Weg direkt nach Süden folgt. Lediglich das Weidevieh begleitet einen da im Hochsommer. Schon nach wenigen Minuten kommen wir auch zum ersten See, es werden noch zahlreiche folgen.
Der Weg wird nun immer schmaler, verkommt zu Steigspuren und verschwindet schließlich ganz. Aber das macht nichts, wir wandern auf diesem Plateau einfach nach Lust und Laune herum. Immer wieder treffen wir auf kleinere und größere Seen, Tümpel, Bachläufe. Oft gluckert es auch nur unter den großen Steinen, auf denen wir gehen. Es ist eine echte Entdeckungsrunde in einer faszinierenden Landschaft, die uns immer neue Perspektiven und kleine Naturwunder offenbart.

Links: Von der Straße sind die Bankerseen nicht sichtbar.

Mal schauen wir in Richtung Südtirol, mal weit hinaus durch das Ötztal, mal zurück auf den Pass. Aus den Tiefen des Tales kommt zuweilen ein unheimliches Grollen – die Motorräder.
Markant sind die vom Eis abgeschliffenen großen Steine und Schutthöcker. Sie sollen dem Pass auch den Namen gegeben haben, denn im Rätoromanischen bezeichnen „Tömbl" kleine Hügel. Der Name Bankersee stammt wiederum von den Bankerjoch-Spitzen, an deren Fuß die Gewässer liegen.
So wandern wir zwischen den Steinen oder über die Felsen dahin, solange wir eben Zeit und Lust haben. Auch ohne sichtbaren Weg klappt das wunderbar, die Orientierung zurück zum Pass sollte bei klarem Wetter auch nicht schwerfallen. Aufpassen muss man lediglich, dass man auf den Blöcken nicht umkippt und sich verletzt.

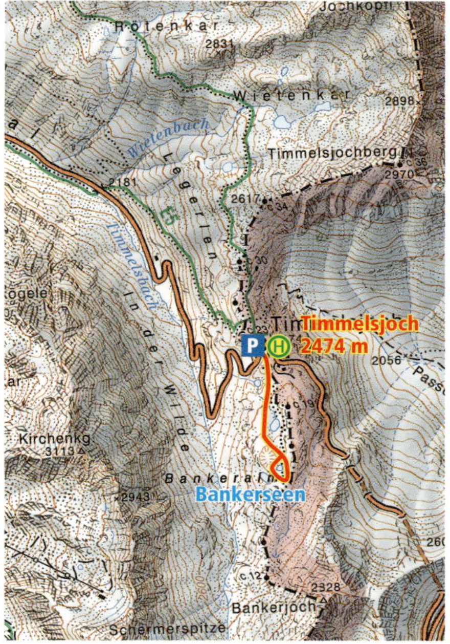

BRECHSEE

Vom Kitzmörder behütet

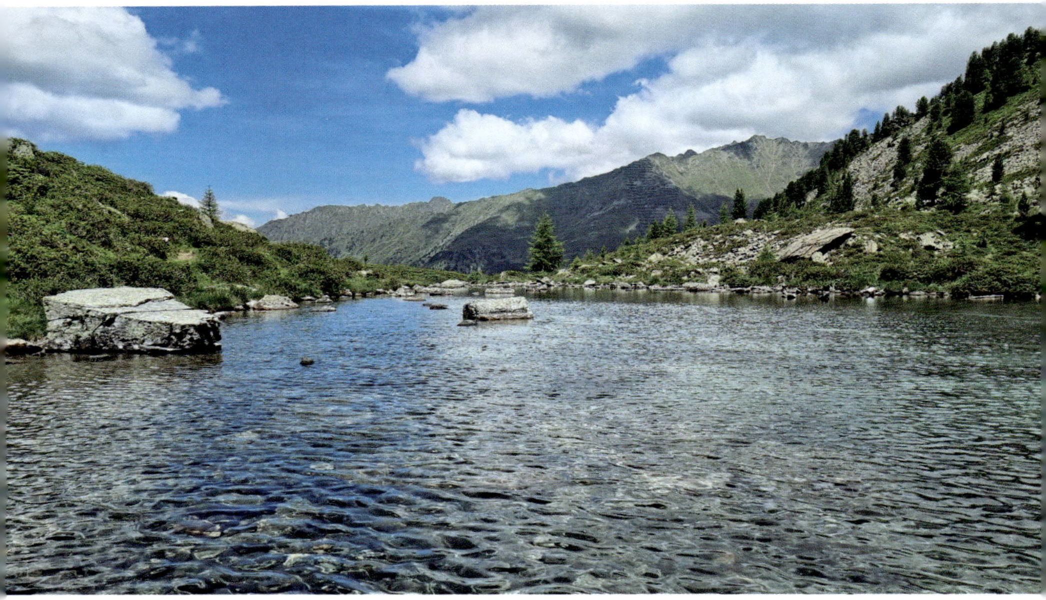

Anfahrt	**Mit den Öffis:** Der Ausgangspunkt ist mit Öffis nicht zu erreichen. **Mit dem Pkw:** A 12, Ausfahrt Imst, weiter ins Pitztal, von der Hauptstraße beim Wegweiser Burg-Rehwald (vor St. Leonhard i. P.) abbiegen und auf einer schmalen Bergstraße zum Weiler Rehwald fahren. Dort sehr begrenzte Parkmöglichkeiten, am besten früh dran sein!
Ausgangspunkt	Parkplatz beim Weiler Rehwald
Dauer	ca. 2–2,5 Stunden Aufstieg, ca. 1,5–2 Stunden Abstieg
Höhen	Parkplatz Rehwald 1450 m, Mauchele Alm 1840 m, Brechsee 2145 m; Höhenunterschied: 700 Hm
Einkehrmöglichkeit	Mauchele Alm mit besonders freundlichen Hüttenwirtinnen
Kurzbeschreibung	Unschwierige, wenngleich zeitweise recht steile Wanderung durch eine großartige hochalpine Landschaft mit herrlichem Zirbenwald
Beste Jahreszeit	Juni bis August, früher bzw. später muss man in den höheren Lagen mit Schnee rechnen.

Der Brechsee ist einer von vielen schönen Seen im Pitztal auf relativ engem Raum. Er liegt im Schatten eines Gipfels namens Kitzmörder. Aber das tut der Schönheit keinen Abbruch: weder der des Sees noch der des Berges.

Vom Weiler Rehwald starten wir vorerst einmal recht gemütlich auf dem breiten, wenngleich teilweise durchaus schon steilen Wirtschaftsweg. Bei einem Kuhgatter gilt es dann, die Entscheidung zu treffen, ob man auf dem Forstweg bleibt oder (links) über den „Fußweg" zur Mauchele Alm weitergeht. Wir entscheiden uns für den Aufstieg über den Steig – und später dann für den Abstieg auf dem Wirtschaftsweg.

Vorerst ist vom Steig allerdings noch nichts zu sehen. Es geht flach auf einem breiten Weg dahin. Von diesem geht es nach einiger Zeit rechts ab und es wird auf der Stelle schweißtreibend. Dafür bietet der Steig aber auch weit mehr Abwechslung: Wasserläufe, verfallene Trockenmauern, eine gemütliche Jagdhütte liegen am Weg. Nach etwa einer Stunde kommt man zur Mauchele Alm, die wir aber vorerst (durchaus auch geografisch) links liegen lassen.

Der Steig führt uns weiter durch den Wald, bei einer Abzweigung halten wir uns rechts (links geht's zum Stallkogel). In fast regelmäßiger Abwechslung zwischen steilen und flacheren Passagen steigen wir nun durch den wunderbaren Zirbenwald immer höher, bis wir die Waldgrenze erreicht haben. Nach einer Wetterstation erfolgt ein kurzer Abstieg, der teilweise auch seilversichert ist. Das müsste zwar nicht unbedingt sein, allerdings ist der Steig an dieser Stelle tatsächlich etwas ausgesetzt. Schließlich der letzte Anstieg. Hier hat man einen wirklich großartigen Blick über das Pitztal hinaus Richtung Inntal. Im Vordergrund der langgezogene Venet-Rücken, dahinter die Lechtaler Alpen in ihrer ganzen Pracht. Nach einer kurzen Pause zum Schauen und Staunen legen wir die letzten Meter zum Brechsee zurück.

Eigentlich sind es ja zwei Seen, die durch einen kurzen Bachlauf miteinander verbunden sind. Sie liegen malerisch eingebettet in einem Kessel, das Wasser ist kristallklar und eiskalt. Zwischen den Steinen finden sich immer wieder gemütliche Plätzchen zum Lagern, am südwestlichen Ende etwas mehr. Blickt man von diesen nach Osten, so schaut man auf der gegenüberliegenden Talseite auf den Geigenkamm. Der Berg direkt südlich oberhalb des Sees trägt den schaurigen Namen Kitzmörder.

Konditionsstarke können nun noch weitergehen zum Krummer See, der sich höher im selben Talkessel unter dem Stupfariköpfle befindet, wie übrigens auch die Kugleter Seen. Bis zum Krummer See sind es allerdings noch einmal rund 1,5 Stunden und 300 Höhenmeter, die sich lohnen. Wir lassen es in diesem Fall am Brechsee gut sein. Den Abstieg bewältigen wir gleich wie den Aufstieg. Nach einer gemütlichen Einkehr auf der Mauchele Alm nehmen wir dann, wie schon erwähnt, den knieschonenden Wirtschaftsweg.

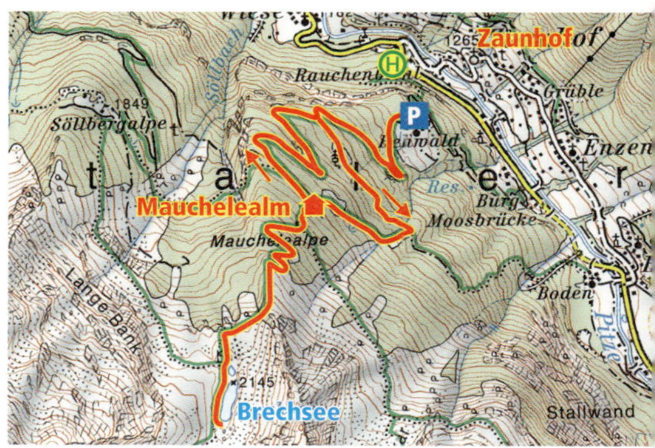

Tour 50 RIFFLSEE

Zum größten See der Ötztaler Alpen

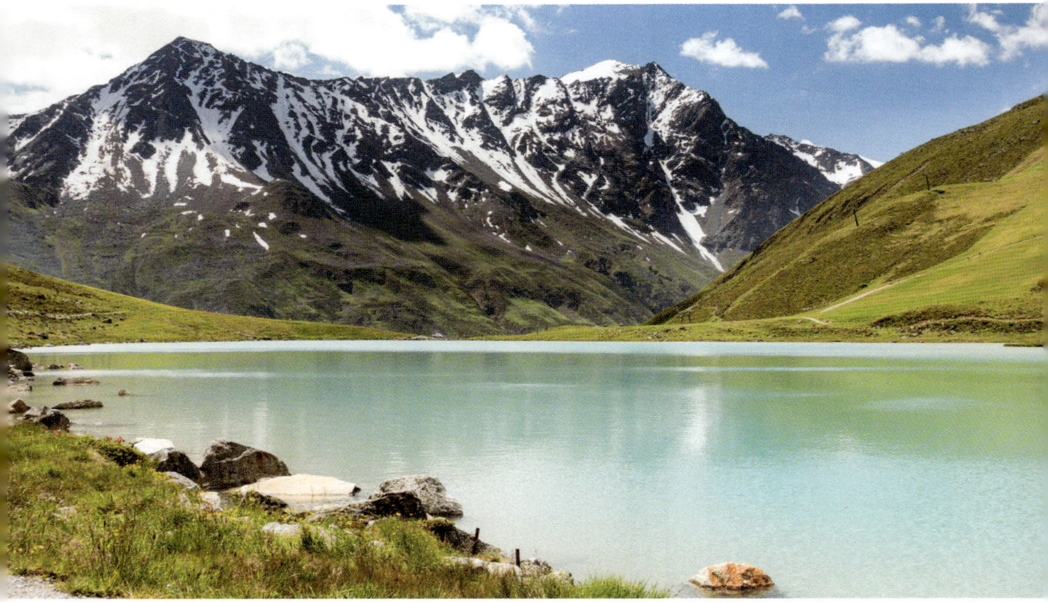

Anfahrt	**Mit den Öffis:** Zug bis Imst, weiter mit dem Bus 4204 bis Mandarfen/Rifflseebahn. **Mit dem Pkw:** A 12 Inntalautobahn, Ausfahrt Imst, weiter ins Pitztal bis Mandarfen. Hier gibt es ausreichend Parkplätze bei der Rifflseebahn.
Ausgangspunkt	Parkplatz Rifflseebahn
Dauer	ca. 2–2,5 Stunden Aufstieg, 30–45 Minuten um den See, ca. 1–1,5 Stunden Abstieg
Höhen	Parkplatz Mandarfen 1682 m, Rifflsee 2232 m, Taschachalpe 1796 m; Höhenunterschied: ca. 600 Hm
Einkehrmöglichkeit	Rifflseehütte (mit etwas Umweg), Taschachalpe, Gastbetriebe in Mandarfen
Kurzbeschreibung	Ein anfangs steiler, später sehr schöner Aufstieg, einfache Seeumrundung mit der Möglichkeit einer Floßfahrt und wahlweise leichter oder etwas schwierigerer Abstieg
Beste Jahreszeit	Juni bis Oktober, je nach Schneelage (Sommerbetrieb der Bahn Anfang Juni bis Mitte Oktober)

Der Rifflsee liegt zwar inmitten eines Skigebietes, doch im Sommer lässt sich das sehr gut ausblenden. Durch die Erreichbarkeit mit der Bahn herrscht freilich an schönen Tagen sehr reger Betrieb.

Die Tour zum Rifflsee beginnt bei der gleichnamigen Bahn. Aber keine Angst, wir benutzen nicht die Aufstiegshilfe, sondern unsere Beine. Wir queren daher die Pitze über die Brücke bei der Seilbahn, biegen bei der Bergrettungsstation rechts ab und wandern ein Stück den Uferweg entlang. Schon nach wenigen Metern weisen gelbe Tafeln links in den steilen Wald hinauf. Die dort angeschriebenen Zeiten wirken etwas abschreckend und sind wohl für Menschen gedacht, die sehr wenig und/oder sehr langsam gehen.

Wir schlagen uns also unverdrossen in den Wald, der am Beginn tatsächlich sehr steil ist. Da macht man reichlich Meter, sofern man nicht im Vorbeigehen noch ein paar Pilze mitnehmen muss, die verlockend neben dem Steig stehen. So nach und nach wird die Sicht freier und wir finden uns in einem herrlichen Hochtal, dem Hirschtal, wieder. Wilder Wacholder, Erlensträucher und grobes Blockwerk haben die Bäume abgelöst. Bei einem Wegweiser halten wir uns rechts und bleiben unserem Tal treu. Hier haben wir ungefähr die Hälfte des Aufstieges bereits zurückgelegt. Der Steig wird wieder etwas steiler und anspruchsvoller, gesäumt ist er nun von Latschen und hohem Gras. Wer von links plötzlich Stimmen vernimmt, der halluziniert übrigens nicht. In dem dortigen Felsriegel befinden sich ein paar Kletterrouten.

Links: Der Rifflsee ist sowohl zu Fuß als auch mit der Seilbahn erreichbar.

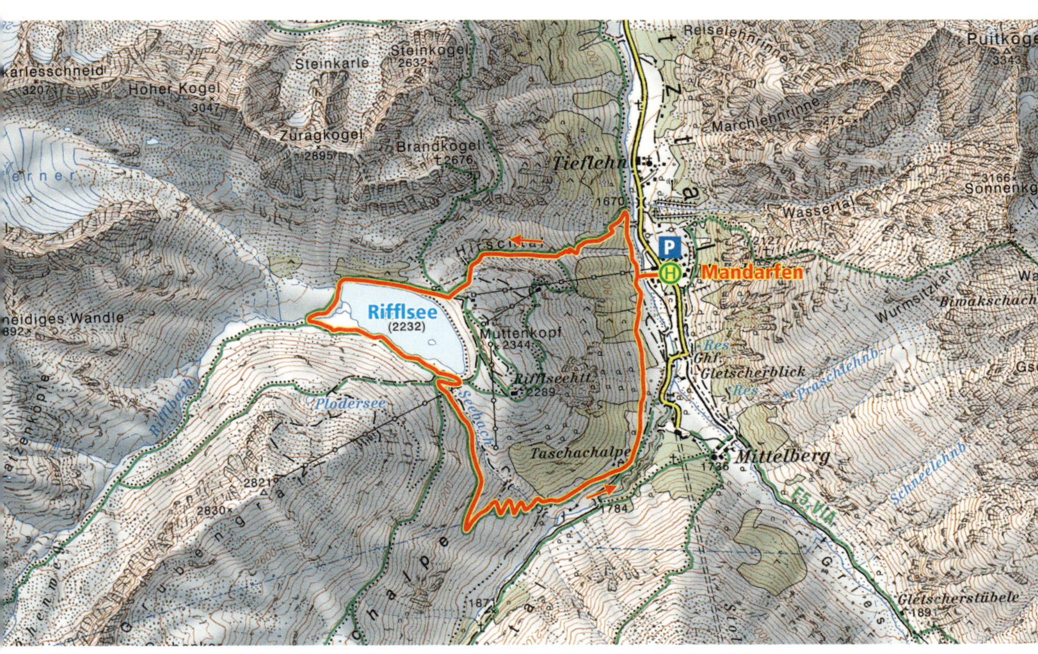

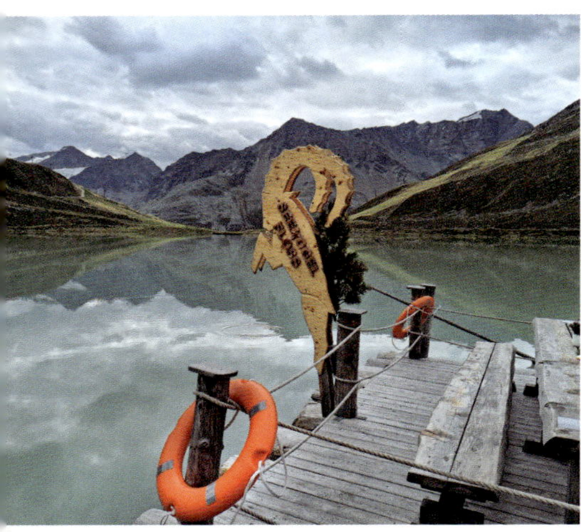

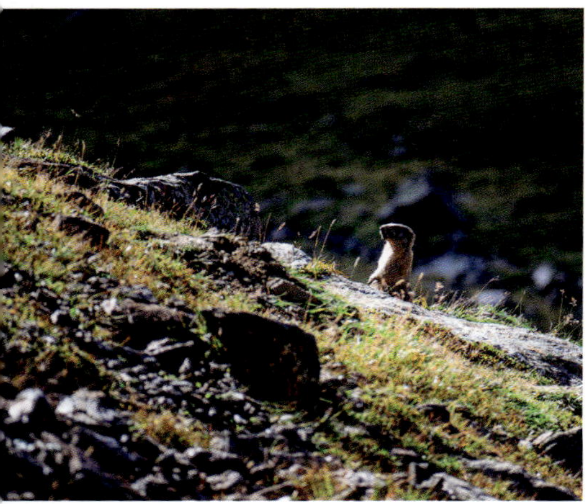

Nach letzten Serpentinen endet das Hirschtal ziemlich überraschend an einer Mauer aus großen Felsen. Darüber befindet sich das Skigebiet, doch auf den Pisten grasen im Sommer die Schafe. Kurz nur wandern auch wir auf der Piste aufwärts, bis in einer Senke der Rifflsee vor uns liegt. Er ist der größte See der Ötztaler Alpen, etwa einen Kilometer lang und 400 Meter breit. Das Wasser ist milchiggrün. Auch ein kleines Inselchen mit einer Bank darauf befindet sich im See. Die Frage ist nur, wie kommt man da hin? Die Antwort lautet: mit einem Floß, denn am Rifflsee wird die angeblich höchstgelegene Floßfahrt Europas angeboten.

Der Weg um den See ist breit, bestens gewalzt und auch für Menschen zu bewältigen, die nicht gut zu Fuß sind. Außerdem laden immer wieder Bänke zur Rast ein. Wer mit der Bahn kommt, muss am Beginn einen kurzen Ab- und am Ende einen Aufstieg bewältigen, der restliche Weg führt 30 bis 45 Minuten am Wasser entlang. Dort, wo Bächlein vom Kaunergrat den See speisen, gibt es zwei Brücken.

Für den Abstieg zu Fuß stellt sich die Frage: Links oder rechts des Seebaches? Links führt ein breiter Fahrweg auf der Skipiste ins Tal, rechts ein kleiner Steig durch die Preiselbeerstauden. Als Naturliebhaber nehmen wir natürlich den kleinen Steig, von dem sich einem so herrliche Blicke in Richtung Taschachferner bieten, dass man sich kaum sattsehen kann. Schließlich führen Steig und Fahrweg/Piste ohnedies wieder zusammen. Unterhalb des Seebach-Wasserfalls quert man eine Brücke und ist dann in wenigen Minuten auf der Taschachalpe, die Gelegenheit zur Einkehr bietet. Der letzte Teil des Weges ist dann leider etwas unansehnlich. Es geht von der Taschachalpe auf einer Schotterstraße ins Tal, vorbei an lauter Dingen, die im Winter der Schnee gnädig bedeckt: Kabel, Schotterhäufen, Steindepots, Parkplätze. Doch nach kurzer Zeit sind wir wieder an der Brücke über die Pitze angelangt und haben unsere Runde vollendet.

Links: Am Rifflsee gibt es auch Floßfahrten.

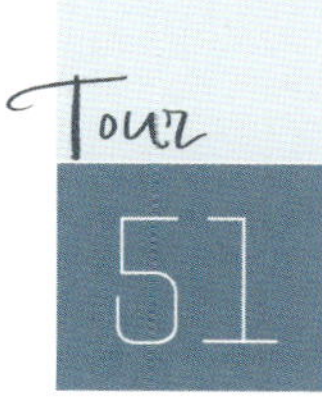

ZAMMER LOCHPUTZ

Eine sagenhafte Verlockung

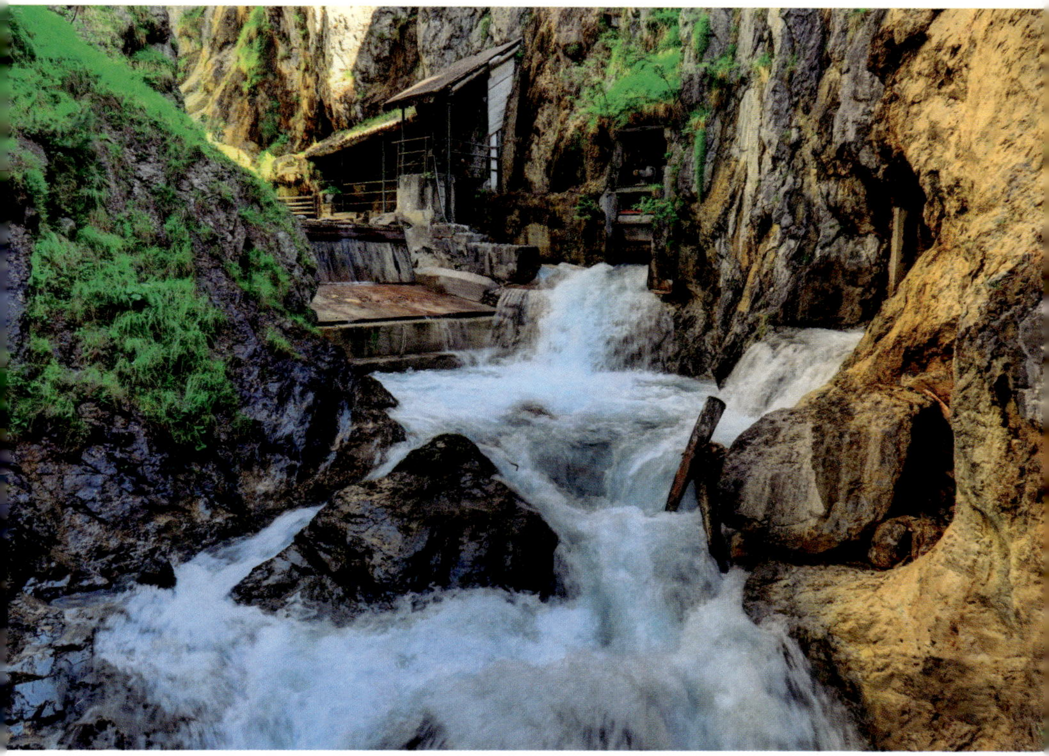

Anfahrt	**Mit den Öffis:** Mit dem Zug bis Landeck-Zams, dort umsteigen in den Stadtbus 1, der bis zum Lochputz fährt. **Mit dem Pkw:** Anfahrt über die A 12 Inntalautobahn, Ausfahrt Zams, bei der Innbrücke in Zams am nördlichen Ufer entlang bis zum Parkplatz.
Ausgangspunkt	Parkplatz Zammer Lochputz
Dauer	1–1,5 Stunden ohne Führung
Kurzbeschreibung	Lohnender Ausflug, vor allem mit Kindern im Volksschulalter
Beste Jahreszeit	Die richtet sich nach den Öffnungszeiten, der jeweils aktuelle Stand findet sich auf der Homepage: www.zammer-lochputz.at

Der Zammer Lochputz ist keine Schluchten- oder Klammwanderung im klassischen Sinn, sondern eher eine Freizeitattraktion. Aber eine, die den Kindern vielleicht Lust auf mehr macht.
Am Eingang zum Zammer Lochputz, einer Schlucht am östlichen Ortsbeginn von Zams, heißt es zuerst einmal einen passenden Helm aussuchen und aufsetzen. Denn aus Sicherheitsgründen darf das Areal nur mit Kopfschutz betreten werden. Kinder unter 10 Jahren dürfen die Anlage aus demselben Grund nur mit einer Aufsichtsperson besuchen.
Angelehnt ist die kleine Wanderung durch die Zammer Klamm an die Sage vom Lochputz. Erste Station im Freigelände ist daher ein altes, verfallenes Gemäuer: die Schmiede, Behausung eines der beiden Männer, die laut Sage um die Gunst einer Wassernymphe gestritten haben. Diese lebte bei dem hartherzigen, alten Schmied, liebte aber den jungen Hirten der Lochalm. Als dieser um die Hand des schönen Fabelwesens anhielt, stellte ihm der Alte drei Aufgaben, ehe er die Nymphe freigeben wollte: Der Hirte sollte statt Wasser Milch auf das Rad der Mühle fließen lassen, in das Innere der Seele des Schmieds blicken und die Sternlein sollten ein Bad im Lochbach nehmen. Der Bursche – man ahnt es – erfüllte alle Aufgaben, und dennoch ging die Geschichte nicht gut aus. Als der Hirte im Frühjahr nämlich die Nymphe zur Hochzeit aus der Schmiede holen wollte, hatte der Alte die Hängebrücke, die dorthin führte, angeschnitten und sie brach ein. Doch noch ehe der junge Mann auf dem Wasser aufschlug, verwandelte er sich in einen Stier – den Lochputz – der über die Klamm wacht. Die Nymphe zog sich in deren Inneres zurück. Dort kann man in einem Felsbild angeblich die versteinerten Figuren der beiden entdecken.
Heute ist diese Hängebrücke aus modernem Stahlgitter, früher war sie wohl aus Seilen und Holz. Auf ihr kann man einen kurzen Blick in die Ruine der angeblichen Schmiede werfen, ehe man auf einem Metallsteg an einem Becken entlanggeht, in dessen Mitte eine gewaltige Fontäne 50 Meter in die Höhe schießt. Sie soll das Stierhorn des Lochputz symbolisieren. Weiter geht es dann zu einem Wasserfall und danach viele, viele Stufen am Rande der Schlucht hinauf. In einem großen Tunnel mit Spiegelplatten begegnet man schließlich wieder einem Stück der Sage, den blanken, silberglänzenden Steinen, die dem Hirten einen Blick in das Innere des Schmieds ermöglicht haben sollen. Was der sah, gefiel ihm aber gar nicht: Er entdeckte nämlich einen hartherzigen Mann. Schließlich gelangt man noch ans obere Ende des Wasserfalls in der Schlucht. Irgendwo hier sollen sich die erwähnten Figuren von Stier und Nymphe befinden
Nun geht es wieder in Richtung Eingang vom Zammer Lochputz: Dort, in einem historischen Wehrturm, der einst zur Außenanlage der Burg Schrofenstein bei Stans gehört hat, wird in einem Film die ganze Sage erzählt und man bekommt das Lied vom Lochputz zu hören. Für Kinder ab fünf bis etwa 10 Jahren ist der Ausflug gut machbar und es gibt viel zu sehen, für die Größeren sind die Fabelwesen vielleicht nicht mehr so verlockend. Sicher auch für Erwachsene ein spektakuläres Bild zeigt sich bei den Winterwanderungen, die mittwochabends angeboten werden.

Rechts: Irgendwo oberhalb des Wasserfalls soll der Lochputz wachen.

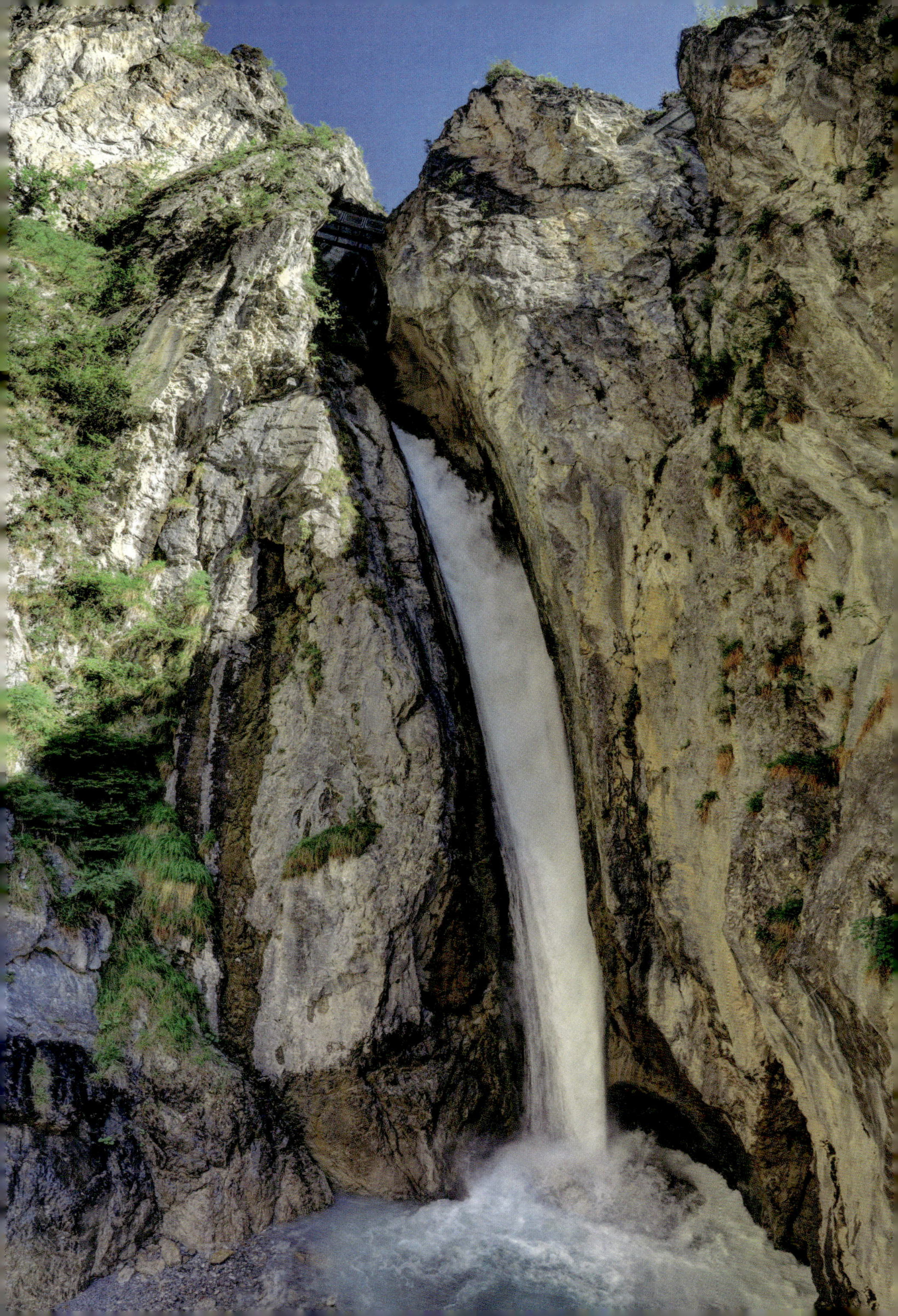

SCHWARZER UND GRÜNER SEE

Hart an der Grenze

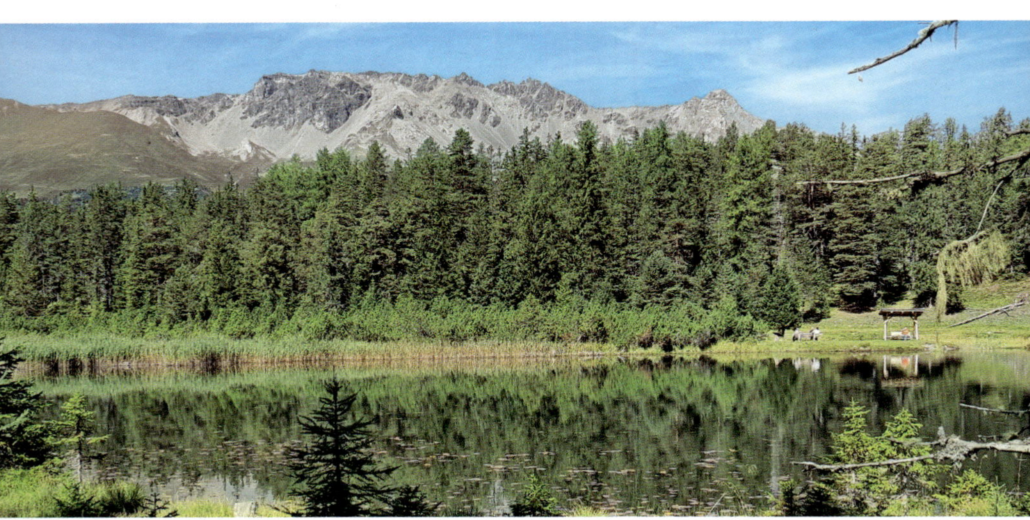

Anfahrt	**Mit den Öffis:** Mit dem Zug bis Landeck. Dort umsteigen in den Bus 210. Wegen der langen Anreise ist die Wanderung an einem Tag allerdings nur schwer machbar. **Mit dem Pkw:** A 12, Ausfahrt Knoten Oberinntal Richtung Reschen, durch das Obere Gericht bis Nauders. Fast am Dorfende abbiegen in Richtung Schweiz/Martina/Martinsbruck. Dort an der Straße, nach kurzer Zeit links, liegt der Parkplatz des Mutzkopfliftes.
Ausgangspunkt	Parkplatz Mutzkopflift
Dauer	ca. 2,5–3 Stunden Aufstieg, ca. 1,5–2 Stunden Abstieg
Höhen	Talstation Mutzkopflift 1320 m, Schwarzer See 1721 m, Grüner See 1836 m; Höhenunterschied: ca. 520 Hm
Einkehrmöglichkeit	Gasthof Riatsch
Kurzbeschreibung	Eine ungemein abwechslungsreiche Rundtour mit zahlreichen landschaftlichen, aber auch historischen Höhepunkten
Beste Jahreszeit	Mai bis Oktober

Beide Seen befinden sich im Oberen Gericht nahe der Grenze zur Schweiz. Rund um Nauders gab es einst auch das größte Bewässerungssystem durch Waale in der Region. Bei einer Wanderung kann man das ideal verbinden.
Gleich zu Beginn der Tour gehen wir oberhalb der Talstation des Mutzkopfliftes auf einem Schotterweg unter den Seilen durch. Der Weg wird dann rasch zum Steig, man hat noch einen ausgezeichneten Ausblick auf das gegenüberliegende Nauders. Bald erreichen wir die Hangkante, wandern über eine Wiese und gelangen zur Norbertshöhe. Nauders entschwindet unserem Blick. Nach wenigen Metern auf Schotter geht es rechts zum Naturteich Mösle, einem entzückenden kleinen Biotop, an dessen Ufer sich auch ein netter Spielplatz befindet. Doch wir wandern natürlich weiter und kommen nun auf den Waalweg. Einen von vielen, die es im Oberen Gericht und besonders in Nauders gibt. Lehrtafeln entlang der Strecke informieren über Technik, Bedeutung und Geschichte der Waale. Gemütlich, kaum ansteigend, geht es nun dahin. Unser Blick richtet sich schon ins Engadin.
Schließlich gelangen wir zu einem weiteren Biotop und zum Losschrofen, der die Grenze zur Schweiz markiert. Ab dem Losschrofen wird es nun deutlich steiler, wir werden überdies zu Grenzgängern, wie die Grenzsteine immer wieder zeigen. Die bei einer Abzweigung in die Schweiz angegebene Zeit bis zum Schwarzen See von 35 Minuten ist sehr ambitioniert. Aber wie auch immer, irgendwann kommen wir ans Ziel. Und was für eines: Idylle pur – Seerosen und Schilf, Enten und Haflinger, gemütliche Bänke und sogar eine Schaukel am Seeufer. Ein herrliches Plätzchen. Der Schwarze See hat seine Namen wohl vom Moor, mit seinem Wasser wurden die Nauderer Felder versorgt und dabei gleichzeitig auch gedüngt. Da lässt es sich gut in der

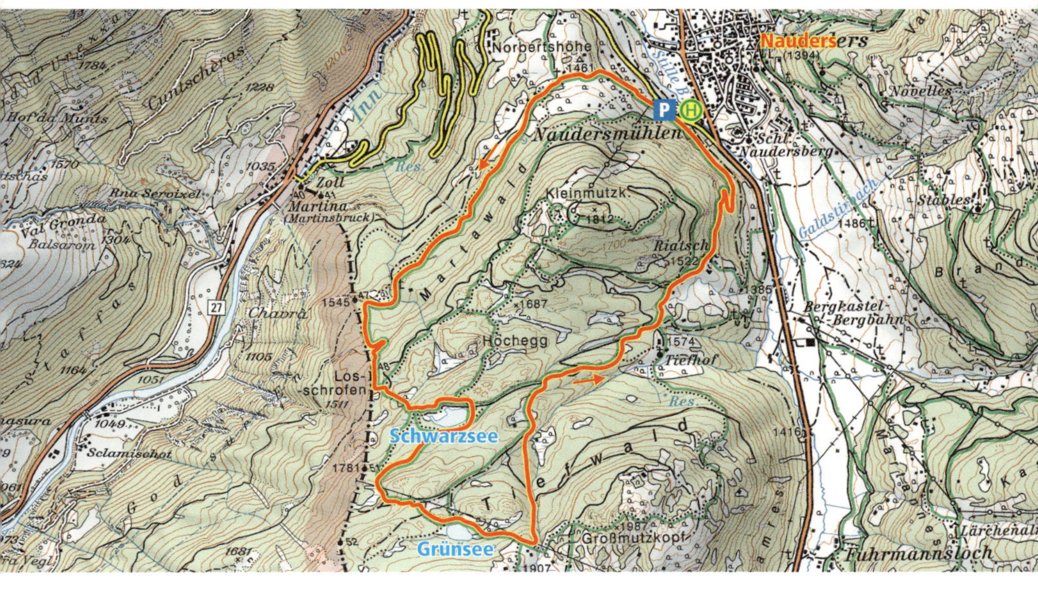

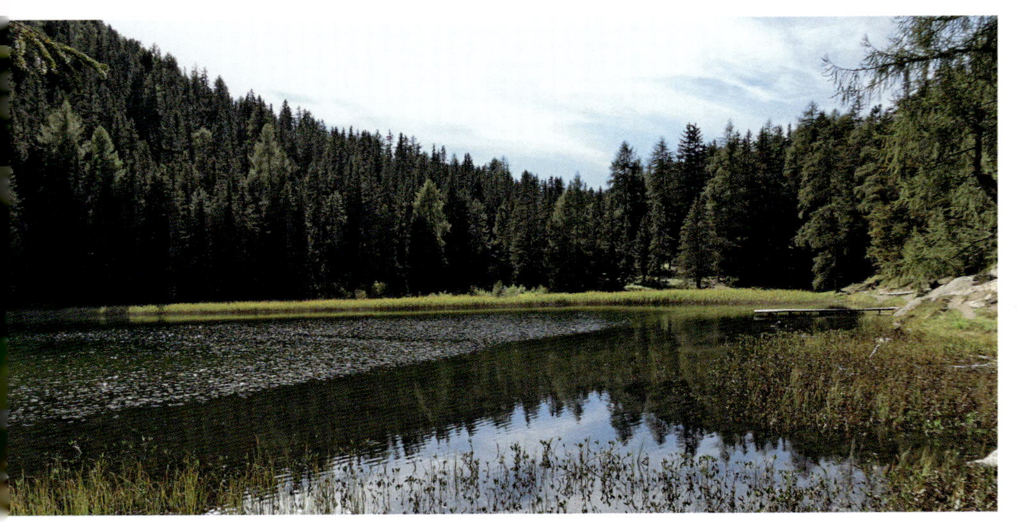

Sonne dösen – wenn einen die etwas zudringlichen Haflinger lassen.
Den Grünen See erreicht man etwa nach weiteren 20 Minuten Aufstieg. Achtung, die Wege sind „shared trails" für Wanderer und Downhill-Fahrer. Im Großen und Ganzen verläuft dieses Miteinander recht gut. Am Grünen See selbst wurde die Mountainbike-Strecke aber vorbeigelotst, man hat also Ruhe, um den Fischen – zum Teil riesige Hechte – im grünlichen Wasser zuzusehen. Und selbst einen Badesteg gibt es dort – für Hartgesottene halt. Man könnte da einfach ewig sitzen.
Den Abstieg nehmen wir auf der Nauders zugewandten Seite des Sees, zuerst ist es noch ein schmaler Steig, der nach kurzer Zeit in einen breiten, schön gewalzten Kiesweg übergeht. Diesen kann man aber immer wieder verlassen und dem „Alten Weg zum Gasthaus Riatsch" folgen, dann hat man wieder seinen urigen Wurzelsteig. Das letzte Stück ab dem Tiefhof muss man leider der asphaltierten, aber sehr wenig befahrenen Straße (Fahrverbot) folgen. Sie führt zum Gasthaus bzw. Hof Riatsch, wo sich eine Einkehr als krönender Abschluss dieser herrlichen Runde lohnt. Dann geht es noch die letzten Kilometer auf der Straße bis zum Ausgangspunkt.
Bei Benutzung des Liftes spart man sich natürlich etliche Höhenmeter, versäumt allerdings auch den wunderschönen Waalweg und den Losschrofen.

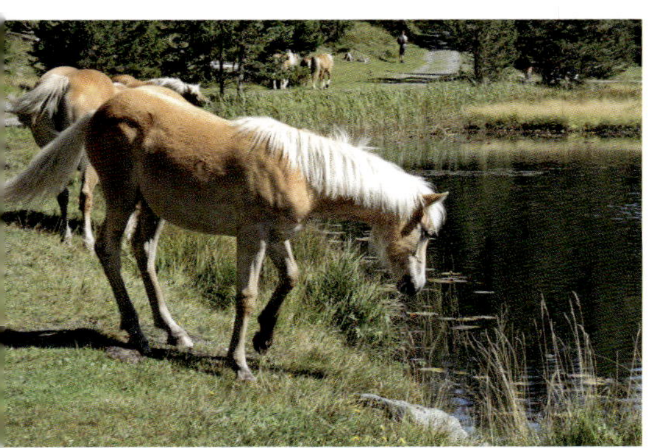

Oben: Der Grüne See ist etwas kleiner.

Tour

53

BERGLISEE

Mit dem Geruch von Bratwurst

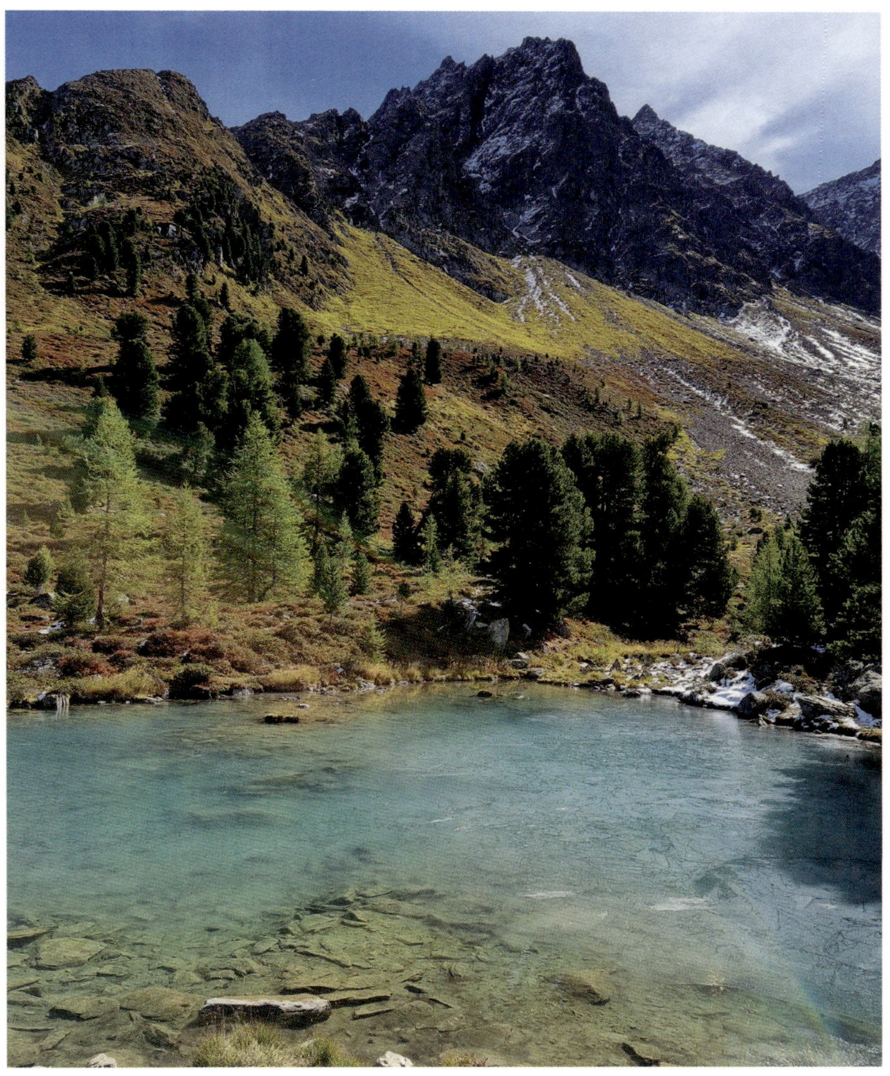

Anfahrt	**Mit den Öffis:** Mit dem Zug bis Landeck, weiter mit dem Regionalbus 260 bis Mathon Wildpark. **Mit dem Pkw:** A 12, Ausfahrt Paznaun, bis Mathon (zwischen Ischgl und Galtür), beim dortigen Wildpark besteht an der Bundesstraße eine Parkmöglichkeit.
Ausgangspunkt	Wildpark hinter Mathon
Dauer	ca. 2–2,5 Stunden Aufstieg, ca. 1,5–2 Stunden Abstieg
Höhen	Parkplatz Wildpark ca. 1480 m, Berglisee 2115 m, Lareinalm/Alpe Lorein 1860 m
Einkehrmöglichkeit	Lareinalm/Alpe Lorein, eventuell auch Wildererhütte beim Wildpark (wenn geöffnet)
Kurzbeschreibung	Je nach Wahl des Aufstieges bequem bis extrem steil. Die Seen sind klein, aber sehr nett, die Aussicht ist großartig.
Beste Jahreszeit	Juni bis Anfang September, später liegt der Aufstieg im Schatten und kann sehr kühl sein.

Der Aufstieg von Mathon zum Berglisee ist schweißtreibend. Besonders, wenn man Bratwürste mit im Rucksack hat. Aber er lohnt sich – nicht nur wegen der hochalpinen Grillplätze.

Wir starten beim Wildpark hinter Mathon mit einem kurzen Blick in die Gehege, ehe wir die Brücke über die Trisanna queren. Dort finden wir eine Panoramatafel und können uns schon einmal unsere Route anschauen. Gleich dort geht es auch in den Wald. Der erste Abschnitt des Weges verläuft mal steiler, mal flacher talauswärts, bis wir auf einen breiten Forstweg – auf den Tafeln stets als „Fahrweg" bezeichnet – gelangen. Nun sind wir direkt auf der Höhe des Weilers Mathon.

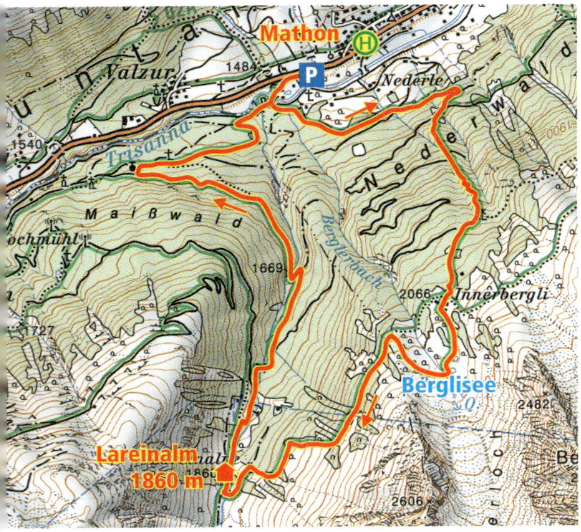

Nach einer Kehre auf dem breiten Schotterweg stellt sich die Frage: Abkürzung oder auf dem Fahrweg bleiben? Wir entscheiden uns für die Abkürzung. Und die ist wirklich, wirklich steil, von Anfang bis Ende! Zeitweise erinnert der Aufstieg eher an das Treppensteigen in einem Hochhaus mit nicht enden wollenden Stockwerken. Wer also nicht sicher ist, ob er/sie das ungefähr eine Stunde lang schafft, soll lieber den Fahrweg – auf dem selbstverständlich außer vielleicht einmal einem Jäger oder Bauern niemand fährt – nehmen. Am Ende der Abkürzung jedenfalls quert man relativ flach eine Schneise im Wald. Hier endet auch der Fahrweg und mündet in unseren Steig, der von nun an aber sehr viel gemütlicher weitergeht. Die letzte Etappe zum See ist gekennzeichnet durch einen offenen Lärchen- und Föhrenwald. Wenn nicht zu viele Menschen unterwegs sind, kann man auch zahlreiche Vögel oder vielleicht einmal ein Reh beobachten.

Rechts: Der Berglisee ist im Herbst eine besondere Augenweide.

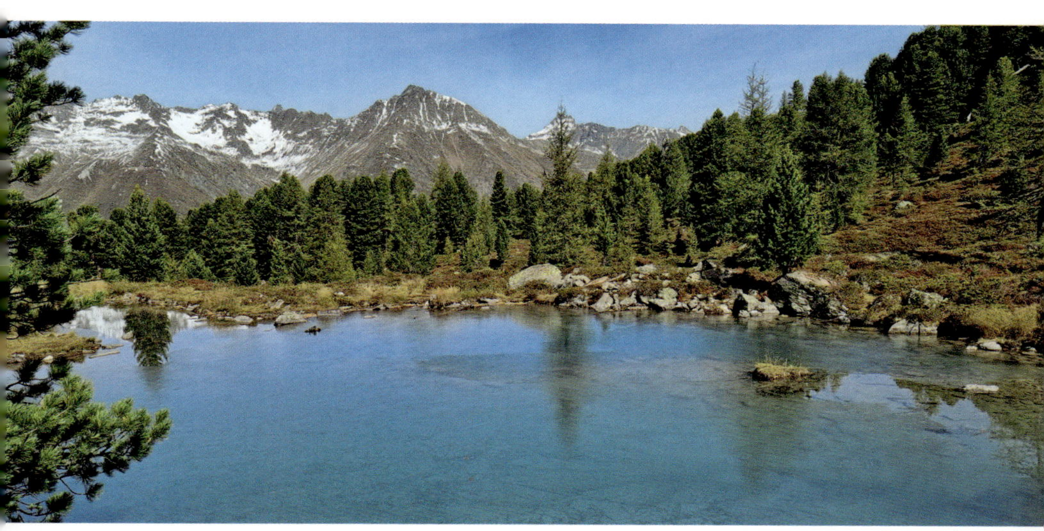

Schließlich gelangen wir zu einer kleinen Holzhütte mit dem Wegweiser zum Berglisee. Noch 15 Minuten bis zum Ziel!

Und tatsächlich gelangen wir nach relativ kurzer Zeit zu einem kleinen See mit einer Bank. Das ist der „untere" Berglisee, der etwas größere „obere" Berglisee folgt nach ein paar weiteren Höhenmetern und Minuten. Über einem droht eine große, dunkle Schottermasse, das ist ein Blockgletscher mit dem Namen Bergler. Man hat den Eindruck, als würde das Geröll jeden Moment in die Tiefe stürzen. Da genießt man dann doch lieber den Ausblick auf die Berge der gegenüberliegenden Talseite, Richtung Arlberg zu. Neben dem See befinden sich, wie schon erwähnt, drei steinerne Grillplätze und selbst eine hölzerne Liege gibt es. Ausreichend Grund also, sich ein bisschen in die Sonne zu legen und eine Wurst zu braten – so man denn tatsächlich eine mithat.

Für den Abstieg folgen wir dem Steig weiter, der sich durch Almrosen und Wacholderstauden schlängelt. Er ist ziemlich neu angelegt und man gelangt nach einiger Zeit wieder auf den alten Steig, der von der erwähnten Holzhütte herüberkommt. Hier folgen wir den Wegweisern zur Lareinalm/Alpe Lorein. Zuerst geht es noch recht flach taleinwärts, dann folgt aber ein relativ steiler Abstieg über offenes Weidegelände bis zur Alm, wo sich im Sommer eine Einkehr lohnt. Dort beginnt auch ein Fahrweg, dem wir nun folgen. Als Sehenswürdigkeit am Wegesrand gibt es die Ruine eines mittelalterlichen Ofens zu sehen, in dem der Kalk für den Bau der Pfarrkirche von Galtür gebrannt wurde. Achtung, hier unbedingt auf dem Fahrweg bleiben und nicht den angeschriebenen Waldweg Mathon–Galtür benutzen, sonst versäumt man nämlich eine Abzweigung! Auf der Forststraße geht es nun gemütlich und stetig abwärts, mal diesseits, mal jenseits des Baches. Erst relativ weit unten besteht noch einmal die Möglichkeit, auf einen Waldsteig auszuweichen, der kurz vor dem Wildpark, unserem Ausgangspunkt, wieder in den Fahrweg mündet.

FERNSTEINSEE

Eine Zweieinhalb-Seen-Wanderung

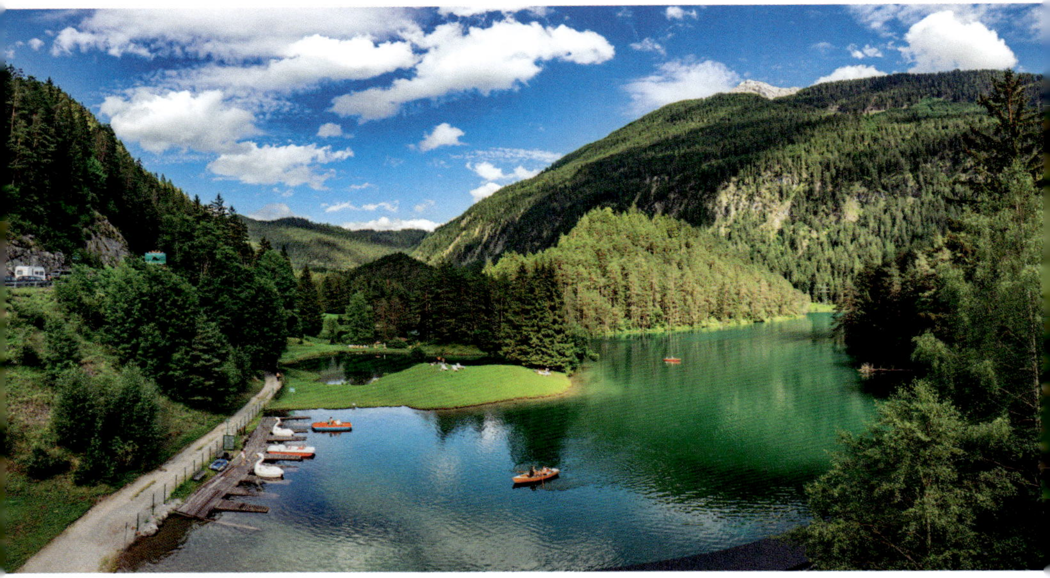

Anfahrt	**Mit den Öffis:** Bus 4176 ab Innsbruck, Bus 150 ab Reutte, Bus 4206 ab Imst **Mit dem Pkw:** Über die A 12 Inntalautobahn, Ausfahrt Mötz, weiter über das Mieminger Plateau und den Holzleitensattel nach Nassereith oder A12 Abfahrt Imst und durch das Gurgeltal. Vom Norden (aus Deutschland) kommend über die Fernpass-Bundesstraße nach Nassereith, Parkplätze im Ort teilweise kostenpflichtig (beim Fischteich).
Ausgangspunkt	Ortsmitte von Nassereith
Dauer	ca. 1,5–2 Stunden Aufstieg, ca. 1,5–2 Stunden Rückweg
Höhen	Nassereith 838 m, Fernsteinsee 948 m, Tegestal 935 m; Höhenunterschied: ca. 200 Hm
Einkehrmöglichkeit	Kiosk am Fernsteinsee, Gastronomie in Nassereith
Kurzbeschreibung	Eine einfache Rundwanderung mit dem markanten Wendepunkt Fernstein-/Samerangersee. Reisewochenenden wegen des Verkehrs auf der Fernpassstrecke vermeiden!
Beste Jahreszeit	Frühjahr und Herbst

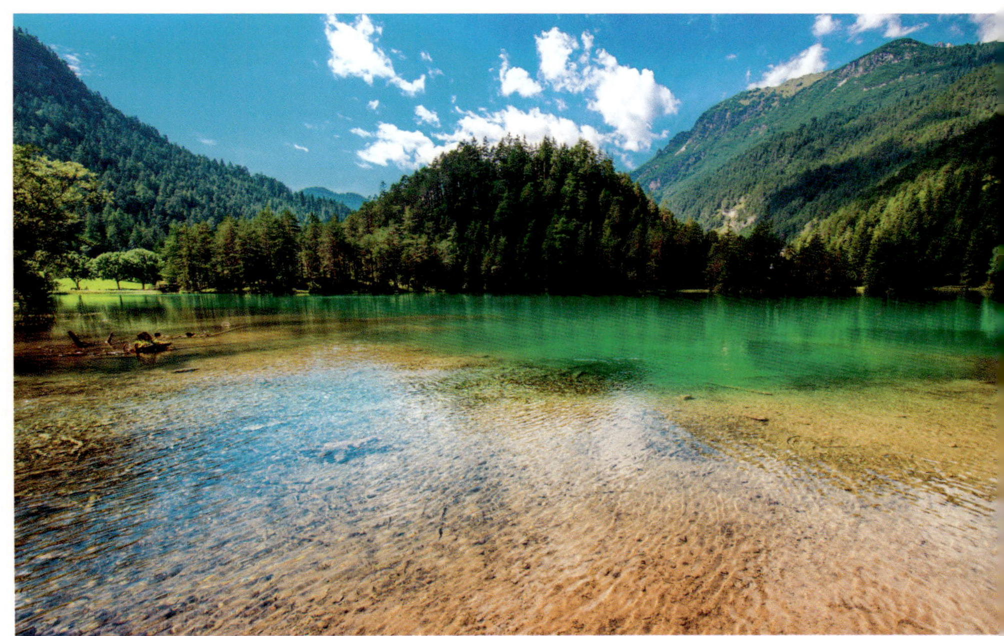

Wir beginnen unsere Wanderung in der Ortsmitte von Nassereith, gerne beim dortigen Fischteich, den wir sozusagen als erstes Gewässer an der Strecke mitnehmen. Zumal es recht nett anzusehen ist, wie Groß und Klein mit Eifer und Geduld ihre Angelruten ins Wasser hängen und so manchen fetten Fang machen.

Dann halten wir uns nach Nordwesten, wandern durch ein paar Straßen des Ortes, was in den letzten Jahren wegen zahlreicher Baustellen gar nicht so einfach war, ehe wir schließlich in den „richtigen" Weg zum Fernsteinsee einfädeln. Dieser führt zuerst über eine Wiese, zweigt dann im Angesicht einer Kapelle aber rechts ab und folgt einige Zeit einer Forstmeile. So wandern wir gemächlich am Waldesrand dahin, ehe wir schließlich auf eine breitere Forststraße stoßen, der wir folgen. Ab hier ist stets mit Radverkehr vom und zum Fernpass zu rechnen. Wir befinden uns zuerst ein gutes Stück oberhalb der Bundesstraße, nähern uns dieser aber immer weiter an. Das ist der leider unangenehmste Teil der Runde. Doch recht bald erreichen wir eine Unterführung und befinden uns nun auf der ziemlich ruhigen Zufahrtsstraße zum Campingplatz, der wir folgen. Nun geht es durch den Zeltplatz hindurch, danach rechts weg und rasch sind wir beim Fernsteinsee mit seinem unglaublichen blau-türkisen Farbenspiel. Der See ist Privateigentum und gehört zum gleichnamigen Schlosshotel, das über der Bundesstraße thront. Wer im eingezäunten Strandbad liegen oder ein Boot ausleihen möchte, kann das kos-

Links und oben:
Der Fernsteinsee ist ein privates Gewässer.

tenpflichtig tun. Tickets gibt es beim kleinen Kiosk gleich am Beginn des Sees.

Aber uns steht der Sinn nicht nach einem Bad, sondern wir setzen unsere Wanderung fort und spazieren nun dem nordwestlichen Seeufer entlang. Nach wenigen Metern zweigt rechts der Weg ab, der weiter am Ufer entlangführt, wir bleiben aber auf der Forststraße, die nun anzusteigen beginnt. Sie führt uns in wenigen Minuten zum nächsten Gewässer, dem Samerangersee. Auch dieser gehört zum Schlosshotel.

Nachdem wir auch hier die malerische Szenerie genossen haben, setzen wir unseren Weg fort und umrunden den See in einer ausladenden Rechtskurve. Die Landschaft wird nun geprägt von den Föhrenwäldern und Schotterrinnen, die vom Fernpass herunterkommen, und erinnert ein wenig an die Ausläufer eines ehemaligen Gletschers. Ungefähr hier haben wir auch unseren höchsten Punkt erreicht.

Nach der Überquerung einiger Bächlein gelangen wir wieder zurück zum Fernsteinsee und schließen nun die begonnene Umrundung ab. Wer mag, kann auch noch über eine Brücke einen Abstecher auf die Insel in der Seemitte machen, auf deren höchstem Punkt die Ruine Sigmundsburg steht. Man kann sich gut vorstellen, was für ein romantischer, aber auch gut zu verteidigender Platz sie einst gewesen sein muss.

Schließlich haben wir den Kreis geschlossen und sind wieder beim Parkplatz des Fernsteinsees angelangt. Der erste Teil des Rückweges verläuft wieder durch den

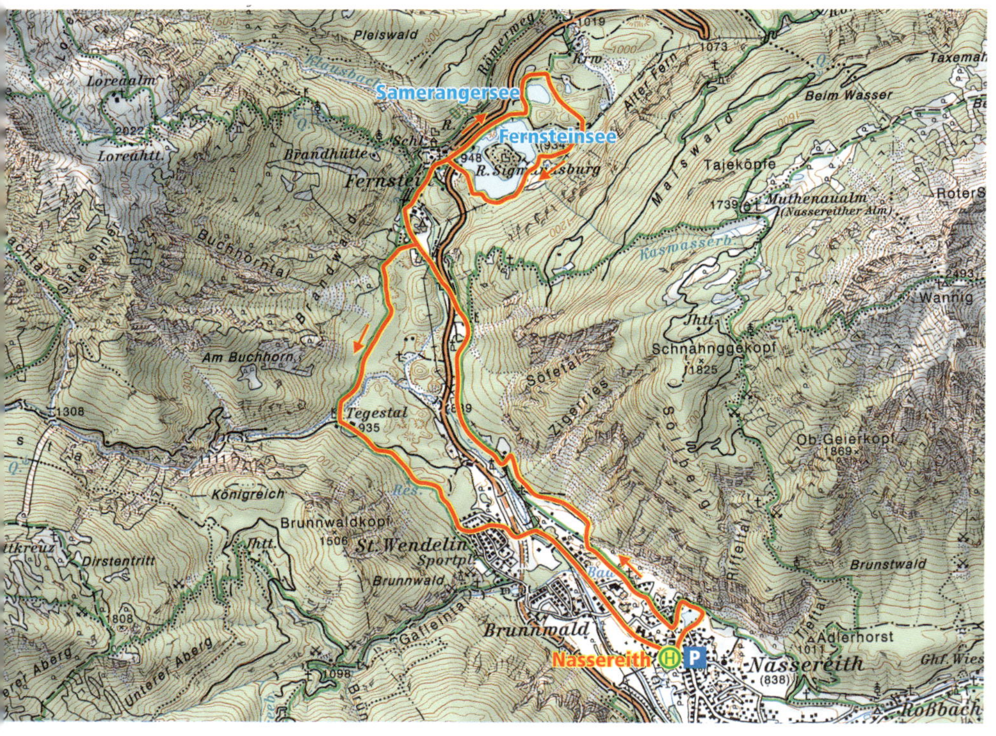

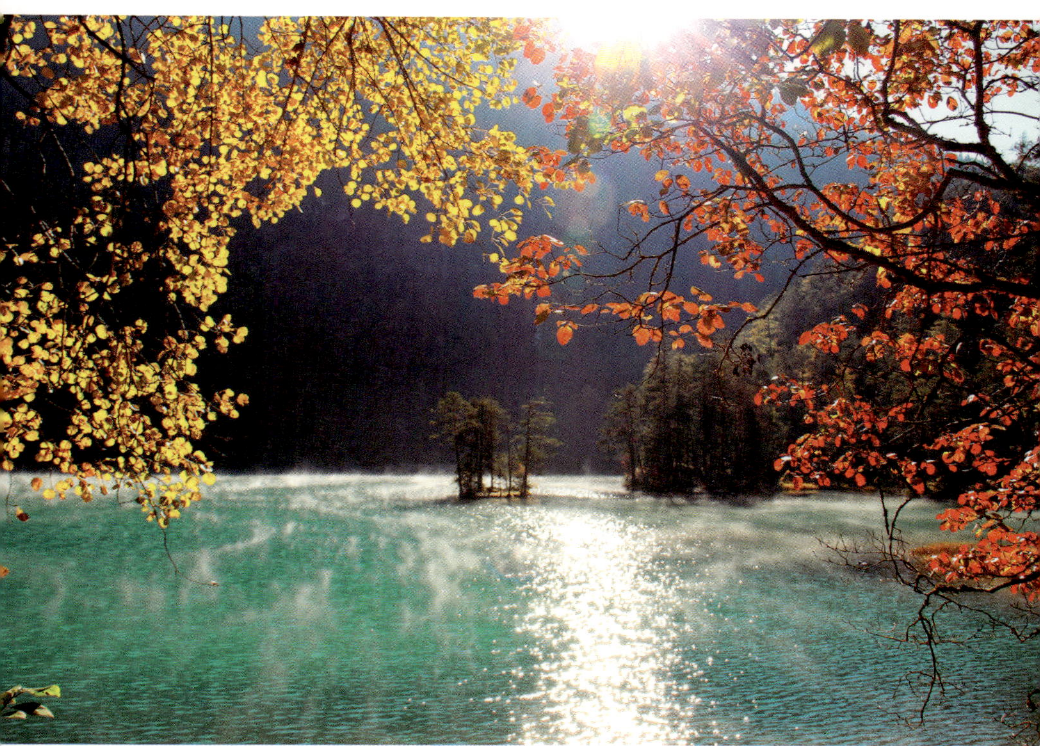

Campingplatz, an dessen Ende wir aber auf der Höhe einer Wildfütterung rechts von der Straße abzweigen. Der Steig ist beschildert und weist uns ebenfalls nach Nassereith. Dies ist ein sehr ruhiger Streckenabschnitt, die Fernpass-Bundesstraße ist durch Hügel verborgen. So wandern wir in einem leichten Auf und Ab durch den Föhrenwald bis zum Tegestal. Von dort dann talwärts auf einer breiten Schotterstraße, die wir allerdings auf der Höhe einer Schneise mit Strommasten wieder verlassen. Rechts weg führt ein Steig, der in den Nassereither Ortsteil St. Wendelin führt. Sollte man diese Abzweigung versäumen, ist es auch nicht tragisch. Die breite Forststraße endet beim Rastland an der Bundesstraße, kurz davor geht aber nochmals ein Weg rechts nach St. Wendelin ab.

Dort kann man dann gleich ein bisschen „Häuschen schauen", während man abwärts durch die Siedlung wandert. Die Fernpass-Bundesstraße überquert man dieses Mal unmerklich, sie verläuft an dieser Stelle durch einen Tunnel. Nur das ferne Rauschen hört man. Entlang der Hauptstraße – im Sommer kann's hier ganz schön heiß werden und sich ein bisschen ziehen – geht es schließlich zurück ins Ortszentrum von Nassereith.

Oben:
Herbststimmung am Fernsteinsee

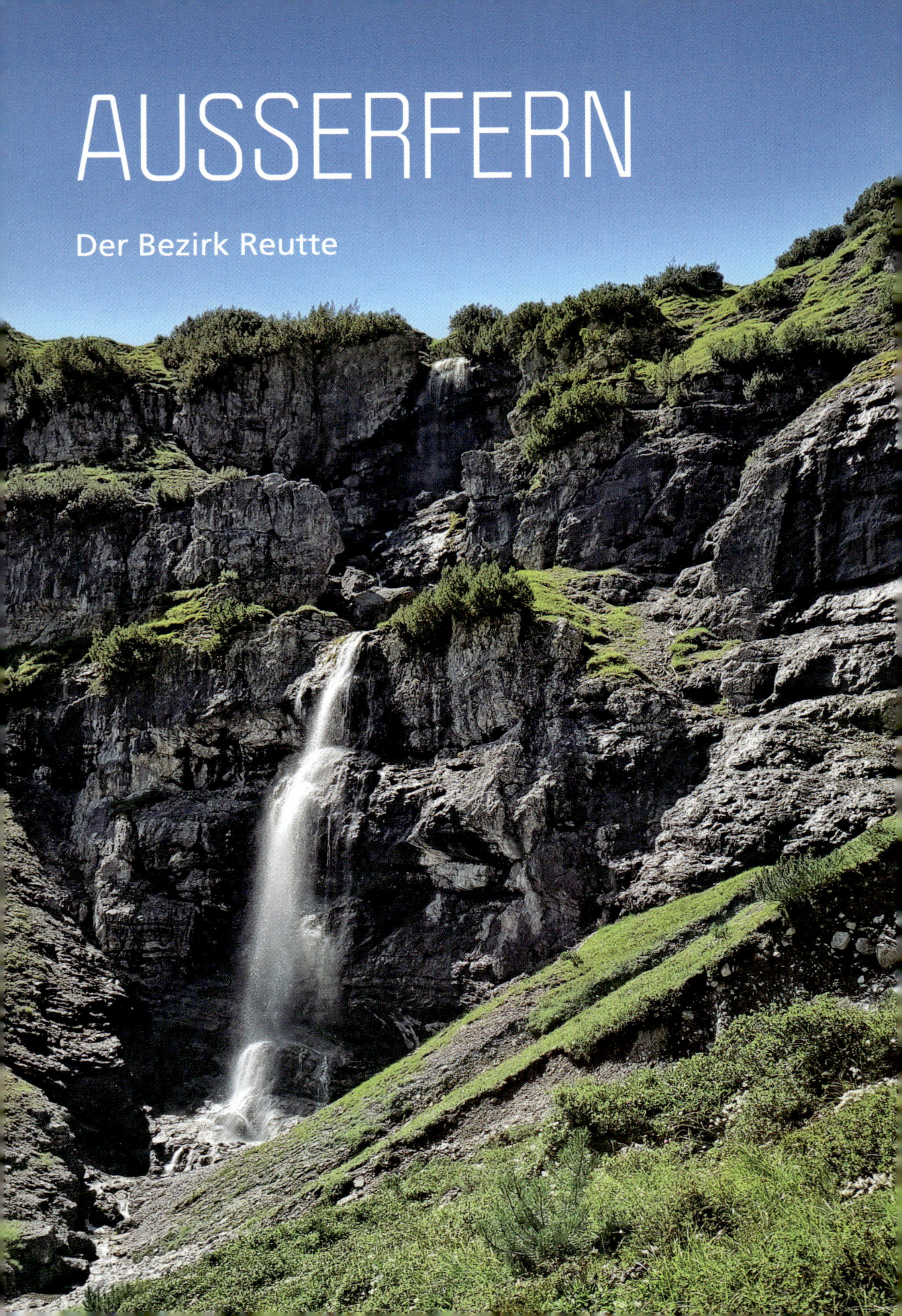
AUSSERFERN
Der Bezirk Reutte

Eine Erklärung für die Bezeichnung Außerfern ist, dass es sich um das Gebiet auf der anderen Seite des Fernpasses handelt. Dieser trennt nicht nur den politischen Bezirk Imst vom Bezirk Reutte, sondern ist – wie bereits an anderer Stelle erwähnt – ein echtes Seengebiet. Entstanden sind sowohl die Oberfläche des dortigen Talbodens als auch die Seen nördlich des Passes durch einen gewaltigen Felssturz vor etwas mehr als 4000 Jahren. Die Seen werden durch Quellen teils ober-, teils unterirdisch gespeist. Weil der Abfluss des größten nördlich des Fernpasses nicht sichtbar ist, bekam er vermutlich auch den Namen Blindsee. Weißensee, Mittersee und Blindsee lassen sich aber jedenfalls zu einer schönen Runde verbinden.

Der Plansee ist nach dem Achensee der zweitgrößte See Tirols und vom Gefühl her ähneln sich die beiden Gewässer sogar: Denn auch der Plansee erinnert ein kleines bisschen an einen Fjord. Was wohl daran liegen mag, dass diese Alpenrandseen die gleiche eiszeitliche Entstehungsgeschichte wie die norwegischen Meereszungen haben. Der benachbarte Heiterwanger See ist seit dem Beginn des 20. Jahrhunderts durch einen 300 Meter langen Kanal mit dem Plansee verbunden, was in den Sommermonaten den Verkehr von Ausflugsbooten ermöglicht. Eine Kombination von Wanderung und Schifffahrt drängt sich da förmlich auf.

Der Abfluss des Plansees in Richtung Reuttener Talboden ist noch einmal eine Geschichte für sich. Hier befinden sich nämlich die Stuibenfälle, die durch ihre Naturgewalt im 19. Jahrhundert einer der ersten Tourismusmagnete der Gegend wurden. Durch die Nutzung von Plansee und Heiterwanger See für die Stromgewinnung stuibt – staubt – das Wasser der Fälle heute allerdings nicht mehr ganz so wie einst. Im Winter werden die Seen, die als Energiespeicher dienen, auch um bis zu fünf Meter abgesenkt. Der Nutzung der Wasserkraft verdankt Reutte allerdings seine Bedeutung als Industriestandort. 1922 wurde die Metallhütte Plansee, die heutige Plansee Holding AG, gegründet.

Das Tannheimer Tal ist geographisch ein bisschen eine Außerferner Exklave. Dort befinden sich allerdings zwei touristisch wegen ihrer unmittelbaren Nachbarschaft zu Deutschland sehr stark frequentierte Gewässer: Haldensee und Vilsalpsee. Der zweitgenannte wird als Bike-&-Hike-Tipp in diesem Kapitel erwähnt.

Der Lech ist als einer der letzten existierenden Wildflüsse der Alpen weit über die Grenzen Tirols hinaus bekannt. Unser Anfahrtsweg führt uns von Reutte (oder Elmen) an ihm entlang bis Häselgehr und weiter in eine der entlegensten Gegenden in diesem Buch. Vom einwohnermäßig kleinsten Ort Österreichs, Gramais, geht es in mehreren Steilstufen, vorbei an Wasserfällen, zum Roßkarsee. Bergsteigerisch handelt es sich um eine der anspruchsvollsten Wanderungen in diesem Buch. Sowohl was die Ausdauer als auch die Schwierigkeit des Geländes betrifft. Besucher, die es wirklich bis zum Roßkarsee schaffen, sind daher eher rar. Wer Berg-Einsamkeit sucht, der findet sie dort.

Wasserfall auf dem Weg zum Roßkarsee

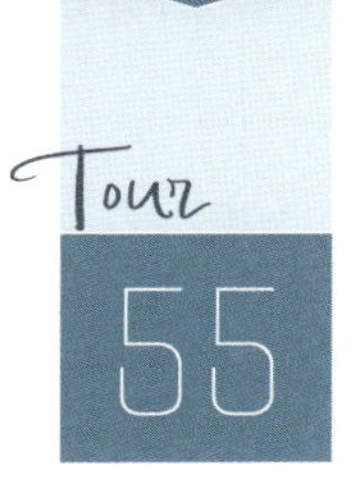

Tour 55 3-SEEN-RUNDE AM FERNPASS

Drei Seen und eine Quelle

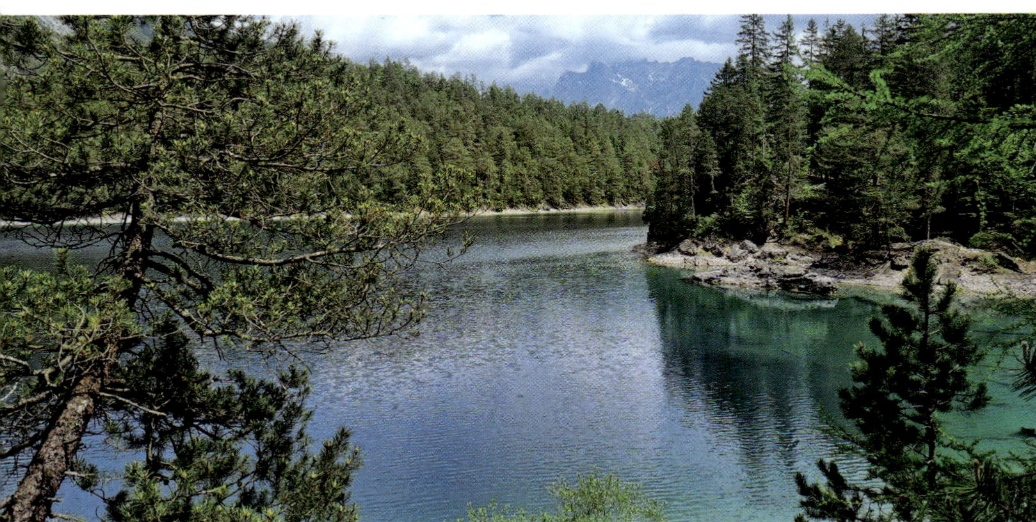

Anfahrt	**Mit den Öffis:** Mit dem Bus der Linie 160X vom Innsbrucker Bahnhof oder dem Regionalbus 150 von Nassereith oder Reutte kommend bis ins Ortszentrum von Biberwier. Dementsprechend verlängert sich die Tour um ca. 30 Minuten. **Mit dem Pkw:** Mit dem Auto vom Inntal kommend A 12, Ausfahrt Imst oder Mötz, über den Fernpass bis zur Abzweigung Biberwier
Ausgangspunkt	Parkplatz beim Weißensee
Dauer	ca. 3–3,5 Stunden
Höhen	Mittersee, Weißensee 1082 m, Blindsee 1093 m; Höhenunterschied: ca. 150–200 Hm
Einkehrmöglichkeit	keine
Kurzbeschreibung	Sehr einfache Tour mit wenig Höhenunterschied, teils breite Wege, teils viel begangene Steige
Beste Jahreszeit	Von April bis Oktober, je nach Schneelage kann es aber durchaus auch eine Ganzjahreswanderung sein. Unter Umständen ist im Winter aber das Wildgatter geschlossen.

Die Gegend um den Fernpass ist derart reich mit Seen gesegnet, dass sich im Zuge einer Wanderung gleich mehrere aufsuchen lassen, wie in diesem Fall der Weißen-, der Mitter- und der Blindsee. Außerdem nehmen wir auch gleich noch die Loisachquelle mit.

Wir beginnen unsere Wanderung bei der Abfahrt von der Fernpassstraße nach Biberwier. Nach wenigen Metern und direkt neben dem Weißensee, befinden sich zahlreiche (noch) kostenfreie Parkplätze. Folgt man einem der kleinen Wege südlich neben den Standplätzen in den Wald, überblickt man sofort den Weißensee. Aber wir vernachlässigen diesen zugegebenermaßen etwas und wenden uns zu Fuß zurück in Richtung Fernpassstraße. Dort finden wir die ersten Tafeln, die uns den Weg zum Mittersee weisen. Unter einer Brücke hindurch gelangen wir gefahrlos – ebenfalls an einem türkisblauen Gewässer vorbei – auf die westliche Seite der Straße und biegen dann in einen Forstweg ein. Hier lassen wir den Lärm rasch hinter uns und tauchen in ein Idyll ein.

Auf der breiten Forststraße gelangen wir rasch zum Mittersee, der ruhig daliegt, teils von Schilf eingegrenzt mit einem kleinen Häuschen an seiner Südspitze. Im klaren Wasser findet man kleine Fische und Kaulquappen – und wahrscheinlich noch jede Menge anderes Getier. An einer flachen, gut zugänglichen Uferstelle ist auch ein kleiner Kinderspielplatz eingerichtet. Direkt gegenüber biegt ein Steig zur Loisachquelle ab. Der rund 20-minütige Abstecher ist zwar sehr nett, die Quelle selbst ist als Wasserschutzgebiet aber eingezäunt und nicht zugänglich. Man kann von der Quelle wieder denselben Weg zurück nehmen oder weitergehen in Richtung des vom Grubigstein kommenden Abhanges. Dort stößt man auf den Blindseeweg. Wir haben uns für Variante 1 entschlossen, wandern also nach der Rückkehr

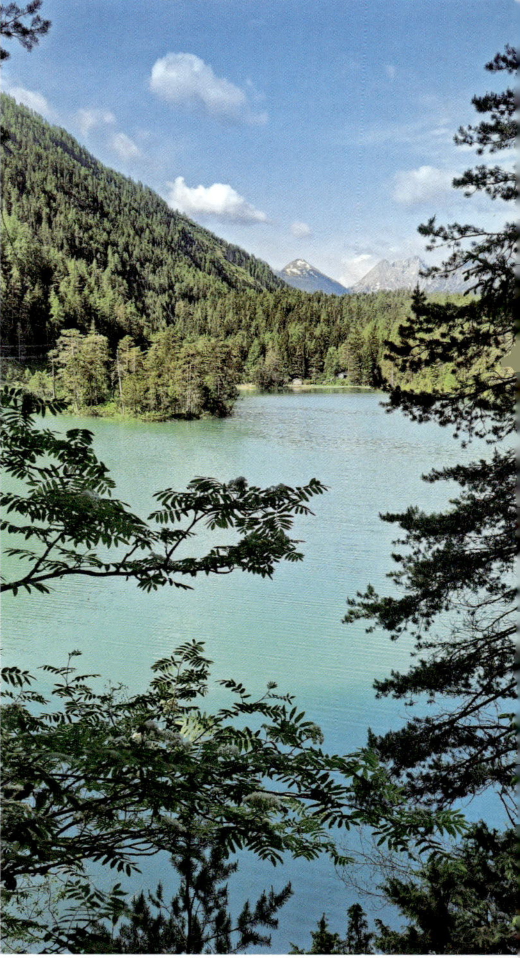

Links: Der Blindsee hat keinen sichtbaren Abfluss.

Rechts: Vom idyllischen Weißensee aus starten wir unsere Wanderung.

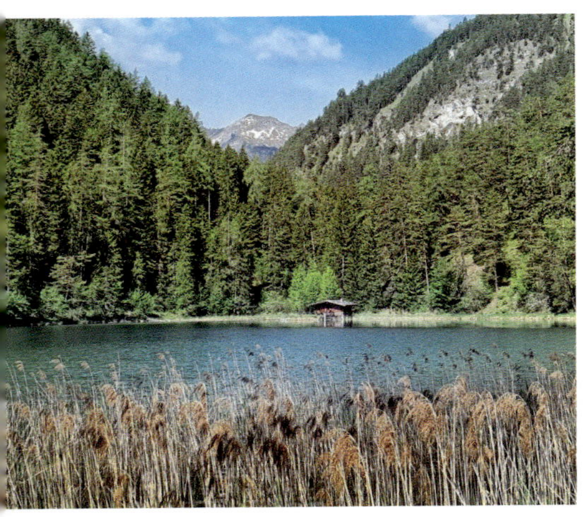

auf die Forststraße weiter am Mittersee entlang und kommen nach einem kurzen Anstieg zu einer riesigen Wildfütterung, wobei Reh und Hirsch unseren Blicken allerdings verborgen geblieben sind. Der Forstweg mündet schließlich in einen Wurzelsteig und führt in wenigen Serpentinen hinauf auf einen kleinen Sattel im Wald. Beim Abstieg auf der anderen Seite eröffnet sich uns dann auch schon der Blick auf den Blindsee mit seiner umwerfenden türkisblauen Farbe. In nur wenigen Minuten sind wir unten am See. Links breitet sich nun ein recht schöner Strand mit Sand oder feinem Kies

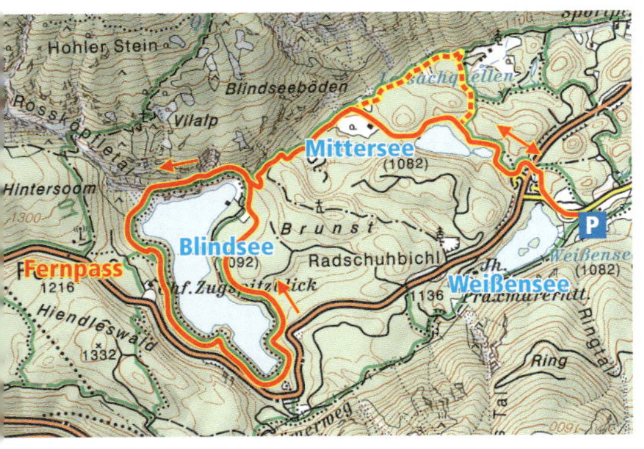

aus. Rechterhand führt der Weg durch eine kleine Felswand. Der Steig ist aber mit Stufen und Geländern gut ausgebaut und leicht zu begehen. Die Wege rund um den Blindsee sind sogenannte „shared trails", die sich Wanderer und Mountainbiker teilen. Es kann also vorkommen, dass einem selbst an der engsten Stelle – und völlig legal – Radfahrerinnen und Radfahrer begegnen. Das Miteinander scheint aber relativ gut zu klappen. Nach dem Abstieg aus der kleinen Felswand auf der Nordwestseite gibt es einen weiteren Strand, dieses Mal allerdings schmaler und mit relativ großen Steinen. Aber egal, wo man seinen Sitz-/Liegeplatz wählt, ein kleiner Sprung ins kühle Nass lohnt sich immer, das Wasser ist im Hochsommer in den Uferbereichen an die 24 Grad warm. Der Blindsee ist auch ein Paradies für Taucher und Kanuten: Wer mit dem Wagen wegen seiner Ausrüstung bis fast ans Ufer fahren möchte, muss bei einem Schranken an der Fernpassstraße allerdings ein recht stattliches Sümmchen bezahlen.

Nach einer Pause und Abkühlung setzen wir unseren Weg fort und umrunden den See. Leider wird es immer lauter, je näher man der Fernpassstraße kommt. Wir empfehlen daher, nicht zur Via Claudia Augusta abzuzweigen, die oberhalb der Straße liegt, sondern die Umrundung des Blindsees zu vollenden. Da kann man dann am „Sandstrand" beim Bootshaus gleich noch einmal ins Wasser springen, ehe man auf dem bereits bekannten Weg zum Ausgangspunkt zurückkehrt.

Oben: Der Mittersee ist Heimat für eine Vielzahl an Fischen und Amphibien.

Rechts: Das Naturdenkmal Stuibenfälle bietet sowohl Action als auch Ruhe.

Tour

56

STUIBENFÄLLE

Hermann und der Herr Minister

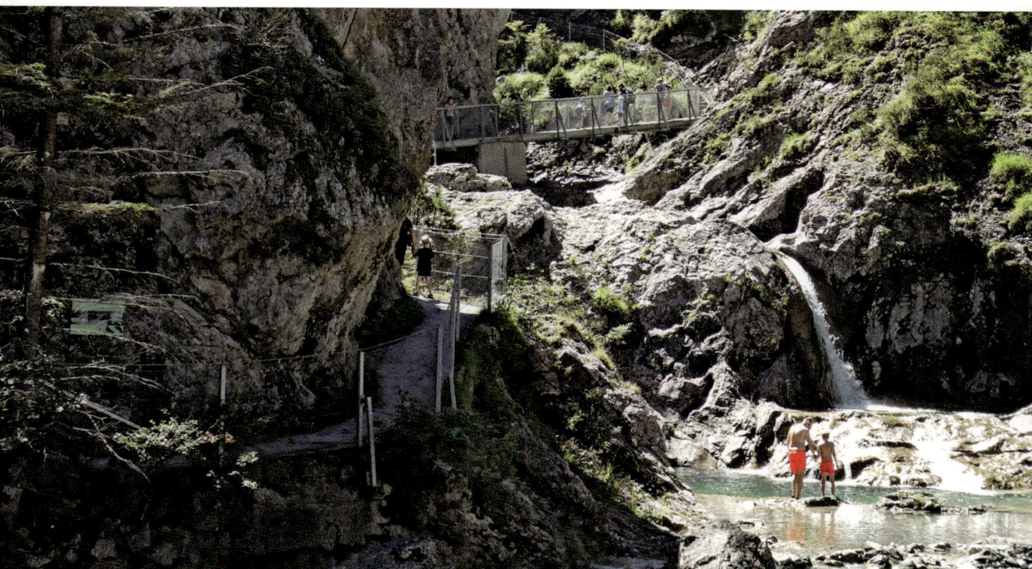

Anfahrt	**Mit den Öffis:** Mit der Bahn nach Reutte, weiter mit dem Bus der Linie 3 nach Breitenwang Mühl/Haltestelle Gh. Weinbauer, dann zu Fuß um das Plansee-Werksgelände. Die Tour verlängert sich dadurch pro Richtung um 20 bis 30 Minuten. **Mit dem Pkw:** Über die Fernpassstraße nach Reutte und weiter nach Breitenwang/Ortsteil Mühl, dort das Gelände der Planseewerke komplett umfahren. Kostenloser Parkplatz Stuibenfälle ist angeschrieben, bitte keinesfalls einen der Werksparkplätze verwenden!
Ausgangspunkt	Stuibenfälle in Breitenwang/Mühl
Dauer	ca. 1,5 Stunden
Höhen	Mühl 850 m, Wendepunkt ca. 1000 m; Höhenunterschied: ca. 150 Hm
Einkehrmöglichkeit	keine
Kurzbeschreibung	Eine einfache Rundwanderung auf teilweise fantastisch ausgebauten Steigen und Wegen
Beste Jahreszeit	Frühjahr bis Spätherbst

Obwohl es den Stuibenfällen durch einen Kraftwerksbau ein bisschen an Wasser fehlt, sind sie immer noch ein beeindruckendes Naturschauspiel, das in jüngster Zeit vor allem Canyoninggruppen anlockt.

Die ersten paar Meter der Runde sind zugegebenermaßen nicht besonders prickelnd, man geht nämlich an Isolatoren, Trafos und Strommasten entlang. Doch umso faszinierender ist der überraschende Eintritt in die weitgehend unberührte Natur. Nach einem – architektonisch übrigens recht ansprechenden – Kraftwerksgebäude aus den Anfängen des 20. Jahrhunderts beginnt völlig unvermittelt die Schlucht, die zu den Stuibenfällen führt: Kristallklares Wasser plätschert in herrliche Gumpen, macht erstaunliche Wirbel, erfreut das Auge. Die erste Steilstufe ist durch Stege und Brücken ganz besonders ausgebaut und abgesichert, der Zugang zum ersten Wasserfall laut Tourismusverband der Naturparkregion Reutte auch barrierefrei.

Nach dieser ersten Stufe entfernt sich der breite, flache Spazierweg etwas vom Wasser und man wandert auf dem Hermannsteig durch ein Waldstück. Nun hört man schon von Weitem seltsame Geräusche: „Kreisch!" – „Platsch!" – „Kreisch!" – „Platsch!" Das liegt daran, dass die Stuibenfälle ausgesprochen beliebtes „Sportgerät" für Canyoninggruppen sind. Nähert man sich wieder dem Wasser und der nächsten Steilstufe, sieht man sie bei der Arbeit: Eine Seilrutsche ist aufgebaut, an der Menschen in Neoprenanzügen in die Tiefe fahren, loslassen und dann eben mit einem Schrei und einem Platsch in den grünlich schimmernden Gumpen eintauchen. Canyoning ist allerdings nur organisiert und nach Bezahlung einer Einstiegsgebühr erlaubt.

Nach ausreichender Beobachtung dieses Treibens geht es auf dem breiten Spazierweg in recht steilen Serpentinen aufwärts zu einer Aussichtsplattform. Von hier hat man Einblick in alle Kaskaden der Stuibenfälle. Einst wurde hier unter großer Gefahr Holz getriftet – also mit dem Wasser als Transportmittel in die Tiefe geschwemmt. Ein Besuch der Stuibenfälle durch den späteren Bayernkönig Ludwig I. im Jahr 1808 begründete dann aber wohl so eine Art ersten Naturschauspiel-Tourismus. So wurde berichtet, dass sich „die Wasserfälle des Stuibenfalls in vielfältigen Regenbögen spiegeln". Heute ist das Naturschauspiel leider nicht mehr ganz so imposant. Seit 1901 wird das Wasser, das aus dem Plansee abfließt, nämlich teilweise abgeleitet und zur Stromgewinnung genutzt.

Von der Aussichtsplattform geht es nun hinauf bis zu einem Wehr und eben diesem Einlaufbauwerk für das Kraftwerk, mit dessen Hilfe ein Teil des Wassers abgezweigt wird. Dies ist auch unser Wendepunkt. Über eine Brücke gelangt man auf die andere Seite des Staubeckens, wo der Ministersteig beginnt, benannt nach Handelsminister Hans Schürff, der 1925

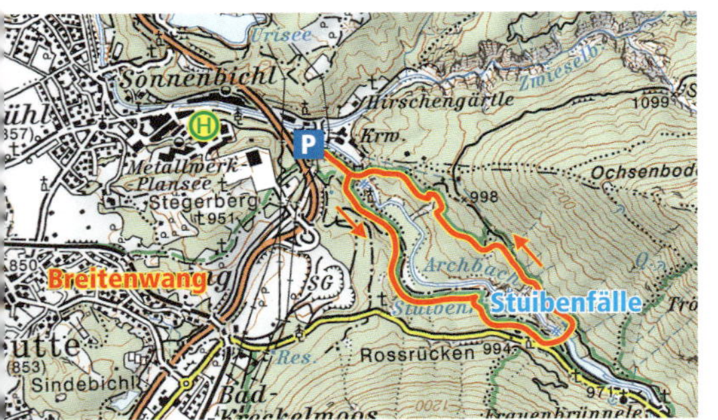

Rechts: Baden, spielen, geführte Canyoning-Touren – alles ist bei den Stuibenfällen möglich.

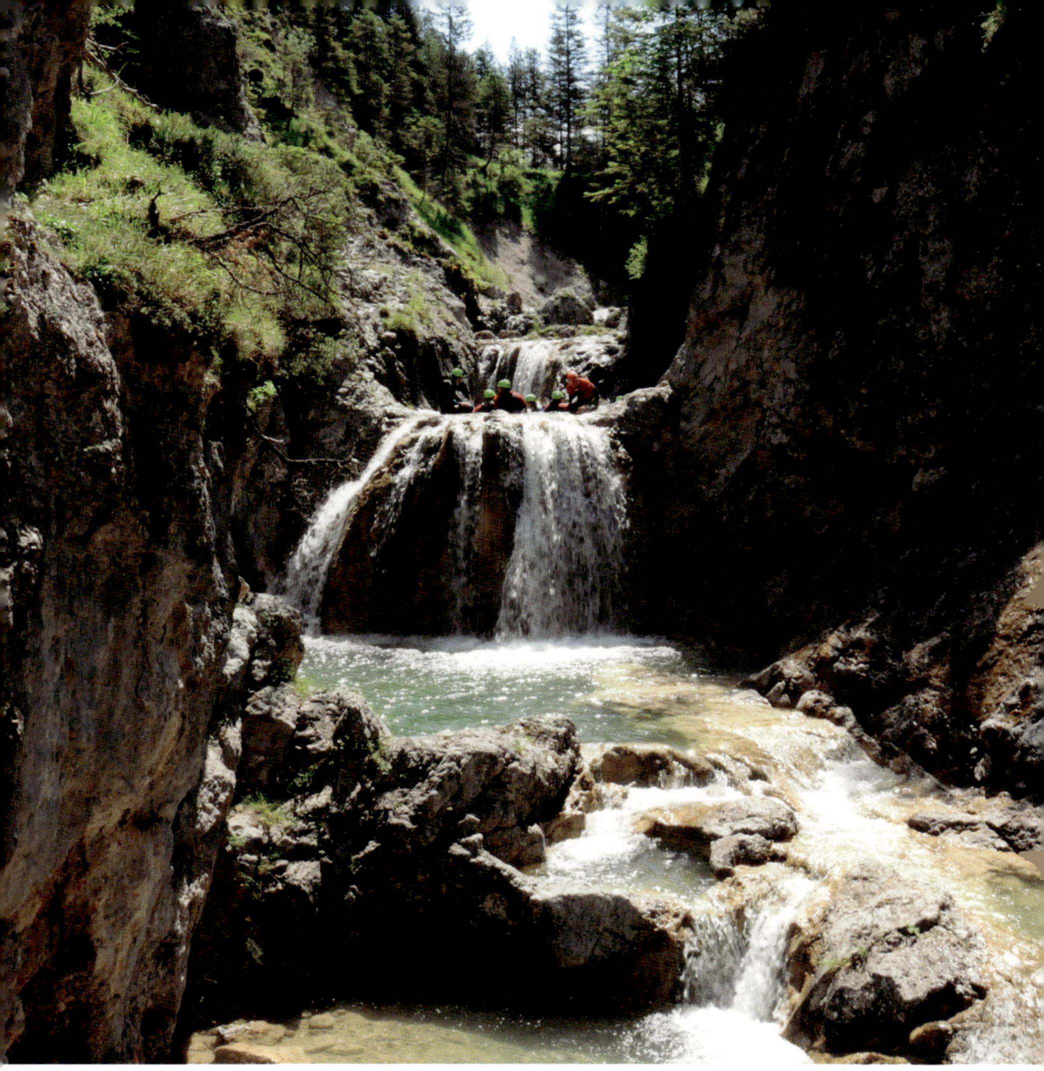

die Gegend besuchte. Der Weg ist nun deutlich schmaler, aber immer noch sehr komfortabel. Er führt längere Zeit fast eben am Hang nördlich der Stuibenfälle entlang. Das Wasser sieht man nun leider nicht mehr, bis auf einige Bächlein, die in die Schlucht hinunterrinnen. Spektakulärster Teil des Ministersteigs ist eine 25 Meter lange Hängebrücke. Entlang des Weges gibt es auch zahlreiche Bänke, von denen man einen wunderbaren Blick auf den Reuttener Hahnenkamm hat. Nachdem wir eine Weile flach oder sogar leicht ansteigend dahingewandert sind, folgt schließlich der kurze, aber etwas steile Abstieg zu unserem Ausgangspunkt am Beginn der Schlucht. Hier kann man ja kurz überlegen, ob man nicht vielleicht doch ein kurzes Bad in einem der verlockenden Gumpen nehmen sollte.

Tour

57

PLANSEE UND HEITERWANGER SEE

An den Außerferner Fjorden

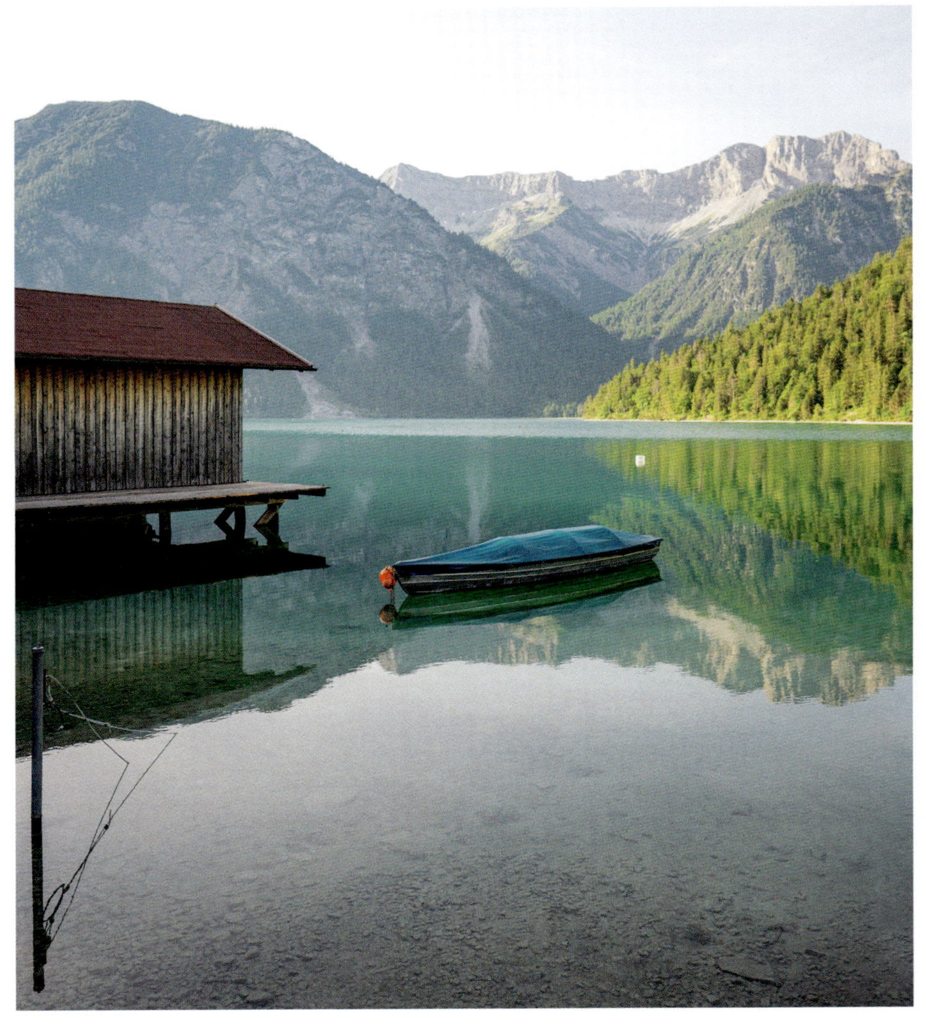

Anfahrt	**Mit den Öffis:** Am idealsten mit dem Bus 150 von Reutte oder dem Bus 160X ab Innsbruck zur Haltestelle Heiterwang/Gasthof Post. **Mit dem Pkw:** A 12, Ausfahrt Mötz, über den Holzleitensattel und den Fernpass bis Heiterwang. Dort kostenpflichtige Parkgelegenheiten beim Fischer am See und etwas davor an einem Straßenzwickel. Im Sommer oft hoffnungslos überlastet.
Ausgangspunkt	Hotel/Restaurant Fischer am See
Dauer	ca. 2,5–3 Stunden für unsere Variante (bei Anreise mit Öffis ca. 45 Minuten bis 1 Stunde länger), ca. 5,5–6 Stunden für die komplette Umrundung
Höhen	Minimal, insgesamt ca. 150 bis 200 Hm, die sich aus einem leichten Auf und Ab des Weges ergeben
Einkehrmöglichkeit	Fischer am See, Hotel Forelle
Kurzbeschreibung	Einfache, aber doch recht lange Wanderung (um den ganzen See wären es über 20 Kilometer, in unserer Variante ca. halb so viele) entlang von zwei traumhaft schönen Seen
Beste Jahreszeit	Ganzjährig möglich, im Winterhalbjahr allerdings ohne Schifffahrt

Die Wanderung um den Plansee und den Heiterwanger See kann einen schon ein bisschen in Norwegen-Stimmung versetzen, liegen beide Gewässer doch wie Zungen eingebettet in den Bergen.

Unsere Wanderung ganz oder halb um Heiterwanger See und Plansee beginnen wir je nach Transportmittel im Ort Heiterwang oder beim Fischer am See. Das Hotel/Restaurant befindet sich am westlichsten Eck des Heiterwanger Sees. Unsere erste Etappe führt uns am Nordufer über einen schmalen Steig bis zum 1908

Links: Morgendliche Idylle am Plansee

Unten: Ein Bad im Heiterwanger See

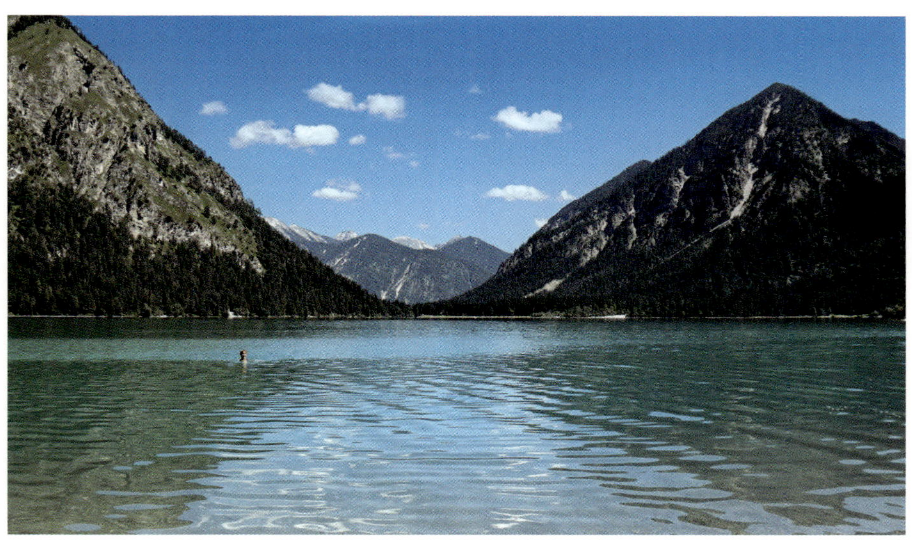

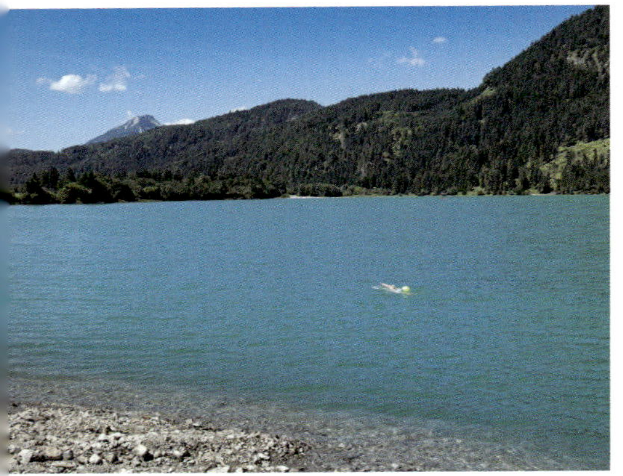

errichteten, 300 m langen Kanal, der die beiden Seen miteinander verbindet. Diese Variante ist weit charmanter als der breite Schotterweg am südlichen Ufer. Die Klarheit der beiden Gewässer ist ihr herausragendes Merkmal. An Sonnentagen funkelt die Oberfläche wie ein Spiegel, ein Sprung ins Wasser ist bei entsprechenden Außentemperaturen empfehlenswert, wobei sich der kleinere Heiterwanger See auf bis zu 22 Grad erwärmen kann. Der Plansee bleibt da doch ein paar Grad drunter.

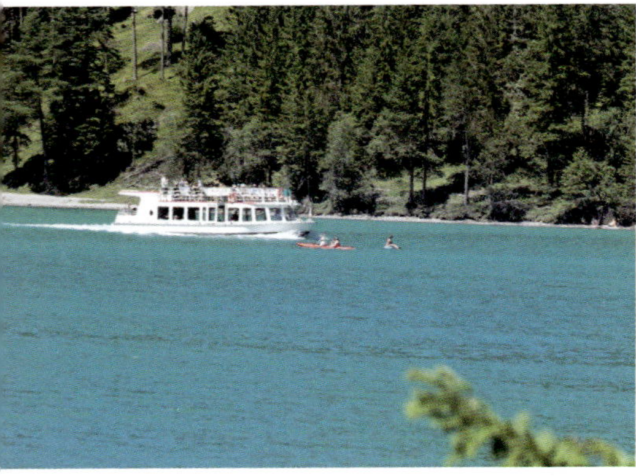

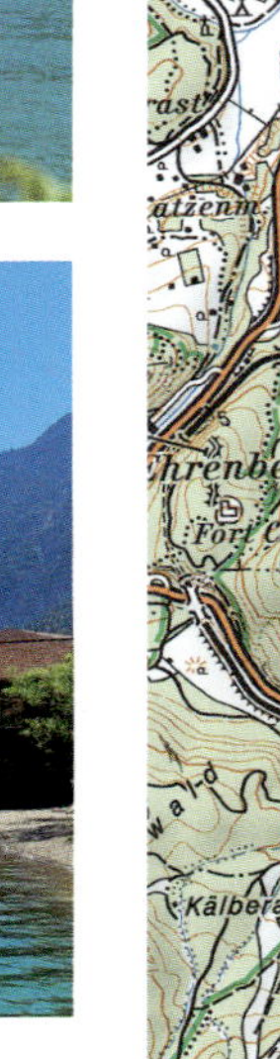

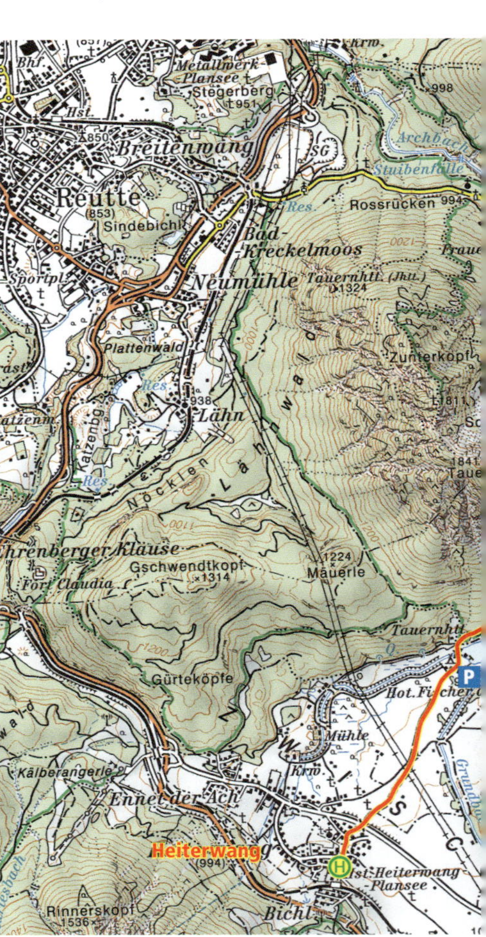

Oben: Eine Rückkehr mit dem Boot ist eine empfehlenswerte Option.

Den bereits erwähnten Kanal überqueren wir am Ende des Heiterwanger Sees und halten uns links Richtung Plansee. Auch hier geht der Panoramasteig immer am Ufer unter den Spießwänden entlang, zwar schmal, aber sehr gut zu begehen. Nach geraumer Zeit nähern wir uns dem Ostende des Plansees und kommen zum Sacktalbach und dem sogenannten Seewinkel. Ab hier führt der Weg nun breiter nach Norden zum Parkplatz, Campingplatz und dem Hotel Forelle.

Da der Rückweg am Nordufer oberhalb der Plansee-Straße wegen des Verkehrs leider nicht so berauschend – bzw. eigentlich ziemlich rauschend – ist, beenden wir die Wanderung hier und wählen das ideale Transportmittel zurück zum Ausgangspunkt: das Schiff. Da lässt sich die ganze Schönheit dieser beiden Seen noch einmal so richtig entspannt genießen. Außerdem hat man einen Ausblick auf die gesamten umliegenden Berge. Die zwei Boote verkehren meist von Ende Mai bis Mitte Oktober.

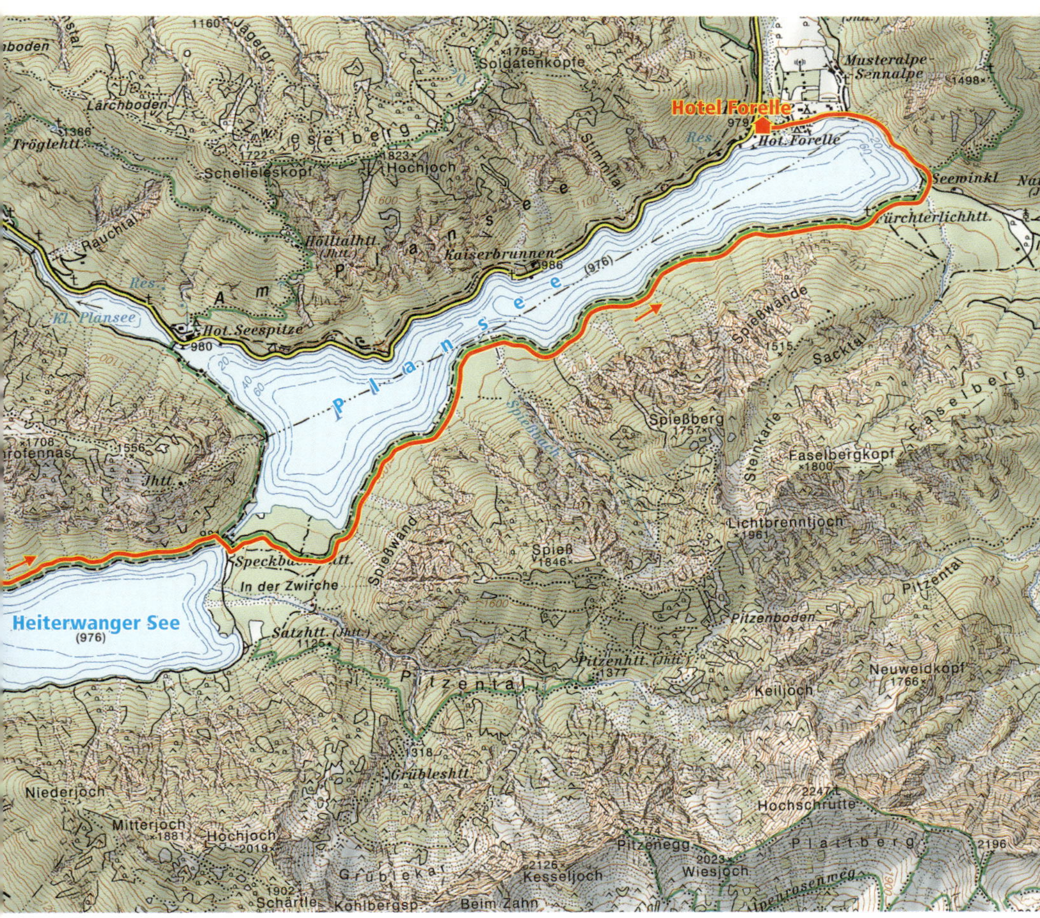

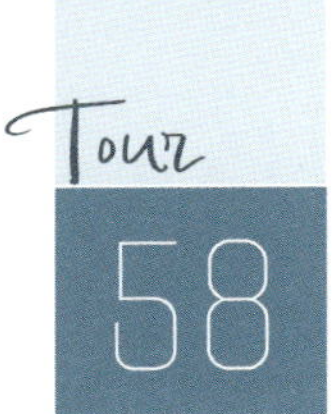

ROSSKARSEE

Je mühevoller, desto schöner

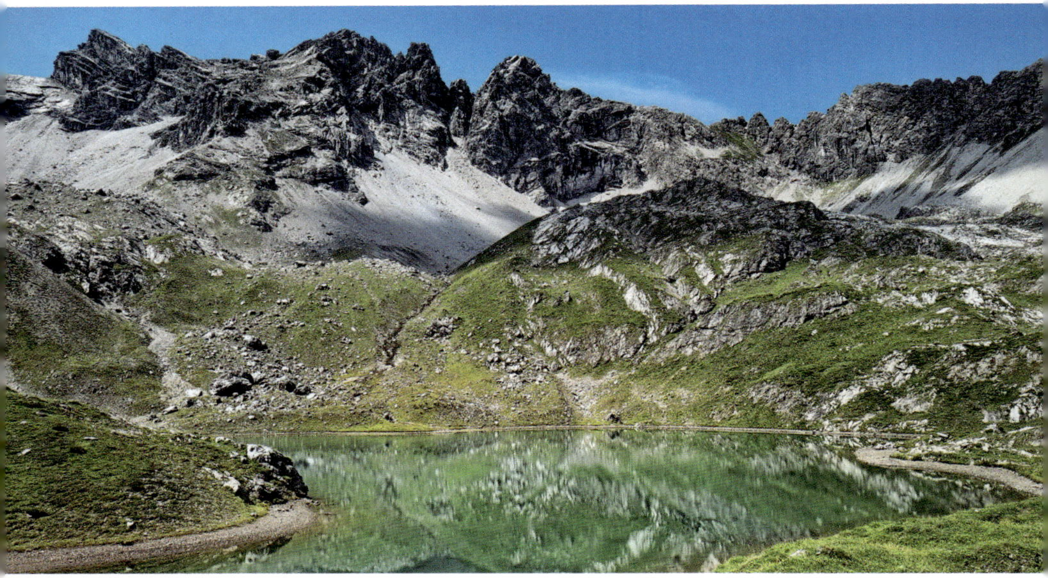

Anfahrt	**Mit den Öffis:** Im Sommer mit dem Lechtal Regio-/Wanderbus bzw. Linientaxi ab Reutte. Vom Imst Terminal Post mit Bus 110 über das Hahntennjoch nach Elmen bzw. Häselgehr und von dort weiter mit dem Linientaxi. Als Tagesausflug aber kaum machbar. **Mit dem Pkw:** A 12, Ausfahrt Imst, auf der Umfahrung Imst den Schildern Hahntennjoch folgen. Über das Hahntennjoch nach Elmen und weiter nach Häselgehr, von dort schließlich nach Gramais bzw. von Reutte durch das Lechtal bis Häselgehr und nach Gramais.
Dauer	ca. 3–3,5 Stunden Aufstieg, ca. 2–2,5 Stunden Abstieg
Höhen	Gramais 1328 m, Roßkarsee 2120 m; Höhenunterschied: ca. 850 Hm
Einkehrmöglichkeit	Unterwegs keine, in Gramais z. B. die Alpenrose
Kurzbeschreibung	Gute Ausdauer und Trittsicherheit sind erforderlich. Die Mühen werden aber mit unglaublich beeindruckenden Wasserspielen aller Art belohnt.
Beste Jahreszeit	Juli bis September

Der Roßkarsee bei Gramais hat einen teilweise besonders schweißtreibenden Anstieg. Belohnt wird man dafür mit einem Hochmoor, zahlreichen Wasserfällen, Quellen und Bächen und schließlich einem überraschend großen See.
Unsere Wanderung beginnt in Gramais mit einem Abstieg zum Otterbach. Dieser erste Abschnitt wird bei der Rückkehr noch einmal für ordentlich brennende Beine sorgen. Dort angekommen, wandern wir nach links und ein kleines Stück dem Bach entlang, anschließend über die „Hirschlesbrugga". Von nun an zählen die Höhenmeter.
Zuerst geht es kurz sehr gemächlich über einen Forstweg dahin. Dieser endet aber bald und wir kommen zur nächsten und letzten gelben Hinweistafel zum Roßkarsee. Der Vergleich der Zeitangabe in Gramais mit der auf dem Schild im Wald lässt uns ahnen: Hier wird nicht untertrieben. Der Steig führt nun durch den Wald: Wacholder, Latschen, Almrosen oder Erika – je nach Jahreszeit – sind unsere Begleiter. Es geht ständig auf und ab, über Stock und Stein, für kurze Zeit noch einmal am Ufer des Roßkarbaches entlang. Der Wald weicht, die Latschen bleiben. Dementsprechend heiß wird es im Sommer, ein früher Aufbruch ist ratsam. Die ersten, beeindruckenden Wasserfälle vor Augen, wird nach etwa 1,5 Stunden der Weg zusehends steiler. Leider ist er – wohl aufgrund von Unwettern – nicht im besten Zustand. Markierungen gehen manchmal ins Leere und man muss erst den neuen Weg suchen. Wir gelangen schließlich ganz nahe an

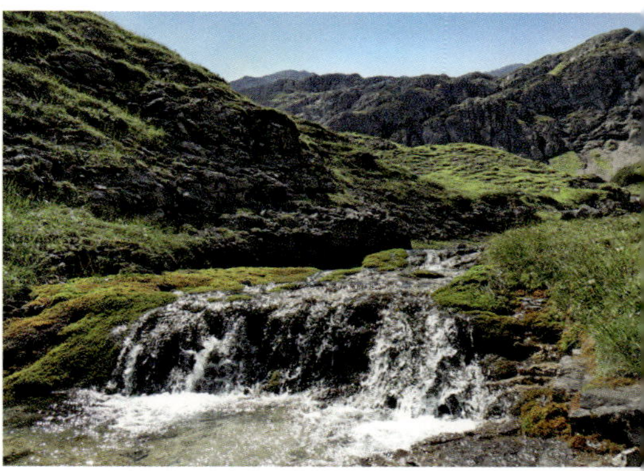

die Wasserfälle heran, umgehen sie letztlich aber rechts über einen sehr steilen, grobschottrigen Weg. Hier muss man ein bisschen kämpfen, aber es wird sich lohnen. Fest versprochen!
Auf die erste Steilstufe folgt beinahe nahtlos eine zweite, über die wieder herrliche Wasserfälle ins Tal tosen. Doch hier ist der Weg schon deutlich besser, man kommt wieder gut voran. Auch diesen Felsriegel umgehen wir rechts. Ist das

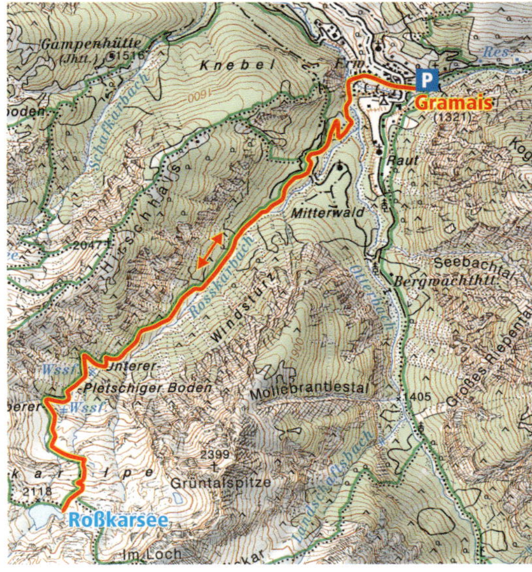

Links und oben: Eine herrliche, aber auch anspruchsvolle Tour zum Roßkarsee

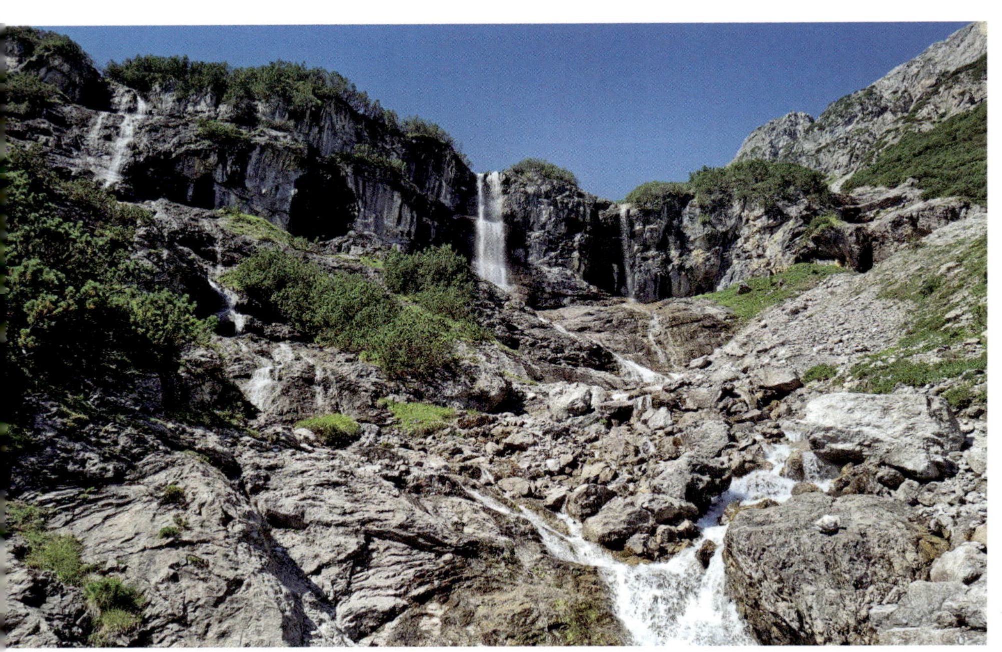

geschafft, wird es sowohl landschaftlich als auch wegtechnisch immer schöner: Überall plätschert es, das Wasser glitzert im Sonnenlicht, in einer kleinen Schlucht vereinen sich mehrere Bächlein, Quellen entspringen, verschwinden aber schon nach wenigen Metern wieder in den Felsen. Kurz: Wasser in seiner ganzen Vielfalt und Schönheit.

Der Steig führt nun nach links über die grünen Böden, wir passieren eine Art Hochmoor, durch das Bächlein mäandrieren. Teilweise geht es auch über Felsplatten, die aber griffig sind. Schließlich haben wir die höchste Stufe erreicht und unsere Blicke suchen den Roßkarsee. Der ziert sich noch ein bisschen, versteckt sich zwischen ein paar grünen Hügeln. Doch dann liegt er da in einer Senke und ist überraschend groß. Er füllt eigentlich das ganze Becken unterhalb des Roßkares aus. Bei hohem Wasserstand, wohl zur Schneeschmelze, hat er einen breiten Abfluss.

Auf den weichen Grasmatten lässt es sich wunderbar am See liegen, in dem sich die Gipfel ringsum spiegeln. Kehrt man dem Wasser den Rücken, so sieht man weit draußen Gramais liegen. Und irgendwann muss man den Rückweg dorthin wieder antreten. Besonders auf den schottrigen Passagen ist beim Abstieg Konzentration gefragt. Bei einer Rast am Wasserfall, oder etwas weiter talwärts am Roßkarbach, kann man aber noch einmal die Füße kühlen. So hat man genügend Kraft für den finalen Anstieg nach Gramais.

Oben: Die Steilstufen und Wasserfälle werden rechts umgangen.

Rechts: Am Frauensee liegt ein privates Ferienheim.

Tour 59

FRAUENSEE

Ein versunkenes Schloss im See

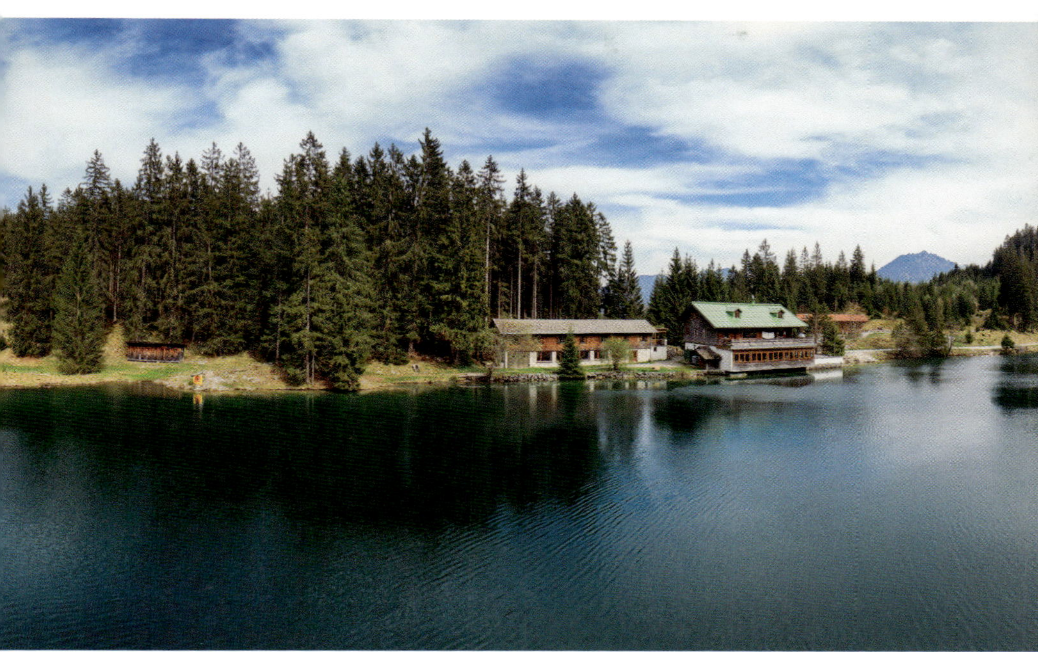

Anfahrt	**Mit den Öffis:** Bis Reutte von Innsbruck kommend mit dem Bus 160x, weiter im Regionalbus 1 zur Haltestelle im Ortszentrum von Wängle. **Mit dem Pkw:** Über den Fernpass nach Reutte, weiter nach Lechaschau und Wängle. Dort gibt es einige Parkmöglichkeiten.
Ausgangspunkt	Ortszentrum von Wängle
Dauer	ca. 3–3,5 Stunden
Höhen	Parkplatz Wängle ca. 875 m, Costarieskapelle 1176 m, Frauensee 972 m; Höhenunterschied: ca. 300 Hm
Einkehrmöglichkeit	Frauenseestube, Gasthaus Kröll in Wängle
Kurzbeschreibung	Technisch einfache Rundwanderung auf guten Wegen und durch den Besuch der Kapelle und des Sees auch ausgesprochen kurzweilig
Beste Jahreszeit	Frühjahr bis Spätherbst

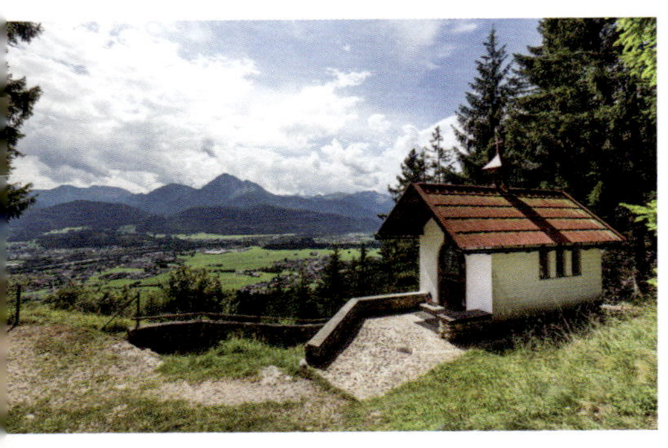

Ohne hartherzige Burgfräulein wäre die Region Reutte um ein Kleinod ärmer – den Frauensee. Aber so bietet er sich als perfektes Ziel für eine gemütliche Halbtagesrunde an.

Ausgangspunkt unserer Wanderung ist die Kirche im Zentrum von Wängle. Von hier gehen wir zuerst auf Straßen in Richtung Westen (Berg/Hang) und stoßen rasch auf den Panorama-Höhenweg. Auf diesem bleiben wir nun und wandern oberhalb von Wängle und Lechaschau dahin. Die Costarieskapelle erreichen wir nach etwa 45 Minuten. Sie liegt auf einem felsigen Grat, der bis zur Gehrenspitze hinaufzieht. Das klingt allerdings dramatischer, als es ist, denn die Wege sind alle bestens ausgebaut. Von der Kapelle – sie ist kaum breiter als die Eingangstüre, dafür aber ziemlich lang – hat man einen großartigen Ausblick bis weit hinein ins Lechtal.

Doch unser eigentliches Ziel ist ja der Frauensee, und zu dem geht es nun ein paar Minuten auf einem Forstweg bergab. An einer Seite befindet sich ein privates Ferienheim, sonst ist der See aber frei zugänglich und im Hochsommer sogar für ein erfrischendes Bad geeignet. Jedenfalls aber ist eine kleine (halbe) Umrundung des Gewässers lohnend. Rund um den Frauensee rankt sich auch eine schaurige Sage, die es in dieser Art vielfach gibt und die die Menschen wohl zu Mäßigung und Dankbarkeit anhalten sollte. Demnach soll sich in der Gegend einst auf einer Lichtung das Schloss reicher Frauen befunden haben. Doch bald schätzten die hohen Damen Besitz gering, vergeudeten Lebensmittel, zeigten sich hartherzig gegenüber den Armen. Zur Strafe versank ihr Schloss im See. Vielleicht liegt es ja gerade dort, wo jetzt eine kleine Plattform im Wasser schwimmt, die man sich mit einem Seil ans Ufer holen kann. Wer weiß?

Ins Tal steigen wir über eine steile Straße am östlichen Seeufer zwischen Ferienheim und Frauenseestube ab. In der Ebene angekommen, halten wir uns beim Wanderparkplatz rechts und kehren über einen Weg am Waldrand nach Wängle zurück. Verlaufen kann man sich auf dieser Tour jedenfalls kaum, alles ist schon beinahe überbeschildert.

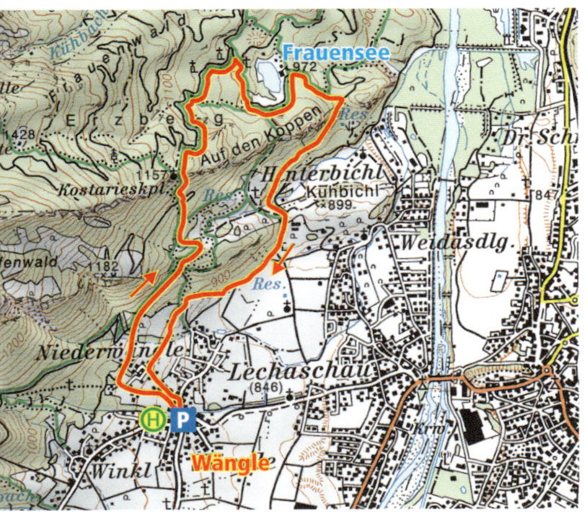

Oben: Blick von der Costarieskapelle ins Lechtal

Rechts: In den Morgen- und Abendstunden wird es ruhiger rund um den Vilsalpsee.

Tour

60

VILSALPSEE

Ein See im tiefsten Grün

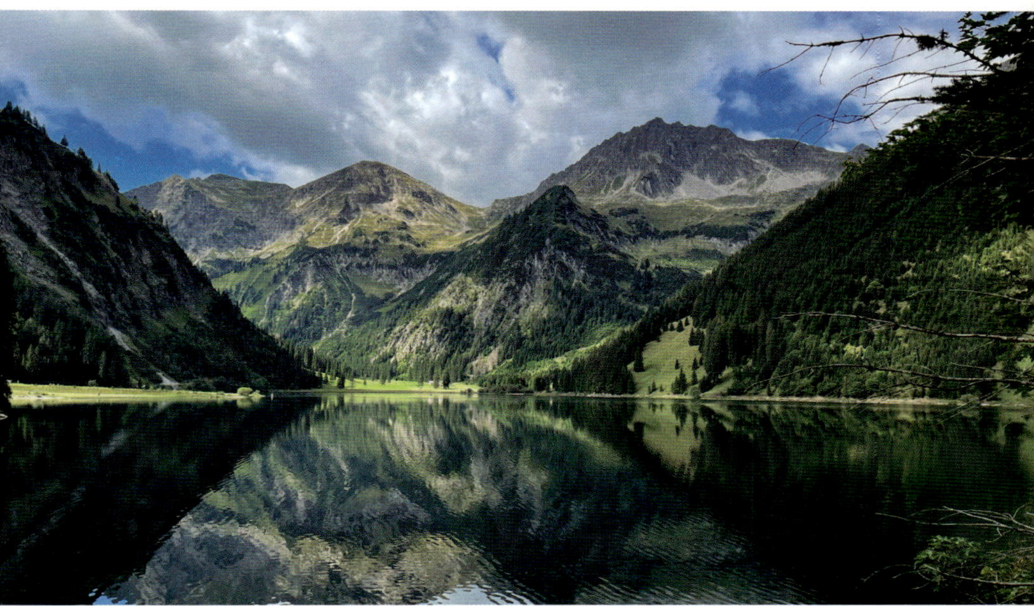

Anfahrt	**Mit den Öffis:** Bis Reutte von Innsbruck kommend mit dem Bus 160x, weiter mit dem Bus 120 bis Tannheim. **Mit dem Pkw:** Über den Fernpass nach Reutte, weiter über Weißenbach und den Gaichtpass, vorbei am schönen Haldensee nach Tannheim.
Ausgangspunkt	Parkplatz in Tannheim
Dauer	45–60 Minuten pro Richtung ab der nördlichen Seespitze
Höhen	Tannheim 1097 m, Vilsalpsee 1168 m, Vilsalpe 1178 m; Höhenunterschied: Ca. 150 Hm
Einkehrmöglichkeit	Gasthof Vilsalpsee, Fischerstube, Vilsalpe
Kurzbeschreibung	Bis zur Vilsalpe, am faszinierend grünen See entlang, ist diese Tour eigentlich mehr Spaziergang als Wanderung, doch auch zum Berggaicht-Wasserfall ist der Weg gut begehbar.
Beste Jahreszeit	Frühjahr bis Spätherbst. In den Sommermonaten hat man den Vorteil eines Wanderbusses bis zum See.

Am Vilsalpsee im Tannheimer Tal schein alles grün zu sein: das Wasser, die Wiesen, selbst die Berge. Kein Wunder, dass er ein ausgesprochen beliebtes Ausflugsziel ist.

Der Vilsalpsee und die ihn umgebenden Berge sind ein Naturschutzgebiet, darum ist die Zufahrt zum See nur morgens und abends möglich. Stellt sich also die Frage: Wie kommen wir zu unserem Ausgangspunkt, der nördlichen Seespitze? Im Sommer fährt ein Wanderbus, außerdem die Bimmelbahn mit dem klingenden Namen „Tannheimer Alpenexpress". Wir wählen aber Variante 3, die Fahrräder, die wir hinten in unserem Kombi verstaut haben. Also wird aus der Wanderung eine Bike-&-Hike-Tour.

Auf der für den öffentlichen Verkehr gesperrten Straße starten wir nun durch ein ziemliches Gewusel an Menschen in Richtung See. Die Spaziergänger verschwinden aber nach einiger Zeit zum Glück auf einem eigenen Weg und wir haben fast freie Bahn. Aber Vorsicht, mit Gegenverkehr durch den Linienbus, die

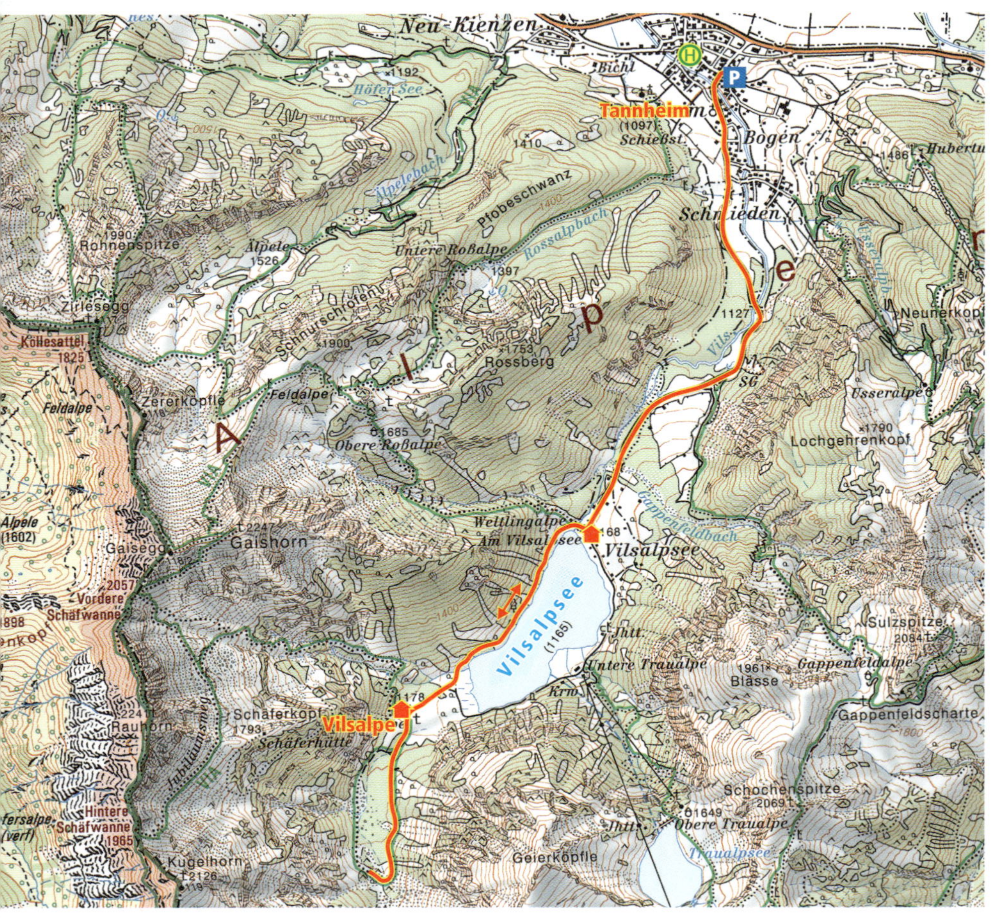

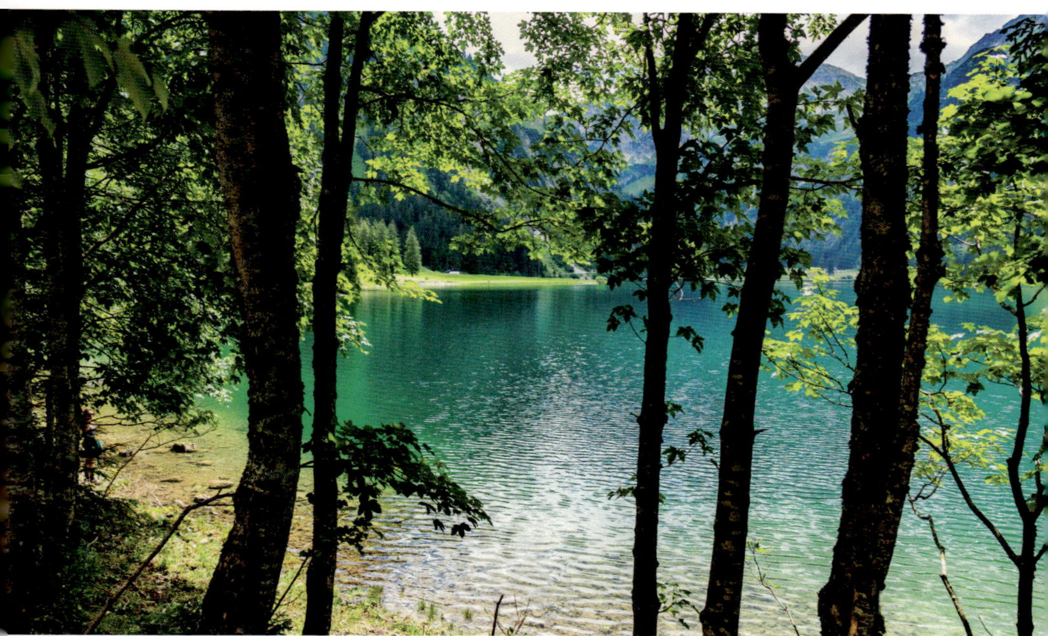

Bimmelbahn oder einzelne Pkw muss man dennoch rechnen.

Am See angekommen, stellen wir die Räder ab und lassen einmal das Panorama auf uns wirken. Grün ist dabei der bestimmende Farbton. Der einzig störende hellgraue Fleck in diesem Bild ist ein gewaltiger Felssturz am Südostufer des Sees. Darum ist der Ostuferweg auch seit vielen Jahren gesperrt und wir nehmen notgedrungen den westlichen Uferweg, der breit, flach und einfach zu begehen ist. Immer wieder bleiben wir stehen, weil dieses Grün einfach derartig fasziniert. Insgesamt ist die Strecke bis zum Seeende aber nicht besonders lang, über eine Wiese geht es schließlich minimal ansteigend bis zur Vilsalpe. Die ignorieren wir (noch) und gehen auf dem breiten, nun etwas steiler werdenden, aber immer noch bestens ausgebauten Schotterweg ungefähr 50 Höhenmeter aufsteigend weiter nach Südwesten. Schließlich stehen wir vor einem halbrunden Felsriegel, einer Art Arena, aus der der imposante Berggaicht-Wasserfall ins Tal stürzt. Das Wasser kommt unter anderem aus dem Alplsee, der 400 Meter höher liegt. Wer direkt zum Fuß des Wasserfalls will, der muss noch ein kleines Stück weglos absteigen.

Doch wir kehren nun auf dem Schotterweg zurück, denn bei der Vilsalpe stehen unglaublich verlockende blau-weiße Sonnenschirme: Die verheißen bayerisches Bier. Nach der Einkehr bleiben wir für den weiteren Rückweg aus den erwähnten Gründen am Westufer und rollen schließlich mit den Rädern gemütlich wieder zurück nach Tannheim.

Oben: Der Vilsalpsee ist ein ausgesprochen beliebtes Ausflugsziel.

BILDNACHWEIS

Adobe Stock: 6/7, 10, 12, 13, 20, 22, 36, 43, 45, 66, 86, 88, 102, 104, 124, 146, 148, 167, 176, 177, 185, 197

Alpbach Tourismus, Fam. Larch: S. 41

Alpbach Tourismus/Gabriele Grießenböck: S. S. 42

Alpbach Tourismus/Mathäus Gartner: S. 40

Anita Brandacher: S. 152, 154

Christian Wurzer: S. 92, 93, 94, 132, 134

Naturparkregion Reutte, René Paulweber: S. 94

Region Seefeld, Long-Nong Huang: S. 111, 113

Shutterstock: S. 4, 25, 26, 32, 54, 55, 59, 62, 88, 117, 120, 121, 123, 135, 136, 137, 162, 164, 165, 186, 188, 193, 195

Tirol Werbung/Michael Rathmayr: S. 51

Tourismusverband Achensee: S. 46, 48

Tourismusverband Innsbruck und seine Feriendörfer/Daniel Zangerl: S. 129

Tourismusverband Innsbruck und seine Feriendörfer/Helga Andreatta: S. 71

Tourismusverband Innsbruck und seine Feriendörfer/Tommy Bause: S. 73

Tourismusverband Ötztal/Timm Humpfer: S. 150

Wikipedia: S. 28, 29

Alle übrigen Fotos stammen vom Autor.

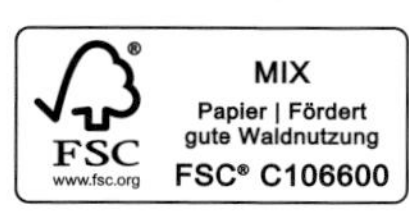

Nachhaltige Produktion ist uns ein Anliegen; wir möchten die Belastung unserer Mitwelt so gering wie möglich halten. Über unsere Druckereien garantieren wir ein hohes Maß an Umweltverträglichkeit: Wir lassen ausschließlich auf FSC®-Papieren aus verantwortungsvollen Quellen drucken, verwenden Farben auf Pflanzenölbasis und Klebestoffe ohne Lösungsmittel. Wir produzieren in Österreich und im nahen europäischen Ausland, auf Produktionen in Fernost verzichten wir ganz.

2023

Umschlaggestaltung: Tyrolia-Verlag unter Verwendung eines Bildes von Johannes Brunner
Layout und digitale Gestaltung: Studio HM, Hall in Tirol
Druck und Bindung: DZS-Grafik, Slowenien
ISBN 978-3-7022-4107-0
E-Mail: buchverlag@tyrolia.at
Internet: www.tyrolia-verlag.at

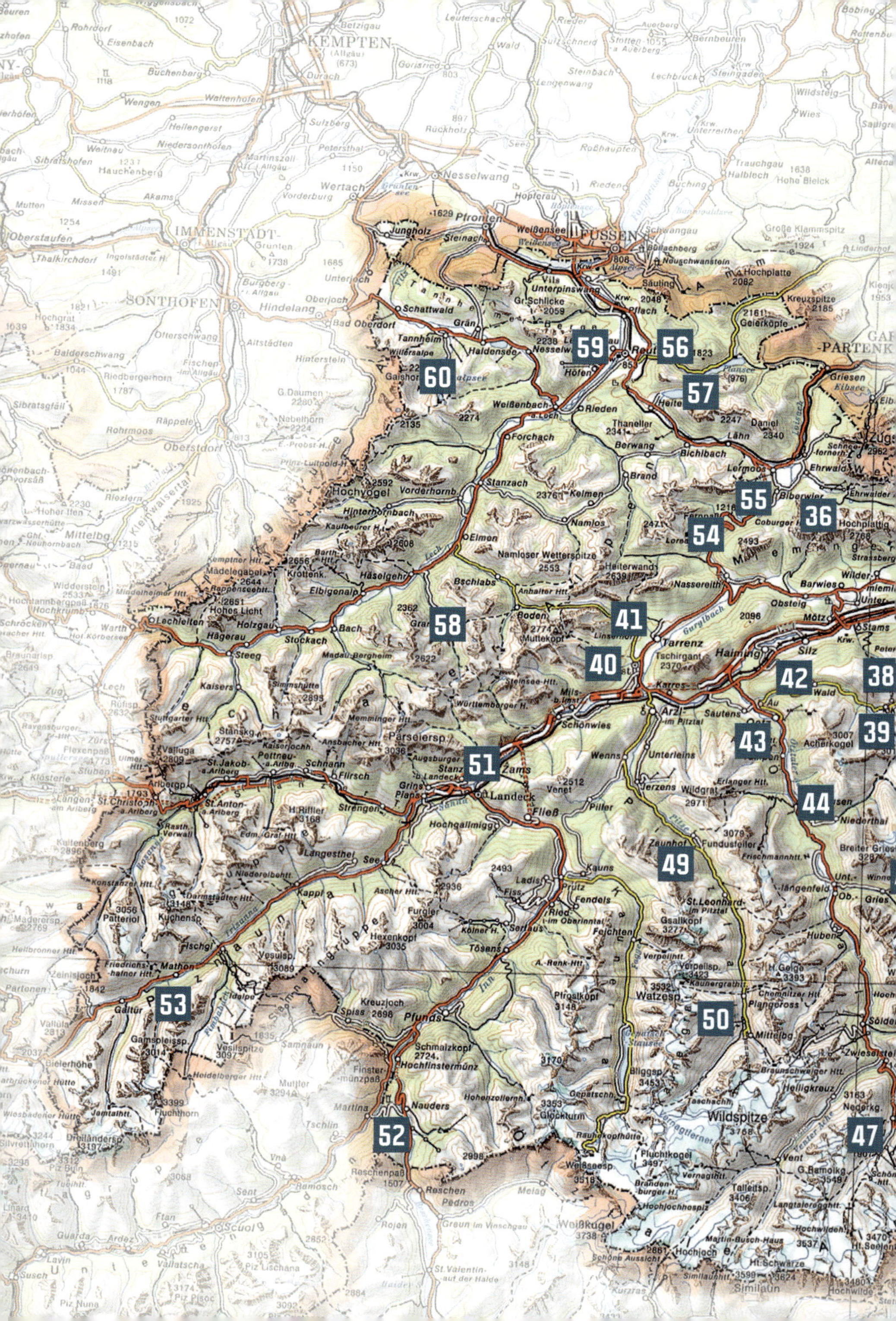

KEMPTEN
(Allgäu)
(673)
IMMENSTADT
SONTHOFEN
Oberstdorf
Füssen
Pfronten
Nesselwang
Wertach
Hindelang
Jungholz
Schattwald
Grän
Tannheim
Haldensee
Nesselwang
Weißensee
Vils
Unterpinswang
Reutte
Höfen
Weißenbach a. Lech
Rieden
Forchach
Stanzach
Vorderhornb.
Hinterhornbach
Hochvogel
2592
Elmen
Namlos
Kelmen
Berwang
Bichlbach
Lermoos
Ehrwald
Biberwier
Nassereith
Heiterwand
Namloser Wetterspitze
2553
Bschlabs
Boden
Häselgehr
Elbigenalp
Holzgau
Stockach
Bach
Steeg
Hägerau
Lechleiten
Kaisers
Warth
Lech
Zürs
Stuben
St. Christoph
St. Anton a. Arlberg
St. Jakob a. Arlberg
Pettneu a. Arlbg.
Schnann
Flirsch
Strengen
Pians
Grins
Landeck
Zams
Stanz b. Landeck
Parseiersp.
3036
Schönwies
Mils b. Imst
Imst
Tarrenz
Karres
Arzl im Pitztal
Wenns
Unterleins
Jerzens
Wildgrat
2971
Sautens
Haiming
Silz
Mötz
Obsteig
Barwies
Mieming
Tschirgant
2370
Acherkogel
3007
Niederthal
Längenfeld
Huben
Sölden
Zwieselstein
Vent
Wildspitze
3768
Fließ
Kauns
Ladis
Fiss
Prutz
Ried i. Oberinntal
Serfaus
Fendels
Feichten
Tösens
Pfunds
Spiss
Hochfinstermünz
Nauders
Reschenpaß
1507
Reschen
Pitztal
St. Leonhard im Pitztal
Mandarfen
Mittelbg.
Plangeross
Weißsee
Gepatschhs.
Weißkugel
3738
See
Kappl
Ischgl
Galtür
Mathon
Langesthei
Zeinisjoch
Hochgallmigg
Kaunergrat
Watzesp.
3532
Hexenkopf
3035
Furgler
3004
Samnaun
Scuol
Silvrettahorn
Piz Buin
Dreiländersp.
3197
Fluchthorn
3399
Stilfs
Melag
Similaun
3599
Hochjoch
Martina
Tschlin
Lechtaler Alpen
Allgäuer Alpen
Samnaungruppe
Verwallgruppe
Ötztaler Alpen
Mieminger Gebirge
GARMISCH-PARTENKIRCHEN
Griesen
Zugspitze
2962
Hochplatte
2082
Säuling
2048
Plansee
(976)
Heiterwang
Thaneller
2341
Daniel
2340
60
59
56
57
55
36
54
41
40
58
42
38
43
39
51
44
49
50
53
52
47